DCG 1

Introduction au droit

MANUEL ET APPLICATIONS

Avec QCM et questions de cours corrigés

Jean-François BOCQUILLON
Agrégé d'économie et de gestion
Professeur en classes préparatoires
à l'expertise comptable

Martine MARIAGE
Agrégée d'économie et de gestion
Professeur en classes préparatoires
à l'expertise comptable

2016/2017

à jour au 1er mars 2016

EDITIONS
FRANCIS LEFEBVRE

DUNOD

Suivre l'actualité juridique DCG 1 Introduction au droit

Le droit est une discipline en constante évolution :
retrouvez sur nos sites, après sa parution au *Journal Officiel*,
l'actualité juridique liée à l'épreuve DCG 1 Introduction au droit.

www.expert-sup.com : le portail des étudiants et des enseignants en expertise comptable

- Dans le menu « Actualité expertise comptable »
- Dans la fiche de présentation du Manuel de l'épreuve concernée, en cliquant sur la vignette « Ressources numériques » proposée en haut et à gauche de la couverture de l'ouvrage

www.dunod.com :
Dans la fiche de présentation du Manuel de l'épreuve concernée, en cliquant le lien « Ressources numériques » proposé sous la couverture de l'ouvrage

Cet ouvrage est entièrement à jour de l'ordonnance n° 2016-131 du 10 février 2016 portant réforme du droit des contrats, du régime général et de la preuve des obligations

5 rue Laromiguière, 75005 Paris
www.dunod.com
ISBN 978-2-10-074631-6
ISSN 1269-8792

Sommaire

Pour réussir le DCG et DSCG			VII
Manuel, mode d'emploi			VIII
PARTIE 1	**Introduction générale au droit**		1
CHAPITRE 1	**Le droit**		3
	Section 1	La règle de droit	3
	Section 2	Les branches du droit	6
	Fiche mémo • Applications		
CHAPITRE 2	**Les sources du droit**		17
	Section 1	Les sources fondamentales du droit objectif	17
	Section 2	Les autres sources du droit	21
	Fiche mémo • Applications		
CHAPITRE 3	**L'organisation judiciaire**		35
	Section 1	Le droit commun du procès	35
	Section 2	Les juridictions	38
	Section 3	Le personnel de la justice	45
	Section 4	L'action en justice	47
	Section 5	Les voies de recours	52
	Fiche mémo • Applications		
CHAPITRE 4	**La preuve des droits subjectifs**		65
	Section 1	Les sources des droits subjectifs	65
	Section 2	Les règles d'administration de la preuve	68
	Section 3	Les différents modes de preuve	71
	Fiche mémo • Applications		
CHAPITRE 5	**Les modes alternatifs de règlement des conflits**		83
	Section 1	La résolution amiable des différends	83
	Section 2	L'arbitrage	87
	Fiche mémo • Applications		
PARTIE 2	**Les personnes et les biens**		99
CHAPITRE 6	**Les personnes et leur patrimoine**		101
	Section 1	La personne juridique	101
	Section 2	Les personnes physiques	102
	Section 3	Les personnes morales	111
	Section 4	Le patrimoine	113
	Fiche mémo • Applications		

Chapitre 7 **Les professionnels de la vie des affaires : les commerçants** 127
Section 1 La qualité de commerçant 127
Section 2 Les activités commerciales 128
Section 3 Le statut personnel du commerçant 131
Section 4 Les conséquences de l'activité commerciale 135
Fiche mémo • Applications

Chapitre 8 **Les autres professionnels de la vie des affaires** 145
Section 1 L'artisan 145
Section 2 L'agriculteur 147
Section 3 Les professions libérales 149
Fiche mémo • Applications

Chapitre 9 **La propriété** 155
Section 1 Théorie générale de la propriété 155
Section 2 L'acquisition de la propriété 157
Section 3 L'étendue du droit de propriété 160
Fiche mémo • Applications

Chapitre 10 **Applications particulières de la propriété** 175
Section 1 Le fonds de commerce 176
Section 2 La propriété commerciale 179
Section 3 La propriété industrielle 182
Section 4 Le droit d'auteur 187
Fiche mémo • Applications

Chapitre 11 **L'entreprise en difficulté** 199
Section 1 La prévention des difficultés 199
Section 2 Le traitement des difficultés 208
Fiche mémo • Applications

Partie 3 **L'entreprise et les contrats** 221

Chapitre 12 **La formation du contrat** 223
Section 1 Notion de contrat et fonctions économiques 223
Section 2 Les principes fondateurs du droit des contrats 224
Section 3 La formation du contrat 229
Fiche mémo • Applications

Chapitre 13 **L'exécution du contrat** 249
Section 1 Les obligations contractuelles 249
Section 2 Les personnes obligées : l'effet relatif du contrat 254
Section 3 Le paiement, mode normal d'exécution du contrat 256
Section 4 Les sanctions de l'inexécution 258
Fiche mémo • Applications

Chapitre 14 **Les contrats de l'entreprise** 279
Section 1 Le contrat de vente 279
Section 2 Le contrat d'entreprise 283
Section 3 La vente du fonds de commerce 285
Section 4 La location-gérance du fonds de commerce 290
Section 5 Le nantissement conventionnel du fonds de commerce 292
Section 6 Les contrats de consommation 293
Fiche mémo • Applications

Chapitre 15 **Les relations entreprise/banque** 313
Section 1 Le compte bancaire 313
Section 2 Les transferts de fonds 318
Section 3 Les contrats de crédit aux entreprises 328
Section 4 Les sûretés 337
Fiche mémo • Applications

Partie 4 **L'entreprise et ses responsabilités** 353

Chapitre 16 **L'entreprise et la responsabilité délictuelle** 355
Section 1 Le domaine et les fonctions de la responsabilité délictuelle 356
Section 2 Les fondements de la responsabilité délictuelle 360
Section 3 La mise en œuvre de la responsabilité délictuelle 363
Fiche mémo • Applications

Chapitre 17 **La responsabilité pénale** 379
Section 1 Mise en cause de la responsabilité pénale et droit pénal général 379
Section 2 Le procès et la procédure pénale 391
Fiche mémo • Applications

Entraînement

Cas de synthèse 413

Annexes

Fiches méthode 419
Corrigés des questionnaires d'auto-évaluation et des questions de cours 424
Index 437
Table des matières 442

Pour réussir le DCG et le DSCG

Le cursus des études conduisant à l'expertise comptable est un cursus d'excellence, pluridisciplinaire, vers lequel se dirigent, à raison, de plus en plus d'étudiants.

Dunod dispose depuis de très nombreuses années d'une expérience confirmée dans la préparation de ces études et offre aux étudiants comme aux enseignants une gamme, complète d'ouvrages de cours, d'entraînement et de révision qui font référence.

Ces ouvrages sont entièrement adaptés aux épreuves, à leur esprit comme à leur programme, avec une qualité toujours constante. Ils sont tous régulièrement actualisés pour correspondre le plus exactement possible aux exigences des disciplines traitées.

La collection Expert Sup propose aujourd'hui :

– des manuels complets mais concis, strictement conformes aux programmes nouveaux, comportant des exemples permettant l'acquisition immédiate des notions exposées, complétés d'un choix d'applications permettant la mise en pratique et la synthèse ;
– des livres originaux, avec la série « Tout-en-Un » spécialement conçue pour l'entraînement et la consolidation des connaissances ;
– les Annales DCG, spécifiquement dédiées à la préparation de l'examen.

Elle est complétée d'un ensemble d'outils pratiques de révision, avec la collection Express DCG et les QCM DCG, ou de mémorisation et de synthèse avec les « Petits Experts » (*Petit fiscal, Petit social, Petit Compta, Petit Droit des sociétés...*).

Ces ouvrages ont été conçus par des enseignants confirmés ayant une expérience reconnue dans la préparation des examens de l'expertise comptable.

Ils espèrent mettre ainsi à la disposition des étudiants les meilleurs outils pour aborder leurs études et leur assurer une pleine réussite.

Jacques Saraf
Directeur de collection

MANUEL MODE D'EMPLOI

Clair et bien structuré, le cours présente **toutes les connaissances au programme** de l'épreuve DCG 1.
Plus de **200 exemples et illustrations**, présentés dans des rubriques distinctives, illustrent le cours.
220 tableaux et schémas de synthèse permettent de mieux assimiler les connaissances à acquérir.

Le cours
complet et progressif

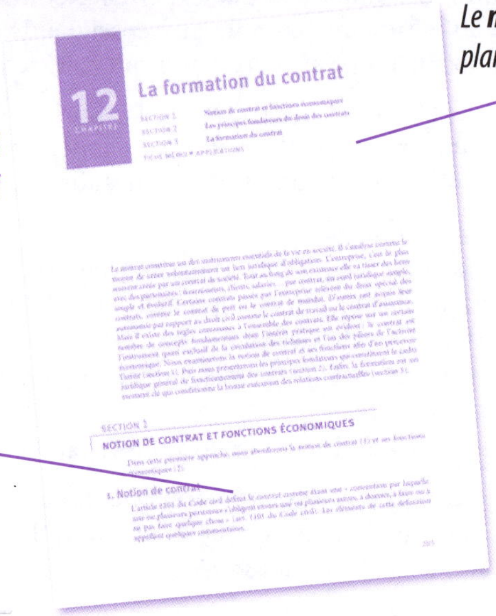

12 CHAPITRE La formation du contrat

SECTION 1 Notion de contrat et fonctions économiques
SECTION 2 Les principes fondateurs du droit des contrats
SECTION 3 La formation du contrat

SECTION 1
NOTION DE CONTRAT ET FONCTIONS ÉCONOMIQUES

1. Notion de contrat

*Le **mini-sommaire** précise le plan du chapitre*

*Les **mots clefs** sont signalés en couleur*

*De nombreux **exemples**, **illustrations** et **références aux articles de loi***

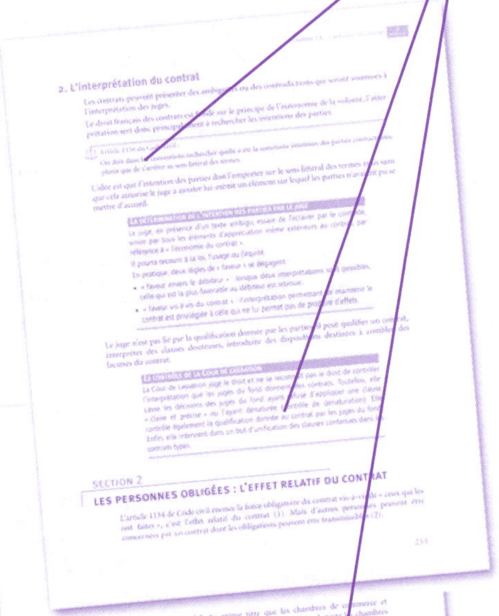

2. L'interprétation du contrat

SECTION 2
LES PERSONNES OBLIGÉES : L'EFFET RELATIF DU CONTRAT

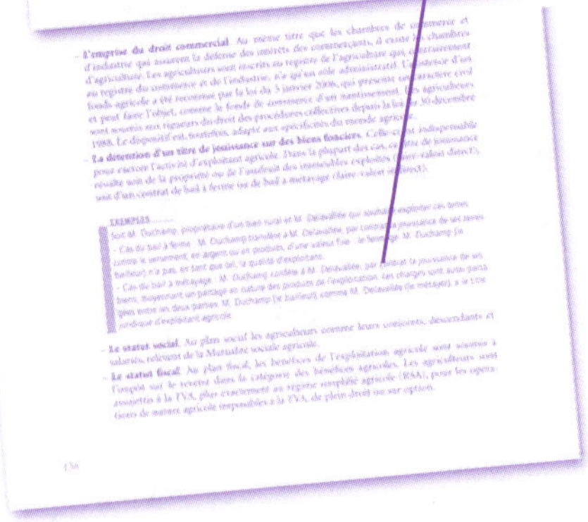

La fiche mémo
propose la synthèse du cours

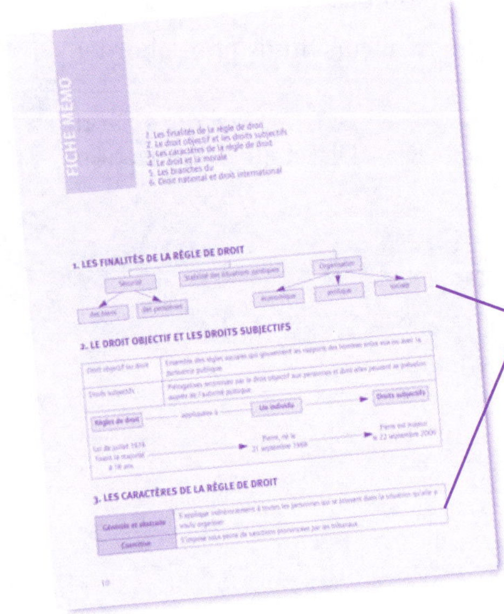

FICHE MÉMO

1. LES FINALITÉS DE LA RÈGLE DE DROIT

2. LE DROIT OBJECTIF ET LES DROITS SUBJECTIFS

3. LES CARACTÈRES DE LA RÈGLE DE DROIT

*Des **schémas** et **tableaux récapitulatifs***

Plus de **70 énoncés d'application** dont 270 QCM, 24 questions de cours, 40 cas et analyses de documents ainsi que 2 cas de synthèse permettent la mise en œuvre et la validation des acquis.

En annexe de fin d'ouvrage, les **fiches méthode,** les **corrigés des QCM et questions de cours,** l'**index** et la **table des matières** détaillée sont autant d'outils complémentaires.

Les énoncés d'application

de thématiques variées
et de complexité progressive
sont regroupés en fin de chapitre

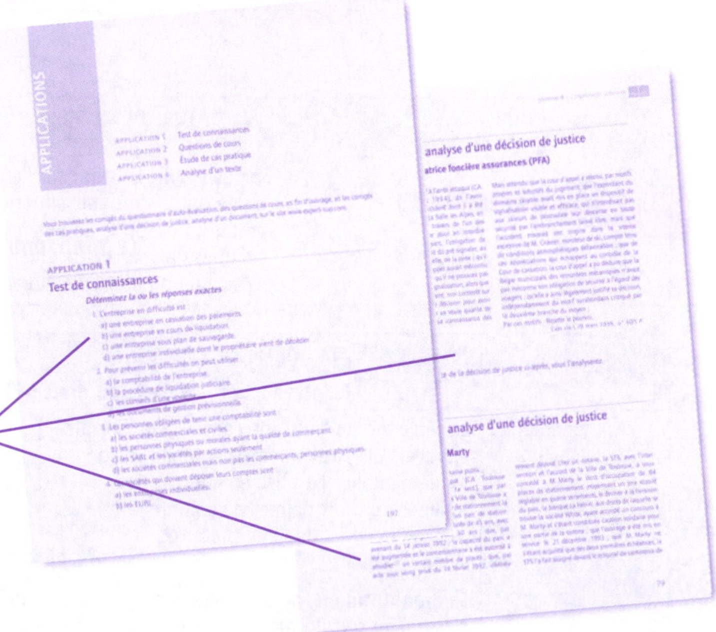

Questionnaires d'auto-évaluation, questions de cours, cas pratiques, analyses de décisions de justice, analyses de documents

Les corrigés des applications et l'index

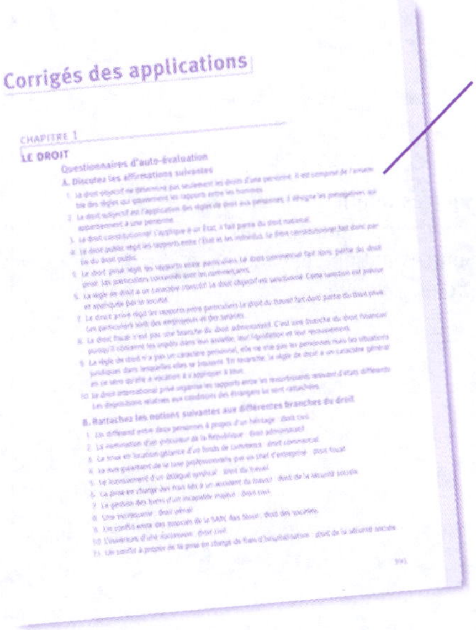

Les ***corrigés des QCM et des questions de cours****, en fin d'ouvrage, pour s'auto-évaluer*

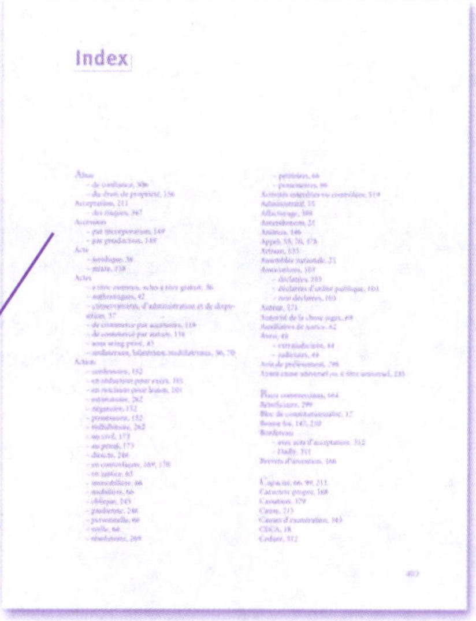

*L'****index des notions*** *permet de les retrouver facilement dans l'ouvrage*

Les ***corrigés des cas pratiques, analyses de décisions de justice*** *et* ***analyses de documents*** *sont disponibles sur le site* ***www.expert-sup.com***

Programme de l'épreuve n° 1 Introduction au droit *

DURÉE DE L'ENSEIGNEMENT	NATURE DE L'ÉPREUVE	DURÉE	COEFFICIENT
(à titre indicatif) 150 heures 12 crédits européens	Épreuve écrite portant sur l'étude d'une ou de plusieurs situations pratiques et/ou le commentaire d'un ou plusieurs documents et/ou une ou plusieurs questions	3 heures	1

THÈMES	SENS ET PORTÉE DE L'ÉTUDE	NOTIONS ET CONTENUS
	1. Introduction générale au droit (40 heures)	
1.1 Prolégomènes	La règle de droit est une construction sociale. À travers elle, s'expriment certaines valeurs fondamentales. La prise en compte des finalités du droit permet de comprendre le sens de la règle, de l'interpréter et, éventuellement, d'en prévoir l'évolution.	Finalités du droit Définition du droit Caractères de la règle de droit
	Le droit distingue, classe, range. Le classement sert à ordonner la présentation de la règle de droit. Il répond donc à des nécessités pédagogiques. Mais ses utilités vont au-delà. En effet, le droit en France repose sur une *summa divisio* qui oppose le droit public et le droit privé. Les intérêts de cette distinction concernent la compétence des juridictions, les personnes visées par les règles et la mise en évidence d'acteurs du droit qui disposent de prérogatives exceptionnelles : l'État et les collectivités territoriales.	Branches du droit
1.2 Les sources du droit	Les sources du droit sont nombreuses et diffuses. Plusieurs raisons expliquent ce constat ; elles tiennent à l'accroissement constant du rôle du droit comme régulateur social, à la multiplication à côté des instances traditionnelles de nouveaux lieux de fabrication du droit et au développement à côté du « droit dur » d'un « droit mou ». Face à ce foisonnement il est nécessaire d'ordonner les sources du droit et donc de les présenter dans leur hiérarchie.	Sources internationales Sources communautaires Sources nationales : étatiques et professionnelles

☞

* *Arrêté du 28 mars 2014.*

1.3 La preuve des droits	L'étude de la preuve doit être guidée par la recherche de ses finalités. En amont du procès la preuve a un rôle de prévention. La partie qui sait que le juge lui donnera tort doit s'abstenir de recourir au juge. La pré-constitution de preuve a donc une vertu dissuasive. En aval du procès, le droit de la preuve articule idéal (la recherche de la vérité) et contingence (la recherche d'un apaisement du conflit). Ainsi se comprennent les textes qui réglementent la preuve et ceux qui obligent le juge à dire le droit et donc à trancher le conflit, construisant une vérité judiciaire.	Objet Charge Modes Admissibilité Évolution
1.4 L'organisation judiciaire	Quand les droits sont contestés, en faire cesser les atteintes est nécessaire. Le recours au service de la justice s'impose : celui-ci obéit à des principes qui le structurent et en organisent le fonctionnement.	Les juridictions : • juridictions communautaires • juridictions nationales du premier degré : civiles, commerciales, pénales et administratives • juridictions du second degré : cours d'appel et cours administratives d'appel • Cour de cassation et Conseil d'état Les personnels des juridictions : magistrats et auxiliaires Droit commun du procès : • grands principes européens : droit à un procès équitable, droit à un procès public et droit à un procès d'une durée raisonnable • grands principes français : principes relatifs à la compétence des juridictions (compétence d'attribution et territoriale), au déroulement du procès (principes directeurs de la contradiction, de la publicité, de l'oralité des débats, de la neutralité du juge, de la gratuité), au jugement (force exécutoire et autorité de la chose jugée)
1.5 Les modes alternatifs de règlement des conflits	Le procès est porteur d'un conflit dont on peut craindre qu'il ne dégénère. Le rétablissement de la paix sociale passe par la procédure judiciaire mais aussi par des modes alternatifs de règlement des conflits (MARC). Ces derniers présentent des avantages : ils peuvent être, alternativement ou cumulativement, plus rapides, moins coûteux, plus appropriés à certaines formes de conflictualité sociale.	Les règlements amiables : • définition • cas de recours (conciliation et médiation civile, médiation pénale et transactions administratives) • mise en œuvre Les règlements juridictionnels : l'arbitrage • définition • domaine • mise en œuvre
2. Les personnes et les biens (45 heures)		
2.1 Les personnes	La personnalité est l'aptitude à participer au commerce juridique. Elle est conférée aux personnes physiques et à certains groupements. Pour chaque sujet de droit il importe de définir les conditions de sa	La personne juridique : • les utilités de la notion de personne juridique • diversité

2.1 Les personnes	participation à la vie juridique : c'est le rôle de la capacité. Les personnes morales sont des fictions juridiques construites pour répondre à des besoins sociaux. En effet, très tôt, on s'est aperçu que la réussite de certains projets de grande envergure nécessitait de constituer des groupements de personnes mettant en commun leurs activités et leurs ressources. Par ailleurs, ces groupements peuvent poursuivre des buts différents de ceux de leurs membres. Tout ceci conduit à conférer à certains groupements la personnalité morale, calquée sur celle des personnes physiques.	Les personnes physiques : • capacité et incapacité : définition et distinction • éléments d'identification (nom de famille, domicile et nationalité) Les personnes morales : • capacité, principe de spécialité, nécessité d'une représentation • éléments d'identification : dénomination sociale, siège social et nationalité
2.2 Les commerçants, personnes physiques	Les premiers acteurs de la vie commerciale sont les commerçants en tant que personnes physiques. Ils dirigent des entreprises individuelles qu'ils exploitent en nom propre. Ces commerçants effectuent des actes de commerce à titre de profession habituelle. On constate donc que c'est l'activité commerciale qui confère le statut de commerçant. Dans le cadre de ses affaires, le commerçant a besoin de règles adaptées à ses besoins.	Définition Commerçant et entreprise individuelle Actes de commerce Activités interdites ou contrôlées Statut personnel du commerçant : incapacité, régime matrimonial, PACS, nationalité, interdictions, incompatibilités et déchéances Statut du conjoint Conséquences de l'activité commerciale : statut juridique et obligations du commerçant
2.3 Les autres professionnels de la vie des affaires	Longtemps l'usage a été d'opposer le commerçant à d'autres catégories professionnelles : les artisans, les agriculteurs et les professionnels libéraux. Aujourd'hui on constate un mouvement d'unification et les clivages s'estompent.	Les artisans : définition et statut Les agriculteurs : définition et statut Les professionnels libéraux : diversité et statut
2.4 Théorie du patrimoine	Dans la tradition juridique française, le patrimoine est une émanation de la personne. Il constitue une véritable universalité de droit et trouve sa base légale dans l'article 2092 du Code civil. Cet article d'une grande richesse pose, notamment, que les biens et les dettes de la personne sont dans une étroite dépendance : les biens garantissent les dettes. Ce droit de gage général qui appartient à tout créancier souffre de diverses lacunes. C'est dans ce contexte que s'enracine le droit des sûretés.	Approche personnaliste et thèse du patrimoine d'affectation : intérêts et limites Approche du droit positif français : rattachement à la thèse personnaliste et conséquences, composition (biens, droits patrimoniaux et dettes) Nature juridique Droit de gage général et nécessité des sûretés
2.5 La propriété	Le droit de propriété est le plus complet des droits réels. Il donne la possibilité de tirer de la chose toutes les utilités dont elle est susceptible. Le droit de propriété satisfait aux intérêts individuels. Toutefois, une partie de la doctrine considère que la propriété remplit aussi une fonction sociale qui fonde toutes	Théorie générale de la propriété : • les attributs du droit de propriété • les caractères du droit de propriété L'acquisition de la propriété : • par un acte juridique : le contrat. Présentation du principe du transfert immédiat et de ses limites

2.5 La propriété	les entorses au droit de propriété. Ces deux fonctions, à la fois compatibles et contradictoires, imprègnent le droit positif de la propriété.	• par un fait juridique : étude de la règle « en fait de meubles, la possession vaut titre » L'étendue du droit de propriété : • l'objet du droit de propriété • les servitudes : notion, caractéristiques, diversité et régime juridique • la propriété démembrée : l'usufruit (constitution, effets et reconstitution) • l'exercice entravé de la propriété : abus de droit et troubles anormaux de voisinage
2.6. Applications particulières de la propriété	Depuis l'élaboration du Code civil la propriété a souvent fait l'objet d'atteintes. Mais, en même temps, la plasticité de la notion et la tendance du droit à procéder plus par imitation que par invention, traduisent le succès de cette notion. Ainsi s'explique l'utilisation de cette notion hors de son strict champ technique. Le fonds de commerce est un bien unitaire, différent des éléments qui le composent. C'est aussi un bien incorporel de nature mobilière. La propriété commerciale permet à un preneur à bail commercial d'obtenir à l'expiration du contrat le renouvellement du bail commercial ou, à défaut une indemnité d'éviction. La propriété intellectuelle protège l'inventeur (droit de la propriété industrielle) comme l'auteur (droit d'auteur).	Le fonds de commerce : notion, composition et nature La propriété commerciale : • conditions d'application du statut des baux commerciaux • régime applicable au bail commercial • droit au renouvellement La propriété industrielle : • la protection des créations industrielles par les brevets d'invention • la protection des créations ornementales par les dessins et modèles • la protection des signes distinctifs par la marque Le droit d'auteur : étude des conditions de la protection des œuvres, des personnes protégées et des droits de ces personnes (droits patrimoniaux et droit moral)
2.7 L'entreprise en difficulté	L'expression « droit des entreprises en difficulté » s'est largement substituée à d'autres expressions comme celle de « droit des procédures collectives » ou de « droit de la faillite ». Cette formulation traduit la volonté du législateur d'orienter la matière vers la prévention et le traitement des défaillances tout en essayant de concilier les nombreux intérêts en présence, notamment ceux du débiteur, des créanciers et des salariés.	Notions sur la prévention des difficultés des entreprises : • rôle des exigences comptables • déclenchement de la procédure d'alerte par le commissaire aux comptes • missions du mandataire ad hoc et du conciliateur Notions sur le traitement des difficultés des entreprises : finalités des procédures de sauvegarde, redressement et liquidation judiciaire
3. L'entreprise et les contrats (35 heures)		
3.1 Théorie générale du contrat	Le contrat est le véhicule juridique de la vie des affaires. Il s'analyse comme la façon de créer volontairement un lien juridique d'obligation : les contractants s'engagent de leur propre gré. Le contrat remplit de nombreuses utilités, notamment économiques. C'est un instrument de communication économique entre les parties, de redistribution, de gestion patrimoniale et de stabilisation des relations économiques.	Notion et fonctions économiques du contrat Principes fondateurs du droit des contrats : liberté contractuelle, force obligatoire et bonne foi La formation du contrat : • conditions de formation • clauses contractuelles particulières • sanctions des conditions de formation

3.1 Théorie générale du contrat	Le contrat est un outil d'organisation de la vie des affaires. C'est aussi une institution dont la plasticité autorise invention et créativité. Le caractère vivant de l'institution exige une analyse des différents stades de la vie du contrat : de sa formation à son exécution en passant par ses pathologies.	L'exécution du contrat : • les obligations à exécuter (voulues par les parties, imposées par le juge) ; interprétation du contrat • les personnes obligées : le principe de l'effet relatif et ses exceptions • le paiement, mode normal d'exécution du contrat • les sanctions de l'inexécution
3.2 Les contrats de l'entreprise	Dans la vie des affaires, l'entreprise passe de nombreux contrats. Cette mise en situation contractuelle permet le passage de la théorie générale aux « contrats spéciaux ». La matière est dominée par une double antinomie : d'une part, l'opposition entre les règles générales et spéciales, d'autre part l'opposition entre contrats nommés et contrats innommés ; d'où les spécificités du régime juridique des contrats de l'entreprise.	Les contrats portant sur le fonds de commerce : location-gérance, nantissement conventionnel et vente (formation et effets des contrats) Le contrat de vente et le contrat d'entreprise (formation et effets des contrats) Les contrats de consommation : • l'achat de biens ou de prestations de services : étude des règles protégeant le consommateur au moment de la formation du contrat et de son exécution • le contrat de crédit à la consommation : formation et effets Le compte de dépôt bancaire : création, fonctionnement et fermeture Les transferts de fonds • par virement : définition, régime, avis de prélèvement et TIP • par chèque : émission, transmission et paiement • par carte : les contrats et les incidents Les contrats de crédit aux entreprises : • le contrat de prêt • avec mobilisation de créances : escompte, affacturage et bordereau Dailly • sans mobilisation de créance : crédit-bail mobilier Les sûretés : nature et caractéristiques essentielles
	4. L'entreprise et ses responsabilités (30 heures)	
4.1 L'entreprise et la responsabilité délictuelle	En développant ses activités l'entreprise peut commettre un fait causant un dommage à autrui. Le délit et le quasi-délit engagent sa responsabilité.	Théorie de la responsabilité délictuelle : • le domaine : distinction responsabilité civile, délictuelle, contractuelle et pénale • les fonctions de la responsabilité délictuelle (réparer, punir, prévenir) • les fondements de la responsabilité délictuelle (faute, risque, garantie, solidarité, précaution)

4.1 L'entreprise et la responsabilité délictuelle (suite)		Les conditions de mise en œuvre : • le dommage (types, exigences relatives aux dommages réparables) • le fait générateur : le fait personnel (la faute), le fait des choses (inclusion de la responsabilité du fait des produits défectueux) et le fait d'autrui • le lien de causalité
4.2 L'entreprise et la responsabilité pénale	Dans le cadre du développement de ses activités, l'entreprise peut mettre en cause sa responsabilité pénale. Cette dernière a pour objet l'infraction et pour but la défense sociale. La réaction sociale peut mettre en jeu la liberté des hommes de l'entreprise et/ou porter atteinte à ses intérêts. Pour ces deux raisons la mise en œuvre de la responsabilité pénale de l'entreprise doit être entourée de nombreuses garanties tant en termes de droit substantiel qu'en terme de droit processuel.	Le droit pénal général : • les éléments constitutifs de l'infraction (éléments légal, matériel, moral) • la classification des infractions (crime, délit, contravention) • l'identification de la personne responsable (l'auteur, le complice) • la peine : notion, principes directeurs (légalité et subjectivité), nature (la classification tripartite et secondaire), formes (atteinte à la personne, aux biens et aux droits) La procédure pénale : • les actions : l'action publique (acteurs, exercice, extinction), l'action civile (acteurs, exercice, extinction) • l'instruction préparatoire : juge et chambre d'instruction • le jugement et les voies de recours

Indications complémentaires

2.1 Les personnes ne sont pas ici envisagées en elles-mêmes mais comme des acteurs de la vie juridique.

Une telle approche conduit, en ce qui concerne les personnes physiques, à exclure du champ du programme tout ce qui relève de l'étude des droits de la personnalité. Une même considération conduit à centrer l'étude des incapables sur les actes qu'ils peuvent ou ne peuvent pas accomplir. L'étude des règles relatives à l'attribution du nom, au changement de nom et celles portant sur l'attribution de la nationalité est exclue. En revanche, on montre l'utilité de ces trois éléments d'identification.

En ce qui concerne les personnes morales, les règles d'attribution des éléments d'identification ainsi que les utilités de ces éléments sont étudiés.

2.5 L'acquisition de la propriété : en ce qui concerne les limites du transfert immédiat, on distinguera celles nées de la volonté des parties, celles tenant à la nature du bien vendu et celles tenant à la protection des tiers.

Pour l'objet du droit de propriété, on fera une présentation succincte de l'assiette du droit de propriété exercé sur un immeuble et du droit d'accession immobilière.

2.6 Dans chacun des cas de propriété industrielle, on étudiera les conditions et les effets de la protection en droit national.

Pour le droit d'auteur, on se limitera aux personnes physiques et aux salariés, en excluant les œuvres à plusieurs auteurs. L'étude des droits post mortem est exclue.

4.1 En ce qui concerne la responsabilité du fait des choses, sont exclus le cas des animaux, la ruine des bâtiments et les accidents de la circulation. En ce qui concerne la responsabilité du fait d'autrui sont exclus la responsabilité des père et mère du fait de leur enfant mineur ; en revanche, la responsabilité des maîtres du fait de leurs domestiques et préposés (art. 1384 al. 5) et celle des artisans du fait de leurs apprentis (art. 1384 al. 6) font partie du programme.

1

PARTIE

INTRODUCTION GÉNÉRALE AU DROIT

CHAPITRE 1 Le droit

CHAPITRE 2 Les sources du droit

CHAPITRE 3 L'organisation judiciaire

CHAPITRE 4 La preuve des droits subjectifs

CHAPITRE 5 Les modes alternatifs de règlement des conflits

1 CHAPITRE

Le droit

SECTION 1 La règle de droit
SECTION 2 Les branches du droit
FICHE MÉMO • APPLICATIONS

Le droit est un système de règles et de solutions organisant la société au nom de certaines valeurs sociales. Par exemple le droit vise à la justice sociale ou bien encore à la sécurité. C'est un phénomène normatif qui nécessite que l'on s'interroge sur la règle de droit et ses caractères. Cette interrogation permet de mieux comprendre la règle, d'en interpréter le sens, d'en identifier les limites et d'en prévoir l'évolution (section 1).

Toutefois, cette vision n'épuise pas l'intégralité du sujet que nous avons à examiner. En effet, il existe une multiplicité de phénomènes sociaux qui entrent dans le champ du droit. Certains sont liés à la famille, d'autres, à l'entreprise ou bien encore aux activités économiques. Face à cette situation, le droit doit identifier, classer, ranger, d'où une organisation du droit en branches (section 2) et codes. Cette nécessité ne s'explique pas seulement par des raisons pédagogiques (identifier les objets et sujets du droit) ou une volonté de comprendre le réel ordonné par le droit. Les enjeux sont aussi pratiques. Ils concernent la détermination du corps de règles applicables à des personnes mais aussi l'identification des juridictions compétentes.

SECTION 1 LA RÈGLE DE DROIT

Nous définirons d'abord le rôle du droit (1) tout en distinguant le « droit » des « droits » (2). Mais le droit n'est pas le seul corps de normes à organiser la société. D'autres règles existent qui ont des visées voisines. La recherche d'un critère du juridique exige alors que les caractères de la règle de droit soient précisés (3) et qu'une claire distinction entre droit et morale soit établie (4).

1. Les finalités du droit

Après avoir développé quelques considérations générales (1.1), nous présenterons les finalités essentielles du droit (1.2).

1.1 Considérations générales

Les manifestations du droit sont très nombreuses. Se marier, passer un contrat, acheter ou vendre un appartement, voter, changer de nom, créer une société..., exigent de mettre en œuvre des règles juridiques. Ces règles ont pour objectif de faciliter la vie en société et, plus fondamentalement, de l'organiser, de la réguler. Aucun corps social ne peut en effet subsister sans une certaine discipline de ses membres. Le droit détermine alors un ensemble de normes de conduite. Il détermine ce que chacun peut et doit faire pour que la vie en société soit possible.

1.2 Les finalités du droit

Les objectifs poursuivis par la règle de droit sont nombreux. Le tableau qui suit les répertorie et les illustre.

Finalités poursuivies	Présentation de la finalité	Exemples
Sécurité des personnes	Assurer la protection de la personne dans ses diverses activités	Assurance automobile Pénalisation de toutes les atteintes à la vie
Sécurité des biens	Assurer la protection des biens privés de la personne et de ceux utilisés par tous (biens communs)	Pénalisation du vol et de la dégradation de la chose d'autrui Possibilité de récupérer une chose détenue par autrui Règles issues du Code de l'environnement et visant à protéger la qualité de l'eau, celle de l'air, à lutter contre le bruit
Stabilité des situations juridiques	Maintenir en l'état ce qui a été établi et éviter de perpétuelles remises en cause	L'article 2 du Code civil prévoit que la loi n'a pas d'effet rétroactif ; elle ne vaut que pour l'avenir. Un texte similaire existe aussi en droit pénal
Organisation économique	Doter la vie économique des règles qui vont en permettre le fonctionnement le plus harmonieux	Respect de la propriété individuelle Respect de la liberté contractuelle
Organisation politique	Doter la cité de règles de droit pour assurer le gouvernement des hommes	Règles relatives aux élections, à l'accès aux fonctions électives Respect des libertés publiques Respect des libertés individuelles Garanties contre l'arbitraire de l'État
Organisation sociale	Fournir à la société des règles qui vont en faciliter le fonctionnement et lutter contre certaines dérives considérées comme socialement non désirables	Règles relatives à l'égalité hommes/femmes Règles encadrant le mariage, le divorce, la procréation

2. Du droit et des droits

En France, le mot « droit » recouvre deux concepts distincts. En effet, tantôt on parlera « du droit » tantôt des droits. La langue anglaise utilise deux termes différents pour effectuer la distinction : *law* et *rights*.

Le droit, au singulier, correspond à l'ensemble des règles sociales qui gouvernent les rapports des hommes entre eux ou avec la puissance publique. Les juristes parlent alors du **droit objectif**.

EXEMPLE

Le droit français.

Au pluriel, « les droits » désignent les pouvoirs juridiques (les prérogatives) qui appartiennent à une personne et lui permettent d'accomplir un acte protégé par la puissance publique.

EXEMPLE

« Les droits » de propriété, de vote, de se marier.

Un individu peut se prévaloir de « ses » droits. En ce sens, il convient de parler de « **droits subjectifs** », c'est-à-dire des droits du sujet.

Ces deux concepts doivent être distingués du droit positif, qui est le droit en vigueur à un moment donné dans un État ou une communauté internationale donnée.

EXEMPLE

Les informations contenues dans ce chapitre constituent une leçon de droit positif.

3. Les caractères de la règle de droit

La règle de droit présente plusieurs caractères. Elle est générale et abstraite (3.1) et coercitive (3.2).

3.1 Caractère général et abstrait

La règle de droit a pour fonction de déterminer, concrètement, le comportement individuel. Elle ne vaut pas pour des cas particuliers mais, bien au contraire, sa vocation est de s'appliquer à tous ceux qui se trouvent dans telle situation déterminée. En définitive, elle ne vise pas les personnes en elles-mêmes mais les situations juridiques dans lesquelles elles se trouvent.

EXEMPLE DE L'ARTICLE 1591 DU CODE CIVIL

L'article 1591 du Code civil dispose que « le prix de la vente doit être déterminé et désigné par les parties ». Ce texte concerne toutes les personnes liées par un contrat de vente. Le caractère général et abstrait ressort ici très clairement parce que la situation, fréquente, intéresse toute la population.

3.2 Caractère coercitif

L'existence d'une sanction, prévue et appliquée par la société, peut être considérée comme l'élément spécifique de la règle de droit. Certes, les autres règles de conduite sont également sanctionnées mais la sanction est d'une tout autre nature.

EXEMPLE

Les règles de morale sont sanctionnées par les remords de la conscience individuelle.

Dans ce cas, la sanction existe mais elle est interne. En droit, tout autre est la sanction. En effet, celle-ci est extérieure à l'individu. Sa mise en œuvre exige que des poursuites judiciaires ou administratives soient déclenchées par des représentants de l'État ou des particuliers, victimes des agissements reprochés.

EXEMPLE

Action intentée par la victime d'un dommage devant une juridiction civile.

Nul ne pouvant se faire justice à lui-même, c'est par le biais de l'action en justice que la sanction de la règle de droit est donc mise en œuvre.

4. Règle de droit et morale

Droit et morale entretiennent des rapports étroits. Par exemple, la norme qui interdit de tuer est à la fois juridique et morale (et même religieuse). Toutefois, il convient de bien distinguer ces deux types de règle afin de rechercher les critères du juridique. Diverses observations peuvent alors être formulées.

LA COMPARAISON DROIT/MORALE	
Critères de comparaison	**Contenus de la comparaison**
Sources	• La règle de droit puise sa source dans l'autorité qui s'est vue reconnaître le pouvoir de légiférer. • La règle de morale résulte de la révélation divine ou de la conscience individuelle ou collective.
Contenus des règles	• La règle de morale précise ce qu'il convient de faire ou de ne pas faire et ceci en référence à une visée fondamentale de l'homme. Elle définit un idéal de conduite tant vis-à-vis d'autrui que de soi-même. • La règle de droit est nettement moins exigeante. Elle assure l'ordre et la paix et ne se soucie pas de la perfection.
Sanctions	• La violation de la règle de morale reçoit une sanction intérieure, celle de la conscience. • La violation de la règle de droit est externe. Elle est infligée par l'autorité contraignante exercée par les pouvoirs publics.

SECTION 2

LES BRANCHES DU DROIT

La complexité croissante des rapports sociaux a entraîné un développement des règles de droit. Pour rendre compte de cette diversité, il convient de l'ordonner dans un cadre plus général qui combine deux distinctions classiques : celle du droit public et du droit privé (1) et celle du droit national et du droit international (2).

1. Droit public et droit privé

Distinction classique en vigueur chez les Romains, l'opposition droit public/droit privé repose sur des fondements et présente des intérêts (1.1). Ce préalable exposé il sera possible d'étudier les différentes branches du droit public (1.2) et du droit privé (1.3).

1.1 Fondement et intérêts de la distinction

a) Fondement

Cette distinction oppose ce qui relève du domaine privé et ce qui relève de la vie publique, celle de la cité. Au XVIIIe siècle, Montesquieu définissait le droit public comme « les lois dans le rapport qu'ont ceux qui gouvernent avec ceux qui sont gouvernés » et le droit privé comme « les lois dans le rapport que tous les citoyens ont entre eux ».(1)

b) Intérêts

Il existe au moins deux intérêts à l'opposition entre le droit public et le droit privé. D'abord, les juridictions qui tranchent les litiges ne sont pas les mêmes.

Les litiges entre les personnes privées sont tranchés par les juridictions judiciaires.

EXEMPLES

Tribunal de grande instance, tribunal d'instance, tribunal de commerce, conseil de prud'hommes.

En revanche, les litiges qui relèvent du droit public sont de la compétence des juridictions administratives.

EXEMPLES

Tribunal administratif, cour administrative d'appel et Conseil d'État.

Enfin, il existe des mécanismes juridiques qui sont propres au droit public.

EXEMPLES

Réquisition, expropriation.

1.2 Le droit public

Le droit public régit les rapports dans lesquels les personnes publiques sont intéressées (État, région, département...). Il comprend diverses branches.

LES DIVERSES BRANCHES DU DROIT PUBLIC	
Le droit constitutionnel	Il détermine les règles relatives à la forme de l'État, à ses organes, leurs pouvoirs et les rapports qu'ils entretiennent. *Exemples* : Les règles qui commandent l'élection du président de la république, des députés et des sénateurs.
Le droit administratif	Il réglemente l'organisation des collectivités publiques (État, régions, départements...) et des services publics ainsi que leurs rapports avec les particuliers. *Exemples* : Le droit de la fonction publique, la réglementation des services publics.
Le droit financier	Il comporte les règles relatives aux finances publiques. *Exemples* : Règles relatives à l'adoption du budget de l'État ou de la Sécurité sociale.
Le droit pénal	Il institue et aménage le droit de punir tel qu'il appartient à la société et tel qu'il est exercé en son nom dans le cadre de la procédure pénale. *Exemples* : Règles relatives aux régimes juridiques des diverses infractions, régimes des sanctions.

(1) En réalité, Montesquieu opposait droit politique et droit civil.

1.3 Le droit privé

Le droit privé régit les rapports des individus entre eux ou avec des collectivités privées. Il comprend diverses branches.

LES DIVERSES BRANCHES DU DROIT PRIVÉ	
Le droit civil	Il détermine les personnes, sujets de droits, les droits privés de ces sujets ; comment ces personnes acquièrent, transmettent ou perdent leurs droits et obligations, et, enfin, comment sont sanctionnés ces rapports de droit privé notamment dans le cadre de la procédure civile. *Exemples* : Droit de la preuve, droit au mariage, droit de propriété.
Le droit commercial	Il décrit et analyse le statut et les activités des entreprises industrielles et commerciales. *Exemples* : Droit des actes de commerce, droit des sociétés, droit de la propriété industrielle.
Le droit du travail	Il regroupe les règles relatives aux rapports individuels et collectifs nés à l'occasion de la relation de travail. *Exemples* : Droit du contrat de travail, droit de la grève, droit de la durée du travail.
Le droit de la Sécurité sociale	Il organise les rapports entre les organismes de Sécurité sociale et les assurés sociaux. *Exemples* : Réglementation applicable aux accidents du travail, règles relatives à la maternité, à la retraite, à la maladie.

2. Droit national et droit international

Cette distinction procède de la division du monde en États. Le droit national ou interne règle les rapports sociaux qui se produisent à l'intérieur d'un État déterminé. Mais il existe aussi des relations qui s'établissent soit entre deux États soit entre des ressortissants de différents États. Ces relations sont soumises au droit international. De ce qui précède il convient de conclure à l'existence de deux séries de normes internationales : le droit international public (2.1) et le droit international privé (2.2).

2.1 Le droit international public

Le droit international public règle les rapports des États entre eux (traités internationaux) ainsi que l'existence, la compétence et les pouvoirs des organisations internationales.

EXEMPLES

Organisation des Nations unies, Organisation mondiale de la santé.

Pour un citoyen ressortissant d'un État membre de l'Union européenne le droit européen joue un rôle de plus en plus important. Il concerne :

– les règles contenues dans les traités constitutifs. Ces règles constituent le droit originaire ;

EXEMPLES

Le traité de Rome instituant la Communauté européenne (25 mars 1957), le traité de Nice (26 février 2001).

– et les dispositions prises en vertu des traités. Ces secondes règles constituent le droit dérivé.

EXEMPLES

Règlements et directives.

2.2 Le droit international privé

Le droit international privé s'applique aux relations entre particuliers qui comportent un élément d'extranéité (= un élément étranger).

Les principaux domaines du droit international privé concernent :

– la **détermination de la loi applicable** à des personnes qui entretiennent des rapports alors qu'elles relèvent d'États différents ;

MARIAGE MIXTE

Ulysse, de nationalité grecque, et Julie, française, désirent se marier en France mais en ne passant pas devant le maire. En effet, la loi grecque admet la validité de la seule célébration religieuse du mariage. En revanche, le droit français exige le passage devant le maire. *Quelle loi faut-il appliquer à ces futurs époux ?*

Depuis le célèbre arrêt Rivière du 17 avril 1953, la Cour de cassation applique la loi du domicile commun des époux. En conséquence, si les époux vivent en France, il faudra qu'ils passent devant le maire, sinon leur mariage ne sera pas valide. En revanche, s'ils vivent en Grèce, la célébration religieuse suffira.

– la **détermination des tribunaux applicables** à un conflit entre des personnes étrangères ;

UN PRÊT NON REMBOURSÉ

Un Américain, tombé amoureux de la baie de Somme, a acheté une maison à Saint-Valery. Il a effectué un prêt pour financer cette acquisition à la Banque du Littoral.

Après avoir passé plusieurs étés dans sa maison, il décide de regagner son pays d'origine pour se marier. À partir de ce jour, il ne rembourse plus la banque à laquelle il doit encore la moitié de son prêt. *Doit-on le poursuivre devant les tribunaux américains ?*

Aux termes de l'article 14 du Code civil, « l'étranger, même non résidant en France, pourra être cité devant les tribunaux français, pour l'exécution des obligations par lui contractées en France avec un Français. »

Par conséquent, la Banque du Littoral peut assigner en justice son client américain devant un tribunal français.

– la **détermination de la nationalité** d'une personne et les règles juridiques qui s'appliquent aux étrangers.

LA NATIONALITÉ DE PABLO

Ce matin vers 8 heures, Pablo vient de naître dans une clinique de la région parisienne. Il a pour père Ruan Echevit, né le 15 août 1990 à La Paz en Bolivie. Ruan est arrivé en France voici deux ans à peine. Il travaille dans une entreprise qui commercialise du matériel informatique. Ludivine, la mère de Pablo, est française. Elle est née, il y a 19 ans, dans le quartier La Castellane à Marseille. *Quelle est la nationalité de Pablo ?*

Aux termes de l'article 18 du Code civil, « est français l'enfant dont l'un des parents au moins est français ». Pablo est donc français car sa mère est française.

FICHE MÉMO

1. Les finalités de la règle de droit
2. Le droit objectif et les droits subjectifs
3. Les caractères de la règle de droit
4. Le droit et la morale
5. Les branches du droit
6. Droit national et droit international

1. LES FINALITÉS DE LA RÈGLE DE DROIT

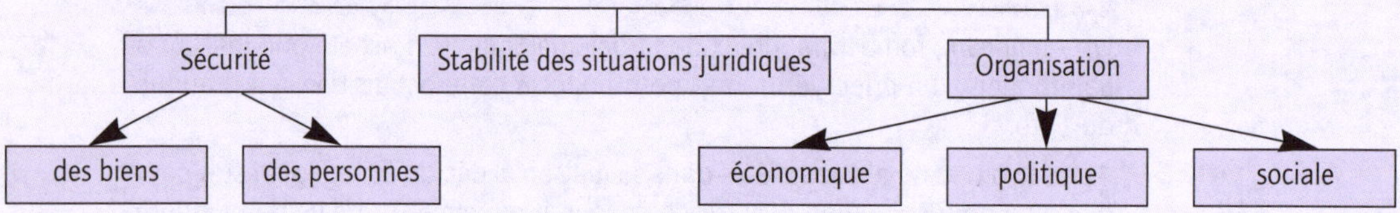

2. LE DROIT OBJECTIF ET LES DROITS SUBJECTIFS

Droit objectif ou droit	Ensemble des règles sociales qui gouvernent les rapports des hommes entre eux ou avec la puissance publique.
Droits subjectifs ou droits	Prérogatives reconnues par le droit objectif aux personnes et dont elles peuvent se prévaloir auprès de l'autorité publique.

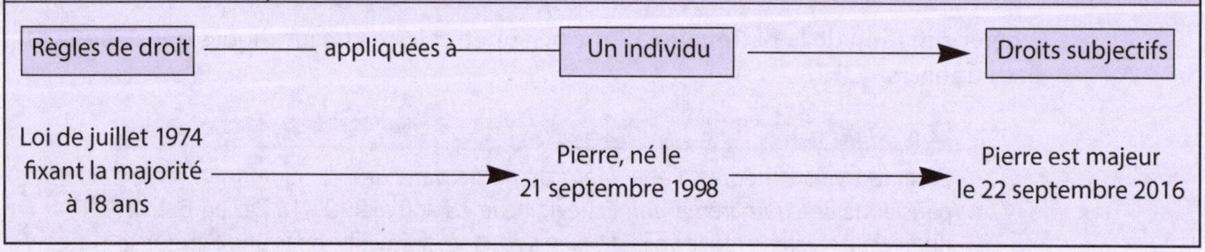

3. LES CARACTÈRES DE LA RÈGLE DE DROIT

Générale et abstraite	S'applique indistinctement à toutes les personnes qui se trouvent dans la situation qu'elle a voulu organiser.
Coercitive	S'impose sous peine de sanctions prononcées par les tribunaux.

4. LE DROIT ET LA MORALE

	La règle de droit	La règle de morale
SOURCE	L'autorité qui a pouvoir de légiférer.	La conscience individuelle ou collective.
CONTENUS	Assure l'ordre et la paix.	Idéal de conduite.
SANCTIONS	Sanction externe (amende, prison, dommages-intérêts...).	Sanction intérieure (celle de la conscience).

5. LES BRANCHES DU DROIT

	Droit public	Droit privé
OBJET	Organisation et fonctionnement des pouvoirs publics. Relations des pouvoirs publics avec les personnes privées.	Relations des personnes privées entre elles.
BUT	Satisfaction de l'intérêt général.	Satisfaction des intérêts privés.
CARACTÈRE	Impératif.	Souvent supplétif.
JURIDICTIONS COMPÉTENTES	Juridictions de l'ordre administratif.	Juridictions de l'ordre judiciaire.

Les branches du droit public

Droit constitutionnel	Droit administratif	Droit financier	Droit pénal
Règles relatives à la forme de l'État, ses pouvoirs, ses organes et leurs rapports.	Règles relatives à l'organisation des collectivités publiques et des services publics, ainsi que leurs rapports avec les particuliers.	Règles relatives aux finances publiques.	Règles qui déterminent les faits répréhensibles et leurs sanctions.

Les branches du droit privé

Droit civil	Droit commercial	Droit du travail	Droit de la Sécurité sociale
Règles relatives aux personnes, aux biens, la famille, les contrats, la responsabilité...	Règles applicables à l'exercice de la profession commerciale.	Réglementation des rapports entre employeurs privés et salariés à l'occasion du travail.	Réglementation des rapports entre les assurés, les assujettis et les organismes de Sécurité sociale.

6. DROIT NATIONAL ET DROIT INTERNATIONAL

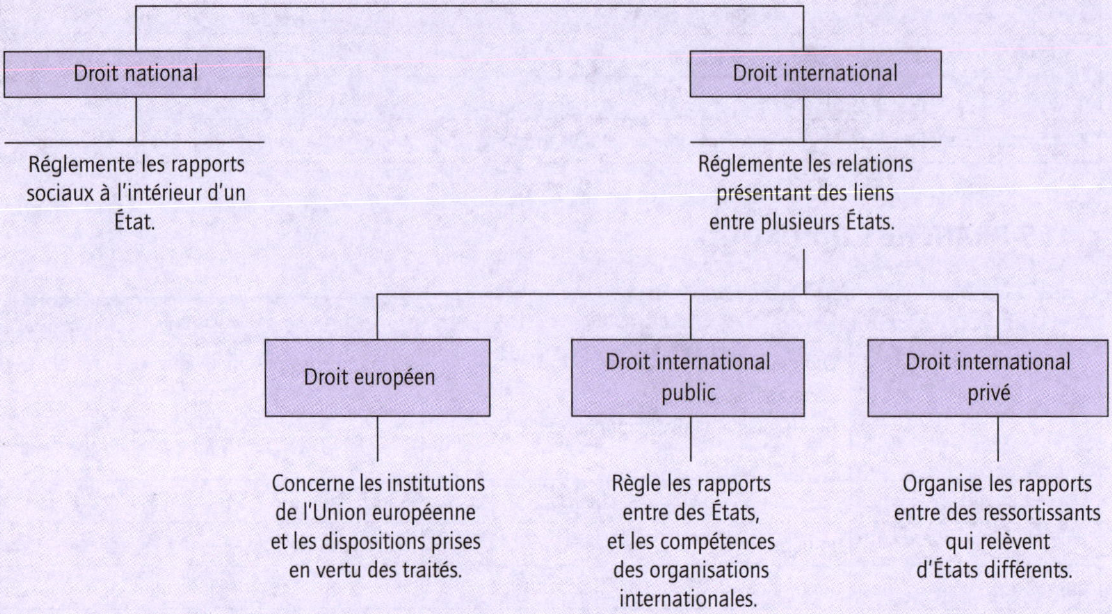

APPLICATIONS

APPLICATION 1 Questionnaire d'auto-évaluation

APPLICATION 2 Le droit et le fait

Vous trouverez les corrigés du questionnaire d'auto-évaluation et des questions de cours en fin d'ouvrage ; les corrigés des cas pratiques, analyses d'une décision de justice et analyses d'un document figurent sur les sites www.expert-sup.com et www.dunod.com.

APPLICATION 1

Questionnaire d'auto-évaluation

1. Discutez les affirmations suivantes

1. Le droit objectif détermine les droits d'une personne.
2. Le droit subjectif est l'ensemble des règles juridiques applicables à une société.
3. Le droit constitutionnel fait partie du droit national.
4. Le droit constitutionnel fait partie du droit public.
5. Le droit commercial fait partie du droit privé.
6. Le droit objectif est sanctionné.
7. Le droit du travail fait partie du droit public.
8. Le droit fiscal est une branche du droit administratif.
9. La règle de droit a un caractère personnel et général.
10. Le statut des étrangers est déterminé par le droit international privé.

2. Rattachez les notions suivantes aux différentes branches du droit

1. Un différend entre deux personnes à propos d'un héritage.
2. La nomination d'un procureur de la République.
3. La mise en location-gérance d'un fonds de commerce.
4. Le non-paiement de la contribution économique territoriale par un chef d'entreprise.

5. Le licenciement d'un délégué syndical.
6. La prise en charge des frais liés à un accident du travail.
7. La gestion des biens d'un majeur protégé.
8. Une escroquerie.
9. Un conflit entre des associés de la SARL Rex Stout.
10. L'ouverture d'une succession.
11. Un conflit à propos de la prise en charge de frais d'hospitalisation.
12. Des injures en public.
13. La publication d'une photo d'un chanteur célèbre giflant, dans les bureaux de son avocat, son ex-femme.
14. L'élection d'un député.
15. Un litige entre un fonctionnaire et son employeur, la mairie de Roanne.
16. La procédure d'élaboration du budget de la Sécurité sociale.
17. Des coups et blessures.
18. Le piratage d'un film.
19. Un vol de voiture.
20. Un conflit à propos de la construction d'un nouvel édifice public.

3. Rattachez les notions suivantes au droit international privé ou public et justifiez la réponse

1. La détermination de la nationalité d'un enfant né d'un Français et d'une Américaine.
2. La détermination de la nationalité d'une société.
3. Un conflit portant sur la détermination des eaux territoriales d'un pays.
4. Un contrat conclu entre un fournisseur français et son client allemand.
5. La procédure d'adoption d'un accord à l'OMC.
6. L'entrée d'un nouvel État dans l'Union européenne.

APPLICATION 2

Analyse de texte

Le droit et le fait

La distinction entre le fait et le droit est au cœur du raisonnement juridique et de la répartition des rôles entre les juges ; [...].

L'articulation entre le droit et les faits est complexe. Le droit n'est pas de l'ordre de l'**être** mais du **devoir-être** : il ne décrit donc pas ce qui est, mais l'idéal à atteindre.

Il est en ce sens nécessairement **normatif** et **prescriptif**. Il ne peut pas être neutre et renvoie nécessairement à une axiologie, c'est-à-dire à un système de valeurs : certaines actions sont autorisées et d'autres interdites, certains comportements sont favorisés et d'autres découragés, etc.

Le droit ne peut donc pas se déduire sans reste d'une simple constatation des faits, et même l'idée que le droit devrait s'adapter aux faits est très réductrice. Il y a toujours auparavant un jugement de valeur porté sur les faits. Nul ne songerait par exemple à déduire d'une augmentation de la criminalité la nécessité de légaliser celle-ci. Cela ne signifie pas pour autant, ce qui serait l'extrême inverse, que le droit puisse se désintéresser de l'évolution de la société et notamment de l'évolution des mœurs : c'est ainsi que le droit de la famille a été constamment modifié au gré de l'évolution des mentalités et de la perception sociale du divorce, de l'adultère[1], ou encore de l'orientation sexuelle. Le droit a cependant aussi à l'inverse un rôle instituant, c'est-à-dire qu'il met en place un certain état de fait : des règles juridiques peuvent instaurer ou au contraire détruire la confiance, pacifier une relation ou encourager une certaine violence, etc. C'est ainsi que la loi instituant le pacs, qui a certes été rendue possible par l'évolution de la perception de l'homosexualité, a eu en retour pour effet de banaliser, et donc d'atténuer, la stigmatisation dont peuvent être victimes les couples homosexuels. Ce caractère instituant du droit rend au demeurant impossible l'absence d'écart entre le fait et le droit, car un déplacement de la règle entraîne toujours un déplacement **corrélatif** des faits. Ainsi, par exemple, la légalisation de l'euthanasie active conduirait à un accroissement de cette pratique et, dès lors, à l'apparition de nouveaux litiges bien délicats à trancher, en particulier des contestations de la famille regrettant la décision prise et reprochant au médecin d'avoir mis fin aux jours de leur proche, voire des déchirements entre membres d'une même famille sur la décision à prendre. De même, les litiges actuels relatifs à la maternité de substitution donnent à voir aujourd'hui des couples stériles malheureux voulant faire affaire avec des mères porteuses généreuses ou nécessiteuses. Si la maternité de substitution était autorisée, il faudrait affronter toute une série de nouveaux litiges : des déchirements entre le couple payeur et la mère porteuse qui souhaiterait finalement garder l'enfant ; des situations d'enfants handicapés dont personne ne voudrait plus ; sans parler des rancœurs et des fractures si ce type de montages était autorisé au sein d'une même famille (les mères portant des enfants pour leurs filles ou une sœur pour l'autre). Il y aura, dans tous les cas, un prix à payer qu'il faudrait prendre en considération avant de décider de la légalisation de ces pratiques. La question n'est pas morale, mais relative au type de société institué par les règles de droit.

M. Fabre-Magnan, *Introduction au droit*, PUF, « Que sais-je », n° 1808, 2014, p. 14 à 17.

QUESTIONS

1. Expliquez les termes en gras dans le texte.
2. Pour quelles raisons le droit ne résulte-t-il pas d'une simple constatation des faits ?
3. Expliquez le caractère « instituant » du droit.
4. Pour quelle(s) raison(s) y a-t-il toujours un écart entre le fait et le droit ?

(1) *Fait, pour une personne mariée, d'avoir des rapports sexuels avec une autre personne que son conjoint.*

2 CHAPITRE

Les sources du droit

SECTION 1 Les sources fondamentales du droit objectif

SECTION 2 Les autres sources du droit

FICHE MÉMO • APPLICATIONS

Le droit objectif regroupe l'ensemble des règles de droit qui gouvernent les rapports des hommes *entre eux*. Nous retiendrons la conception de sources formelles du droit pour étudier les mécanismes d'émission des règles de droit. Les sources formelles du droit sont « les formes obligées et prédéterminées que doivent inéluctablement emprunter des préceptes de conduite extérieure pour s'imposer socialement sous le couvert de la puissance coercitive du droit » (J. Bonnecase, *Introduction à l'étude du droit*, Sirey, 1931, n° 58). Les sources nationales ont été longtemps présentées comme les principales sources du droit objectif français. L'intégration européenne, le développement des relations internationales ont changé cette approche. Le droit international et le droit européen pénètrent tous les domaines, le droit des affaires comme le droit civil. L'objet de ce chapitre est d'étudier l'ensemble de ces sources en les ordonnant dans leur hiérarchie. Nous distinguerons les sources fondamentales du droit objectif (section 1) des autres sources (section 2). Nous montrerons dans cette deuxième partie les évolutions vers de nouveaux lieux de fabrication du droit à côté des instances traditionnelles.

SECTION 1

LES SOURCES FONDAMENTALES DU DROIT OBJECTIF

Nous étudierons successivement le bloc de constitutionnalité (1), les traités internationaux (2) et le droit européen dérivé (3).

1. Le bloc de constitutionnalité

Le « bloc de constitutionnalité » englobe en plus du texte de la Constitution de 1958, le préambule de la constitution de 1946, la Déclaration des droits de l'homme et du citoyen de 1789, la Déclaration universelle des droits de l'homme de 1948, la convention européenne de sauvegarde des droits de l'homme de 1950. Sont également intégrés dans ce « bloc » des « principes fondamentaux reconnus par les lois de la république ».

EXEMPLES DE PRINCIPES FONDAMENTAUX

- Principe de sauvegarde de la personne humaine contre toute forme d'asservissement et de dégradation.
- Principe du respect des droits de la défense.

- Attachement du peuple français aux droits de l'homme.
- Attachement du peuple français aux principes de la souveraineté nationale définis par la déclaration de 1789, confirmés et complétés par le préambule de la Constitution de 1946.

La Constitution fixe les compétences des autorités de l'État auxquelles aucune autre autorité ne peut porter atteinte. Elle est le pacte social définissant les pouvoirs publics, régissant leurs rapports et organisant les relations entre gouvernants et gouvernés.

Le Conseil constitutionnel contrôle la constitutionnalité des lois et des traités et intègre dans son champ d'investigation l'ensemble des textes précités. Il peut être saisi par les justiciables en cas de contestation de la constitutionnalité des lois (la saisine s'effectue par une QPC : question prioritaire de constitutionnalité).

2. Les traités internationaux

Les traités internationaux sont des accords entre États souverains fixant des règles obligatoires pour les situations relevant du champ d'application de ces traités.

L'entrée en vigueur d'un traité en France est subordonnée à sa ratification ou à son approbation lorsqu'il s'agit d'un accord en la forme simplifiée et à sa publication au *Journal officiel*. Le pouvoir de ratifier ou d'approuver les traités est dévolu au président de la République. Cependant, de l'article 53, alinéa 1er de la Constitution, il résulte que certains traités ne peuvent être ratifiés ou approuvés qu'en vertu d'une loi. Il s'agit notamment des traités de commerce, de ceux qui engagent les finances de l'État, de ceux qui modifient des dispositions de nature législative et enfin de ceux qui sont relatifs à l'état des personnes.

EXEMPLE

Ratification des accords de Marrakech, constituant l'Acte final du cycle d'Uruguay et la Charte constitutive de l'OMC.

PLACE DES TRAITÉS DANS L'ENSEMBLE DES NORMES JURIDIQUES EN VIGUEUR, EN FRANCE

Tout d'abord, il convient d'indiquer que les traités doivent être conformes à la Constitution. Si tel n'est pas le cas, il faut, avant toute ratification ou approbation de l'engagement international, réviser la Constitution (article 54). Ensuite, un deuxième principe établit la conformité des lois aux traités. En effet, aux termes de l'article 55 « les traités ou accords régulièrement ratifiés ou approuvés ont, dès leur publication, une autorité supérieure à celle des lois, sous réserve, pour chaque accord ou traité, de son application, par l'autre partie ».

Les traités instituant les Communautés européennes créent des obligations mutuelles entre États contractants mais surtout mettent en place un système normatif complexe appelé « ordre juridique européen ». Depuis le milieu des années 1950, la France est engagée dans un processus d'intégration européenne. À l'origine, ce processus reposait sur trois traités : le traité CECA instituant, en 1951, la Communauté européenne du charbon et de l'acier et les deux traités de Rome instituant, en 1957, l'un la Communauté européenne de l'énergie atomique (CEEA, Euratom), l'autre la Communauté économique européenne (CEE, Marché commun). Viennent s'ajouter les modifications intervenues ultérieurement. Pour l'essentiel, il s'agit, ces dernières années, de l'acte unique européen (17 et 22 février

1986), du traité sur l'Union européenne signé à Maastricht le 7 février 1992, et du traité d'Amsterdam (2 octobre 1997), qui concerne principalement la création d'un cadre juridique unique, cohérent et efficace pour la politique sociale et du traité sur le fonctionnement de l'Union européenne (TFUE) entré en vigueur le 1er décembre 2009. L'ensemble forme le droit communautaire originaire, aujourd'hui appelé droit européen.

3. Le droit européen dérivé

Après avoir présenté les principes (3.1) qui fondent l'« ordre juridique européen », nous présenterons les sources du droit européen dérivé (3.2).

3.1 Principes de droit européen

Deux principes juridiques expliquent l'imbrication du droit européen et du droit national. Ils sont élaborés par le juge, en l'occurrence la Cour de justice de l'Union européenne (CJUE). Cette cour comprend trois juridictions : la Cour de justice, le Tribunal et des tribunaux spécialisés. La Cour de justice est chargée de faire respecter le droit dans l'interprétation et l'application des traités. Elle est composée d'un juge par État membre et de neuf avocats généraux. Ces derniers aident la Cour dans sa mission en présentant des conclusions.

La primauté du droit européen est affirmée dans l'affaire Costa contre Enel du 15 juillet 1964. Dans cette affaire, la Cour expose les trois caractères généraux de la construction européenne :

- l'institution d'un ordre juridique propre intégré au système juridique des États membres ;
- la création d'une Communauté de durée illimitée dotée de la personnalité juridique et de pouvoirs réels issus de transferts de compétences consentis par les États membres ;
- l'existence d'un corps de règles applicables à ces États et à leurs ressortissants.

PRINCIPE DE PRIMAUTÉ

De ces 3 caractères, le juge déduit la primauté du droit européen, ainsi exprimée : l'impossibilité pour les États de faire prévaloir, contre un ordre juridique accepté par eux sur une base de réciprocité, une mesure unilatérale (c'est-à-dire nationale) ultérieure...

Ce premier principe se double de « l'effet direct », posé par la Cour de justice dans son arrêt *Van Gend en Loos* du 5 février 1963.

L'EFFET DIRECT

L'effet direct affirme la capacité du droit européen à créer pour les ressortissants des États membres des droits et des obligations. Ainsi, devant le juge de son pays, un citoyen peut tirer un droit et faire écarter une règle nationale non compatible avec le droit européen.

3.2 Les sources du droit européen dérivé

Du droit européen originaire procède un droit qu'il est convenu d'appeler dérivé et qui comporte principalement trois catégories d'actes. Une valeur supra législative a été reconnue aux règlements et directives européennes.

Types d'acte	Définition	Application	Auteur
Le règlement	Le règlement a une portée générale. Il s'adresse à des catégories de personnes envisagées de manière générale et abstraite.	Publié au *Journal officiel de l'Union européenne* (JOUE) il est obligatoire dans tous ses éléments, tant pour les États que pour les particuliers. Le règlement est directement applicable dans l'Union. Ce point est capital. Il signifie que, dès sa publication, le règlement confère des droits et des obligations aux États membres et à leurs ressortissants. Le règlement n'a ni à être ratifié ni à être approuvé. Il a une validité automatique.	Cet acte a pour auteur le Conseil (règlement de base) ou la Commission (règlement d'exécution) et, depuis le traité d'Amsterdam, le Conseil et le Parlement dans le cadre de la procédure de décision conjointe.
La directive	La directive a pour seuls destinataires les États qu'elle lie quant au résultat à atteindre tout en leur laissant la compétence pour la forme et les moyens.	La liberté des États est cependant encadrée : ils doivent respecter un délai de mise en œuvre et choisir les formes et les moyens les plus appropriés pour atteindre le but recherché.	Cet acte, notifié aux États, a pour auteur le Conseil ou la Commission et, depuis le traité de Maastricht, le Conseil et le Parlement dans le cadre de la procédure de codécision.
La décision	La décision est un acte individuel qui s'adresse à des personnes (particuliers et États membres) désignées.	Obligatoire dans tous ses éléments, elle confère des droits et des obligations.	Les auteurs sont les mêmes que pour le règlement et la directive.

LA COMMISSION

La Commission comprend un commissaire par État membre, soit 28 personnes depuis l'adhésion de la Croatie le 1er juillet 2013. À la tête de la Commission se trouve un président. Les commissaires sont indépendants et ne peuvent pas recevoir d'ordre des gouvernements.

Nomination. Le Conseil européen (essentiellement composé des chefs d'État ou de gouvernement des États membres) propose au Parlement le nom du président de la Commission. Le Conseil européen établit la liste des commissaires sur la base des propositions faites par les États. L'ensemble du collège est soumis à un vote d'approbation du Parlement. *In fine*, le Conseil européen nomme l'ensemble des membres du collège.

Rôles. La Commission :

- a un **pouvoir de proposition**. Selon l'article 17, § 1 TFUE(1), elle « promeut l'intérêt général de l'Union et prend les initiatives appropriées à cette fin ». Elle exerce ce pouvoir de sa propre initiative ou à la demande du Parlement ;
- est la **gardienne des traités**. À ce titre, elle dispose de nombreux pouvoirs. Ainsi, elle peut s'informer auprès des États des mesures et projets qu'ils

(1) Traité sur le fonctionnement de l'Union européenne (2010).

comptent mettre en œuvre. Elle peut aussi prendre des sanctions vis-à-vis des entreprises en cas de violation de certaines dispositions du droit de l'Union, par exemple les règles de la concurrence ;

- dispose d'un **pouvoir normatif restreint**. Elle dispose d'un pouvoir normatif autonome dans certaines matières qui relèvent de l'union douanière et de la concurrence. Pour le surplus, elle dépend des autres institutions de l'Union ;
- a d'autres pouvoirs, notamment un pouvoir de gestion sur les différents services de l'Union et un pouvoir de négociation des accords externes.

SECTION 2

LES AUTRES SOURCES DU DROIT

En répartissant les sources nationales en fonction de l'autorité émettrice, il convient de distinguer les textes émanant du pouvoir législatif (1), du pouvoir réglementaire (2), des milieux professionnels (3) et de l'autorité judiciaire, à savoir la jurisprudence (4).

1. La loi

Au sens formel, la loi est un texte voté par le Parlement.

LE PARLEMENT

Composé de deux chambres – l'Assemblée nationale et le Sénat –, le Parlement est qualifié de bicaméral.

L'Assemblée nationale peut être dissoute par un acte du pouvoir exécutif. Les députés, qui forment l'Assemblée nationale, sont élus pour cinq ans au suffrage universel direct et au scrutin majoritaire à deux tours.

Les sénateurs, qui siègent au palais du Luxembourg, sont élus au suffrage universel indirect par les grands électeurs pour neuf ans, et renouvelables par tiers tous les trois ans. Le collège électoral est constitué des députés, des conseillers régionaux, des conseillers généraux et des délégués des communes dont le nombre est fonction de la population. Toutefois, chaque commune dispose d'au moins un représentant. Ceci explique que le poids des communes rurales est très important dans la désignation des sénateurs.

Les deux assemblées se réunissent séparément sauf en matière de révision constitutionnelle où elles siègent ensemble et forment le Congrès. Le Parlement participe au processus législatif et contrôle également l'action du Gouvernement.

Le contrôle s'effectue de diverses façons. Les parlementaires peuvent poser au Gouvernement des questions orales ou écrites. L'assemblée peut également confier à certains de ses membres une mission temporaire et étroitement définie. Sont alors constituées des commissions d'enquête qui mènent des investigations sur certains faits précis ou examinent la gestion de services publics ou d'entreprises nationales.

Le contrôle s'effectue aussi par le vote d'une motion de censure. Également appelée « motion de défiance », il s'agit d'un texte qui critique la politique mise en œuvre par le Gouvernement.

L'initiative des lois appartient concurremment au Premier ministre – au nom du Gouvernement – et aux parlementaires. Ensuite, vient la phase de délibération qui comporte l'examen en commission et la discussion en séance publique. Dans cette phase, les parlementaires exercent leur droit d'**amendement** qui résulte, soit de la modification d'un article existant, soit de l'adjonction au texte initial d'un « article additionnel ». L'adoption résulte en principe d'un vote. Les députés et sénateurs votent chaque article du projet ou de la proposition, puis le texte en son entier. L'adoption de la loi par la représentation nationale suppose un vote identique des deux assemblées. Cette exigence conduit à transmettre au Sénat tout texte d'abord soumis à l'Assemblée nationale, ou inversement. Quand le texte a fait l'objet d'une première lecture devant chaque assemblée, et s'il n'a pas été adopté en termes identiques, il convient de procéder à la « navette ». Le texte passe alors d'une chambre à l'autre jusqu'à son adoption. Cette situation peut s'éterniser et conduire à un blocage du processus législatif voire de la réforme.

COMMISSION MIXTE PARITAIRE

Pour éviter le blocage législatif, le Premier ministre peut décider la réunion d'une commission mixte paritaire, composée de sept députés et sept sénateurs. Cette procédure vise à élaborer un texte de compromis. Si le travail de la commission aboutit, le Gouvernement peut demander aux deux assemblées d'approuver ce texte. Si le travail en commission n'aboutit pas ou si, ce travail ayant abouti, le texte de compromis est rejeté par le Parlement, le Gouvernement peut demander à l'Assemblée. nationale de statuer définitivement.

Après son adoption, la loi peut être déférée au **Conseil constitutionnel** qui va vérifier sa conformité à la Constitution.

Après contrôle éventuel, la loi fait l'objet d'une **promulgation**, opération par laquelle le président de la République constate l'existence de la loi, en ordonne la publication et l'exécution. La publication a pour objet de porter le texte à la connaissance du public. Elle s'effectue au *Journal officiel de la République française* (JORF). Dès le lendemain de sa publication et jusqu'à son abrogation, le texte est obligatoire. Ainsi nul n'est censé ignorer la loi.

Dans la constitution de 1958, le domaine de la loi est borné par l'article 34. À l'intérieur de ce domaine, la Constitution distingue deux types de matières. Certaines sont entièrement réservées à la loi ; dans le domaine économique, c'est le cas pour l'assiette, le taux et les modalités de l'impôt. D'autres ne sont que partiellement réservées à la loi. Le Parlement est seulement qualifié pour poser « les principes fondamentaux ». Il s'agit, par exemple, du régime de la propriété, du droit du travail, du droit syndical et de la Sécurité sociale... Enfin, notons que l'article 34 distingue certaines lois qui présentent des traits originaux : les lois de finances, les lois de financement de la Sécurité sociale et les lois de programme.

Article 34, Constitution de 1958

La loi fixe les règles concernant :

– les droits civiques et les garanties fondamentales accordées aux citoyens pour l'exercice des libertés publiques ; la liberté, le pluralisme et l'indépendance des médias ; les sujétions imposées par la Défense nationale aux citoyens en leur personne et en leurs biens ;

– la nationalité, l'état et la capacité des personnes, les régimes matrimoniaux, les successions et libéralités ;

– la détermination des crimes et délits ainsi que les peines qui leur sont applicables ; la procédure pénale ; l'amnistie, la création de nouveaux ordres de juridiction et le statut de magistrats ;

– l'assiette, le taux et les modalités de recouvrement des impositions de toutes natures ; le régime d'émission de la monnaie.

La loi fixe également les règles concernant :

– le régime électoral des assemblées parlementaires, des assemblées locales [...] ;

– la création de catégories d'établissements publics ;

– les garanties fondamentales accordées aux fonctionnaires civils et militaires de l'État ;

– les nationalisations d'entreprises et les transferts de propriétés d'entreprises du secteur public au secteur privé.

La loi détermine les principes fondamentaux :

– de l'organisation générale de la Défense nationale ;

– de la libre administration des collectivités « territoriales », de leurs compétences et de leurs ressources ;

– de l'enseignement ;

– de la préservation de l'environnement ;

– du régime de la propriété, des droits réels et des obligations civiles et commerciales ;

– du droit du travail, du droit syndical et de la sécurité sociale.

Les lois de finances déterminent les ressources et les charges de l'État dans les conditions et sous les réserves prévues par une loi organique.

Les lois de financement de la Sécurité sociale déterminent les conditions générales de son équilibre financier et, compte tenu de leurs prévisions de recettes, fixent les objectifs de dépenses, dans les conditions et sous les réserves prévues par une loi organique.

Des lois de programme déterminent les objectifs de l'action de l'État. [...]

2. Textes émanant du pouvoir réglementaire

Traditionnellement on distingue les ordonnances de l'article 38 (2.1) et les règlements (2.2).

2.1 Les ordonnances de l'article 38

La compétence exclusive du Parlement dans l'élaboration des lois est, dans l'histoire constitutionnelle française, souvent battue en brèche. Des circonstances de crise incitent le chef du pouvoir exécutif à produire des textes ayant force de loi. Dans d'autres situations, le Parlement – en vue de hâter des réformes dont il comprend l'urgence mais qu'il est impuissant à réaliser – délègue ses pouvoirs au Gouvernement. Cette confusion des domaines – souvent décriée – s'appuie en France sur une véritable tradition qui s'est poursuivie sous la Ve République. L'article 38 de la Constitution autorise le recours aux ordonnances.

LES DISPOSITIONS DE L'ARTICLE 38 DE LA CONSTITUTION

Le Gouvernement peut, pour l'exécution de son programme, demander au Parlement l'autorisation de prendre par ordonnances (en Conseil des ministres, après avis du Conseil d'État) des mesures qui sont normalement du domaine de la loi. Ces ordonnances entrent en vigueur dès leur publication. Elles doivent être soumises à ratification du Parlement sinon elles deviennent caduques (= *cessent d'être en vigueur*). Le dépôt du projet de loi de ratification, dans le délai imparti par le Parlement, aboutit à deux situations. Si le Parlement ratifie, les ordonnances acquièrent valeur législative ; elles ne peuvent donc, ultérieurement, être modifiées que par une loi. Si le Parlement ne ratifie pas, les ordonnances demeurent des actes réglementaires.

2.2 Les règlements

L'exercice du pouvoir réglementaire est une des attributions dont le président de la République et le Premier ministre ont, en vertu de la Constitution, la charge. Il se traduit par l'élaboration de règlements qui sont, les uns des **règlements d'exécution** des lois, les autres des **règlements autonomes**.

En vertu de l'article 21 de la Constitution, le Gouvernement a pour mission d'exécuter les lois. Cette activité l'amène à prendre des règlements d'exécution des lois. Ces règlements sont indispensables : grâce à eux, le législateur peut se borner à n'inclure dans les lois que des dispositions de premier rang et ayant vocation à la permanence. Les détails feront l'objet d'un règlement d'application.

EXEMPLE

En droit du travail, la loi prévoit que le salaire minimum de croissance assure aux salariés dont les rémunérations sont les plus faibles la garantie de leur pouvoir d'achat et une participation au développement économique de la nation. La mise en œuvre du SMIC exige la fixation de son montant horaire qui fait l'objet d'un règlement d'application et incombe au pouvoir exécutif.

Distinct du champ des règlements d'exécution des lois, il existe un domaine normatif réservé au pouvoir réglementaire et protégé des incursions du législatif. Ce sont les règlements autonomes qui ne sont pris ni en vertu d'une loi ni pour l'application d'une loi. Ils ne sont pas non plus soumis au respect des lois : faute de lois, il ne peut y avoir obligation de les respecter. Le domaine de ces règlements autonomes est délimité par l'article 37 de la Constitution.

L'article 37 al. 1 de la Constitution

Les matières autres que celles qui sont du domaine de la loi ont un caractère réglementaire.

3. Textes émanant des milieux professionnels

Aux marges de la loi et du règlement, existe un droit non légiféré qui résulte en partie de l'activité des milieux professionnels. Pour rendre compte de cette activité, il convient de présenter les sources collectivement négociées (3.1), les usages dans la vie des affaires (3.2) et la doctrine (3.3).

3.1 Les normes collectivement négociées

Dans son article L. 2221-1, le Code du travail affirme le droit des salariés à la négociation collective. Ce droit se traduit – au niveau des branches professionnelles, des groupes, des entreprises, voire des établissements – par la conclusion de conventions collectives. Négociés par les partenaires sociaux (employeurs et organisations syndicales représentatives de salariés), ces accords organisent dans l'entreprise les conditions d'emploi, de formation professionnelle, de travail ainsi que les garanties sociales.

EXEMPLES DE NORMES NÉGOCIÉS

Le temps de travail hebdomadaire, le taux majoré des heures supplémentaires, le montant des indemnités de licenciement, les salaires, la retraite complémentaire...

Le rôle joué par les partenaires sociaux dans la formation du droit du travail tend à s'accroître. Ainsi, on évoque, de plus en plus souvent, les notions de « loi négociée » ou de « dialogue légiférant ». Une loi du 31 janvier 2007 de modernisation sociale illustre ces propos. Elle instaure une concertation obligatoire avec les partenaires sociaux avant tout projet gouvernemental de réforme du droit du travail, de l'emploi et de la formation professionnelle. Les réformes qui relèvent de la protection sociale ou de la politique fiscale sont exclues.

3.2 Les usages dans la vie des affaires

Quand la loi fait défaut ou qu'elle est imprécise, le droit se forme par l'usage qui devient coutume lorsqu'il est suffisamment constant et régulier.

La coutume se définit par la réunion d'éléments d'ordre matériel et psychologique.

Du point de vue matériel deux éléments doivent être pris en compte :

- dans l'espace, il faut que l'usage soit largement répandu dans le milieu social, dans une profession ou encore dans une localité ;
- dans le temps, l'usage devient coutume quand il est constant, régulièrement suivi et présente une certaine durée (tant il est vrai qu'une fois n'est pas coutume !).

Du point de vue psychologique, il convient que les sujets de droits croient au caractère obligatoire de l'usage auxquels ils se conforment spontanément.

RÔLE DES USAGES EN DROIT COMMERCIAL

Il est considérable, notamment dans le domaine international où perdurent des difficultés d'unification du droit par la voie traditionnelle des traités. La Chambre de commerce international a rassemblé un certain nombre d'usages relatifs au crédit documentaire ou encore aux effets de commerce. Le rôle des usages est aussi perceptible dans les relations économiques nationales. Par exemple, les relations entre un banquier et son client sont réglées par les usages de banque.

3.3 La doctrine

On définit la doctrine comme la littérature juridique ou comme les opinions émises sur le droit par ses spécialistes : professeurs, magistrats, avocats...

Ces opinions n'ont aucune valeur obligatoire. En revanche, quand elles sont suffisamment étayées, elles peuvent influencer la conviction du juge et moduler l'œuvre législative.

4. La jurisprudence

Par jurisprudence, il faut entendre l'ensemble des solutions contenues dans les décisions rendues par les cours et tribunaux. Dans les cas qui lui sont soumis, le juge a le devoir de statuer, c'est-à-dire de trancher les contestations (entre particuliers dans les litiges de droit privé) en appliquant la règle de droit à la situation de fait qui lui est soumise. Mais il va au-delà d'une simple application mécanique. Il qualifie la situation au regard du droit et il interprète le droit. Ainsi, le juge fait œuvre créatrice et on peut qualifier la jurisprudence de source de droit. Toutefois, il lui est interdit de décider par voie de disposition générale et réglementaire : le juge ne dit le droit que pour le cas particulier qui lui est soumis.

FICHE MÉMO

1. Les sources du droit
2. La loi, le règlement et l'ordonnance
3. L'élaboration de la loi
4. Les textes émanant des milieux professionnels
5. La jurisprudence

1. LES SOURCES DU DROIT

Les sources fondamentales du droit

- Le bloc de constitutionalité
- Les traités internationaux
- Droit européen dérivé

	Règlement	Directive	Décision
Origine	Conseil (règlement de base) Commission (règlement d'exécution) Conseil et Parlement dans la procédure de décision conjointe	Conseil ou Commission Conseil et Parlement dans la procédure de codécision	Conseil ou Commission
Destinataire	États membres, entreprises, particuliers	États membres	États membres, entreprises, particuliers
Portée	Directement applicable : force obligatoire	Force obligatoire : obligation de résultat mais les États restent libres des moyens (souvent assorti d'un délai de mise en œuvre).	Force obligatoire

Les autres sources fondamentales du droit

- Textes émanant du pouvoir législatif : la loi
- Textes émanant du pouvoir réglementaire : les ordonnances de l'article 38, les règlements.
- Textes émanant des milieux professionnels : les normes collectivement négociées, les usages, la doctrine.
- La jurisprudence

2. LA LOI, LE RÈGLEMENT ET L'ORDONNANCE

	Loi	Règlement	Ordonnance
Définition	Texte émanant du pouvoir législatif	Texte émanant du pouvoir exécutif	Acte qui procède d'une délégation par voie d'habilitation du pouvoir législatif à l'exécutif pour intervenir provisoirement dans le domaine de la loi.
Domaine	Matières énumérées à l'article 34 de la constitution : • principes fondamentaux pour certaines matières ; • matières intégralement législatives ; • lois de finances, de financement de la Sécurité sociale, de programme.	• Matières non énumérées à l'article 34 de la constitution : décrets autonomes. • Modalités d'application des lois et décrets autonomes : décrets d'application.	• Exception aux domaines de la loi et du règlement. • Mesures qui relèvent du domaine de la loi.
Origine	À l'initiative du Gouvernement et du Parlement Votée par le Parlement.	Président de la République, Gouvernement.	Prise par le Gouvernement sur habilitation du Parlement et ratifiée par le Parlement.

3. L'ÉLABORATION DE LA LOI

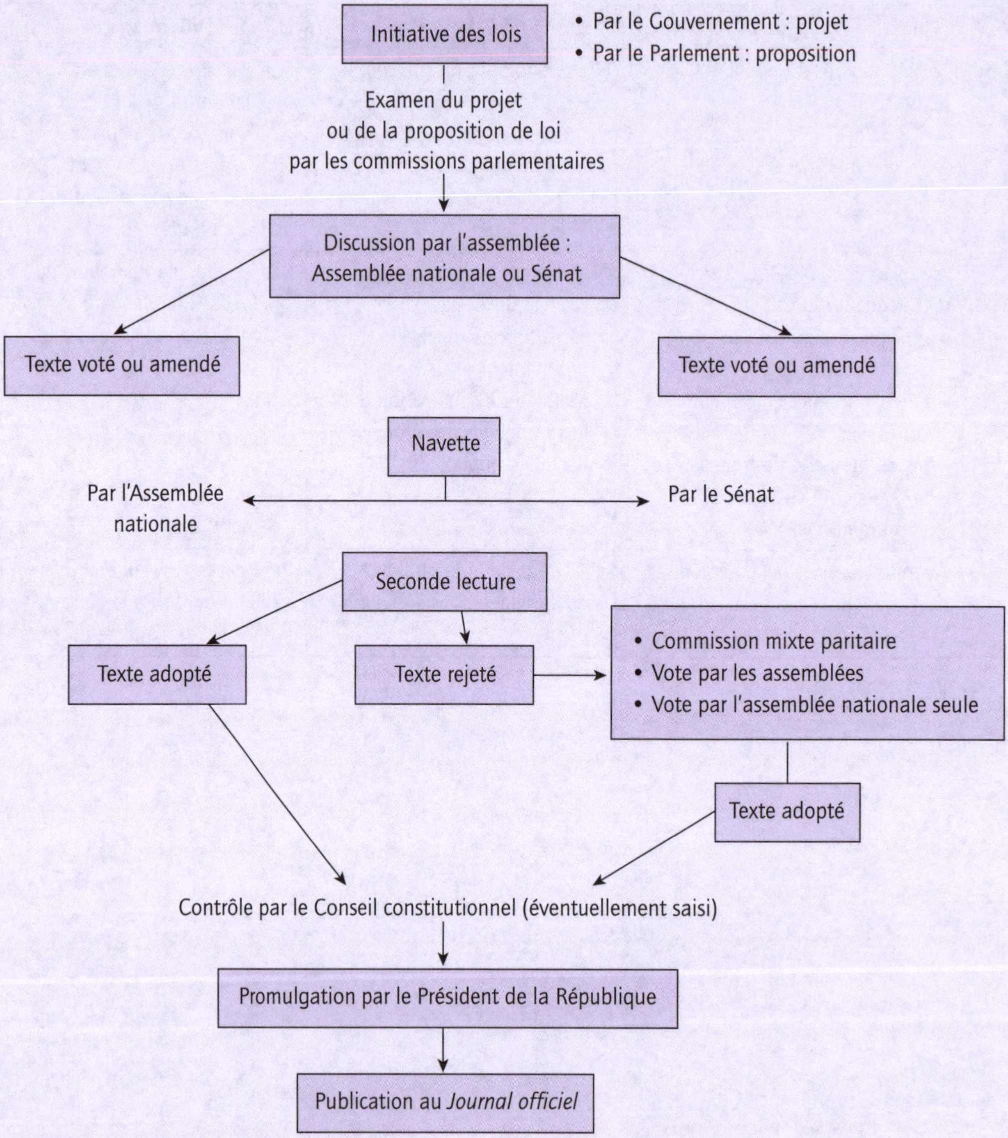

4. LES TEXTES ÉMANANT DES MILIEUX PROFESSIONNELS

	Normes collectivement négociées	Coutume	Doctrine
Définition	Accords négociés par les partenaires sociaux qui organisent dans les entreprises les conditions d'emploi, de formation professionnelle, de travail ainsi que les garanties sociales.	• Usage devenu règle de droit. • Deux éléments doivent être réunis : un élément matériel, un élément psychologique.	Ensemble des travaux et réflexion des juristes.
Rôle	• Amélioration, en principe, des dispositions législatives et réglementaires. • Adaptation des textes au milieu professionnel et à l'entreprise.	Adaptation du droit à la vie locale ou professionnelle : • sur renvoi express de la loi ; • ou de manière autonome.	Contribution à l'élaboration du droit en exerçant une influence sur le législateur ou le juge.

5. LA JURISPRUDENCE

Définition	Ensemble des solutions contenues dans les décisions rendues par les cours et les tribunaux.
Rôle	Application des règles de droit aux situations. Interprétation du droit.

APPLICATIONS

APPLICATION 1 Questionnaire d'auto-évaluation

APPLICATION 2 Questions de cours

APPLICATION 3 Analyse de textes

APPLICATION 4 La contractualisation du droit

Vous trouverez les corrigés du questionnaire d'auto-évaluation et des questions de cours en fin d'ouvrage ; les corrigés des cas pratiques, analyses d'une décision de justice et analyses d'un document figurent sur les sites www.expert-sup.com et www.dunod.com.

APPLICATION 1

Questionnaire d'auto-évaluation

Déterminez la ou les bonnes réponses

1. La loi est votée par :
   a) l'Assemblée nationale.
   b) le Sénat.
   c) le Parlement.
2. Les ordonnances de l'article 38 :
   a) sont prises en cas de crise grave.
   b) sont prises par le président de la République après avis du Conseil d'État.
   c) sont prises en Conseil des ministres et après avis du Conseil d'État.
3. Un règlement européen :
   a) a une portée générale.
   b) est facultatif.
   c) doit être ratifié par les États.
   d) est obligatoire.
4. Une directive européenne :
   a) s'adresse à un seul État membre.
   b) s'adresse à plusieurs États membres.
   c) fixe aux États un résultat à atteindre.
   d) crée une règle juridique de portée générale dans toute l'Union.

5. Les décrets émanent :
a) des ministres.
b) du président de la République.
c) du Parlement.

6. Une loi a force obligatoire à compter :
a) de sa promulgation.
b) de sa publication.
c) du contrôle par le Conseil constitutionnel.

7. La règle de droit qui se dégage spontanément des habitudes de la société et devient obligatoire est :
a) un règlement.
b) un usage.
c) une norme négociée.
d) une coutume.

8. Lors du vote de la loi, en cas de désaccord entre l'Assemblée nationale et le Sénat :
a) une commission mixte paritaire élabore et vote un texte définitif.
b) l'Assemblée nationale peut décider seule du texte à adopter.
c) le texte est définitivement rejeté.

9. Les traités sont ratifiés :
a) par le Président de la République.
b) par le Parlement.
c) par le ministre intéressé.
d) par référendum.

10. Le domaine du règlement est défini :
a) par l'article 34 de la Constitution.
b) par l'article 37 de la Constitution.
c) par la coutume.

11. Le droit européen originaire :
a) désigne pour l'essentiel les traités fondateurs des communautés et de l'Union.
b) est l'ensemble des textes pris par les instances européennes.
c) est le traité de fonctionnement de l'Union européenne.

12. Une directive européenne a été adoptée et publiée au JOUE le 25 janvier de cette année. Elle octroie aux États membres deux ans pour s'y conformer :
a) elle est applicable dans l'UE dès sa publication.
b) elle est applicable dans un État membre lorsqu'elle est transposée.
c) elle est applicable dans l'UE à l'expiration du délai de deux ans accordé pour sa transposition dans les droits nationaux.
d) un ressortissant d'un État membre peut s'en prévaloir dès sa publication.

e) un ressortissant d'un État membre ne pourra s'en prévaloir qu'après sa transposition dans son droit national.

13. Le règlement européen :
a) s'applique directement dans tous les États de l'UE.
b) est soumis au processus de ratification par chaque État membre.
c) n'est pas obligatoire.
d) s'applique de manière différente selon les États membres.

14. Le Parlement européen :
a) a la même fonction que le Parlement français.
b) est composé de représentants des députés français à l'assemblée nationale.
c) vote des lois européennes.
d) participe à l'élaboration des textes européens.

15. Le droit européen crée directement pour les particuliers des charges et des droits :
a) C'est le principe d'applicabilité directe.
b) C'est le principe de primauté.
c) C'est le principe de subsidiarité.

APPLICATION 2

Questions de cours

1. La loi, source essentielle du droit ?
2. La place du droit européen par rapport au droit français.

APPLICATION 3

Analyse de textes

La QPC

Document 1 : La question prioritaire de constitutionnalité (QPC)

La réforme constitutionnelle du 23 juillet 2008, entrée en vigueur le 1er mars 2010, a élargi les modalités de saisine du Conseil constitutionnel en prévoyant, dans un nouvel article 61-1 de la Constitution, une possible contestation de la constitutionnalité des lois par les justiciables : c'est ce qu'on appelle aujourd'hui couramment la question prioritaire de constitutionnalité (QPC). [...]. Auparavant, la contestation de la constitutionnalité des lois devait être formulée immédiatement après le vote de la loi et avant que celle-ci ne soit promulguée par le président de la République ; celui-ci ne pouvait alors promulguer la loi qu'après le feu vert du Conseil constitutionnel. Désormais, lorsque, à l'occasion d'une instance en cours devant une juridiction, il est soutenu qu'une disposition législative porte atteinte aux droits et libertés que la Constitution garantit, le Conseil constitutionnel peut être saisi de cette question sur renvoi du Conseil d'État ou de la Cour de cassation. [...]

M. Fabre-Magnan, *Introduction générale au droit*, Collection « Licence droit », PUF, 2012, p. 71 à 73 (extraits).

Document 2 : La QPC et le régime de circulation des gens du voyage

L'article 5 de la loi du 3 janvier 1969 institue un carnet de circulation aux personnes sans domicile ni résidence fixe depuis plus de 6 mois qui logent de façon permanente dans un véhicule, une remorque ou tout autre abri mobile et qui ne justifient pas de ressources régulières leur assurant des conditions normales d'existence. Ces personnes doivent faire viser tous les trois mois par l'autorité administrative ce carnet de circulation. Est punie d'une peine d'un an d'emprisonnement la personne circulant sans ce carnet de circulation.

Pour le Conseil constitutionnel, prévoir un carnet de circulation particulier pour des personnes ne justifiant pas de ressources régulières est sans rapport avec les finalités civiles, sociales, administratives ou judiciaires que poursuit la loi en instaurant un titre de circulation pour les personnes sans domicile ni résidence fixe et donc contraire à la Constitution. De même, imposer un visa tous les trois mois de ce carnet et punir d'une peine d'un an d'emprisonnement les personnes circulant sans carnet porte à l'exercice de la liberté d'aller et de venir une atteinte disproportionnée au regard du but poursuivi. L'annulation de ces dispositions prend effet immédiatement, dès la publication de la décision du Conseil constitutionnel.

[...]

Quant à l'existence et les règles de visa de titres de circulation applicables aux personnes circulant en France sans domicile ni résidence fixe, elles ne sont pas, en elles-mêmes, contraires au principe d'égalité et à la liberté d'aller et de venir. Il s'agit pour l'État de pallier la difficulté de localiser les personnes qui se trouvent sur son territoire et qui ne peuvent être trouvées au moyen du domicile ou de la résidence, à l'instar de la population sédentaire. Le Conseil juge ainsi qu'en imposant aux personnes précitées d'être munies d'un titre de circulation, le législateur a entendu permettre, à des fins civiles, sociales, administratives ou judiciaires, l'identification et la recherche de ceux qui ne peuvent être trouvés grâce à un domicile ou à une résidence fixe d'une certaine durée, tout en assurant, aux mêmes fins, un moyen de communiquer avec ceux-ci.

[...]

Conseil constitutionnel, 5 octobre 2012,
QPC n° 2012-279,
in gazettedupalais.com/services/actualites.

QUESTIONS

1. Quel est le rôle du Conseil constitutionnel ?
2. Présentez la question prioritaire de constitutionnalité
3. Pour quelles raisons les gens du voyage ont-ils saisi le Conseil constitutionnel ? Comment le Conseil constitutionnel a-t-il statué dans cette affaire ?

APPLICATION 4

Analyse de texte

La contractualisation du droit

Une place importante est traditionnellement faite à la notion d'ordre public. Celui-ci renvoie à l'ensemble des normes et principes soustraits à la volonté individuelle et qui s'imposent à elle. La notion n'est pas toujours autoritaire, et on admet, à côté d'un ordre public *de direction* destiné à protéger les principales valeurs sociales (la famille, la police, la justice, etc.), un ordre public *de protection*, permettant de protéger la partie faible contre la volonté d'une partie plus forte qui chercherait à lui imposer sa loi (notamment en matière économique et sociale). On parle aussi d'un ordre public *social* en droit du travail, où l'employeur est autorisé à déroger à certaines règles (par exemple celle du salaire minimum), mais uniquement en faveur du salarié (par exemple, s'agissant du salaire, à la hausse et non pas à la baisse).

Une place plus importante est aujourd'hui laissée aux contrats. Ainsi, en droit de la famille, le statut et l'impérativité de la loi ont fait place à la prise en compte croissante des volontés individuelles : divorce par consentement mutuel, choix du nom de famille transmis à l'enfant, possibilité de valider un accord sur la garde des enfants, etc. En matière judiciaire, l'introduction du « plaider coupable » (procédure de « comparution sur reconnaissance préalable de culpabilité » instituée par la loi du 9 mars 2004) permet dans une certaine mesure au délinquant de négocier sa peine. L'action publique elle-même ne se fait plus uniquement sur un mode unilatéral et une place est faite à une négociation de la loi : pour n'en donner qu'un exemple, le Code du travail commence désormais par un chapitre préliminaire sur le dialogue social, dont l'article L. 1 prévoit que « tout projet de réforme envisagé par le Gouvernement qui porte sur les relations individuelles et collectives du travail, l'emploi et la formation professionnelle et qui relève du champ de la négociation nationale et interprofessionnelle fait l'objet d'une concertation préalable avec les organisations syndicales de salariés et d'employeurs représentatives au niveau national et interprofessionnel en vue de l'ouverture éventuelle d'une telle négociation » (loi Larcher du 31 janvier 2007).

Le mouvement ne se fait pas seulement sentir dans l'ordre interne. Dans l'ordre international, la détermination par les juges de la loi applicable laisse place de plus en plus souvent à un libre choix de leur loi par les parties (ce qu'on appelle la « loi d'autonomie »), ce qui conduit à un « *forum shopping* » généralisé (du latin *forum*, tribunal). Il en résulte une mise en concurrence des droits nationaux dont on se doute que les vainqueurs seront les fournisseurs de pavillons ou autres législations fiscales de complaisance, plutôt que les législations protectrices des salariés ou des consommateurs.

M. Fabre-Magnan, *Introduction au droit*, PUF, « Que sais-je », N° 1808, 2014, p. 75 à 77.

QUESTIONS

1. Définissez la notion d'ordre public et ses différentes formes.
2. Que signifie l'expression « contractualisation du droit » ?
3. Justifiez le choix des exemples pris par l'auteur pour illustrer cette expression.
4. Expliquez le phénomène de « *forum shopping* » juridique.

3 CHAPITRE

L'organisation judiciaire

SECTION 1 Le droit commun du procès
SECTION 2 Les juridictions
SECTION 3 Le personnel de la justice
SECTION 4 L'action en justice
SECTION 5 Les voies de recours
FICHE MÉMO • APPLICATIONS

La justice, ce sont de millions de décisions rendues chaque année au sein de juridictions par des hommes et des femmes : le personnel de justice qui applique et fait appliquer des règles juridiques.

L'institution judiciaire, qui se trouve être l'une des institutions les plus critiquées, est aussi celle dont les citoyens attendent le plus. L'action en justice repose sur des principes qui relèvent du droit européen comme du droit national (section 1). Les justiciables auront recours à un tribunal pour faire reconnaître un droit contesté (section 2). Cette procédure sera mise en œuvre par du personnel de justice (section 3) et se déroulera selon différentes phases (section 4). Elle se terminera par un jugement qui peut être contesté (section 5).

SECTION 1
LE DROIT COMMUN DU PROCÈS

Les principes de procédure civile ont un caractère national (2) et européen (1). La Convention de sauvegarde des Droits de l'Homme et des Libertés fondamentales prévoit (article 6) une disposition de caractère général qui impose le respect de règles essentielles. Ces règles s'imposent au juge français.

1. Les grands principes européens

Trois principes européens essentiels s'imposent à la justice française (article 6 § 1 de la Convention de sauvegarde des Droits de l'Homme) : le droit à un procès équitable (1.1), le droit à un procès public (1.2) et d'une durée raisonnable (1.3).

Article 6 § 1 de la Convention de sauvegarde des Droits de l'Homme et des Libertés fondamentales

Toute personne a droit à ce que sa cause soit entendue équitablement, publiquement et dans un délai raisonnable, par un tribunal indépendant et impartial, établi par la loi, qui décidera, soit des contestations sur ses droits et obligations de caractère civil, soit du bien fondé de toute accusation en matière pénale dirigée contre elle. (...)

1.1 Le droit à un procès équitable

Toute personne physique ou morale a droit à un procès loyal et respectant les règles de forme et de fond destinées à protéger les parties en présence. Le « principe d'égalité des armes » résulte de ce droit, c'est-à-dire de la possibilité pour chacune des parties d'exposer sa cause au tribunal dans des conditions qui ne la désavantage pas par rapport à son adversaire ou au Ministère public. Toute personne, quelle qu'elle soit, doit être entendue par un tribunal indépendant et impartial. C'est ainsi que la Convention de sauvegarde des Droits de l'Homme et des Libertés fondamentales oblige les tribunaux à motiver leurs décisions.

1.2 Le droit à un procès public

Ce principe figure également dans le droit français. L'application de l'article 6 § 1 de la Convention de sauvegarde des Droits de l'Homme et des Libertés fondamentales a généralisé ce principe aux juridictions disciplinaires.

L'accès de la salle d'audience peut être interdit à la presse et au public lorsque les intérêts des mineurs ou la protection de la vie privée l'exigent, lorsque le tribunal l'estime nécessaire ou enfin lorsque la publicité des débats porterait atteinte à la justice.

1.3 Le droit à un procès d'une durée raisonnable

Le délai se compte du jour de l'assignation devant les premiers juges jusqu'au prononcé de la décision par la Cour de cassation. Le caractère raisonnable du délai s'apprécie « suivant les circonstances de la cause et eu égard aux critères consacrés par la jurisprudence de la Cour, en particulier la complexité de l'affaire, le comportement du requérant et celui des autorités compétentes »(1). Le non-respect de ce principe peut être sanctionné à la demande d'un justiciable qui estime de ce fait avoir subi un préjudice. Celui-ci pourra exercer un recours d'abord en s'appuyant sur l'article L. 111-3 du Code de l'organisation judiciaire puis saisir la CEDH. Cette sanction est sans conséquence sur la décision judiciaire. La France a été condamnée de nombreuses fois à ce titre.

2. Les grands principes français

Ces principes concernent la détermination du tribunal compétent (2.1), et le déroulement du procès (2.2).

2.1 La compétence des juridictions

Elle est, pour un tribunal, l'aptitude à connaître, à instruire et à juger une affaire.

a) La compétence d'attribution

La connaissance des litiges est répartie entre les diverses juridictions en fonction des règles de compétence d'attribution (nature, valeur du litige et degré de juridiction) qui seront examinées avec chacune des juridictions. Le tribunal des conflits se consacre principalement aux conflits d'attribution entre l'ordre judiciaire et l'ordre administratif. C'est une juridiction paritaire des deux ordres.

---

(1) L. Nicolas-Vuillerme, Petites affiches, *3 janvier 2005, p. 3.*

b) La compétence territoriale

Au sein de chaque catégorie de juridictions situées sur l'ensemble du territoire, il faut déterminer celle qui est géographiquement compétente. C'est la compétence territoriale. Le principe en est posé par l'article 42 du CPC : le tribunal compétent est, sauf disposition contraire, celui du lieu où demeure le défendeur. Il paraît en effet normal que celui qui actionne la justice n'oblige pas son adversaire à plaider loin de son domicile. Cette règle de principe supporte des exceptions. Ainsi, le tribunal du domicile du défendeur n'est pas forcément le mieux placé pour recueillir des preuves. D'autres juridictions ont donc compétence pour examiner le litige ou une option est proposée au demandeur afin de rapprocher le tribunal de l'objet du litige.

EXEMPLES LOGIQUES D'EXCEPTION AU PRINCIPE

- En matière réelle immobilière, le tribunal compétent est celui du lieu où est situé l'immeuble.
- En matière de contrat de travail, le tribunal compétent est celui du lieu de l'établissement où le travail est exécuté.
- En matière contractuelle, le demandeur dispose d'une option : il peut choisir le tribunal du domicile du défendeur ou bien du lieu où la chose a été livrée ou la prestation exécutée.
- En matière de sauvegarde, de redressement ou liquidation judiciaires, le tribunal compétent est celui du siège de l'entreprise en difficulté si c'est une personne morale. Si c'est une personne physique, le tribunal compétent est celui dans le ressort duquel la personne physique a déclaré l'adresse de son entreprise ou de son activité.
- En matière pénale, le tribunal normalement compétent est celui du lieu des faits. Outre le lieu des faits, le législateur a retenu trois autres critères de compétence territoriale utilisés de façon résiduelle : la résidence de l'une des personnes soupçonnées d'avoir participé à l'infraction, le lieu d'arrestation et le lieu de détention de celle-ci.
- En matière administrative, le tribunal compétent est celui dans le ressort duquel l'autorité administrative a pris la décision alléguée ou a signé le contrat litigieux.

2.2 Le déroulement du procès

La procédure varie en fonction des juridictions compétentes mais un certain nombre de principes sont communs.

Principes	Définition	Observations
La contradiction	Le juge doit entendre les deux parties et ne retenir que les arguments échangés entre les parties et sur lesquels chacune est capable de présenter des observations.	L'application de ce principe, oblige la signification de tous les actes et la communication à l'autre partie de toutes les pièces soumises au tribunal.
La publicité	Les débats sont publics.	Les débats peuvent avoir lieu à huis clos en raison de la nature de l'affaire.
L'oralité des débats	Les plaidoiries sont orales.	La procédure elle-même est écrite.

☞

Principes	Définition	Observations
La gratuité	Les magistrats ne sont pas payés par les plaideurs mais par l'État.	• D'autres frais interviennent dans le déroulement du procès et sont à la charge des plaideurs. *Exemples* : les frais d'expertise, les honoraires des notaires. • Les « **dépens** » sont mis à la charge de la partie qui succombe, sauf décision contraire motivée du juge. *Remarque* : un système d'aide juridictionnelle a été mis en place pour faciliter l'accès à la justice.
La neutralité du juge	Le juge est impartial	La neutralité est nécessaire car le juge est amené à trancher entre les prétentions opposées des parties.

SECTION 2
LES JURIDICTIONS

Citoyen français et citoyen de l'Union européenne, une personne peut faire reconnaître ses droits et se faire rendre la justice devant des juridictions européennes (1) et nationales (2).

1. Les juridictions européennes

Afin de veiller au respect des textes européens, le système juridictionnel européen est organisé principalement autour de deux juridictions : la Cour de justice (1.1) et le Tribunal (1.2). Des tribunaux spécialisés complètent ce dispositif.

1.1 La Cour de justice

La Cour de justice a pour mission d'assurer le respect du droit dans l'interprétation et l'application des traités européens.

Elle a son siège à Luxembourg et elle est composée d'un juge par État membre, nommés d'un commun accord pour une durée de six ans renouvelable par les gouvernements des États membres. Neuf avocats généraux ont pour mission de procéder à une analyse des dossiers afin de proposer une solution juridique au différend.

Elle exerce deux types d'attribution : juridictionnelle et consultative.

<table>
<tr><th colspan="4">ATTRIBUTIONS JURIDICTIONNELLES</th></tr>
<tr><th>Mission</th><th>Saisine</th><th>Rôles</th><th>Commentaires</th></tr>
<tr><td rowspan="2">Respect du droit dans l'interprétation et l'application du traité.</td><td rowspan="2">Par un État, un organe européen ou un particulier.</td><td>Juge de premier et dernier ressort.</td><td>• Juge international : elle tranche les litiges entre États membres.
• Juge interinstitutionnel : elle statue sur les contestations relatives à la répartition des pouvoirs entre les institutions européens.
• Juge administratif : elle est compétente en matière de contentieux de la légalité des décisions européennes et de recours en responsabilité contre les communautés.</td></tr>
<tr><td>Juge de cassation.</td><td>Les jugements rendus par le tribunal sont susceptibles de pourvoi devant la Cour de justice qui examine les seules questions de droit.</td></tr>
<tr><th colspan="4">ATTRIBUTIONS CONSULTATIVES</th></tr>
<tr><th>Mission</th><th>Saisine</th><th>Rôles</th><th>Commentaires</th></tr>
<tr><td>Donner un avis.</td><td>Tout État membre, le Conseil ou la Commission.</td><td>Conseiller.</td><td>Traite toute question juridique sur la compatibilité d'un accord avec les dispositions du traité.
Un avis négatif empêche l'entrée en vigueur de l'accord.</td></tr>
</table>

1.2 Le Tribunal

Le Tribunal siège à Luxembourg. Il est composé d'au moins un juge par État membre. Ils sont désignés dans les mêmes conditions que celles des juges de la Cour de justice.

Le Tribunal est la juridiction européenne de premier degré compétente pour examiner l'ensemble des recours formés par des personnes physiques et morales. Ses décisions sont susceptibles de pourvoi devant la Cour de justice.

Le traité de Lisbonne, entré en vigueur le 1er décembre 2009, élargit la compétence du Tribunal et prévoit la création de chambres juridictionnelles adjointes au Tribunal ayant une compétence spécialisée. En 2014 a été créé le Tribunal de la fonction publique.

2. Les juridictions nationales

La division des juridictions en deux ordres, celui des juridictions administratives (2.2) et celui des juridictions judiciaires (2.3), est fondée historiquement sur le principe de la séparation des autorités administratives et judiciaires. Elle est justifiée aujourd'hui par l'application de deux droits différents : le droit public et le droit privé. L'examen de ces deux ordres doit être précédé de principes fondamentaux les concernant (2.1).

2.1 Principes fondamentaux préliminaires

Il existe une spécialisation dans chaque ordre de juridiction. On distingue les juridictions de droit commun compétentes pour tous les litiges qu'aucun texte n'attribue à une autre juridiction et les juridictions d'exception compétentes dans certaines matières en application d'un texte.

En principe, le jugement rendu par une juridiction peut faire l'objet d'un recours, l'appel auprès d'une juridiction supérieure qui juge à nouveau. L'appel est une garantie de bonne justice. En effet, les juges sont faillibles et, compte tenu de la gravité des décisions prises, il est bon qu'un second juge, d'un rang plus élevé, puisse rectifier les erreurs éventuellement commises. Dans certains cas (petites affaires) la faculté d'appel est supprimée. Le jugement du premier tribunal est rendu en premier et dernier ressort.

Le pourvoi en cassation constitue une autre garantie de bonne justice. Il est formé devant le juge de cassation qui vérifie si le jugement rendu en dernier ressort ne l'a pas été en violation de la loi. Le juge de cassation est, dans chaque ordre, la juridiction supérieure, soumise au contrôle d'aucune autre juridiction.

2.2 Les juridictions de l'ordre administratif

Elles sont, en principe, compétentes pour connaître du contentieux relatif aux activités de l'administration. Elles sont donc nombreuses et nous nous limiterons aux plus importantes d'entre elles. Au sommet se situe le Conseil d'État. Les autres juridictions peuvent se différencier selon le même critère que dans l'ordre judiciaire : juridictions de droit commun et juridictions d'attribution.

Juridictions		Organisation et fonctionnement	Compétences
Conseil d'État		Situé au sommet de l'ordre juridictionnel, il constitue la clé de voûte du système et il peut statuer directement sur les affaires les plus importantes.	Il possède une double mission. • **Au plan consultatif** : il donne des avis en matière législative (projets de lois) et administrative (textes, questions soulevant une difficulté). Il peut également attirer l'attention des pouvoirs publics sur les réformes qui lui paraissent souhaitables. • **Au plan contentieux** : il est juge du premier degré et statue en premier et dernier ressort. Il est alors compétent pour connaître directement de certaines affaires limitativement énumérées (recours en matière d'élections européennes et régionales, litiges relatifs à un arrêté ou une circulaire ministériels).

☞

Juridictions		Organisation et fonctionnement	Compétences
			Il est juge d'appel des litiges portant sur le contentieux de la légalité réglementaire, les élections municipales et certains recours pour excès de pouvoir. Il est juge de cassation et apprécie la légalité des décisions des cours administratives d'appel, de la Cour des comptes et des instances disciplinaires.
Juridictions administratives de droit commun	**Tribunaux administratifs**	Ils sont vingt-six en métropole et sont composés d'un président et de conseillers. Ils peuvent statuer à juge unique ou en formation collégiale plus ou moins étendue.	Le tribunal administratif est juge de droit commun pour connaître, au premier degré, de tous les litiges qui n'ont pas été attribués à une autre juridiction. Son rôle est spécialement important en matière fiscale, électorale et de travaux publics.
	Cours administratives d'appel	Au nombre de cinq, les cours sont divisées en chambres. La cour est présidée par un conseiller d'État assisté de présidents de chambre et de conseillers. Elle statue collégialement.	Elles jugent les appels formés contre les jugements des tribunaux administratifs de leur ressort sauf dans les cas où l'appel a été réservé au Conseil d'État.
Juridictions d'attribution	**La Cour des comptes**	Elle apprécie la régularité des comptes des organismes publics et dispose d'attributions administratives (contrôle de l'exécution du budget, de l'efficacité des administrations...).	Elles relèvent du Conseil d'État par la voie de l'appel ou du pourvoi en cassation.
	La Cour de discipline budgétaire et financière	Elle est l'autorité disciplinaire des comptables publics.	
	Les juridictions disciplinaires	*Exemple* : Conseil supérieur de la magistrature.	

2.3 Les juridictions de l'ordre judiciaire

Il n'y a pas en France, contrairement aux croyances du grand public, des juridictions qui jugent des procès civils et d'autres qui punissent les infractions. Le système judiciaire adopte le principe de l'unité de la justice civile et répressive. Ce sont les mêmes juridictions qui statuent alternativement ou cumulativement au civil et au pénal. Toutefois, pour la clarté de l'exposé, nous distinguerons les juridictions civiles (a) et les juridictions pénales (b).

a) Les juridictions civiles

Il importe de différencier le premier degré de juridiction du second degré constitué des cours d'appel. La Cour de cassation assure, quant à elle, l'unité dans l'application du droit.

■ *Les juridictions de premier degré*

Juridictions de premier degré		Organisation et fonctionnement	Compétence d'attribution
Juridictions de droit commun : elles connaissent à charge d'appel de toutes les affaires pour lesquelles la compétence n'est pas attribuée expressément à une autre juridiction en raison de la nature de l'affaire ou du montant de la demande.	**Tribunal de grande instance (TGI)**	• En pratique, au moins un TGI par département. • Formation collégiale. • Représentation par avocat obligatoire dans la plupart des affaires.	• **Compétence de principe** : toutes les actions personnelles ou mobilières et dont la valeur est > 10 000 €. Dans le cadre de cette compétence, il statue toujours à charge d'appel. • **Compétences exclusives** : état des personnes[1], droit des biens. Juge en premier et dernier ressort jusqu'à 4 000 € et au-delà à charge d'appel.
Juridictions d'exception : juridictions à compétence exceptionnelle et dérogatoire au droit comun	**Tribunal d'instance (TI)**	• Au moins un TI dans le ressort de chaque cour d'appel. • Statue et siège à juge unique. • Présence d'un avocat non obligatoire.	• **Compétence de principe** : actions personnelles ou mobilières de 4 001 à 10 000 €. Dans le cadre de cette compétence, il statue toujours à charge d'appel. • **Compétences spéciales**[2] : elles sont très diversifiées *Exemples* : actions tendant à l'expulsion des personnes qui occupent aux fins d'habitation des immeubles bâtis, sans droit ni titre ; contestation relative aux frais de scolarité, crédits à la consommation.
	Juridiction de proximité[3]	Juge unique ayant pour objet de régler les très petites affaires.	Il connaît des actions personnelles ou mobilières jusqu'à la valeur de 4 000 €. Cette compétence s'exerce sous réserve des dispositions fixant la compétence des autres juridictions. Il s'agit d'une compétence en dernier ressort.

☞

☞

Juridictions de premier degré		Organisation et fonctionnement	Compétence d'attribution
	Tribunal de commerce (TC)	• Juges consulaires : commerçants élus par des commerçants. • Présence d'un avocat non obligatoire. • Un TC dans les lieux où le besoin se fait sentir d'une juridiction spécialisée.	• Litiges : entre commerçants relatifs aux sociétés commerciales et aux actes de commerce entre toutes personnes, ainsi qu'en matière de procédures collectives. • Statue en premier et dernier ressort jusqu'à 4 000 € et à charge d'appel au delà.
	Conseil des prud'hommes (CP)	• Au moins un dans le ressort de chaque TGI. • Formation collégiale et paritaire : conseillers élus par employeurs et salariés. • La procédure se déroule en deux phases : une phase de conciliation et une phase de jugement. L'organisation étant paritaire, un juge du TGI intervient en cas de partage des voix. • Présence d'un avocat non obligatoire.	• Conflits individuels nés à l'occasion d'un contrat de travail. • Statue en premier et dernier ressort jusqu'à 4 000 € et à charge d'appel au-delà.

(1) Certaines matières qui relèvent de l'état des personnes ont été confiées au JAF (juge délégué aux affaires familiales), divorce, séparation de corps et régimes matrimoniaux.
(2) Cette matière est très complexe car on pourrait au moins distinguer trois cas :
– compétence sans limitation de l'intérêt en jeu mais à charge d'appel (exemple : *frais de scolarité) ;*
– compétence en dernier ressort jusqu'à 4 000 €, à charge d'appel au-dessus ou quand le montant de l'intérêt en jeu est indéterminé (exemple : *actions concernant le crédit à la consommation) ;*
– compétence spéciale jusqu'à 10 000 € et à charge d'appel (exemple : *actions en validité d'offres réelles autres que celles qui concernent les administrations de l'enregistrement ou des contributions indirectes).*
(3) La loi de finances pour 2015 a reporté la suppression de la juridiction de proximité au 1er janvier 2017.

Il existe d'autres juridictions d'exception : les tribunaux paritaires de baux ruraux pour statuer en matière de baux ruraux et les tribunaux des affaires de Sécurité sociale compétents pour examiner des litiges opposant les organismes de Sécurité sociale et leurs usagers.

■ *Les cours d'appel*

Le **principe du double degré de juridiction** constitue une garantie pour les justiciables en instituant la voie de recours de l'appel. L'appel permet de déférer la décision rendue à une juridiction supérieure qui juge à nouveau en fait et en droit. L'appel est en principe admis contre tout jugement (rendu en premier ressort). Toutefois, il n'est pas possible pour les petites affaires jugées en premier et dernier ressort.

La cour d'appel est juge de droit commun au second degré. Elle examine les appels dirigés contre les décisions des juridictions de son ressort : TGI et juridictions d'exception. Elle rend des arrêts.

Les cours d'appel sont au nombre de trente-six, dont trente en France métropolitaine. Chacune est compétente pour plusieurs départements. C'est une juridiction collégiale. Elle est divisée en chambres. Chaque cour comprend un premier président, des présidents de chambre et des conseillers.

■ *La Cour de cassation*

Afin d'éviter que plusieurs juridictions statuent différemment sur un même point, la Cour de cassation est placée au-dessus de toutes les autres et assure l'unité dans l'application de la règle de droit.

La Cour de cassation est saisie par un pourvoi formé contre toute décision rendue en dernier ressort par une juridiction de premier degré ou une cour d'appel.

La Cour de cassation vérifie uniquement si les juges du fond ont fait une exacte application de la règle de droit. Elle ne juge pas le litige, puisqu'elle tient pour exact les faits relatés dans la décision attaquée, mais elle se prononce sur la décision intervenue à l'occasion de ce litige. Elle rend un arrêt.

La Cour de cassation peut également être saisie par une juridiction de l'ordre judiciaire qui souhaite, avant de statuer, avoir son avis sur une question de droit nouvelle présentant une difficulté sérieuse et se posant dans de nombreux litiges.

Elle est composée de six chambres (cinq chambres civiles et une chambre criminelle). Chaque chambre siège en audience ordinaire et rend un arrêt si cinq conseillers au moins sont présents. Mais lorsque la solution du pourvoi paraît s'imposer, le président peut décider de faire juger l'affaire par une formation restreinte de trois conseillers.

b) Les juridictions pénales

Il y a, en matière pénale, une double séparation d'une part entre les autorités chargées de la poursuite et celles chargées de l'instruction, et d'autre part entre l'autorité d'instruction et celle de jugement. Cette organisation a pour but de concilier l'ordre et la protection des libertés.

Nous nous limiterons à la présentation en matière pénale des juridictions de droit commun en distinguant les juridictions d'instruction des juridictions de jugement. Nous n'aborderons pas les juridictions d'exception que sont la justice des mineurs, la justice militaire, la Haute Cour et la Cour de justice de la République.

■ *Les juridictions d'instruction*

On distingue le juge d'instruction de la chambre de l'instruction.

• Le juge d'instruction. Il est magistrat du TGI, nommé par le Président de la République pour trois ans(1). Il a pour mission d'enquêter, c'est-à-dire de rechercher les preuves permettant d'établir une infraction et la culpabilité d'une personne. Avec la loi du 15 juin 2000, le juge d'instruction a perdu ses pouvoirs en matière de détention provisoire au profit du juge des libertés et de la détention.

(1) La loi de finances pour 2015 a reporté au 1er janvier 2017 la collégialité de l'instruction.

Sa mission essentielle est d'instruire l'affaire c'est-à-dire de constituer un dossier permettant de mieux connaître les faits et charges qui pèsent sur une personne. De plus, si des incidents surviennent au cours de l'instruction ou si des demandes sont présentées, il fait œuvre juridictionnelle. Il a deux types de pouvoirs : des pouvoirs d'information et des pouvoirs de juridiction.

• La chambre de l'instruction. Elle est une section particulière de la cour d'appel, composée de trois conseillers. Elle est juge d'appel des ordonnances du juge d'instruction et du juge des libertés et de la détention. Elle statue également sur les demandes en nullité des actes de procédure. Ses compétences s'étendent au-delà de l'instruction. Par exemple, elle exerce un contrôle sur l'activité des officiers et agents de police judiciaire, et statue sur les demandes d'extradition des étrangers. Ses arrêts sont susceptibles de faire l'objet d'un pourvoi en cassation.

■ *Les juridictions de jugement*

Elles sont compétentes pour une catégorie d'infraction pénale. On distingue le tribunal de police, le tribunal correctionnel et la cour d'assises.

Juridictions(1)	Organisation et fonctionnement	Compétences
Tribunal de police	• C'est une formation particulière du tribunal d'instance qui siège à juge unique et en audience publique. • Avocat non obligatoire.	Contraventions/ Classe 5.
Tribunal correctionnel	• Formation collégiale : formation particulière du TGI. La loi permet de confier le jugement de certaines affaires (circulation routière, transports, chasse...) à un juge unique. • Avocat non obligatoire.	Délits.
Cour d'assises	• Formation collégiale : 3 juges, 6 jurés(2). • Elle tient des sessions, ses audiences sont publiques. Il existe une cour d'assises par département. Les arrêts rendus par la cour d'assises sont susceptibles d'appel devant une autre cour d'assises statuant en appel composée de neuf jurés(2) et désignée par la chambre criminelle de la Cour de cassation. • Avocat obligatoire pour l'accusé.	Crimes.

(1) La loi du 13 décembre 2011 a supprimé la juridiction de proximité. Cette suppression qui devait entrer en vigueur en 2013 a été repoussée en 2015, puis en 2017. En conséquence, la juridiction de proximité retrouve sa compétence pour les contraventions des classes 1 à 4.
(2) Loi du 10 août 2011.

SECTION 3

LE PERSONNEL DE LA JUSTICE

Il assure le fonctionnement de la justice. Les juridictions sont composées de juges et de membres du ministère public : les magistrats (1). D'autres personnes, sans remplir directement la fonction de justice, sont étroitement associées à son exercice : les auxiliaires de justice (2).

1. Les magistrats

La magistrature est composée de deux branches distinctes : les magistrats « du siège » (1.1) qui ont pour fonction de juger et les magistrats du ministère public (1.2) qui représentent la société.

1.1 Les magistrats du siège

Ils forment la magistrature assise. Leur rôle est de rendre des jugements et des arrêts. Les magistrats du siège sont des juges professionnels, en dehors des juges des juridictions d'exception (sauf le tribunal d'instance) qui sont des juges « occasionnels » ou « temporaires » appartenant au monde du travail, de l'entreprise ou de simples citoyens. Les juges professionnels sont des fonctionnaires. Leur statut garantit leur indépendance et donc leur impartialité car ils sont inamovibles et la fonction du juge est incompatible avec toute autre fonction publique et toute autre profession civile ou commerciale. Ils ne peuvent être ni révoqués, ni suspendus, ni déplacés même en avancement sinon à titre de sanction disciplinaire et par le Conseil supérieur de la magistrature.

1.2 Les magistrats du parquet

Ils forment la magistrature debout ou le ministère public. Ils requièrent l'application du droit au nom du pouvoir exécutif et de l'intérêt général qu'ils représentent. Le rôle du ministère public est essentiel en matière pénale : il poursuit les délinquants et requiert du tribunal les condamnations prévues par la loi. Ils sont recrutés de la même façon que les magistrats du siège mais ils ne sont pas indépendants. Ils sont sous la dépendance du pouvoir exécutif qu'ils représentent ; ils ne sont pas inamovibles : ils peuvent être déplacés ou révoqués.

2. Les auxiliaires de justice

Leur rôle est de faciliter la tâche des juges et des justiciables. Le statut de ces auxiliaires présente une grande diversité. Certains sont auxiliaires des juridictions (2.1), d'autres auxiliaires des plaideurs (2.2).

2.1 Les auxiliaires de juridictions

Collaborateurs permanents (greffe et police judiciaire) ou collaborateurs occasionnels (experts), ils assistent les juridictions dans leur tâche.

2.2 Les auxiliaires des parties

Ce sont des personnes privées qui, à titre professionnel, apportent leur concours aux parties à un procès. Ils ont des statuts divers. On distingue les avocats (a) et les officiers ministériels (b).

a) Les avocats

Ils exercent une profession libérale et indépendante. Leurs fonctions consistent à représenter les parties dans le ressort territorial du barreau auquel ils sont inscrits, assister les parties et plaider pour elles sans être limités par un cadre territorial, donner des consultations et rédiger pour autrui des actes juridiques.

Ils sont inscrits à un barreau. Ceux qui en font partie constituent un ordre représenté par un bâtonnier et administré par le Conseil de l'ordre qui est en même temps une juridiction disciplinaire.

Depuis 2010, les domaines de compétence des avocats se sont accrus.

• D'une part, la loi du 22 décembre 2010 a instauré la « **convention de procédure participative** ». Visée aux articles 2062 à 2068 du Code civil, conçue essentiellement pour la matière familiale, elle se définit comme « une convention par laquelle les parties à un différend qui n'a pas encore donné lieu à la saisine d'un juge ou d'un arbitre s'engagent à œuvrer conjointement et de bonne foi à la résolution amiable de leur différend ». Elle est conclue par écrit et pour une durée déterminée. Elle est interdite en matière de contrat de travail. Elle est cantonnée aux droits dont les parties ont la libre disposition (*exemple* : convention par laquelle une partie renonce au paiement d'une somme d'argent). Pendant la durée de la convention les parties ne peuvent pas recourir au juge.

• D'autre part, la loi du 28 mars 2011 crée « **l'acte sous signature privée contresigné par avocat** »[(1)].

b) Les officiers ministériels, auxiliaires de justice à titre accessoire

Un officier ministériel est nommé par le Gouvernement ; il a un droit patrimonial sur sa charge sous la forme du droit de présentation de son successeur. Il peut se faire payer un prix pour cette présentation qui est le prix de sa charge. Il est chargé par ses clients de nombreuses missions dans le domaine juridique et participe ponctuellement à l'administration de la justice. Tel est le cas de l'huissier, du notaire et du commissaire-priseur.

Officiers ministériels	Fonctions
Huissier	• Procède aux significations (porte un acte à la connaissance d'une partie) des actes de procédure, à l'exécution forcée des jugements. • Assure le service intérieur des tribunaux (il est alors « huissier-audiencier »). • Peut faire des constats, procéder au recouvrement des créances…
Notaire	• Rédige des actes authentiques et exécutoires
Commissaire-priseur judiciaire	• Il est chargé d'estimer la valeur (prisée) et de vendre aux enchères publiques les meubles corporels, à l'exception des ventes d'immeubles qui ont lieu à la barre du tribunal.

SECTION 4

L'ACTION EN JUSTICE

Les titulaires de droits subjectifs peuvent, en cas de difficulté, en faire assurer leur reconnaissance et leur respect par l'autorité publique : c'est pourquoi ont été instituées des juridictions. En principe, toute personne, partie à un litige, dispose du droit d'action, c'est-à-dire de faire examiner le différend par un juge. Ce droit (1) est soumis à certaines conditions (2) pour être mis en œuvre (3) devant une juridiction compétente (4) qui prononce un jugement (5).

(1) *Cf chapitre 4, p. 73.*

1. Présentation de la notion d'action en justice

L'action en justice reçoit une définition (1.1) et fait l'objet de diverses classifications (1.2).

1.1 Définition

L'action en justice a pour but de faire respecter des droits subjectifs. Elle « est le droit, pour l'auteur d'une prétention, d'être entendu sur le fond de celle-ci afin que je juge la dise bien ou mal fondée ». Pour l'adversaire, elle « est le droit de discuter le bien-fondé de cette prétention » (art. 30 CPC). Elle se distingue donc de la demande qui est l'acte de procédure par lequel le juge est saisi.

L'action en justice est un droit dont chacun peut user librement mais, lorsque l'action est inspirée par l'intention de nuire ou n'est pas fondée, il y a abus de droit. Celui-ci peut être sanctionné par des dommages-intérêts au profit de l'autre partie et assorti d'une amende.

1.2 Classification des actions

Elles se répartissent en fonction de la nature ou de l'objet de ces droits.

Classification des actions en fonction de la nature du droit à protéger		Classification des actions en fonction de l'objet du droit à protéger	
Action personnelle	**Action réelle**	**Action mobilière**	**Action immobilière**
Action formée par le créancier contre le débiteur et qui a pour but de faire reconnaître un droit patrimonial (*exemple* : paiement d'une créance) ou extrapatrimonial (*exemples* : état des personnes, divorce, etc.).	Action qui tend à protéger un droit réel (*exemple :* droit de propriété).	• Concerne un meuble. • Elle permet au titulaire d'un droit réel mobilier d'assurer la protection de ses prérogatives devant un juge.	• Concerne un immeuble. • Elle permet au titulaire d'un droit réel immobilier d'assurer la protection de ses prérogatives devant un TGI[1].
(1) Les actions possessoires ont été supprimées par la loi nº 2015-177 du 16 février 2015 relative à la modernisation et à la simplification du droit et des procédures dans les affaires intérieures.			

Il existe des actions mixtes comportant à la fois des éléments réels et personnels. *Exemple* : action en délivrance de la chose vendue.

2. Les conditions de l'action en justice

L'action en justice est subordonnée à trois conditions : l'intérêt (2.1), la qualité (2.2) et la capacité (2.3).

2.1 L'intérêt

On ne peut agir en justice que si l'on y a intérêt, c'est-à-dire si l'on compte tirer un avantage de son action. C'est ce qu'exprime le vieil adage « pas d'intérêt, pas d'action ». Cet intérêt doit présenter des qualités.

- Cet intérêt doit être **légitime** c'est-à-dire juridiquement protégé. Les intérêts matériel (pécuniaire) et moral (honneur) sont pris en compte.
- Il doit être **né et actuel**, l'action n'étant possible en principe qu'après la violation du droit mais non pas à titre préventif.
- L'intérêt doit enfin être **personnel et direct**, le demandeur devant être le titulaire du droit ou son représentant.

2.2 La qualité

Il s'agit du titre en vertu duquel une personne agit (en qualité de créancier, de titulaire du droit). Ont qualité pour agir : le titulaire du droit, ses héritiers, ses créanciers (l'action est dite oblique), son mandataire.

La représentation est obligatoire devant les tribunaux de droit commun (TGI, cour d'appel, Cour de cassation). Elle est interdite lorsque la comparution personnelle est exigée (*exemple* : tentative de conciliation en matière de divorce).

2.3 La capacité

Seules pourront agir en justice les personnes physiques capables et les personnes morales représentées par leurs représentants légaux.

3. La mise en œuvre de l'action en justice

Les deux parties, le demandeur et le défendeur, soumettent aux juges leurs prétentions : les demandes (3.1) et les moyens de défense (3.2).

3.1 Les demandes

La demande est l'acte de procédure par lequel une partie saisit le tribunal pour qu'il statue sur sa prétention sous peine de déni de justice. La demande par laquelle un plaideur prend l'initiative du procès est qualifiée d'initiale. Lorsqu'une partie modifie ses prétentions, les demandes sont additionnelles.

Dans l'hypothèse où le défendeur contre-attaque en réclamant un avantage différent du simple rejet de prétention de son adversaire, la demande est reconventionnelle.

3.2 Les moyens de défense

La défense est le droit pour celui qui est attaqué de discuter le fond, la forme de la prétention ou d'invoquer la fin de non-recevoir.

La défense au fond tend à rejeter la prétention de l'adversaire parce qu'elle est injustifiée ; le droit subjectif invoqué est contesté.

La régularité de la procédure peut être contestée par l'exception de procédure. Elle doit être soulevée dès le début du procès.

Une partie peut soulever la fin de non-recevoir, c'est-à-dire contester l'intérêt ou la qualité de l'adversaire mais aussi prétendre qu'il y a prescription.

4. La procédure

La procédure obéit à des principes directeurs (4.1) et se déroule suivant diverses étapes (4.2).

4.1 Les principes directeurs

Il existe entre les parties un rapport juridique d'instance (a) qu'il faut décrire avant d'exposer les caractères essentiels (b) de la procédure.

a) Le rapport juridique d'instance

Les parties, demandeur et défendeur, ont des prétentions respectives qui déterminent **l'objet du litige.** Le **fondement du litige** résulte des faits que les parties allèguent à l'appui de leurs prétentions et des règles de droit dont elles réclament l'application.

b) Les caractères essentiels de la procédure

Caractères	Commentaires
La procédure est contradictoire	• **Principe** : chaque partie ne peut être jugée qu'après avoir été entendue ou appelée. • **Conséquence** : chaque partie est mise en mesure d'organiser sa défense. Elle doit faire connaître en temps utile les moyens (arguments) de fait et de droit sur lesquels elle fonde ses prétentions.
La procédure est orale	Ce principe reçoit des exceptions car les actes de procédure sont nombreux.
La procédure est formaliste	• **Principe** : la procédure s'entend de l'accomplissement, dans le respect de certains délais, d'actes ou de formalités. Le formalisme protège le plaideur contre les manœuvres de son adversaire voire contre l'arbitraire du juge. • **Sanctions** : les actes de procédure sont soumis à des conditions de régularité et sont sanctionnés par la nullité.
Rôle du juge et des parties	• **Rôle du juge** : il joue un rôle très actif puisqu'il veille au bon déroulement de l'instance, ordonne les mesures qu'il estime nécessaires, tranche le litige en application des règles de droit. • **Rôle des parties** : sauf exception, elles ont seules la possibilité d'introduire l'instance et d'y mettre fin avant le jugement. Elles déterminent l'objet et le fondement de leur demande.

4.2 Le déroulement de l'instance

Nous présenterons la procédure normale, appliquée en dehors des cas d'urgence, devant le tribunal de grande instance (a). Nous évoquerons ensuite quelques particularités de procédure (b).

a) Le déroulement d'un procès devant le TGI

Les différents stades de l'instance	Commentaires
L'introduction de l'instance	• L'assignation : c'est un acte d'huissier par lequel le demandeur cite son adversaire à comparaître devant le tribunal. • Les conséquences de l'assignation : le demandeur doit saisir le tribunal et le défendeur doit comparaître c'est-à-dire constituer avocat. *Remarque* : l'assignation peut se faire par requête conjointe, c'est-à-dire sans intervention de l'huissier.

☞

☞

Les différents stades de l'instance	Commentaires
La saisine du tribunal	• Le tribunal est saisi, à la diligence de l'une ou l'autre des parties, par la remise au greffe d'une copie de l'assignation. • Les conséquences de la saisine : l'affaire est mise au rôle c'est-à-dire inscrite au répertoire général.
L'instruction	• Cette phase a pour but de mettre l'affaire progressivement en état d'être jugée. Elle est mise en œuvre par un juge spécialisé. • Au cours de cette phase, les parties doivent faire connaître à la juridiction saisie leurs prétentions ainsi que les arguments sur lesquels elles reposent. Les parties rédigent et s'échangent des conclusions.
L'audience	• Cette phase permet aux parties de débattre de l'affaire devant le tribunal. • Au jour fixé, les débats interviennent et sont dirigés par le président. Ces débats peuvent comprendre trois parties dans l'ordre suivant : le rapport du juge de la mise en état s'il y a lieu, les plaidoiries des avocats du demandeur puis du défendeur et les conclusions du ministère public intervenant comme partie jointe.
La clôture des débats	• Dès que le tribunal s'estime suffisamment informé, la clôture des débats intervient. • L'affaire est mise en délibéré c'est-à-dire que le tribunal s'accorde un délai avant de prononcer le jugement.

b) Particularités de la procédure devant certaines juridictions

La procédure peut débuter devant le tribunal d'instance par une tentative de conciliation. Devant le conseil de prud'hommes, les parties doivent comparaître en personne devant le bureau de conciliation et d'orientation(1). Si la conciliation échoue, l'affaire est renvoyée au bureau de jugement ou à un ou deux conseilleurs rapporteurs si elle n'est pas en état d'être jugée.

La procédure de référé, simple et rapide, peut être utilisée. Le président, saisi par une assignation, entend les parties et rend très rapidement sa décision sous forme d'ordonnance immédiatement exécutoire.

5. Le jugement

Les jugements rendus et délivrés aux parties (5.1) ont pour effet de dessaisir le tribunal. Ils ont autorité de la chose jugée et force exécutoire (5.2).

5.1 Présentation du jugement

Rédigé sous forme d'acte authentique appelé minute, il comprend un certain nombre de mentions concernant les juges, les parties, la demande, les motifs et le dispositif. Les motifs sont les arguments justifiant la décision des juges ; le dispositif est la décision proprement dite. Le jugement doit être porté officiellement à la connaissance des parties, en principe par signification. Cette notification permet d'exécuter le jugement, et c'est de sa date que courent les délais des voies de recours.

(1) Le nom du bureau de jugement a été modifié par la loi n° 2015-990 du 6 août 2015, plus connue sous le nom de loi Macron.

5.2 Les effets du jugement

On distingue la force exécutoire (a) et l'autorité de la chose jugée (b).

a) La force exécutoire

C'est la possibilité de faire exécuter la décision rendue en recourant éventuellement à la force publique. Ainsi, celui qui a gagné le procès pourra faire procéder à l'exécution forcée aux moyens de saisies par exemple.

Le jugement n'est exécutoire que lorsque les recours suspensifs (l'opposition et l'appel) ont été épuisés ou lorsque les délais de ces recours sont expirés (cf. section 5).

b) L'autorité de la chose jugée

Le jugement dessaisit le juge qui ne peut plus revenir sur sa décision pour la modifier. Tout jugement a l'autorité de la chose jugée, c'est-à-dire que les parties peuvent invoquer le jugement mais non pas remettre en question ce qui a été jugé. Ce principe présume que ce qui a été jugé est vrai et ne peut ainsi être contesté, sauf en actionnant les voies de recours prévues par la loi. Lorsque ces voies de recours ou les délais y afférents sont épuisés, ce qui a été jugé ne peut plus être remis en cause.

L'article 1351 du Code civil en fixe le dispositif.

L'article 1351 du Code civil

L'autorité de la chose jugée n'a lieu qu'à l'égard de ce qui a fait l'objet du jugement. Il faut que la chose demandée soit la même ; que la demande soit fondée sur la même cause ; que la demande soit entre les mêmes parties, et formée par elles et contre elles en la même qualité.

Position de la Cour de cassation

L'autorité de la chose jugée n'a lieu qu'à l'égard de ce qui fait l'objet d'un jugement et a été tranché dans son dispositif (Cass. ass. plén., 13 mars 2009).

SECTION 5

LES VOIES DE RECOURS

Elles donnent aux parties la faculté de provoquer un nouvel examen du litige. Traditionnellement on distingue les voies de recours ordinaires (1) et extraordinaires (2).

1. Les voies de recours ordinaires

Les voies de recours ordinaires sont ainsi qualifiées car elles sont toujours ouvertes aux plaideurs (sauf texte contraire). Il s'agit de l'opposition (1.1) et de l'appel (1.2).

1.1 L'opposition

Elle est qualifiée de voie de rétractation, car c'est un recours ouvert à une partie défaillante (qui n'a pas comparu) contre un jugement rendu par défaut et faisant revenir l'affaire devant la juridiction même qui a statué. Le délai de l'opposition (1 mois en matière civile) et l'opposition sont suspensifs de l'exécution du jugement.

L'OPPOSITION EST EXCEPTIONNELLE

Pour éviter des retards, la plupart des jugements par défaut sont réputés contradictoires donc ne sont pas susceptibles d'opposition. Celle-ci ne peut concerner en réalité qu'un jugement en dernier ressort rendu sans que le défendeur ait comparu et seulement si l'assignation n'a pas été signifiée à la personne même du défendeur.

L'opposition n'est pas possible après un jugement d'un tribunal administratif.

1.2 L'appel

C'est une voie de réformation : la partie qui s'estime non reconnue dans ses droits par un jugement rendu en premier ressort peut interjeter appel ; c'est le principe du double degré de juridiction. Le délai est d'un mois et l'appel est suspensif. En appel le demandeur est l'appelant, le défendeur est l'intimé. La cour rend un arrêt qui peut soit confirmer le jugement de première instance, soit l'infirmer en tout ou partie.

QUELS LITIGES EN APPEL ?

En principe, tout jugement est susceptible d'appel, sauf exceptions en raison de la modicité de l'intérêt :

- en civil : jusqu'à 4 000 €,
- en commercial : jusqu'à 4 000 €,
- en droit du travail : jusqu'à 4 000 €.

La cour d'appel est appelée à juger (dans la limite de l'appel) l'ensemble du litige : points de fait et de droit. Les parties ne peuvent pas soumettre à la cour de nouvelles prétentions à peine d'irrecevabilité relevée d'office.

2. Les voies de recours extraordinaires

Elles ne sont ouvertes que dans les cas prévus par la loi. Elles n'ont, en principe, pas d'effet suspensif. En application d'un principe fondamental de l'organisation judiciaire, le pourvoi en cassation (2.1) est possible contre les décisions rendues en dernier ressort. La tierce opposition (2.2) et le recours en révision (2.3) sont ouverts dans des situations spécifiques.

2.1 Le pourvoi en cassation

Cette voie de recours, utilisée dans les deux mois de la décision rendue en dernier ressort, tend à l'annuler pour violation du droit. Les cas d'ouverture à cassation se rattachent tous à une violation de la loi entendue largement : incompétence, inobservation des formes. À côté de ces cas précis, joue le plus souvent la méconnaissance ou la fausse application de la loi. La cour, étant juge du droit, doit alors apprécier notamment la qualification légale donnée aux faits par les juges du fond (juges du dernier ressort) et les conséquences qu'ils en ont tirées. Sur ces faits constatés par les juridictions antérieures, la cour se prononce en droit.

LE MÉCANISME DU POURVOI

Lorsque la Cour de cassation « casse » une décision antérieure, l'affaire est renvoyée devant une autre juridiction de même nature (*exemple* : une autre cour d'appel).

Si la juridiction de renvoi statue comme la première et si, sur un nouveau pourvoi, ce second arrêt ou jugement est cassé pour les mêmes motifs que le premier (par une formation particulière de la cour, toutes chambres réunies : l'assemblée plénière), la deuxième juridiction de renvoi doit se conformer à la solution tracée par la Cour de cassation.

2.2 La tierce opposition

Cette voie de recours est ouverte aux tiers auxquels un jugement peut causer un préjudice. Si elle réussit, le jugement attaqué conserve tous ses effets entre les parties mais les dispositions du jugement qui causaient préjudice au tiers opposant deviennent sans effet à son égard. Elle est admise en civil et en administratif, limitée en pénal (fonds de garantie automobile et organismes sociaux).

2.3 Le recours en révision

Cette voie de recours formée contre un jugement non susceptible d'appel ou d'opposition, tend à faire rétracter un jugement en raison des erreurs sur les bases desquelles il a été rendu, pour qu'il soit à nouveau statué, en fait et en droit, sur le fond de l'affaire. Formé à la demande des parties dans les deux mois de la découverte de la cause de révision, il est porté devant la juridiction qui a rendu le jugement attaqué.

LES CAS DE RÉVISION EN MATIÈRE CIVILE

Ils sont au nombre de quatre :

- jugement rendu à la suite d'une fraude de la partie victorieuse ;
- pièces décisives retenues par une partie et retrouvées depuis le jugement ;
- jugement rendu au vu d'attestations, de témoignages ou serments déclarés faux par la suite ;
- jugement rendu sur la foi de pièces reconnues ou déclarées fausses par la suite.

FICHE MÉMO

1. Schéma général de l'organisation judiciaire
2. Le personnel de justice
3. L'action en justice
4. Le déroulement de l'instance : procédure normale devant le TGI
5. La compétence des tribunaux
6. Les juridictions de premier degré en matière civile
7. Les juridictions de premier degré en matière pénale
8. Les voies de recours

1. SCHÉMA GÉNÉRAL DE L'ORGANISATION JUDICIAIRE

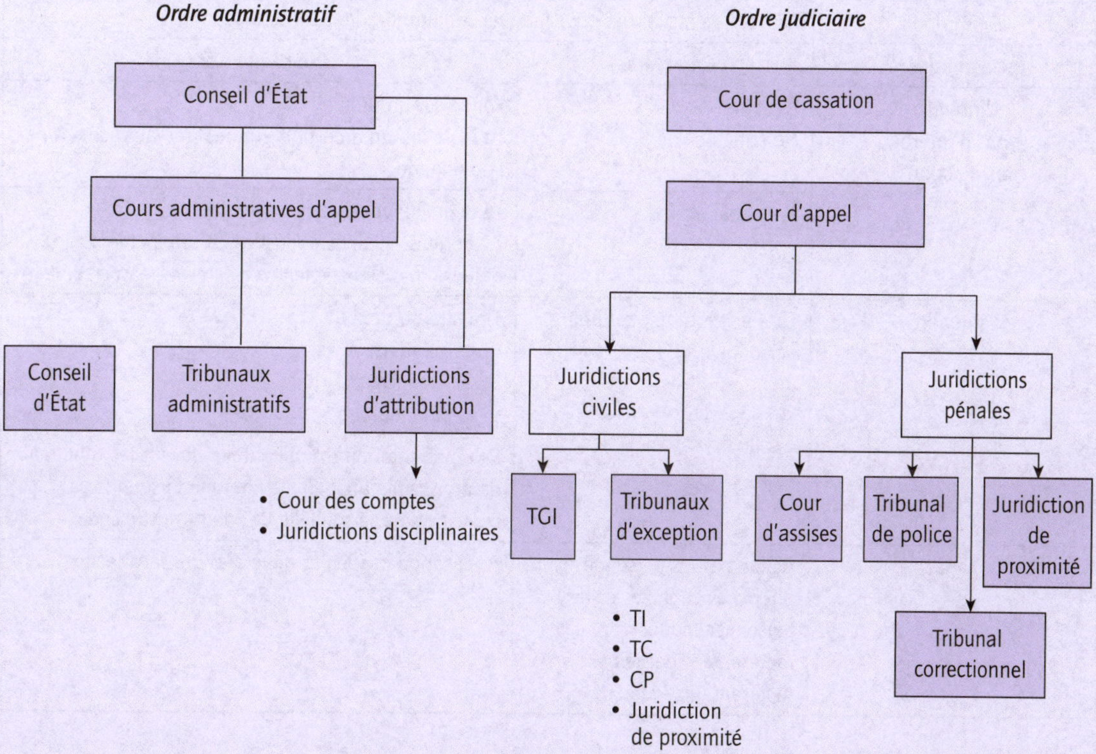

2. LE PERSONNEL DE JUSTICE

Les magistrats	Magistrats du siège	• Rendent des jugements et des arrêts. • Inamovibles et indépendants.
	Magistrats du parquet	• Requièrent l'application du droit au nom du pouvoir exécutif et de l'intérêt général. • Amovibles et dépendants du pouvoir exécutif
Les auxiliaires de justice	Auxiliaires de juridictions	• Auxiliaires permanents : greffiers, police judiciaire.
		• Auxiliaires occasionnels : experts, administrateurs judiciaires.
	Auxiliaires des parties	• Avocats : représentent les parties, assistent les parties, plaident, conseillent.
		• Officiers ministériels : huissiers, notaires.

3. L'ACTION EN JUSTICE

Définition	Recours à un tribunal pour faire reconnaître un droit contesté	
Conditions	**Caractères**	**Conséquences**
L'intérêt : « pas d'intérêt, pas d'action »	Légitime Né et actuel	Fondé sur un droit. La violation du droit doit être réalisée au moment de la demande
	Personnel et direct	Le demandeur est le titulaire du droit. Exceptions : actions en justice de groupements de défense d'intérêts généraux (syndicats, associations...)
La qualité	Titre en vertu duquel une personne agit	Titulaire du droit, – ses héritiers, – ses créanciers, – son mandataire. La représentation est obligatoire devant les tribunaux de droit commun. Elle est interdite lorsque la comparution personnelle des parties est exigée.
La capacité	Action par les personnes physiques capables et les personnes morales représentées par leurs représentants légaux.	Application des règles générales des incapacités.

4. LE DÉROULEMENT DE L'INSTANCE : PROCÉDURE NORMALE DEVANT LE TGI

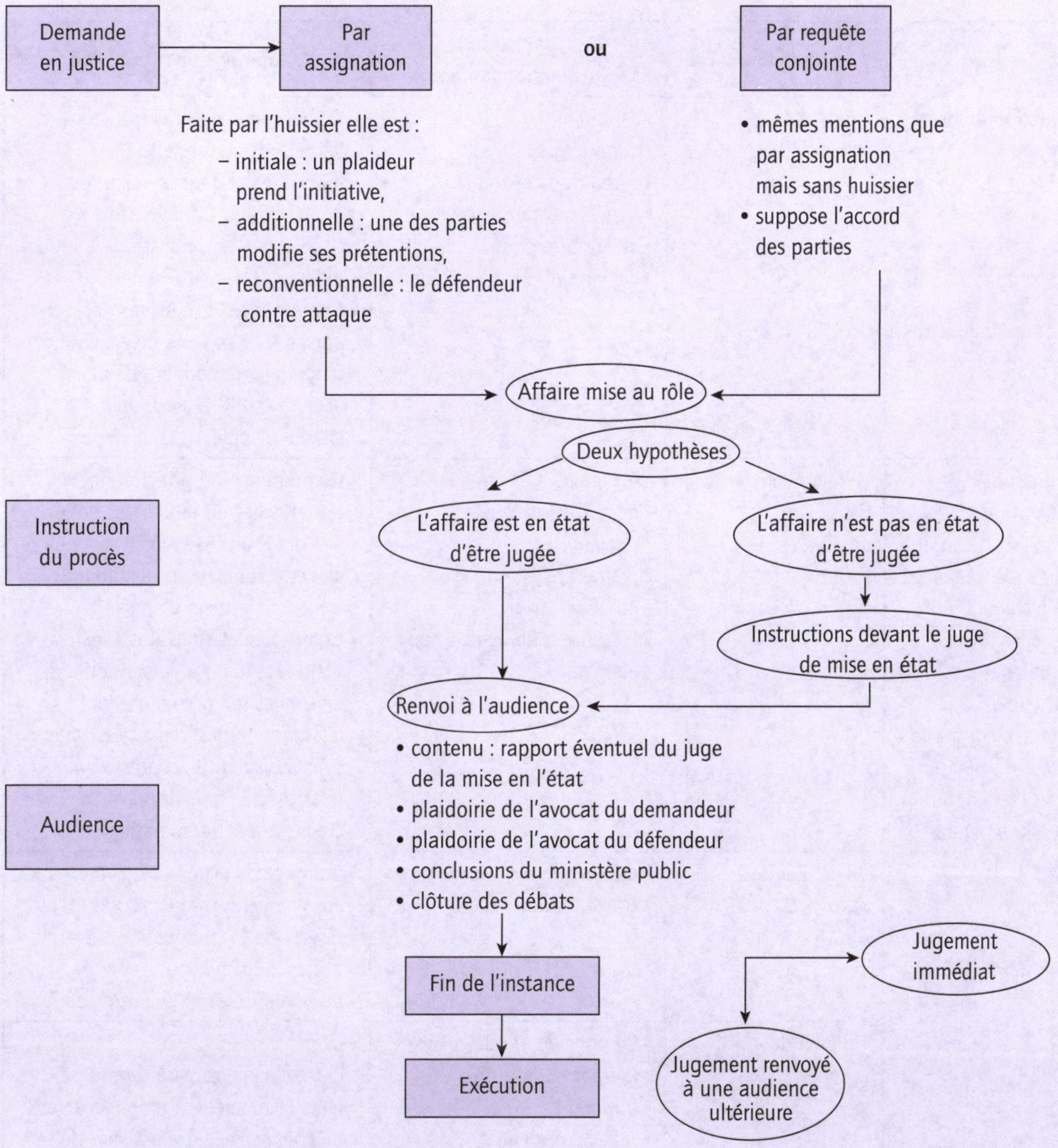

5. LA COMPÉTENCE DES TRIBUNAUX

Compétences d'attribution	Attribution d'un litige à une juridiction en fonction de la valeur du litige, de la nature du litige, du degré de juridiction.
Compétence territoriale	Attribution de l'examen du litige à une juridiction géographiquement compétente. Principe : sauf dispositions contraires, tribunal du lieu où demeure le défendeur

6. LES JURIDICTIONS DE PREMIER DEGRÉ EN MATIÈRE CIVILE

	Juridictions	Organisation et fonctionnement	Compétence d'attribution
Juridiction de droit commun	Tribunal de grande instance (TGI)	• Au moins 1 par département • Formation collégiale • Représentation par avocat obligatoire dans la plupart des affaires	• **Compétence de principe** : toutes les actions personnelles ou mobilières et dont la valeur est > 10 000 €. Dans le cadre de cette compétence, il statue toujours à charge d'appel. • **Compétences exclusives** : état des personnes, droit des biens. Il juge en premier et dernier ressort jusqu'à 4 000 € et au-delà à charge d'appel.
Juridictions d'exception : Elles connaissent à charge d'appel de toutes les affaires pour lesquelles la compétence n'est pas attribuée expressément à une autre juridiction en raison de la nature de l'affaire ou du montant de la demande	Tribunal d'instance (TI)	• Au moins 1 TI dans le ressort de chaque cour d'appel. • Statue et siège à juge unique. • Présence d'un avocat non obligatoire.	• **Compétence de principe** : actions personnelles ou mobilières de 4 001 à 10 000 €. Dans le cadre de cette compétence il statue toujours à charge d'appel. • **Compétences spéciales** *Exemples* : actions tendant à l'expulsion des personnes qui occupent aux fins d'habitation des immeubles bâtis, sans droit ni titre, contestation relatives aux frais de scolarité, crédits à la consommation.
	Juridiction de proximité	Juge unique réglant les très petites affaires.	• Connaît des actions personnelles ou mobilières jusqu'à 4 000 € sous réserve de la compétence des autres juridictions. • Compétences en dernier ressort.
	Tribunal de commerce (TC)	• En principe, un décret fixe le siège et le ressort du tribunal • Juges consulaires : commerçants élus par des commerçants. • Présence d'un avocat non obligatoire.	• Litiges : entre commerçants à propos de leurs commerces, à propos d'actes de commerce, entre associés de sociétés commerciales, en matière de procédures collectives. • Statue en premier et dernier ressort jusqu'à 4 000 € et à charge d'appel au-delà.

☞

	Juridictions	Organisation et fonctionnement	Compétence d'attribution
	Conseil des prud'hommes (CP)	• En principe au siège de chaque TGI. • Formation collégiale et paritaire : conseillers élus par employeurs et salariés. • La procédure se déroule en deux phases : une phase de conciliation et une phase de jugement. L'organisation étant paritaire, un juge du TGI intervient en cas de partage des voix. • Présence d'un avocat non obligatoire.	• Conflits individuels nés à l'occasion d'un contrat de travail. • Statue en premier et dernier ressort jusqu'à 4 000 € et à charge d'appel au-delà.

7. LES JURIDICTIONS DU PREMIER DEGRÉ EN MATIÈRE PÉNALE

Juridictions	Organisation et fonctionnement	Compétence
Juridiction de proximité	C'est un juge unique qui statue en matière pénale dans les cas les moins graves. Sa suppression interviendra au 1.01.2017.	Contravention des classes 1 à 4.
Tribunal de police	C'est une juridiction particulière du tribunal d'instance qui statue en matière pénale. Le TP siège à juge unique. L'avocat n'est pas obligatoire.	Contravention de la classe 5.
Tribunal correctionnel	C'est une formation particulière du TGI qui statue en matière pénale. Le TC statue en formation collégiale sauf exception. L'avocat n'est pas obligatoire.	Délit.
Cour d'assises	C'est une formation qui statue en cas d'infractions graves (*exemple* : crimes) et prononce de lourdes peines (*exemple* : réclusion criminelle). Sa mise en place et son fonctionnement sont entourés d'une certaine solennité. L'avocat est obligatoire pour l'accusé.	Crime.

8. LES VOIES DE RECOURS

	Nature	Qualification	Délai	Effet
Les voies de recours ordinaires	L'opposition	Voie de rétractation ouverte à une partie défaillante contre un jugement rendu par défaut.	1 mois	Suspensif
	L'appel	Voie de recours tendant à obtenir la réformation ou l'annulation d'un jugement rendu par une juridiction du premier degré.	1 mois	Suspensif
Les voies de recours extraordinaires	Le pourvoi en Cassation	Voie de recours tendant à l'annulation d'une décision pour violation de la loi. Ouvert à une partie insatisfaite d'un jugement rendu en dernier ressort.	2 mois	Non suspensif
	La tierce-opposition	Voie de recours ouverte aux tiers auxquels un jugement peut causer un préjudice.	2 mois	Non suspensif
	Le recours en révision	Formé contre un jugement non susceptible d'appel ou d'opposition. Voie de rétractation dans des cas limités (fraude, faux, pièces retrouvées…)	2 mois	Non suspensif

APPLICATIONS

APPLICATION 1 Questionnaire d'auto-évaluation

APPLICATION 2 Questions de cours

APPLICATION 3 Étude de cas pratiques : détermination de la compétence des tribunaux

APPLICATION 4 Étude de cas pratiques : analyse d'une décision de justice

APPLICATION 5 Étude de cas pratiques : analyse d'une décision de justice

Vous trouverez les corrigés du questionnaire d'auto-évaluation et des questions de cours en fin d'ouvrage ; les corrigés des cas pratiques, analyses d'une décision de justice et analyses d'un document figurent sur les sites www.expert-sup.com et www.dunod.com.

APPLICATION 1

Questionnaire d'auto-évaluation

Déterminez la ou les réponses exactes

1. Il existe deux ordres de juridiction. Il s'agit des ordres :
   a) civil.
   b) administratif.
   c) pénal.
   d) judiciaire.
2. Les juridictions de droit commun sont :
   a) le TGI.
   b) le TI.
   c) le tribunal de commerce.
   d) le conseil de prud'hommes.
3. Les juridictions de droit commun sont compétentes :
   a) pour tous les litiges.
   b) pour tous les litiges civils.
   c) pour des litiges dont la compétence leur est attribuée par un texte.
   d) pour des litiges non expressément attribués à une autre juridiction.
4. Les juridictions suivantes sont composées de magistrats professionnels nommés par l'État :
   a) TC.
   b) TI.

c) TGI.
d) cour d'appel.
e) conseil de Prud'hommes.
f) cour d'assises.

5. Un jugement rendu en premier et dernier ressort est :
a) non susceptible d'appel.
b) non susceptible de pourvoi.
c) sans recours.

6. Les décisions examinées par la Cour de cassation sont issues :
a) d'une cour d'appel.
b) d'une juridiction de premier degré.
c) d'une juridiction de premier degré qui statue en premier et dernier ressort.

7. La Cour de cassation saisie d'un pourvoi peut :
a) rendre un arrêt de rejet.
b) rendre un arrêt de renvoi.
c) juger le fond du procès.
d) juger la régularité des décisions.

8. Le tribunal compétent sur le plan géographique est, en principe :
a) le tribunal du lieu du domicile du défendeur.
b) le tribunal du lieu du domicile du demandeur.
c) le tribunal du lieu de conclusion du contrat.
d) le tribunal du lieu de situation du bien litigieux.

9. Les magistrats du parquet :
a) rendent la justice.
b) représentent la société.
c) sont inamovibles.
d) sont soumis à l'autorité hiérarchique du ministère de la Justice.

10. Les voies de recours suivantes sont suspensives d'exécution :
a) l'appel.
b) l'opposition.
c) le pourvoi en cassation.

APPLICATION 2

Questions de cours

1. Les conditions de l'action en justice.
2. Les principes européens qui s'imposent à la justice française.

APPLICATION 3

Étude de cas pratiques : détermination de la compétence des tribunaux

Dans les cas suivants, indiquez quel est le tribunal matériellement et territorialement compétent :

a) Litige entre deux sociétés commerciales, l'une domiciliée à Strasbourg, l'autre à Rouen. La première reproche à la seconde des pratiques commerciales déloyales.

b) Vanessa est poursuivie pour délit de fuite, perpétré samedi dernier à quelques kilomètres d'une boîte de nuit amiénoise, après avoir renversé Auguste en scooter.

c) Litige entre Myriam Compte, contrôleuse de gestion habitant Orléans et travaillant à Paris, et son employeur, la Cie Internationale du Bois domiciliée à Paris, à propos de diverses primes non réglées.

d) Action intentée par M. Roubier, industriel à Nantes, contre la société Machines Outils et Industrielles Sasmoi située à Strasbourg. La Sasmoi a livré du matériel défectueux aux établissements Roubier à Metz.

e) Justine est secrétaire médicale à Lille. Elle aime les bijoux, les sacs à main et les chaussures à la folie. Elle dépense... sans compter. Pour satisfaire sa passion, elle conclut plusieurs crédits à la consommation auprès de Crédito, une société lilloise. Malheureusement, son taux d'endettement est trop élevé et elle multiplie les impayés.

APPLICATION 4

Étude de cas pratiques : analyse d'une décision de justice

Beghin Say

Arrêt n° 413 du 5 avril 2012 (11-15.328) – Cour de cassation, Première chambre civile

[...]

Attendu que prétendant, selon l'arrêt attaqué (Paris, 19 janvier 2011) que la société Tereos, exploitant la marque Beghin Say, à l'occasion d'une campagne commerciale dite « Année du Brésil », avait fait figurer sans son autorisation, sur l'emballage de morceaux de sucre, reproduit par ailleurs sur son site internet, une photographie de sa personne réalisée lorsqu'elle avait prêté son concours à une troupe de danse lors de spectacles sur le même thème, Mme X... a introduit une action en justice pour atteinte portée à son droit sur son image ; qu'elle a été déboutée ;

Attendu que, par motifs propres et adoptés, la cour d'appel, après avoir relevé, outre la taille de trois millimètres sur deux du visage litigieux, sur une vignette occupant seulement la plus grande face d'un morceau de sucre, la mauvaise définition générale de l'image, a estimé que la personne représentée était insusceptible d'identification ; qu'à partir de ces constatations et appréciations souveraines, elle a pu retenir qu'aucune atteinte à l'image n'était constituée ; que le moyen n'est pas fondé ;

PAR CES MOTIFS :

REJETTE le pourvoi.

QUESTION

1. Quels sont les faits ?
2. Quelle est la procédure antérieure ?

3. Quel est le problème juridique ?
4. Quelle est la décision de la Cour de cassation ? pourquoi ?

APPLICATION 5

Étude de cas pratiques : analyse d'une décision de justice

Titeuf

Arrêt nº 188 du 15 février 2012 (10-27.512/11-19.963) – Cour de cassation, Première chambre civile

Attendu, selon l'arrêt attaqué (Versailles, 7 octobre 2010), que M. Y... a déclaré vouloir prénommer son fils, né le 7 novembre 2009, Titeuf, Gregory, Léo ; que l'officier d'état civil a informé le procureur de la République que le choix du premier prénom, Titeuf, lui paraissait contraire à l'intérêt de l'enfant ; que, sur le fondement de l'article 57 du code civil, le parquet a fait assigner les parents afin de voir prononcer la suppression du prénom Titeuf ; que, par jugement du 1er juin 2010, le tribunal de grande instance de Pontoise, se fondant sur l'intérêt de l'enfant, a ordonné la suppression du prénom Titeuf de son acte de naissance et dit qu'il se prénommera Grégory, Léo ;

Attendu que M. Y... et la mère de l'enfant, Mme Z..., font grief à l'arrêt de confirmer le jugement, alors, selon le moyen :

1°) que la contrariété à l'intérêt de l'enfant qui peut justifier que le prénom choisi par ses parents soit supprimé doit être appréciée de façon objective ; qu'en appréciant la conformité à l'intérêt de l'enfant du prénom Titeuf uniquement par référence à un personnage de bande dessinée dont la notoriété est nécessairement éphémère et limitée, dont elle relève au demeurant qu'il est «plutôt sympathique», et en se livrant à une analyse subjective des caractéristiques de ce personnage, sans se prononcer au regard de critères objectifs seuls à même de garantir le principe d'égalité devant la loi, la cour d'appel a violé l'article 57 du code civil, ensemble l'article 3 de la Convention de New York du 20 novembre 1989 et l'article 8 de la Convention européenne des droits de l'homme ;

2°) que toute restriction à la liberté de choix du prénom de l'enfant par ses parents ne peut être justifiée que par l'intérêt de l'enfant ; qu'en jugeant que le prénom Titeuf n'était pas conforme à l'intérêt de l'enfant et en ordonnant sa suppression de l'acte de naissance, sans rechercher, ainsi qu'elle y était invitée, si le fait qu'au moins un autre enfant ait reçu ce prénom sans opposition du ministère public et que d'autres enfants aient reçu les prénoms d'autres personnages de bandes dessinées ou dessins animés n'était pas de nature à mettre en évidence que le choix du prénom litigieux ne portait pas atteinte à l'intérêt de l'enfant, la cour d'appel a privé sa décision de base légale au regard de l'article 57 du code civil, ensemble l'article 3 de la Convention de New York du 20 novembre 1989 et l'article 8 de la Convention européenne des droits de l'homme ;

Mais attendu que c'est par une appréciation souveraine qu'en une décision motivée la cour d'appel a estimé qu'il était contraire à l'intérêt de l'enfant de le prénommer Titeuf ; que le moyen qui ne tend en réalité qu'à contester cette appréciation ne peut être accueilli ;

PAR CES MOTIFS :

REJETTE les pourvois

QUESTIONS

1. Résumez les faits.
2. Présentez la procédure antérieure.
3. Quel problème cette affaire posait-elle ?
4. Présentez la solution de la Cour de cassation.

4

CHAPITRE

La preuve des droits subjectifs

SECTION 1 Les sources des droits subjectifs

SECTION 2 Les règles d'administration de la preuve

SECTION 3 Les différents modes de preuve

FICHE MÉMO • APPLICATIONS

Idem est non esse et non probari (ne pas être ou ne pas prouver, c'est tout un). Cet adage signifie que le droit est inséparable de la preuve. Une personne ne peut se prévaloir d'un droit que si elle en prouve l'existence. Tous les comportements de l'homme vivant en société ne produisent pas des effets de droit tel le passant qui se promène dans la rue et qui contemple le spectacle de la ville. Mais qu'il soit renversé par un automobiliste ou qu'il effectue un achat et la situation génère des effets de droit. On distinguera, à l'origine de droits subjectifs, les faits juridiques et les actes juridiques. Toutefois, la réalisation ou la mise en œuvre de ces droits suppose l'établissement de leur existence. Il faut donc faire la preuve de son droit.

Le terme de « preuve » peut avoir plusieurs acceptions. La preuve est d'abord la démonstration de l'existence d'un fait ou d'un acte dans les formes admises par la loi. Le terme de preuve désigne également les procédés techniques utilisés pour établir l'existence de ce fait ou de cet acte afin de soutenir une certaine prétention juridique.

Il convient donc dans un premier temps de repérer les sources des droits subjectifs (section 1). La réalisation de ces droits passe par la preuve de ces droits. Cette nécessité nous conduit à examiner les règles d'administration (section 2) et les différents moyens de preuve (section 3).

SECTION 1
LES SOURCES DES DROITS SUBJECTIFS

Les personnes ont des droits subjectifs. Ces droits font naître des obligations c'est-à-dire un lien juridique en vertu duquel une personne (le créancier) peut exiger d'une autre (le débiteur) une certaine prestation.

EXEMPLE

En vertu d'un contrat de vente, le vendeur peut exiger de l'acheteur le paiement du prix. Si l'acheteur ne respecte pas sa parole (en clair s'il ne paie pas le prix), le vendeur peut l'y contraindre par diverses voies de droit.

Il reste à déterminer les événements qui entraînent l'application de la règle au profit ou à l'encontre d'un sujet de droit. De ce point de vue, on distingue l'acte juridique (1) du fait juridique (2).

1. L'acte juridique

L'idée ici est que la parole donnée engage. La volonté d'une personne l'oblige parce qu'elle s'est engagée à exécuter une certaine prestation, le plus souvent après s'être mise d'accord avec une autre. La notion d'acte juridique correspond parfaitement à la situation décrite. Elle se définit comme l'acte d'une volonté qui se manifeste en vue de réaliser certains effets de droit.

Les actes juridiques font l'objet de diverses classifications (1.1) et sont soumis à certaines conditions d'efficacité (1.2).

1.1 Les classifications en usage

Il existe de nombreuses classifications en vigueur. En nous limitant au droit privé, il convient de différencier :

– les actes unilatéraux, bilatéraux et multilatéraux ;

– les actes onéreux et à titre gratuit ;

– les actes conservatoires, d'administration et de disposition.

Actes unilatéraux, bilatéraux, multilatéraux

- Un acte juridique est **unilatéral** lorsque l'effet juridique auquel il tend résulte de la manifestation de volonté d'une seule personne.

  Exemple : Le testament s'analyse comme la manifestation de volonté d'un individu en vue de l'attribution de ses biens après son décès.

- L'acte est **bilatéral** quand l'effet juridique provient de la manifestation de volonté de deux personnes.

  Exemple : Le contrat de travail voit l'un s'engager à fournir des prestations de travail et l'autre à les rémunérer.

- L'acte est **multilatéral ou collectif** quand il manifeste la volonté de personnes ayant des intérêts communs.

  Exemple : La convention collective.

Actes à titre onéreux, actes à titre gratuit

- Dans l'acte **à titre onéreux** un enrichissement est censé compenser un appauvrissement.

  Exemple : La vente d'un bien appauvrit son propriétaire. Il ne peut plus l'utiliser et ceci peut lui occasionner une gêne mais, en même temps, l'enrichit car il reçoit, pour prix de son sacrifice, des signes monétaires. L'acte à titre onéreux repose sur l'idée d'échange.

- La libéralité inspire l'acte à **titre gratuit**. Ici l'un s'enrichit pendant que l'autre s'appauvrit.

  Exemple : Si une personne donne un bien à une autre, l'un s'enrichit (le donataire) et l'autre s'appauvrit (le donateur). L'acte gratuit est dangereux. Il peut porter atteinte à des intérêts légitimes. Imaginons par exemple un père qui, s'étant fâché avec son fils, souhaiterait donner ses biens à un ami. Dans ce cas, le législateur protège les intérêts du fils.

ACTES CONSERVATOIRES, D'ADMINISTRATION ET DE DISPOSITION

- L'**acte conservatoire** sauvegarde un bien ou un droit d'une personne. Tel est le cas en matière de cautionnement.

  Exemple : Quand une banque prête de l'argent à une entreprise, elle court un risque, à savoir l'insolvabilité de son client. Pour être certaine d'obtenir le remboursement, elle exige que le chef d'entreprise se substitue à la firme si celle-ci venait à défaillir. En prenant caution, la banque protège ses intérêts.
- L'**acte d'administration** est un acte de gestion courante. Il s'agit ici de faire fructifier un bien sans en compromettre la valeur en capital.

  Exemple : En matière de location, une personne propriétaire d'un immeuble le loue à un particulier. Chaque mois elle perçoit un loyer et fait ainsi fructifier son bien.
- **L'acte de disposition** entraîne transmission d'un droit ou d'un bien. Il peut fort bien se traduire par un appauvrissement du disposant.

  Exemple : Cas d'un appartement vendu très largement en dessous de la valeur de marché.

INTÉRÊT DE LA DISTINCTION

Les mineurs, c'est-à-dire les personnes de moins de 18 ans, sont protégés pour tout ce qui concerne l'administration de leurs biens. Une personne (père, mère ou tuteur) agit en leur nom et pour leur compte. Le risque est, bien évidemment, que cette personne « détourne » à son profit certains biens du mineur. Pour éviter cette situation, le législateur facilite les actes conservatoires et d'administration. Ils peuvent être accomplis par le père ou la mère. En revanche, le législateur rend plus difficile les actes de disposition qui doivent être réalisés par les parents, voire pour certains d'entre eux après une autorisation de la justice.

1.2 Les conditions d'efficacité de l'acte juridique

Pour produire des effets juridiques, l'acte doit valider certaines conditions.

- Du point de vue du **fond**, il faut que les acteurs présentent une volonté saine et une capacité juridique suffisante.
- Du point de vue de la **forme**, règne une grande diversité. Dans certains cas, aucune formalité particulière n'est exigée ; dans d'autres, des mentions particulières, voire un écrit, sont requis.

EXEMPLE

Cas du travail temporaire.

Enfin, une **forme solennelle** peut être nécessaire.

EXEMPLE

Cas du contrat de mariage.

2. Le fait juridique

Comme dans le cas de l'acte, le fait juridique produit des effets de droit. Mais l'intention de celui qui a provoqué l'événement n'était pas de donner naissance à des droits subjectifs. Une telle analyse reste vraie, que le fait soit volontaire ou non. Celui qui renverse un piéton traversant la chaussée en devient débiteur. Un dommage a été créé ; il convient de le réparer, peu importe que l'acte ait été involontaire.

EXEMPLE

Le conducteur confond pédales de frein et d'accélération.

Cet événement est pris en considération par le législateur qui lui attache des conséquences juridiques, non librement déterminées par la volonté des intéressés.

Il existe une multitude de faits juridiques.

EXEMPLES

La mort, la naissance ou l'accident.

SECTION 2
LES RÈGLES D'ADMINISTRATION DE LA PREUVE

L'administration de la preuve exige de répondre à trois questions. Que faut-il prouver (1) ? Qui doit prouver (2) ? Comment prouver (3) ?

1. L'objet de la preuve

Résoudre le problème de l'objet de la preuve c'est répondre à la question : « Que faut-il prouver ? » La matière est commandée par un principe selon lequel seuls les faits doivent être prouvés (1.1). Encore faut-il souligner la difficulté, dans certaines situations, à établir l'existence d'un fait. Un tel constat explique le recours aux présomptions (1.2).

1.1 Le fait à prouver

Aux termes de l'article 9 du Code de procédure civile (CPC), « il incombe à chaque partie de prouver conformément à la loi les faits nécessaires au succès de sa prétention ». Ce principe affirme que la règle de droit n'a pas à être prouvée, le juge est censé la connaître. En revanche, il convient de prouver l'acte ou le fait juridique qui donne naissance à un droit. La preuve ne peut pas porter sur n'importe quel fait. Il doit présenter certaines qualités.

QUALITÉ DU FAIT À PROUVER

Il est :

- **douteux.** L'évidence n'a pas à être prouvée ;
- **contesté.** Si l'adversaire est d'accord sur l'existence du fait, celui-ci est tenu pour vrai sauf décision contraire du juge ;
- **pertinent.** Le fait à prouver entretient un rapport avec l'affaire à trancher.

EXEMPLE

Le vendeur impayé devra prouver l'existence d'un contrat de vente, c'est-à-dire un accord sur une chose et un prix. Il ne sera pas tenu de prouver l'article 1134 du Code civil en vertu duquel il est en droit d'exiger le paiement du prix.

1.2 Les présomptions

Dans certaines situations, la preuve est difficile à apporter. L'administration de la preuve est facilitée par le jeu des présomptions. Par ce jeu une personne est dispensée de faire la preuve de ce qu'elle avance et on déduit l'existence du fait à prouver, de l'existence d'un autre fait plus facile à prouver.

EXEMPLE

L'immatriculation au Registre du commerce et des sociétés pose, à l'égard des personnes physiques, une présomption d'appartenance à la profession de commerçant.

L'article 1354 du Code civil définit les présomptions comme des dispenses de preuve au profit de celui pour lequel elles jouent. Il convient donc de distinguer les présomptions librement posées par le juge – dites judiciaires ou du fait de l'homme – des présomptions légales c'est-à-dire imposées par la loi.

EXEMPLE DE PRÉSOMPTION LÉGALE : LA PRÉSOMPTION DE PATERNITÉ

L'article 312 du Code civil établit une présomption légale de paternité. Aux termes de celle-ci, « l'enfant conçu ou né pendant le mariage a pour père le mari ». Cette présomption peut être contestée. En effet, l'article 332 al. 2 du Code civil permet au mari de rapporter la preuve qu'il n'est pas le père de l'enfant. Comme la preuve contraire peut être apportée, on dit que la présomption légale est simple.

Si la majeure partie des présomptions légales sont simples, il existe des cas où la preuve contraire n'est pas permise. Ces présomptions sont dites irréfragables. Dans ce cas le droit ne cherche pas véritablement à aider une personne à établir un fait contesté mais plutôt à assurer un résultat auquel il entend parvenir. Il existe aussi des cas où la présomption ne peut être renversée que par certains moyens. Dans ces cas, la présomption est dite mixte.

EXEMPLE

Un commerçant, Emmanuel Créance, prête 1 525 € à un confrère, Jean Débit. Les parties conviennent d'organiser leur relation par écrit. À cet effet, elles rédigent un acte sous signature privée. À l'échéance, Monsieur Débit rembourse son créancier qui lui remet l'acte en apposant la mention « acquittée » plus sa signature. Cette remise présume la libération du débiteur. En effet, l'article 1282 du Code civil dispose : « La remise volontaire du titre original sous signature privée, par le créancier du débiteur, fait preuve de la libération. » Cette présomption est irréfragable.

2. La charge de la preuve

Résoudre le problème de la charge de la preuve c'est répondre à la question : « Qui doit prouver ? » Le fait est d'importance. Pour traiter cette interrogation, le Code civil fournit une directive générale : c'est à celui qui réclame quelque chose de faire la preuve qu'il y a droit ou encore c'est à celui qui conteste une situation établie de déterminer qu'elle n'est pas conforme au droit. Ce principe est posé à l'article 1353 al. 1 du Code civil : « Celui qui réclame l'exécution d'une obligation doit la prouver. »

L'alinéa second de l'article 1353 du Code civil ajoute : « Réciproquement, celui qui se prétend libéré doit justifier le paiement ou le fait qui a produit l'extinction de son obligation. » À travers l'article 1353 du Code civil se dessine ainsi un dialogue entre les parties.

EXEMPLE

Le demandeur à l'instance a prouvé l'existence d'un contrat de vente. C'est alors le défendeur à l'instance qui va devoir prouver qu'il a déjà exécuté le contrat.

Toutefois, les dispositions de l'article 1353 sont, comme nous l'avons vu dans le paragraphe précédent, quelquefois inversées par le législateur qui – au moyen de présomptions – renverse la charge de la preuve.

3. L'admissibilité de la preuve

Il s'agit de rechercher la vérité. En droit français, il existe d'autres impératifs à respecter que la manifestation de la vérité. Il s'agit de la justice et de la sécurité des relations entre les hommes. Et ceci a conduit le législateur à réglementer les procédés de preuve autorisés (3.1) tout en encadrant le rôle joué par le juge dans l'appréciation des preuves (3.2).

3.1 L'admissibilité de la preuve

La matière est commandée par un principe – visé à l'article 1359 du Code civil – qui prévoit que les actes juridiques doivent être passés par écrit dès qu'ils excèdent une valeur fixée par décret. Actuellement elle s'élève à 1 500 €. En conséquence, toute personne titulaire d'un droit subjectif supérieur à la somme sus-indiquée doit par avance se ménager une preuve écrite à utiliser en cas de contestation (préconstitution de preuve). L'article 1359 al. 2 ajoute qu'il est interdit de prouver par les présomptions et les témoignages les inexactitudes ou omissions de l'acte écrit. L'article 1365 du Code civil donne une définition de l'écrit (*cf.* section 3).

EXCEPTIONS AU PRINCIPE

- À l'égard des commerçants, les **actes de commerce** se prouvent par tous moyens (art. L. 110-3 Code de commerce).
- Il ne s'applique pas aux **faits juridiques**.
- Il est écarté quand il y a **impossibilité de prouver par écrit** (*exemple* : l'écrit a été perdu à la suite d'un incendie ou d'une inondation) ou encore il a été impossible de le dresser (ex. : en raison des relations de parenté entre les parties). C'est l'article 1360 du Code civil qui institue cette limite et traduit dans notre droit positif l'adage selon lequel « à l'impossible, nul n'est tenu ». Dans ce cas le recours aux témoignages est admis pour combler l'absence d'écrit.
- Il ne reçoit pas application quand existe un **commencement de preuve par écrit**, défini par l'article 1362 du Code civil et comportant trois éléments. D'abord, il faut en principe un écrit ; ensuite que cet écrit émane de la personne contre qui la demande est formée ; enfin qu'il rende vraisemblable le fait allégué. Si ces trois éléments sont réunis, la partie qui produit la preuve « commencée » est autorisée à la « compléter » en faisant appel aux témoignages et aux présomptions.
- En matière pénale, hors les cas où la loi en dispose autrement, les infractions peuvent être établies par tout mode de preuve.

3.2 Le rôle du juge

En matière de preuve, le rôle du juge est important. Il vérifie l'authenticité et l'exactitude des moyens invoqués. Il compare les différentes preuves fournies. Enfin il arrête sa conviction quand un fait lui apparaît probable, vraisemblable.

Cette toute-puissance du juge est relative. En effet, pour éviter des dérives, le législateur a conféré une force probante légale à certaines preuves. L'écrit et l'aveu font foi jusqu'à preuve contraire et parfois même au-delà, jusqu'à ce que la fausseté des énonciations – par exemple d'un acte notarié – ait été démontrée.

Pour forger son intime conviction le juge peut demander aux parties de produire des éléments de preuve et même ordonner des mesures d'instruction.

SECTION 3
LES DIFFÉRENTS MODES DE PREUVE

Les parties jouent un rôle déterminant dans la production des preuves puisque, aux termes de l'article 10, al. 1er du Code civil, « chacun est tenu d'apporter son concours à la justice en vue de la manifestation de la vérité ». C'est dans ce cadre qu'il convient d'examiner les différents moyens de preuve fournis par les articles 1363 et suivants du Code civil, en distinguant l'écrit (1) – gage de sûreté et d'efficacité – des autres moyens (2).

1. La preuve écrite

La définition de l'écrit par l'article 1365 du Code civil

L'écrit consiste en une suite de lettres, de caractères, de chiffres ou de tous autres signes ou symboles dotés d'une signification intelligible, quel que soit leur support.

Cette définition a un sens très large. Elle a adapté le droit de la preuve aux technologies de l'information. Ainsi, l'écrit sous forme de papier et l'écrit sous forme électronique sont équivalents. Cependant, pour être admissible, l'écrit sous forme électronique doit respecter certaines conditions :

– être intelligible ;

– permettre d'identifier celui dont il émane ;

– être établi et conservé dans des conditions de nature à garantir son intégrité.

La signature est un élément essentiel de la validité d'un écrit. Elle a une double fonction :

– identifier le contractant ;

– matérialiser le consentement du contractant.

Exiger une signature manuscrite n'était pas compatible avec l'échange de messages électroniques. Le Code civil reconnaît donc une valeur à la signature électronique.

LA SIGNATURE ÉLECTRONIQUE

Cette notion retenue par la loi du 13 mars 2000 s'entend de façon large : celle-ci peut être numérique ou digitale et elle peut revêtir la forme de mots de passe ou de codes.

Le texte insiste néanmoins sur le recours à un système fiable d'identification qui puisse garantir l'existence d'un lien avec l'acte auquel la signature se rattache. Un décret du 30 mars 2001 a précisé les conditions dans lesquelles une signature électronique est créée par un procédé présumé fiable. Il prévoit notamment de mettre en œuvre une signature électronique numérique qui repose sur des moyens de cryptologie à clés asymétriques. Un second décret du 18 avril 2002 a précisé les procédures d'évaluation et de certification de la « sécurité offerte par les produits et systèmes des technologies de l'information ».

L'article 1367 al. 2 établit une présomption de fiabilité de la signature électronique.

La présomption de fiabilité repose sur trois conditions respectant le décret du 30 mars 2001 :
– la signature est créée,
– l'identité du signataire est assurée,
– et l'intégrité de l'acte est garantie.

Cette présomption est réfragable puisque la preuve contraire peut-être apportée.

LA PREUVE ÉLECTRONIQUE CONCRÈTEMENT

Cette preuve électronique repose concrètement sur l'exploitation d'une clé publique et d'une clé privée qui sont mathématiquement liées.

L'émetteur chiffre le condensé du message à envoyer avec l'aide de sa clé privée, et le signe grâce à une signature électronique : c'est ce qui apporte la preuve électronique.

En face, le destinataire peut déchiffrer le document qui fait office de preuve électronique grâce à la clé publique contenu dans un certificat électronique. En pratique, la preuve électronique se fait sous la forme d'un code personnel qui permettra d'identifier avec certitude son utilisateur et d'authentifier les documents apposés d'une signature (preuve électronique).

Les conflits de preuve écrite (écrit papier et écrit électronique) sont réglés par le juge et par tous moyens.

Selon la qualité de l'auteur de l'acte, on distingue les actes authentiques et ceux sous signature privée. Par ailleurs, il existe d'autres écrits qui jouent un rôle important.

Formes	Régime juridique	Force probante
Actes authentiques	**Définition.** Actes dressés par une personne qualifiée (officier public : huissier, notaire...) et selon les formes prescrites par la loi. Les formes varient en fonction des actes. Il convient toutefois de signaler, que l'original est dressé en un exemplaire et conservé par l'officier public.	Font foi jusqu'à inscription de faux. Il s'agit d'une procédure compliquée qui permet de contester l'exactitude ou la sincérité de l'acte.

☞

☞

Formes	Régime juridique	Force probante
Actes sous signature privée	**Définition.** Écrits rédigés par des particuliers : leur signature est obligatoire. Elle sert à l'identification de l'auteur et traduit l'engagement contenu dans l'acte. **Formalisme.** Un formalisme est imposé dans 2 cas : – cas d'un **contrat synallagmatique** : formalité du double (autant d'originaux que de parties distinctes, à moins que les parties ne soient convenues de remettre à un tiers l'unique exemplaire dressé) ; – cas d'un **engagement unilatéral** de payer une somme d'argent ou livrer un bien fongible [(1)] : signature de celui qui souscrit et mention manuscrite de la somme ou de la quantité en lettres et en chiffres.	• **Principe** : seul l'original a une force probante. • **Force probante de la signature** : elle ne constitue pas une présomption d'origine de l'acte. Si l'un des contractants désavoue sa signature, le juge doit procéder à la vérification d'écriture. • **Force probante du contenu de l'acte** : il fait foi jusqu'à preuve contraire. • **Force probante de la date de l'acte** : Elle fait foi entre les parties jusqu'à preuve du contraire. À l'égard des tiers, l'acte ne fait foi que lorsqu'il a acquis date certaine, c'est-à-dire dans trois cas : du jour où il a été enregistré, du jour où sa substance est constatée dans un acte authentique, ou du jour du décès de l'un des signataires (art. 1377, C. civ.).
Actes sous signature privée contresignés par avocat	**Définition**. Acte établi par des particuliers et contresigné par un avocat. En contresignant l'acte, l'avocat atteste avoir pleinement éclairé la ou les parties qu'il conseille sur les conséquences juridiques de cet acte. **Formalisme**. L'acte est dispensé de toutes mentions manuscrites exigées par la loi, notamment de celle relative à la somme ou à la quantité en lettres et en chiffres.	Il fait foi de l'écriture et de la signature des parties mais non pas de sa date.
Autres écrits	Documents : – correspondance : – livres comptables : – copies (reproduction d'un écrit préexistant) :	Force probante limitée : – peut faire preuve contre leur auteur ; – font preuve contre le commerçant qui les tient ; – force probante variable.
(1) Interchangeable.		

2. Les autres modes de preuve

Nous passerons successivement en revue la preuve testimoniale (témoignage), les présomptions de l'homme, l'aveu et le serment.

Modes	Formes	Définitions	Force probante
Le témoignage		Déclaration émanant d'un tiers par laquelle il relate les faits dont il a eu personnellement connaissance.	• Preuve des faits juridiques. • Pour les actes juridiques, se heurte aux prescriptions de l'article 1359 al. 1er du Code civil (1). • Force probante librement appréciée par le juge.
Les présomptions de l'homme		Conséquences que le juge tire d'un fait connu à un fait inconnu.	• Doivent être « graves, précises et concordantes » (art. 1382 du Code civil) pour être admises. • Force probante établie par le juge. • Limitées aux cas où la loi admet les preuves par tout moyen (art. 1382 du Code civil).
L'aveu	Judiciaire : devant la justice. Extrajudiciaire : en dehors du procès.	Déclaration par laquelle une personne reconnaît pour vrai un fait de nature à produire contre elle des conséquences juridiques.	• L'aveu judiciaire fait foi contre celui qui l'a fait ; il est indivisible et irrévocable. • L'aveu extrajudiciaire purement verbal n'est reçu que dans les cas où la loi permet la preuve par tout moyen. Il ne lie pas le juge ; il peut être divisé et rétracté.
Le serment		Déclaration solennelle faite par un plaideur d'un fait qui lui est favorable (tombé en désuétude, dans une société où la parole donnée n'a quasiment plus de crédit).	
	Serment décisoire	• Une partie demande à son adversaire de prêter serment.	• Si l'adversaire prête serment il gagne son procès.
	Serment déféré d'office	• Demandé par le juge pour forger son intime conviction.	• Ne lie pas le juge.

(1) Il doit être passé acte par écrit de toutes choses excédant 1500 €.

FICHE MÉMO

1. Les sources des droits subjectifs
2. L'administration de la preuve
3. L'admissibilité de la preuve

L'expression « droits subjectifs » désigne les prérogatives particulières dont une personne peut se prévaloir sur un bien ou sur une autre personne.

1. LES SOURCES DES DROITS SUBJECTIFS

	Définition	Caractères
Acte juridique	Acte d'une volonté qui se manifeste en vue de réaliser certains effets de droit.	Unilatéral, bilatéral ou multilatéral. À titre onéreux ; à titre gratuit. Conservatoire, d'administration et de disposition.
Fait juridique	Événement produisant des conséquences juridiques, non librement déterminées par, la volonté des intéressés.	Volontaire : délit, quasi-délit. Involontaire : décès, phénomène naturel.

2. L'ADMINISTRATION DE LA PREUVE

Objet de la preuve et charge de la preuve

Principe	Conséquences	
	Conditions d'existence d'un droit subjectif	**Doit-il être prouvé ?**
Art. 9 CPC : Il incombe à chaque partie de prouver, conformément à la loi, les faits nécessaires au succès de sa prétention.	Une règle de droit objectif qui rattache un droit subjectif à un événement.	NON : Le juge connaît le droit.
	Un acte ou un fait juridique.	OUI : Il donne naissance au droit.

Exceptions : les présomptions

Définition	Formes	
Art. 1354 du Code civil : Dispense de preuve au profit de la personne pour laquelle elle joue.	Présomption légale.	Imposée par la loi : – simple : la preuve contraire peut être apportée ; – irréfragable : n'admet pas la preuve contraire ; – mixte : peut être renversée seulement par certains moyens de preuve.
	Présomption du fait de l'homme.	Librement posée par le juge.

3. L'ADMISSIBILITÉ DE LA PREUVE

Droit civil

Événements à prouver	Modes de preuve admis
Actes juridiques ⩽ 1 500 €	Tous les modes de preuve.
Actes juridiques > 1 500 €	Preuve par écrit. Exceptions : *Impossibilité de preuve par écrit :* – écrit perdu – écrit impossible à dresser – recours au témoignage admis *Commencement de preuve par écrit :* – un écrit – émanant de la personne contre qui la demande est formée – fait allégué rendu vraisemblable par écrit – complément de preuve par témoignage et présomption
Faits juridiques	Tous les modes de preuve, à l'exception de l'état des personnes (naissance, décès) par les actes de l'état civil.
Droit commercial	Tous les modes de preuve.
Droit pénal	Tous les modes de preuve (sauf dispositions légales).

Les modes de preuve

Modes	Formes	Définitions	Force probante
L'écrit (sous forme papier ou électronique)	Actes authentiques	Actes dressés par une personne qualifiée et selon les formes prescrites par la loi.	Font foi jusqu'à inscription de faux.
	Actes sous signature privée	Écrits rédigés par des particuliers : leur signature est obligatoire. Un formalisme est imposé dans 2 cas : – cas d'un contrat synallagmatique : formalité du double – cas d'un engagement unilatéral de payer une somme d'argent ou livrer un bien fongible : signature de celui qui souscrit et mention manuscrite de la somme ou de la quantité en lettres et en chiffres.	Force probante moindre : ne font foi que jusqu'à preuve du contraire.
	Actes sous signature privée contresignés par avocat	Acte établi par les parties mais dont un avocat atteste les avoir conseillées sur les conséquences juridiques	Fait foi de l'écriture et de la signature des parties
	Autres écrits	Documents : correspondance, livres comptables, copies (reproduction d'un écrit préexistant).	Force probante limitée.
Le témoignage		Déclaration émanant d'un tiers par lequel il relate les faits dont il a eu personnellement connaissance.	Force probante librement appréciée par le juge.
Les présomptions de l'homme		Conséquences que le juge tire d'un fait connu à un fait inconnu.	Force probante établie par le juge.
L'aveu	Judiciaire : devant la justice.	Déclaration par laquelle une personne reconnaît pour vrai un fait de nature à produire contre elle des conséquences juridiques.	L'aveu judiciaire fait foi contre celui qui l'a fait, (indivisible et irrévocable).
	Extrajudiciaire : en dehors du procès.		L'aveu extrajudiciaire ne lie pas le juge ; peut être divisé et rétracté.
Le serment		Déclaration solennelle faite par un plaideur d'un fait qui lui est favorable :	
	Serment décisoire	– une partie demande à son adversaire de prêter serment	Si l'adversaire prête serment il gagne son procès.
	Serment déféré d'office	– demandé par le juge	Ne lie pas le juge.

APPLICATIONS

APPLICATION 1 Questionnaire d'auto-évaluation

APPLICATION 2 Questions de cours

APPLICATION 3 Analyse d'une décision de justice

Vous trouverez les corrigés du questionnaire d'auto-évaluation et des questions de cours en fin d'ouvrage ; les corrigés des cas pratiques, analyses d'une décision de justice et analyses d'un document figurent sur les sites www.expert-sup.com et www.dunod.com.

APPLICATION 1

Questionnaire d'auto-évaluation

1. Déterminez la ou les réponses exactes

1. Un fait juridique est :
   a) volontaire.
   b) involontaire.
2. Un acte juridique est :
   a) volontaire.
   b) involontaire.
3. La charge de la preuve incombe :
   a) au demandeur.
   b) au défendeur.
   c) au juge.
4. La liberté de la preuve est admise :
   a) en droit civil.
   b) pour les actes juridiques.
   c) pour les faits juridiques.
   d) en droit commercial.
5. Le témoin relate :
   a) les faits qu'il connaît personnellement.
   b) les faits dont il a entendu parler.

6. Un acte sous signature privée :
   a) n'est soumis à aucun formalisme.
   b) n'a pas valeur d'écrit au sens du droit.
   c) doit être revêtu de la signature des parties.
   d) fait foi jusqu'à preuve du contraire.
7. Un acte authentique :
   a) ne peut être contesté.
   b) peut être contesté.
   c) est rédigé par les parties et authentifié par un officier public.
   d) est dressé par un officier public.
8. Une présomption simple :
   a) admet la preuve contraire.
   b) n'admet pas la preuve contraire.
   c) s'impose au juge.
9. Une présomption irréfragable peut être écartée :
   a) jamais.
   b) par la preuve contraire par écrit.
   c) par la preuve contraire par tous moyens.
10. Un aveu :
   a) émane d'une des parties au procès.
   b) émane d'un tiers.
   c) porte sur un fait favorable à celui qui avoue.
   d) porte sur un fait défavorable à celui qui avoue.
   e) s'impose au juge s'il est judiciaire.
11. Un acte sous signature privée contresigné par avocat :
   a) est un acte authentique.
   b) fait pleine foi de l'écriture mais pas de la signature des parties.
   c) porte sur un fait favorable à son émetteur.
   d) remplace l'acte authentique.
   e) fait pleine foi de l'écriture et de la signature des parties.

2. Actes ou faits juridiques ?

Qualifiez les événements suivants. Quelles sont les conséquences de ces qualifications en matière de preuve ?

1. Un prêt entre particuliers sans intérêt.
2. L'embauche d'une vendeuse dans un magasin de chaussures.
3. La location d'une chambre d'étudiant.
4. La donation d'un terrain.
5. La naissance d'un petit Léo.

6. Le vol d'un véhicule automobile.
7. La perte d'une carte de crédit.
8. Le décès de la doyenne d'un village.
9. La création d'une société anonyme.
10. La publication de propos diffamatoires dans un hebdomadaire.

3. Petits cas pratiques

1. Pierre et Paul signent un contrat de location en deux exemplaires.
   a) Quelle est la nature juridique de ce document ?
   b) Quelle est sa valeur probante ?
   c) Dans l'hypothèse où un seul exemplaire aurait été établi, quelle serait la valeur probante de cet exemplaire ?
2. Vous reconnaissez, par écrit sur un coin de nappe en papier, devoir 1 000 € à votre ami Stéphane.
   a) Quelle est la nature juridique de ce document ?
   b) Quelle est la valeur probante de ce document ?
3. Laure et Éric ont signé un contrat de mariage chez maître Bavard, notaire.
   a) Quelle est la nature de ce document ?
   b) Laure affirme avoir signé ce contrat sous contrainte. Que peut-elle faire ?
4. Dans une correspondance avec sa petite amie, Clémence, Wylliam fait référence à une somme de 800 € que celle-ci lui aurait prêtée. Clémence présente cette lettre au juge affirmant qu'elle constitue la preuve de l'existence de ce prêt que Wylliam refuse de rembourser.
   a) Quelle est la nature de ce document ?
   b) Quelle est sa valeur probante ?

4. Indiquez dans les cas suivants l'objet de la preuve, la charge de la preuve et les modes de preuve utilisables

1. M. Ripoud a loué un studio meublé appartenant à Mme Proprio. Monsieur Ripoud quitte le studio trois mois plus tard emportant avec lui le lit, la table et le buffet.
2. Adèle Bizwit collectionne les chats, à condition qu'ils ne fassent ni bêtises ni saletés. Aussi les préfère-t-elle en porcelaine, en plâtre et en tout autre matériau. Pour accroître sa collection, elle se rend dans de très nombreux magasins. À ce titre, elle est une cliente fidèle du Kapharnaum. Ce magasin, situé 3 rue de la Monnaie à Valenciennes, regorge d'objets, rangés dans un ordre indescriptible. Ce matin, en fouillant dans divers cartons, Adèle Bizwit a cassé un très beau chat qu'elle convoitait depuis de longs mois mais dont elle estimait le prix trop élevé. Le commerçant exige qu'elle paie l'objet. Il lui réclame 450 €.
3. Madame Caron a emprunté 10 000 € à ses parents pour installer son salon de coiffure. Quatre ans plus tard, elle n'a toujours rien remboursé à ses parents. Elle prétend qu'il s'agissait d'un don.
4. Les établissements Delaplace, négociants en vin, ont acheté à un grossiste 100 litres de beaujolais. Le beaujolais a été livré mais le grossiste n'a pas été payé.

5. Mme Refil a acheté un salon aux époux Durand qui quittaient la région. Le prix de cette transaction a été négocié à 1 200 €. Trois mois après le déménagement, les époux Durand n'ont toujours pas reçu le chèque de Mme Refil qu'elle prétend avoir expédié.

APPLICATION 2

Questions de cours

1. L'administration de la preuve.
2. La signature électronique a-t-elle valeur de preuve en cas de litige ?

APPLICATION 3

Analyse d'une décision de justice

Sur le moyen unique, pris en ses deux branches : – Vu l'article *1147* du Code civil ; – Attendu que lorsqu'une personne démontre, d'une part, que la contamination virale dont elle est atteinte est survenue à la suite de transfusions sanguines, d'autre part, qu'elle ne présente aucun mode de contamination qui lui soit propre, il appartient au centre de transfusion sanguine, dont la responsabilité est recherchée, de prouver que les produits sanguins qu'il a fournis étaient exempts de tout vice ; qu'en rejetant l'action engagée par M. F... contre le Centre régional de transfusion sanguine de C..., alors qu'elle avait constaté, d'abord, qu'une contamination par le virus de l'hépatite C était apparue chez M. F... après des transfusions réalisées en 1986 avec des produits sanguins fournis par ce Centre, ensuite que « l'origine de l'infestation ne pouvait être trouvée ni dans les habitudes de vie, ni dans les antécédents de M. F..., qui était en parfaite santé jusqu'à l'accident » ayant rendu nécessaire le recours à des transfusions, la cour d'appel a violé le texte susvisé ;

Par ces motifs, casse [...] renvoie devant la cour d'appel de Nancy [...].

Pascal F. c/ CRTS, Cour cassation, chambre civile, 9 mai 2001.

QUESTIONS

1. Quel était le problème juridique posé à la Cour de cassation dans cette affaire ?
2. Quelle décision la Cour de cassation a-t-elle prise ?
3. Après avoir rappelé les dispositions de l'article 1315 du Code civil concernant la charge de la preuve, vous l'appliquerez au cas présent.

5
CHAPITRE

Les modes alternatifs de règlement des conflits

SECTION 1 La résolution amiable des différends
SECTION 2 L'arbitrage
FICHE MÉMO • APPLICATIONS

En cas de conflit, le recours judiciaire constitue le mode traditionnel de résolution. Cette solution suppose le plus souvent un procès long et coûteux. C'est pourquoi parallèlement aux recours judiciaires s'est développée une « justice privée » qui s'affranchit des règles de procédures légales et réglementaires. Ces modes alternatifs de règlement des conflits présentent des avantages. Ils peuvent être plus rapides, moins coûteux, plus adaptés aux formes de conflits économiques ou sociaux, et plus confidentiels. Le but peut être de parvenir à une résolution amiable du conflit (section 1) sans avoir recours à un juge ou un arbitre. Les parties peuvent par ailleurs souhaiter soumettre leur litige à un tiers. Ce mode de règlement est qualifié de juridictionnel et sa principale forme est l'arbitrage (section 2).

SECTION 1
LA RÉSOLUTION AMIABLE DES DIFFÉRENDS

Après avoir défini la notion (1), nous exposerons les cas de recours (2) et les procédures de mise en œuvre (3).

1. Définition

Le règlement amiable favorise la conclusion d'un litige par voie d'accord entre les parties.

Cette pratique se développe ; le phénomène est général et même encouragé. Des commissions ou institutions chargées de promouvoir la conciliation ont été créées. On peut citer, par exemple, les commissions de règlement des litiges de consommations, de baux commerciaux, avec les établissements de santé publics ou privés ou encore... le médiateur du cinéma. Une loi du 18 décembre 1998 a créé les maisons de justice et du droit, lieu où « les mesures alternatives de traitement pénal et les actions tendant à la résolution amiable des litiges peuvent s'y exercer » (art. R. 131-1 al. 3 du Code de l'organisation judiciaire). Des circulaires favorisent le recours à la transaction pour le règlement des litiges avec l'administration.

Le règlement amiable est un recours possible en matière civile, pénale et administrative. Il n'est pas admis dans certaines matières où l'arrangement volontaire est inconcevable à l'exemple de l'action publique à l'occasion d'un crime, des questions d'état des personnes ou encore dans la matière électorale.

2. Les cas de recours

Nous distinguerons la médiation conventionnelle et judiciaire (2.1), la médiation pénale (2.2) et les transactions administratives (2.3).

2.1 La médiation conventionnelle et judiciaire

Un texte récent institue pour la médiation conventionnelle et judiciaire et la conciliation judiciaire un ensemble de règles communes, réunies sous le terme de médiation. Avec ce texte, la médiation est définie comme « tout processus structuré, quelle qu'en soit la dénomination, par lequel deux ou plusieurs parties tentent de parvenir à un accord en vue de la résolution amiable de leur différends, avec l'aide d'un tiers, le médiateur, choisi par elle ou désigné, avec leur accord, par le juge saisi du litige »(1). Le médiateur doit accomplir sa mission avec impartialité, compétence et diligence.

En matière civile, l'article 21 du CPC pose en principe qu'« il entre dans la mission du juge de concilier les parties ». Toutefois, il peut aussi leur proposer de soumettre leur différend à la médiation d'un tiers.

La conciliation a été instaurée par les pouvoirs publics afin de régler à l'amiable les petits litiges. Les conciliateurs sont des bénévoles qui ont une expérience professionnelle d'au moins trois ans en matière juridique. De plus, ils doivent avoir une activité et une compétence qui les qualifient particulièrement pour l'exercice de leurs fonctions. La conciliation se distingue de la médiation en ce que le tiers intervenant en qualité de médiateur a pour mission d'inviter les parties au dialogue. Traditionnellement, on considérait que la médiation se distinguait de la conciliation en ce sens que le médiateur assurait un rôle plus actif. Une doctrine particulièrement autorisée considère que cette distinction n'est plus aujourd'hui d'actualité. Finalement, « la médiation est le moyen qui doit conduire à un règlement du conflit par une entente entre les parties, c'est-à-dire à une conciliation »(2).

Le décret n° 96-652 du 22 juillet 1996 généralise le recours à la médiation. Celle-ci intervient en matière familiale et dans des domaines dominés par l'ordre public de protection comme le droit du travail ou le droit de la consommation.

2.2 La médiation pénale

En matière pénale, la médiation est définie à l'article 41-1 du Code de procédure pénale.

Article 41-1 du Code de procédure pénale

« S'il lui apparaît qu'une telle mesure est susceptible d'assurer la réparation du dommage causé à la victime, de mettre fin au trouble résultant de l'infraction ou de contribuer au reclassement de l'auteur des faits, le procureur de la République peut, préalablement à sa décision sur l'action publique...

5° Faire procéder, à la demande ou avec l'accord de la victime, à une mission de médiation entre l'auteur des faits et la victime... »

Le médiateur n'est pas le procureur mais un tiers. Il a pour fonction de rapprocher les points de vue et d'amener l'auteur des faits à proposer une réparation des dommages causés. Si un accord intervient entre les parties et est exécuté, le représentant du parquet classe le dossier. Sinon, il décide de poursuivre ou de mettre en œuvre la procédure de la médiation pénale.

(1) Définition issue d'une combinaison de l'article 131-1 CPC et de l'article 21 de la loi du 8 février 1995.
(2) S. Guinchard, G. Montagnier, A. Varinard, T. Debard, Institutions juridictionnelles, *Dalloz, 12e éd., 2013, n° 47.*

2.3 Les transactions administratives

La transaction suppose que deux parties à un conflit ouvert ou potentiel y mettent fin au prix de concessions réciproques. Elle se définit comme une convention par laquelle les parties, au moyen de concessions réciproques, terminent une contestation née ou préviennent une contestation à naître.

En droit public, le contentieux fiscal fait une place importante à la transaction dans des conditions particulières. Pour dissuader la fraude fiscale, de nombreux textes fixent des majoration et amendes à un niveau très élevé. Pour éviter que la perception de ces sommes n'accule des entreprises à la cessation des paiements, l'administration peut les réduire en transigeant avec le redevable.

La transaction se développe également dans d'autres domaines, notamment celui des marchés publics.

La transaction en droit privé et en droit pénal

En **droit privé**, la transaction connaît de réels développements. On la rencontre notamment en droit des assurances. Les polices d'assurance comportent des clauses de transaction. Par ailleurs, les assureurs sont obligés de proposer aux victimes d'un accident de la circulation une indemnisation qui aboutit souvent à un règlement de type transactionnel. On retrouve également la transaction en droit du travail. C'est un moyen utilisé par les cadres et les entreprises pour gérer les suites(1) d'une rupture négociée(2).

En **droit pénal**, l'action publique peut faire l'objet d'une transaction(3). Par ailleurs certaines administrations peuvent proposer l'abandon des poursuites contre le paiement d'une certaine somme d'argent. Cette possibilité est offerte notamment aux douanes. Elle s'effectue sous le contrôle d'un représentant du ministère public.

3. La mise en œuvre

Conciliation (3.1), médiation (3.2), transaction (3.3) et convention de procédure participative (3.4) sont des formes de résolution amiable qui ont des régimes juridiques différents tant par leurs champs d'intervention, que dans leurs effets.

3.1 La conciliation

Depuis le courant des années 1970, il est possible de recourir au « conciliateur de justice » pour trouver une solution amiable à certains différends. En effet, depuis longtemps le constat a été fait qu'un bon nombre de litiges auraient pu trouver une solution amiable si les parties s'étaient rencontrées et si une personne, ayant une autorité suffisante, les avait aidées à trouver une solution. Jadis, cette fonction était assurée par le juge de paix. Aujourd'hui, elle devrait être assurée par le tribunal d'instance mais la surcharge de travail ne le permet pas.

(1) Et non pas la rupture elle-même.
(2) La transaction est aujourd'hui, de plus en plus souvent, remplacée par la rupture conventionnelle.
(3) Article 41-1-1 CP issu de la loi n° 2014-896 du 15 août 2014 relative à l'individualisation des peines et renforçant l'efficacité des sanctions pénales.

Quel est le champ de compétence de la conciliation ?	• Le règlement des litiges portant sur des droits dont les parties ont la libre disposition. • Le conciliateur de justice peut aussi procéder aux tentatives de conciliation prévues par la loi sauf en matière de divorce et séparation de corps.
Qui est le conciliateur ?	• Une personne figurant sur une liste répondant à des conditions d'honorabilité et une expérience professionnelle dans le domaine juridique. • Il doit être impartial. • Il est tenu à une obligation de réserve.
Quel est le coût de la conciliation ?	• Elle est gratuite. • Le conciliateur exerce à titre bénévole.
Comment se déroule la conciliation ?	• Le conciliateur entend les parties à huis clos. • Il essaie de concilier les points de vue en cherchant la solution optimale et dans le respect du cadre légal.
Quels sont les effets de la conciliation ?	• Un constat d'accord, signé par les parties est obligatoire si une des parties renonce à un droit (*exemple* : remise de dette) ou si la conciliation a été faite à la demande du juge. • Si la conciliation résulte d'une délégation du juge, celui-ci donnera au constat force exécutoire. • En cas d'échec les parties peuvent saisir la justice. • Suspension des délais de prescription de l'action.

3.2 La médiation

La médiation **judiciaire** est mise en place par le juge. Elle peut intervenir, en principe, à tous les stades de la procédure judiciaire. Par ailleurs les parties à un contrat peuvent aussi prévoir, avant tout litige, une clause organisant le recours à un médiateur en cas de conflit. Dans ce cas la médiation est dite « **conventionnelle** ».

Quel est le champ de compétence de la médiation ?	• Contentieux privé (droit de la famille, droit commercial, droit du travail). • Contentieux répressif (petites infractions). • En principe, à n'importe quel stade de la procédure.
Qui est médiateur ?	• Une personne désignée par le juge ou le procureur de la République pour la médiation pénale. En droit privé, le médiateur est une personne physique ou morale. Le nom de la personne est arrêté après accord des parties. Cette personne doit répondre à des conditions d'honorabilité et de qualification ou d'une formation ou d'une expérience pour régler le litige. • Elle est tenue à une obligation de confidentialité et au devoir de réserve.
Quel est le coût de la médiation ?	• Le médiateur est rémunéré en fonction de la nature de sa mission. • Sa rémunération est fixée dans l'ordonnance de désignation.
Comment se déroule la médiation ?	• Le médiateur entend les parties. • Il aide les parties à trouver une solution.
Quels sont les effets de la médiation ?	• La médiation ne dessaisit pas le juge qui en a le contrôle. Il en est de même en matière pénale, le procureur n'est pas dessaisi. • Le médiateur informe le juge de l'accord ou du non-accord intervenu entre les parties. • En cas d'accord, les parties peuvent soumettre celui-ci à l'homologation par le juge qui lui donne force exécutoire.

3.3 La transaction

La transaction est définie à l'article 2044 du Code civil comme un « contrat par lequel les parties terminent une contestation née, ou préviennent une contestation à naître ». Elle relève donc du droit des contrats dont elle doit respecter les conditions de validité. Elle suppose des concessions réciproques et présente des avantages pour les parties en présence : rapidité, simplicité et économies. Ainsi le formule l'adage suivant « une mauvaise transaction vaut mieux qu'un bon procès ».

La transaction rédigée par écrit et signée des parties éteint le litige et toute autre action devient irrecevable. Elle revêt, entre les parties, l'autorité de la chose jugée en dernier ressort (art. 2052 du Code civil). Elle met fin à toute contestation.

3.4 La convention de procédure participative

La loi du 22 décembre 2010 a créé une procédure participative assistée afin de faciliter le règlement des litiges par les avocats (art. 2062 du Code civil).

Lorsque le tribunal n'est pas saisi, les parties en litige qui ont la volonté de rechercher une solution amiable peuvent mettre en œuvre les moyens d'y parvenir avec leurs avocats.

Pendant la durée de la procédure, les parties ne pourront pas saisir le juge (sauf pour obtenir des mesures urgentes ou conservatoires) et la prescription est suspendue.

Deux issues sont possibles :

– en cas d'accord, les parties pourront obtenir l'homologation du juge,

– en cas de désaccord, elles pourront demander au juge de trancher leur différend.

Cette procédure n'exclut pas la médiation (sur une question particulière par exemple).

SECTION 2
L'ARBITRAGE

Ce procédé de règlement des conflits relève d'une justice contractuellement acceptée. Il permet de régler un contentieux abondant, en particulier dans le domaine commercial. Après avoir présenté la définition et le domaine de l'arbitrage (1), nous verrons comment il est mis en œuvre (2).

1. Définition et domaine

L'arbitrage est un procédé par lequel des parties décident de ne pas recourir aux tribunaux étatiques et choisissent de faire trancher un litige par une personne privée (un particulier ou un organisme) : un arbitre ou tribunal arbitral.

La convention d'arbitrage prend la forme d'une clause compromissoire ou d'un compromis. Elle désigne le cas échéant le ou les arbitres ou prévoit les modalités de désignation.

L'arbitrage est particulièrement important en matière commerciale. Il présente des caractères appréciés des entreprises :

– une justice rapide, la procédure est simplifiée ;

– une justice discrète, les décisions ne sont pas publiées ;
– le choix d'un arbitre présentant les compétences techniques et la connaissance des milieux professionnels concernés ;
– en droit international il permet d'éviter les problèmes de conflits de loi et de diversité des droits nationaux.

Des chambres d'arbitrage ont été créées par les chambres de commerce ou organisées par certaines professions.

La convention d'arbitrage prend la forme d'une clause compromissoire ou d'un compromis.

	Clause compromissoire	Compromis
Définition	Convention par laquelle les parties à un ou plusieurs contrats s'engagent à soumettre à l'arbitrage les litiges qui pourraient naître relativement à ce ou ces contrats	Convention par laquelle les parties à un litige né soumettent celui-ci à l'arbitrage
Conditions de validité	• Écrit à peine de nullité • Dans les contrats conclus à raison d'une activité professionnelle • Préciser le nom de l'arbitre ou son mode de désignation	• Écrit à peine de nullité • À peine de nullité, il précise l'objet du litige • Ne peut pas être conclu dans certaines circonstances (*exemples* : brevet, procédures collectives) • Préciser le nom de l'arbitre ou son mode de désignation
Effets	• Les deux conventions imposent le recours à l'arbitrage • Si l'une des parties saisissait une juridiction après que le tribunal arbitral ait été saisi, elle se verrait éventuellement opposer une exception d'incompétence • Mais les parties peuvent renoncer au compromis ou à la clause compromissoire, soit expressément, soit tacitement (lorsqu'une partie assigne l'autre en justice et que cette dernière ne soulève pas l'exception d'incompétence)	

2. Mise en œuvre

L'arbitrage obéit à des principes directeurs.

Quel est le champ de compétence de l'arbitrage ?	• Clause compromissoire : – validité en matière commerciale ; – nullité en matière d'actes civil ou mixte sauf si ces actes sont conclus en raison d'une activité professionnelle. • Compromis : certaines conventions sont interdites : – état et capacité des personnes ; – divorce et séparation de corps ; – ordre public. • Possibilité pour les parties de compromettre même au cours d'une instance déjà engagée devant une juridiction de l'État.

☞

☞

Qui est l'arbitre ?	• Une ou plusieurs personnes physiques désignées par les parties pour résoudre leur litige en vertu d'un contrat, à défaut par la personne désignée pour organiser l'arbitrage. • Toujours en nombre impair. • Jouissant de leurs droits civils. • Indépendants. • Tenus à une obligation de confidentialité et au devoir de réserve.
Quel est le coût de l'arbitrage ?	• Le coût est généralement élevé puisqu'en plus de la rémunération des avocats il faut rémunérer le ou les arbitres.
Comment se déroule l'arbitrage ?	• L'arbitre reçoit mission de trancher le litige, il doit mener cette mission à terme. • Sa mission est limitée à six mois, à compter de la saisine (sauf fixation d'un délai dans la convention d'arbitrage). • L'arbitre applique les principes fondamentaux de la procédure : loyauté, équité. • La procédure est confidentielle. • Il statue conformément au droit applicable ou en équité si les parties lui confient cette mission.
Quels sont les effets de l'arbitrage ?	• La décision prise par l'arbitre est un jugement, elle prend le nom de sentence arbitrale. • La sentence doit exposer les prétentions des parties, leurs moyens, être motivée et signée par tous les arbitres. • La sentence a autorité de la chose jugée mais elle n'a pas force exécutoire. • L'exécution forcée nécessite au préalable la saisine du juge du TGI pour qu'il appose la formule exécutoire. • La sentence n'est pas susceptible d'appel sauf volonté contraire des parties. • La sentence peut toujours faire l'objet d'un recours en annulation (à moins que la voie de l'appel soit ouverte par les parties).

FICHE MÉMO

1. Les MARC : présentation générale
2. Les différents modes alternatifs de règlement des conflits

1. LES MARC : PRÉSENTATION GÉNÉRALE

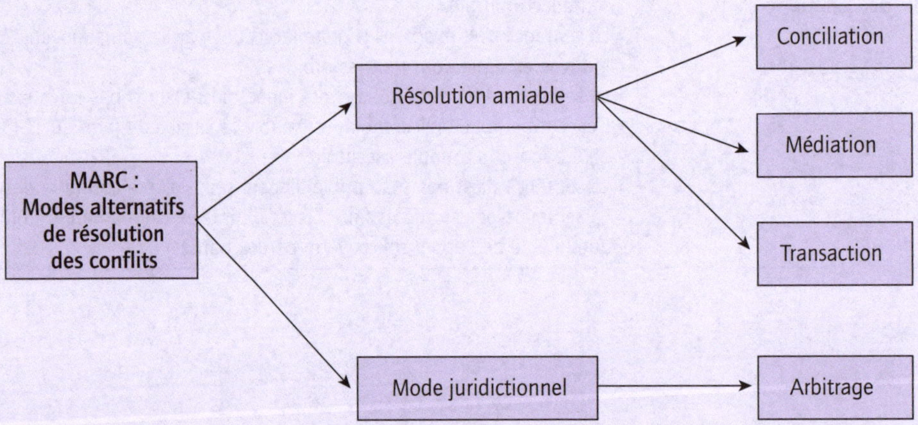

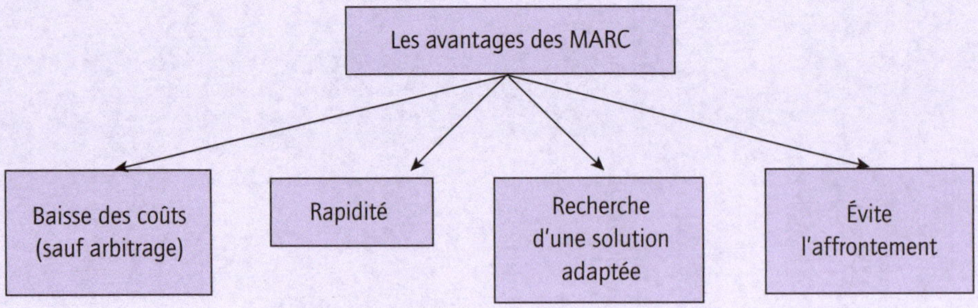

2. LES DIFFÉRENTS MODES ALTERNATIFS DE RÈGLEMENT DES CONFLITS

	Règlements amiables			Mode juridictionnel
	Conciliation	Médiation	Transaction	Arbitrage
Définition	Mode de règlement des différends grâce auquel les parties en présence s'entendent directement pour mettre fin à leur litige, au besoin avec l'aide d'un tiers.	Désignation par le juge (judiciaire) ou par les parties (conventionnelle) d'un tiers chargé d'entendre les parties, de rechercher et trouver une solution au conflit qui les oppose.	Contrat par lequel les parties terminent ou préviennent une contestation à naître.	Procédé par lequel les parties demandent à un tiers de trancher leur différend.
Domaine	• Le règlement des litiges portant sur des droits dont les parties ont la libre disposition. • Le conciliateur de justice peut aussi procéder aux tentatives de conciliation prévues par la loi sauf en matière de divorce et séparation de corps.	• Contentieux privé (droit de la famille, droit commercial, droit du travail). • Contentieux répressif (petites infractions). • En principe, à n'importe quel stade de la procédure.	Interdite dans certains domaines : état des personnes, divorce, ordre public.	• Clause compromissoire valable en matière commerciale et en matière civile pour des raisons professionnelles. • Compromis interdit en matière d'état et de capacité des personnes, et d'ordre public.
Objectif	Amener les parties à trouver une solution à leur différend.	Aider les parties à élaborer elles-mêmes la solution à leur litige.	Négocier contractuellement la prévention ou la résolution d'un litige.	Juger en droit ou en équité.
Organe	Conciliateur désigné par les parties ou sur délégation du juge ; le juge lui-même.	• En droit privé, médiateur désigné par ordonnance du juge après accord des parties. • En droit pénal, médiateur désigné par le procureur.	Aucun.	Un ou plusieurs arbitres, personnes physiques choisies éventuellement par les parties.
Décision	Procès-verbal de conciliation.	Information du juge de l'accord ou du désaccord.	Contrat.	Sentence arbitrale.

☞

☞

	Règlements amiables			Mode juridictionnel
	Conciliation	Médiation	Transaction	Arbitrage
Nature juridique de la décision	• Force exécutoire si la conciliation relève d'une délégation du juge. • En cas d'échec, possibilité de saisir la juridiction compétente.	Si l'affaire revient devant le juge, celui-ci peut homologuer l'accord.	• Remplace le jugement et produit les mêmes effets. • Entre les parties, a l'autorité de la chose jugée en dernier ressort.	• Autorité de la chose jugée. • Force exécutoire conférée par le juge. • Recours en appel lorsque les parties le prévoit. • Recours en annulation (sauf si les parties ont prévu la voie de l'appel).

APPLICATIONS

APPLICATION 1 Questionnaire d'auto-évaluation

APPLICATION 2 Étude d'un texte

APPLICATION 3 Étude de document : les enjeux stratégiques de la médiation

APPLICATION 4 Étude d'un cas pratique

Vous trouverez les corrigés du questionnaire d'auto-évaluation et des questions de cours en fin d'ouvrage ; les corrigés des cas pratiques, analyses d'une décision de justice et analyses d'un document figurent sur les sites www.expert-sup.com et www.dunod.com.

APPLICATION 1

Questionnaire d'auto-évaluation

Déterminez la ou les réponses exactes

1. Les modes juridictionnels de règlement des conflits sont :
   a) la conciliation.
   b) la médiation.
   c) l'arbitrage.
   d) le recours judiciaire.

2. Vrai ou faux ?
   a) La médiation intervient après que le juge a été saisi d'un litige.
   b) La conciliation est toujours obligatoire.
   c) Lorsqu'un tiers est désigné par les parties pour régler un litige il est nommé conciliateur.
   d) La décision prononcée par un arbitre est une sentence.
   e) La décision d'un arbitre a autorité de la chose jugée.
   f) La sentence peut faire l'objet d'un appel.
   g) La désignation d'un arbitre *a priori* dans le contrat est un compromis.
   h) Le procès-verbal de conciliation lie les parties.
   i) Le juge a une mission de conciliation.
   j) La médiation pénale est possible pour toutes les infractions.
   k) La transaction est un contrat.
   l) La transaction a valeur juridictionnelle.
   m) Le rapport du médiateur doit recevoir force exécutoire par le juge.

n) Seul l'arbitre tranche le différend ; le conciliateur et le médiateur aident les parties à trouver un règlement à leur litige.

3. De quel MARC s'agit-il ?

a) Un transporteur routier a sous-traité un contrat de transport à un de ses concurrents. La marchandise est arrivée abîmée chez le client. M. Leleu a été choisi par les deux transporteurs routiers en conflit pour trancher ce dernier.

b) Un conflit oppose les chauffeurs routiers et les pouvoirs publics à propos du prix du carburant. Une personne a été nommée par le juge pour trouver un accord.

c) Mme Bulot travaille dans la société IPC comme chef comptable depuis plus de vingt ans. La société est rachetée par un groupe suisse et envisage de supprimer le poste de Mme Bulot. Mme Bulot et son nouvel employeur décident de fixer les modalités de départ de Mme Bulot par contrat.

d) Le juge a convoqué les époux Dubos, qui envisagent de divorcer, afin de trouver un règlement amiable.

e) Deux voisins ont un différend à propos des distances qui doivent séparer leurs terrains respectifs et la hauteur des plantations. L'un d'entre eux est plutôt raisonnable et propose, pour éviter les coûts et les délais d'un recours à la justice, d'essayer de régler leur différend à l'amiable.

f) M. Leblond s'est disputé violemment avec son supérieur, M. Lenoir. Un salarié de l'entreprise a dû intervenir pour séparer les protagonistes. La direction décide de sanctionner M. Lenoir. Celui-ci ne veut pas en rester là et veut que justice lui soit rendue. M. Lenoir tient absolument à ce qu'une décision juridictionnelle soit rendue.

APPLICATION 2

Étude d'un texte

Le juge et les modes alternatifs de résolution des conflits

L'engouement pour l'alternatif n'invite-t-il pas à réfléchir sur la place du juge et du droit dans le règlement des conflits ? (...) ne lit-on pas que les justiciables se disent insatisfaits des modes de résolution des conflits du système de justice formel, que certains juges ont le sentiment de ne pas répondre à leurs besoins et leurs attentes ? Serait-ce la demande en justice qui s'est modifiée dans sa nature ou le justiciable qui ne se satisfait plus d'un juge qui ne fait que juger ? Mais il en va peut-être ainsi des litiges qui sont portés devant le juge des conflits dont « la résolution relève davantage d'un traitement social que d'une action judiciaire ». L'on ne peut pas faire l'impasse d'une réhabilitation des lieux traditionnels de socialisation et de régulation des conflits. Pour autant, rien n'est joué : la médiation, la conciliation n'ont pas, partout, le succès escompté, en mettant en place une nouvelle culture de la gestion des conflits par le droit ?

La promotion d'autres formes de traitement des conflits n'est-elle pas une réaction aux limites de l'office du juge dans l'exercice de son activité juridictionnelle de règlement des litiges ? Ce sont bien les carences du système traditionnel de justice qui sont mises en avant dans les différents rapports pour justifier la recherche d'un nouveau paradigme du traitement des conflits.

Les carences du système traditionnel de justice

Le litige construit devant le juge se réduit à une opposition de « prétentions juridiques ». Dans le procès, le conflit est défini en termes juridiques, et non pas en fonction de la manière dont les individus le vivent. Où l'on voit qu'à trancher le litige, le juge n'est pas certain de régler par là même le conflit dont découle ou dans lequel s'inscrit le litige. L'on saisit alors le risque d'un écart entre les besoins des parties impliquées et les solutions offertes par le système de justice formel. C'est dans ces contentieux à forte dimension psychologique ou sociale que les tribunaux, avant que la loi ne légalise ces pratiques, ont nommé des médiateurs, soit pour affranchir le litige du contexte conflictuel qui l'étouffe ou l'entretient (le propre de la médiation familiale), soit pour résoudre le conflit qui échappe à la compétence du juge (le conflit social). Où l'on voit que l'objectif de la médiation est de rétablir le lien social entre les parties par le dialogue, la compréhension mutuelle. C'est pourquoi le politique se trompe de combat lorsqu'il fait de la médiation un « outil supplémentaire de régulation juridique des conflits ». La médiation a toute sa place dans la justice classique, voire dans la conciliation : c'est un outil qui vient l'assister, lui permettre d'être plus efficace. Reste à savoir si le juge peut être médiateur. La difficulté est qu'il est plus dans le champ du psychologique que dans le champ du droit. Ce n'est pas un hasard si nombre de systèmes de droit excluent que le juge soit médiateur. C'est moins une question de formation que de posture.

L'intervention du juge se limite à la résolution juridique du litige. C'est ce rapport traditionnel à la loi que la conception post-moderne du droit entend dépasser. Béatrice Blohorn-Brenneur montre, à travers quelques illustrations, combien le juge est lié par les règles de droit et ne peut dépasser le cadre du litige, de sorte que la solution que lui offre le système de justice formel peut n'être pas adaptée à la situation concrète. La stricte application de la loi ne fait plus justice. C'est curieusement dans ces hypothèses-là que les juges préconisent le recours à la conciliation, voire la médiation (...) : l'on invite alors les parties à fabriquer elles-mêmes les solutions qui répondent à leurs besoins, lesquelles peuvent aller au-delà de l'objet du litige. Là est peut-être la nuance entre conciliation et médiation : la médiation, au civil, concerne essentiellement les « aspects parajuridiques » du différend. C'est en ce sens que les « techniques de la médiation » peuvent être utilisées lorsque la résolution consensuelle du différend est parasitée par des aspects parajuridiques (rupture de dialogue, incompréhension, colère, etc.). Le fait que le juge soit conciliateur ne pose pas difficulté dans les différents systèmes de droit (si l'on ne s'en tient pas à l'image du juge qui dit le droit) puisque l'on est toujours dans le champ du droit. (...)

Tout ceci ne signifie-t-il pas que, sous-jacentes à la « crise fonctionnelle et structurelle de la justice », existeraient « une crise contemporaine de notre droit et une crise de rationalité des systèmes juridiques » ? Selon M. Arnaud, « s'il y a crise de notre droit, c'est probablement dans son inaptitude à gérer des relations complexes sur un mode qui n'est pas approprié : celui... de la simplicité. ». Est-ce à dire que, aujourd'hui, l'État échoue dans sa mission d'encadrer la société par des normes générales et impersonnelles ? N'assiste-t-on pas également à une crise du modèle procédural du procès ? C'est en déformalisant le système judiciaire par le recours aux techniques de la conciliation ou de la médiation, comme le proposent bon nombre d'intervenants aujourd'hui, que l'on peut saisir l'enjeu du litige et lui apporter la réponse appropriée.

La promotion de nouvelles formes de justice

Plus appropriées, ces nouvelles formes de justice sont promues. L'on ne peut nier que ces pratiques nouvelles seront ce que le praticien veut bien en faire. À les systématiser, l'on peut avancer que la médiation est plus au service d'une « justice réparatrice », voire d'une « justice restauratrice » du lien social, en ce sens où elle met l'accent sur la réparation, la responsabilisation et le rétablissement des rapports interpersonnels. Au contraire, la conciliation est plus au service d'une « justice consensuelle », en ce sens où elle renvoie à l'utilisation de méthodes innovatrices pour résoudre les conflits en dehors du système de justice formel. Mais ces deux processus de règlement supposent la participation des parties puisque, en dehors du système de justice formel, la solution ne peut être qu'élaborée ou acceptée par les parties. C'est en ce sens qu'une commission du droit du Canada englobe ces nouvelles formes de justice sous la formule de « justice participative », voire de « justice multidimensionnelle ».

Néanmoins, l'une n'exclut pas l'autre ; elles peuvent être complémentaires (...) Quelle que soit la nature des droits en jeu dans le litige, la décision du juge sera mieux comprise et acceptée si le conflit qui empêchait une saine approche du litige est vidé. C'est pourquoi, il convient de ne pas cantonner le champ d'application de ces nouveaux mécanismes, alors perçus comme des moyens alternatifs de solution délestant les tribunaux : tels que les réserver aux petits litiges de la vie quotidienne, aux affaires où les aspects juridiques sont mineurs... Il faut aller plus loin et chercher à remodéliser la justice en intégrant ces nouvelles techniques d'approche et de traitement des conflits.

Ces nouveaux modes de traitement des conflits ne sont donc pas des « alternatives » à la justice, voire au droit ; mais une autre façon de penser le rapport entre la justice et les conflits, donc de rendre la justice.

Petites affiches, 9 décembre 2005, n° 245, p. 21.

QUESTIONS

1. Quelles sont les raisons qui expliquent le recours aux modes « alternatifs » de résolution des conflits ?
2. Comparez les fonctions du juge à celles du conciliateur ou médiateur.
3. Comparez conciliation et médiation.

APPLICATION 3

Étude de document

Les enjeux stratégiques de la médiation

Sous l'impulsion de la Chambre de commerce et d'industrie de Paris (CCIP), 45 grandes entreprises et fédérations professionnelles ont signé, en présence du ministre de l'Économie, [...] la Charte de la médiation interentreprises le 22 novembre dernier.

Faire d'un litige une occasion de profit, telle est l'ambition des promoteurs de la Charte de la médiation interentreprises qui a été signée le 22 novembre 2005 par une quarantaine d'entreprises et de fédérations professionnelles sous l'impulsion de la CCIP et du Centre de médiation et d'arbitrage de Paris (CMAP). L'objectif ? Mobiliser les grands groupes cotés de sorte qu'ils constituent la locomotive du développement en France de la médiation dans le domaine des litiges commerciaux.

La médiation consiste à faire appel à un tiers pour aider les parties à résoudre le différend qui les oppose. Le médiateur ne rend pas de décision contrairement à un arbitre ou à un juge et ne peut imposer une quelconque solution. Son rôle se cantonne à aider les « parties » à trouver un terrain d'entente. Pour autant, l'exercice est soumis à des règles techniques qu'il vaut mieux connaître, et la CCIP insiste sur le fait qu'on ne s'improvise pas médiateur. Pour recourir à ce type de règlement des conflits, la meilleure solution consiste à introduire une clause dans le contrat. À défaut, la partie qui le souhaite peut s'adresser au CMAP qui se chargera d'approcher l'adversaire pour lui proposer de recourir à la médiation. La médiation peut également être proposée par un juge si celui-ci l'estime appropriée au litige. L'accord, s'il intervient, revêt la forme d'une transaction au sens de l'article 2044 du Code civil, il a autorité de chose jugée entre les parties. Celles-ci peuvent par ailleurs demander l'homologation judiciaire de leur transaction sur le fondement de l'article 1441-4 du Code de procédure civile.

Les avantages de ce mode alternatif de règlement des conflits sont nombreux. Le principal de ses atouts consiste à préserver les relations commerciales grâce à une résolution amiable du litige qui évite les crispations traditionnellement liées à une procédure judiciaire. Elle présente également l'intérêt d'être confidentielle, rapide et d'un coût modeste. Selon les informations du CMAP qui a déjà traité 204 dossiers depuis sa création en 1995, une médiation dure en règle générale une douzaine d'heures réparties sur une ou plusieurs réunions. Sachant que le tarif horaire du CMAP s'élève à 300 € pour les litiges nationaux et à 400 € pour les litiges internationaux, le coût d'une médiation avoisine en moyenne les 3 000 € (hors honoraires d'avocats).

Une initiative que le ministre de l'Économie, des Finances et de l'Industrie... a tenu à encourager : « Le droit ne constitue pas une fin mais un moyen, l'objectif d'une entreprise est de gagner des clients et non de gagner des procès ». Il a donc salué la signature de la Charte en considérant que la médiation présente l'intérêt de s'appuyer sur « la recherche de solutions peu onéreuses, créatives, adaptées et consensuelles ». À ses yeux, elle n'a toutefois pas vocation à se substituer à la justice : « Il ne s'agit évidemment pas de faire table rase de l'environnement juridique des entreprises, pas plus qu'il ne s'agit de se défier d'une quelconque manière de l'autorité judiciaire : le règlement d'un certain nombre de litiges est inéluctable et il faut que les entreprises, et notamment les PME, aient autant que nécessaire accès à la justice ».

L'idée consiste davantage à maintenir l'avance de la France sur le terrain du coût des procès en responsabilité. Ceux-ci représentent à l'heure actuelle 0,8 % du PIB (sont pris en compte les coûts administratifs, frais d'avocats et les dommages-intérêts) contre 1,3 % en Allemagne et 1,9 % aux États-Unis. Et le ministre de commenter : « Dois-je rappeler que, bien évidemment, cette charge est, pour l'essentiel, supportée par les entreprises ? Puis-je rappeler qu'un point de PIB ainsi économisé correspond à l'équivalent de plus de 40 % du total de l'impôt sur les sociétés perçu en France ? (...) Toute initiative permettant de réduire encore le nombre de contentieux judiciaires permet donc d'accroître cet avantage ». Au passage d'ailleurs, Le ministre a évoqué ses réserves à l'égard des procédures importées des États-Unis. Bien qu'il n'ait pas ouvertement désigné les class actions, il semble qu'il ne soit guère favorable au développement de ces actions susceptibles de peser sur le PIB. Un argument qui a le mérite de la nouveauté dans le débat pour le moins vif qui agite actuellement partisans et détracteurs de cette réforme...

Les enjeux du développement de la médiation en France sont, on le voit, stratégiques à plus d'un titre. Le fait que ce mode de règlement des litiges affiche un taux de succès de 70 % pour un coût inférieur dans la très grande majorité des cas à 4 000 € devrait plaider en faveur de cette procédure. De même que l'engagement de quelques poids lourds du CAC 40 comme L'Oréal, Accor, Renault ou encore Danone.

Reste à savoir si la médiation aura plus de succès que l'arbitrage qui peine traditionnellement à faire sa place dans un pays pourtant réputé comme l'un des meilleurs centres mondiaux en la matière...

O. Dufour, « Les grands groupes cotés se mobilisent en faveur de la médiation », *Petites affiches*, 30 novembre 2005, n° 238, p. 4.

QUESTIONS

1. Rappelez la définition et les objectifs de la médiation.
2. Quels sont les avantages de la médiation ? Illustrez chacun de ces avantages.
3. En quoi la médiation présente-t-elle des enjeux stratégiques ?

APPLICATION 4

Étude d'un cas pratique

Cas Dalbert

Marie Dalbert vient de s'installer commerçante à Amiens. Elle vend des produits bio pour le corps, des vêtements en fibres naturelles et des meubles de décoration très originaux fabriqués à partir de matières recyclées.

Son magasin a un chiffre d'affaires en croissance, elle bénéficie d'une bonne notoriété et son enseigne a été relayée par des articles dans la presse nationale d'aménagement de la maison.

Désormais rassurée sur son avenir, elle décide d'étendre sa gamme et commande auprès d'un importateur français parisien, Yoko, des meubles japonais en matières naturelles pour une valeur de 12 000 euros.

Les meubles arrivent en retard et abîmés, la commande est incomplète. Marie a contacté le gérant de la SARL Yoko pour lui demander de procéder aux échanges et à l'envoi rapide des pièces manquantes. Mais celui-ci répond que le personnel n'est pas disponible actuellement, qu'il est en rupture de stock et qu'il faudra attendre encore six mois.

Après de multiples relances, Valentin, ami de Marie, lui conseille d'envisager maintenant une procédure judiciaire. Marie vous contacte pour vous demander conseil.

QUESTIONS

Quelle sera la juridiction compétente pour trancher ce litige ?

Après une lecture très attentive du contrat avec la société Yoko, Marie remarque la présence de la clause suivante :

« Tous les litiges auxquels la présente convention pourra donner lieu seront résolus par voie d'arbitrage. Dès à présent, les parties conviennent de soumettre leur litige à un arbitre. »

QUESTIONS

1. Qualifiez juridiquement cette clause et définissez-la.
2. Quel(s) intérêt(s) ce type de clause peut-il présenter pour les parties contractantes ?
3. Cette clause est-elle valable ? Justifiez votre réponse.

2 PARTIE

LES PERSONNES ET LES BIENS

CHAPITRE 6 Les personnes et leur patrimoine

CHAPITRE 7 Les professionnels de la vie des affaires : les commerçants

CHAPITRE 8 Les autres professionnels de la vie des affaires

CHAPITRE 9 La propriété

CHAPITRE 10 Applications particulières de la propriété

CHAPITRE 11 L'entreprise en difficulté

6
CHAPITRE

Les personnes et leur patrimoine

SECTION 1 La personne juridique
SECTION 2 Les personnes physiques
SECTION 3 Les personnes morales
SECTION 4 Le patrimoine
FICHE MÉMO • APPLICATIONS

La scène juridique est animée par des personnes. Le terme de « personne » fait penser bien évidemment à des individus ; cependant, cette définition n'épuise pas toute la réalité de la notion. Il existe en effet des groupements qui, dans une économie moderne, occupent une place déterminante. Aussi convient-il de cerner la notion de personne juridique (section 1).

Ensuite, délimiter la notion ne suffit pas à en percevoir toute l'importance. En effet, les personnes présentent un certain nombre de caractères qui leur sont propres et leur permettent notamment d'actionner des droits et de subir des obligations. Lourdes sont donc les conséquences de l'attribution de la personnalité juridique à un individu (section 2) ou à un groupement (section 3).

Enfin, en droit français, la notion de personne est inséparable de la notion de patrimoine (section 4) dont le rôle est déterminant dans la vie des affaires et, plus particulièrement, en matière de crédit.

SECTION 1
LA PERSONNE JURIDIQUE

Nous distinguerons successivement les utilités de la notion de personne (1), puis l'attribution de la personnalité juridique aux êtres humains (2) et aux groupements (3).

1. Les utilités de la notion de personne

Dès l'Antiquité la notion de personne comporte deux aspects. Tantôt elle désigne l'homme concret, la personne humaine ; tantôt elle renvoie « à la figure abstraite dont l'homme réel peut être revêtu, au "masque" du théâtre antique et par là même au rôle qu'il symbolise »(1). C'est pourquoi les juristes utilisent la notion de personne pour désigner un être concret mais aussi un acteur de la vie économique et sociale.

(1) A. Lefebvre-Teillard, « Personne », in Dictionnaire de la culture juridique, *PUF et Lamy, 2003, p. 1150.*

Les personnes sont des sujets de droits. Elles sont titulaires de droits subjectifs. Selon le *Vocabulaire juridique Capitant*, est une personne celui (ou celle) « qui jouit de la personnalité juridique »[1]. Par ailleurs, la personnalité juridique se définit comme l'aptitude à participer au commerce juridique (= à la vie économique et sociale). De façon plus précise, elle se définit comme l'aptitude à être titulaire de droits subjectifs (ex. : intenter une action en justice ; devenir propriétaire) et débiteur d'obligations (ex. : exécuter un contrat ; payer des impôts ; indemniser une victime).

2. L'attribution de la personnalité juridique aux êtres humains

Envisagée comme acteur de la vie juridique, la personne humaine a longtemps été définie par son statut. À Rome, étaient des personnes les seuls hommes libres. Les esclaves étaient des choses. Les étrangers n'avaient, en principe, aucun droit. La définition de la personne par son statut va évoluer lentement pour aboutir en 1789 à reconnaître en tout homme un sujet de droits. L'article 1 de la Déclaration des droits de l'homme et du citoyen de 1789 pose que « les hommes naissent libres et égaux en droits. » À partir de cette époque, on reconnaît à l'individu des droits sans cesse plus larges. À côté des droits de l'homme, se développent les droits de la personnalité qui permettent de sanctionner, notamment, les atteintes à la vie privée. De proche en proche, « la personne elle-même, corps et âme, prend place…, elle n'est plus seulement envisagée comme acteur de la vie juridique, mais aussi dans ce qui fait son être, son individualité »[2].

3. L'attribution de la personnalité juridique aux groupements

Quand on examine les réalités économiques et sociales, on constate qu'il existe, à côté des intérêts et des buts individuels, des intérêts et des buts collectifs. Par exemple, pour mener à bien certaines entreprises, des personnes doivent se regrouper. Elles ont besoin d'une structure pour accueillir la masse de capitaux rassemblés. À cette fin, elles constituent une société. Ainsi, pour « satisfaire ces exigences collectives, se constituent soit des groupements de personnes (sociétés, associations), soit des masses de biens affectés à une finalité propre (fondation) »[3]. Dans les deux cas la loi confère à ces groupements de personnes et masses de biens la valeur de sujet de droit. Elle les qualifie de personne morale[4]. Finalement, la personnalité morale est la reconnaissance du fait que l'accomplissement de certaines exigences collectives ne peut être effectué qu'en commun.

SECTION 2

LES PERSONNES PHYSIQUES

L'aptitude à être sujet de droits est d'abord conférée aux hommes ou personnes physiques (1). Ces personnes peuvent être identifiées (2) et, afin qu'elles puissent participer au commerce juridique, la loi leur confère une capacité (3).

(1) *Association H. Capitant, dir. G. Cornu,* Vocabulaire juridique, *7e éd., 2005.*

(2) *A. Lefebvre-Teillard, « Personne »,* op. cit., *p. 1152.*

(3) *H. Roland et L. Boyer,* Introduction au droit, *Litec, 2002, n° 1113.*

(4) *Toutes les fondations ne sont pas des personnes morales. Tel est le cas des « fondations abritées »*

1. Notion de personne physique

Parmi l'ensemble des créatures vivantes, seuls les hommes sont sujets de droit. Cette aptitude n'est pas attribuée aux animaux, même familiers. Certes la loi interdit de leur infliger de mauvais traitements mais elle ne fait pas d'eux, pour autant, des sujets de droit. S'il convient d'assurer leur protection contre la cruauté des hommes, c'est parce que ceux-ci ont des devoirs envers les animaux. Seuls les hommes ont la personnalité juridique. Par ailleurs tous les hommes sont des personnes. L'enfant ainsi que l'adulte dont les facultés mentales sont altérées sont des personnes. En effet, la personnalité juridique est liée à l'existence de l'individu. Elle commence et s'achève avec la vie. Cependant, l'existence passée de la personne laisse des traces plus ou moins durables, qui se traduisent pour les survivants par certains droits ou devoirs (*exemple* : la loi pénale réprime la diffamation ou l'injure contre la mémoire des morts).

2. Éléments d'identification

Trois éléments d'identification peuvent être isolés.

Le nom	• Il sert à désigner une personne physique dans sa vie sociale et juridique, dans l'exercice de ses droits et l'accomplissement de ses devoirs. • Toute personne a un nom composé de deux éléments : le nom de famille et ses accessoires, parmi lesquels les prénoms dont le choix est laissé à la liberté des parents. En revanche, l'attribution du nom de famille découle essentiellement de règles de droit relatives à l'acquisition par la filiation et à l'attribution par mariage.
Le domicile	• Il sert à localiser géographiquement la personne physique. L'article 102, al. 1er du Code civil définit le domicile comme le lieu où la personne a son principal établissement. Ce siège légal est choisi librement par la personne. • Les intérêts pratiques qui s'attachent à cette notion sont considérables. *Exemple* : La compétence territoriale pour connaître d'un litige appartient, en principe, au tribunal du domicile du défendeur (art. 42 CPC).
La nationalité	• La nationalité est le lien juridique et politique qui rattache une personne à un État.

3. La capacité des personnes physiques

La capacité délimite la sphère de compétence du sujet de droits. Elle se définit comme l'aptitude d'une personne à être titulaire de droits et à les exercer. Compte tenu d'une altération de leurs facultés personnelles certaines personnes ont besoin d'être protégées : elles sont frappées d'incapacité (3.1). Un tel constat nécessite une étude de la capacité des mineurs (3.2) et des majeurs (3.3).

3.1 L'incapacité

Les droits de la personne dans sa sphère de compétence sont parfois limités. On dit alors qu'elle est frappée d'incapacité. Ainsi une personne peut être privée d'acquérir un droit ou d'en jouir (incapacité de jouissance) ou ne pas pouvoir exercer librement ses droits (incapacité d'exercice). Toutefois, en droit français la capacité est la règle et l'incapacité l'exception. Ce principe est posé par l'article 1123 du Code civil qui dispose : « Toute personne peut contracter, si elle n'en est pas déclarée incapable par la loi. »

Incapacité de jouissance	Incapacité d'exercice
• Elles sont toujours spéciales sinon elles aboutiraient à la négation de la personnalité. • Elles sont justifiées par la nécessité de protéger une personne ou repose sur une mesure de défiance vis-à-vis d'une autre. *Exemples* : Un médecin ne peut pas accepter une libéralité de son patient ; un magistrat ne peut pas devenir cessionnaire des droits à propos desquels un litige a éclaté devant le tribunal dans le ressort duquel il exerce sa mission.	• Elles ont pour objectif de protéger une personne en l'empêchant d'exercer des droits dont elle est titulaire. *Exemple* : Un mineur est titulaire du droit de propriété mais son jeune âge et son manque d'expérience l'empêche de l'exercer. Ainsi, il peut être propriétaire mais ne peut, ni disposer de ses biens, ni les administrer.

3.2 La capacité des mineurs

La loi fixe à 18 ans accomplis l'âge de la majorité. Jusqu'à cet âge l'individu est frappé d'une incapacité d'exercice (a) qui cesse s'il est émancipé (b).

a) Le mineur non émancipé

Le mineur doit être associé à certaines décisions le concernant.

EXEMPLE

Audition du mineur dans toutes les procédures le concernant. Par ailleurs, certains actes peuvent être valablement accomplis par le mineur. Ces actes manifestent une certaine autonomie(1) du mineur.

DÉCISIONS TRADUISANT UNE AUTONOMIE DU MINEUR

- Actes concernant la personne du mineur et pour lequel il peut **agir seul**.
  Exemples : Reconnaissance de son enfant ; exercice par la mineure célibataire de l'action en recherche de paternité de son enfant ; demande en vue d'acquérir ou de perdre la nationalité.
- Actes concernant la personne du mineur et exigeant son **concours**.
  Exemples : Consentement au mariage, à l'adoption (mineur d'au moins 13 ans), au changement de prénom (mineur d'au moins 13 ans).
- Actes manifestant une **autonomie patrimoniale** du mineur.
  Exemples : Consentement au contrat de mariage ; consentement personnel du mineur de 16 ans au contrat de travail ; possibilité de se faire ouvrir un livret d'épargne sans intervention du représentant légal ; possibilité de retirer de l'argent sur ce livret à partir de 16 ans révolus et sauf opposition du représentant légal.

Les parents du mineur non émancipé ont l'administration et la jouissance(2) des biens de leur enfant (art. 386-1 du Code civil). Le droit de jouissance cesse à seize ans accomplis, plus

(1) *La notion d'autonomie du mineur est développée par F. Terré et D. Fenouillet dans* Droit civil : la personne, la famille, les incapacités, *8e éd., Dalloz, 2012, n° 991 s.*

(2) *La jouissance légale ne s'étend pas à tous les biens. Sont exclus, au terme de l'article 386-4 du Code civil, les biens que l'enfant peut acquérir par son travail, les biens qui lui sont donnés ou légués sous la condition expresse que les parents n'en jouiraient pas et, enfin, ceux qu'il reçoit au titre de l'indemnisation d'un préjudice extrapatrimonial dont il a été victime.*

tôt quand le mineur contracte mariage. Il cesse aussi dans d'autres circonstances, notamment quand il est mis fin à l'autorité parentale ou à l'administration légale. À partir de l'âge de 16 ans les revenus du mineur doivent être capitalisés en vue de sa majorité.

L'ordonnance nº 2015-1288 du 15 octobre 2015 portant simplification et modernisation du droit de la famille a modifié l'organisation de l'administration légale. Par cette expression, il faut entendre le régime de gestion des biens appartenant à un mineur dont les deux parents, ou l'un des deux, exercent l'autorité parentale. Ce texte distingue les actes strictement interdits à l'administrateur légal, des actes qu'il peut accomplir après autorisation du juge des tutelles.

Actes interdits	Actes soumis à autorisation
• Aliénation gratuite des biens ou des droits du mineur. • Acquisition d'un tiers d'un droit ou d'une créance contre le mineur. • Exercice du commerce ou d'une profession libérale au nom du mineur. • Transfert dans un patrimoine fiduciaire des biens ou des droits du mineur.	• Vente de gré à gré ou apport en société d'un immeuble ou d'un fonds de commerce du mineur. • Emprunt au nom du mineur. • Renonciation à un droit. • Transaction et compromis au nom du mineur. • Acceptation pure et simple d'une succession au nom du mineur. • Achat ou prise à bail des biens du mineur. • Constitution d'une sûreté pour garantir la dette d'un tiers. • Réalisation d'un acte portant sur des valeurs mobilières ou instruments financiers dans les cas les plus graves.

b) Le mineur émancipé

Le mineur qui a 16 ans révolus peut être émancipé. La demande d'émancipation est effectuée par le représentant légal du mineur. La décision d'émancipation est prise par le juge des tutelles.

L'émancipation confère au mineur pleine capacité pour tous les actes de la vie civile. Il peut passer tous contrats et exercer toutes actions sans assistance ni représentation. La médaille a son revers : il doit assumer ses dettes et sa responsabilité peut être mise en cause. Toutefois, il existe certaines limites à cette capacité.

EXEMPLES

Le mineur émancipé ne peut pas conclure seul un contrat de mariage ; il doit obtenir les autorisations nécessaires pour se marier. Il peut exercer une activité commerciale à condition d'avoir reçu une autorisation judiciaire.

3.3 La capacité des majeurs

À partir de l'âge de 18 ans révolus, l'individu est capable de se gouverner lui-même et de gérer son patrimoine. Toutefois, une altération de ses facultés peut empêcher l'expression de sa volonté et nécessiter une mesure de protection juridique. Les règles qui gouvernent la protection des majeurs ont été réformées par la loi du 5 mars 2007, entrée en vigueur le 1er janvier 2009. Cette loi obéit à trois principes.

LES PRINCIPES DE LA PROTECTION JURIDIQUE DES MAJEURS

- Le principe de **nécessité**. Une personne ne peut être placée sous un régime de protection judiciaire que si elle est « dans l'impossibilité de pourvoir seule à ses intérêts en raison d'une altération médicalement constatée, soit de ses facultés mentales, soit de ses facultés corporelles de nature à empêcher l'expression de sa volonté » (art. 425, al. 1er C. civ.)

- Le principe de **subsidiarité**. La liberté de la personne fragile doit être protégée. En conséquence, il convient de privilégier toute mesure moins attentatoire à sa liberté que celle relative aux incapacités. À cette fin, on pourra utiliser, notamment, le droit des régimes matrimoniaux.
- Le principe de **proportionnalité**. Le régime mis en place dépend de l'état mental et/ou physique de la personne fragile. Par ailleurs, la mise sous un régime de protection est toujours temporaire:

Certaines personnes sont autorisées à formuler une demande de protection juridique du majeur :

Placement sous sauvegarde de justice, tutelle et curatelle	Placement sous habilitation familiale
• La personne à protéger elle-même. • Un membre de sa famille (*exemples* : conjoint, concubin, membre d'un pacs). • Le procureur de la République.	• Les parents en ligne directe de la personne à protéger. • La personne qui vit avec elle en couple non marié (concubin, partenaire). • Le procureur de la République. *Remarque* : Ne peuvent pas demander l'habilitation familiale la personne concernée, ses alliés et son conjoint.

La demande est accompagnée, à peine d'irrecevabilité, d'un certificat circonstancié rédigé par un médecin autorisé choisi sur une liste établie par le procureur de la République. La décision de mise sous un régime de protection judiciaire est prise, en principe, par le juge des tutelles. Ce régime protège à la fois la personne du majeur et ses biens. Le Code civil a prévu quatre régimes de protection : le placement sous sauvegarde de justice (a), la curatelle (b), la tutelle (c) et l'habilitation familiale (d).

a) Le placement sous sauvegarde de justice

Le juge, et dans certains cas le procureur de la République, peuvent placer sous ce régime la personne qui a besoin d'une protection juridique temporaire (la protection dure un an ; elle est renouvelable une fois pour une même durée en principe) ou d'être représentée pour l'accomplissement de certains actes déterminés. Sous ce régime la personne conserve l'exercice de ses droits : elle n'est pas incapable. Toutefois, si l'état de la personne le nécessite, un mandataire spécial est désigné. Il effectue certains actes déterminés, y compris des actes de disposition. Par ailleurs, les actes passés par le majeur « sauvegardé » peuvent faire l'objet d'une action en rescision pour lésion ou en réduction pour excès. Ces deux actions se prescrivent par cinq ans à partir du jour où le majeur a eu connaissance de l'acte.

■ *L'action en rescision pour lésion (article 435 al. 2 du Code civil)*

La lésion suppose l'existence d'un déséquilibre entre les prestations réciproques au moment de la conclusion du contrat.

EXEMPLE

Cas du majeur « sauvegardé » qui achète une automobile d'occasion pour un prix équivalent à celui d'une neuve. Dans une telle situation, l'acte encourt la nullité (relative).

■ ***L'action en réduction pour excès (article 435 al. 2 Code civil.)***

Elle sanctionne l'inutilité de la dépense (*exemple* : achat d'une troisième automobile) ou la disproportion entre cette dépense et les ressources de la personne protégée (*exemple* : achat d'une automobile de collection). L'action aboutit à une nullité partielle ou à une annulation totale. Tel est le cas quand l'acquisition porte sur une chose non divisible (*exemple* : achat d'une montre fabriquée par un grand joaillier français).

b) La curatelle

La curatelle concerne la personne qui, sans être hors d'état d'agir elle-même, a besoin, en raison de l'altération de ses facultés, d'être assistée ou contrôlée d'une manière continue dans les actes importants de la vie civile. Nous étudierons successivement sa mise en place, son organisation et les éventuelles sanctions des actes pris en violation des mesures protectrices mises en place.

■ ***Mise en place***

La mise en place de la curatelle n'est possible que si la sauvegarde est insuffisante à assurer la protection de la personne fragile. Elle dure cinq ans au maximum et le juge peut renouveler la mesure pour une même durée. Toutefois, lorsque l'altération des facultés personnelles de l'intéressé n'apparaît manifestement pas susceptible de connaître une amélioration selon les données acquises par la science, le juge peut, par décision spécialement motivée et sur avis conforme du médecin, renouveler la mesure pour une durée plus longue qu'il détermine sans excéder vingt ans (C. civ., art. 442). La mise sous curatelle fait l'objet d'une mesure de publicité. Elle s'accompagne de la désignation d'un curateur par le juge des tutelles.

■ ***Organisation***

Le majeur sous curatelle réalise seul les actes à caractère personnel. Il effectue également seul les actes conservatoires et d'administration. En revanche, pour les actes de disposition, il est assisté par son curateur.

CAS PARTICULIERS

- **Mariage** : Autorisation du curateur ou, à défaut, du juge des tutelles.
- **Divorce** : Il peut être demandeur à une action en divorce avec l'assistance de son curateur.
- **Pacs** : La conclusion d'un pacs suppose une assistance du curateur mais non pas sa rupture.
- **Testament, donation** : L'assistance du curateur est nécessaire pour les donations mais le majeur protégé peut faire seul un testament.

■ ***Sanctions***

Le droit des sanctions s'organise autour de trois dispositions.

• Si la personne protégée a accompli seule un acte qu'elle pouvait faire sans assistance, l'acte peut faire l'objet, comme en matière de sauvegarde, d'une rescision pour lésion ou d'une réduction pour excès.

• Si la personne protégée a accompli seule un acte pour lequel elle aurait dû être assistée, l'acte peut être annulé si la personne protégée subit un préjudice.

• Si le curateur a accompli seul un acte qui aurait dû être fait par la personne protégée, soit seule, soit avec son assistance, ou qui ne pouvait être accompli qu'avec l'autorisation du juge, l'acte est nul de plein droit.

Dans ces trois cas, l'action est prescrite dans le délai de cinq ans qui se calcule à compter du jour où le majeur protégé en a eu connaissance alors qu'il était en situation de le refaire valablement.

c) La tutelle

La tutelle concerne la personne qui a besoin d'être représentée de manière continue dans la vie civile. Nous étudierons successivement sa mise en place, son organisation et les éventuelles sanctions des actes pris en violation des mesures protectrices mises en place.

■ *Mise en place*

La mise en place d'une tutelle n'est possible que si la sauvegarde et la curatelle sont insuffisantes pour assurer la protection du majeur. La durée de la tutelle est de cinq ans. Elle peut être portée à dix ans si « l'altération des facultés personnelles de l'intéressé n'apparaît manifestement pas susceptible de connaître une amélioration » (C. civ., art. 441). Elle peut être renouvelée sans pouvoir dépasser vingt ans (C. civ., art. 442). La mise sous tutelle fait l'objet d'une mesure de publicité. Elle s'accompagne de la mise en place d'un tuteur et d'un conseil de famille dont la composition est désignée par le juge. Ce conseil de famille est mis en place si les nécessités de la protection de la personne ou la consistance de son patrimoine le justifient et si la composition de sa famille et de son entourage le permet.

■ *Organisation*

Le majeur en tutelle peut faire seul certains actes. Il s'agit, d'abord, des actes dont la nature implique un consentement strictement personnel. Ces actes sont visés par le Code civil.

Article 458 Code civil

Sous réserve des dispositions particulières prévues par la loi, l'accomplissement des actes dont la nature implique un consentement strictement personnel ne peut jamais donner lieu à assistance ou représentation de la personne protégée.

Sont réputés strictement personnels la déclaration de naissance d'un enfant, sa reconnaissance, les actes de l'autorité parentale relatifs à la personne d'un enfant, la déclaration du choix ou du changement du nom d'un enfant et le consentement donné à sa propre adoption ou à celle de son enfant.

De plus, l'article 459 du Code civil pose que « la personne protégée prend seule les décisions relatives à sa personne dans la mesure où son état le permet » (*exemples* : choisir son lieu de résidence, ses relations personnelles). Si son état ne le permet pas, la personne protégée est représentée par son tuteur.

Les autres actes sont effectués par le tuteur :

– soit sans autorisation : actes conservatoires et d'administration. Les premiers sont nécessaires pour éviter la détérioration d'un bien (*exemple* : entretenir un immeuble). Les seconds sont des actes d'exploitation et de mise en valeur du patrimoine de la personne protégée dénués de risque anormal(1) (*exemples* : action en justice pour faire valeur les droits patrimoniaux de la personne protégée ; consentir un bail d'un immeuble

(1) *Décret 2008-1484 du 22 décembre 2008.*

appartenant à la personne protégée ; conclure un contrat d'assurance d'un immeuble appartenant à la personne protégée) ;

– soit avec autorisation du conseil de famille ou, à défaut, du juge des tutelles : actes de disposition. Ces actes sont définis comme ceux qui engagent de manière durable et substantielle le patrimoine de la personne protégée, pour le présent ou l'avenir, par une modification importante de son contenu, une dépréciation significative de sa valeur en capital ou une altération durable des prérogatives de son titulaires[1] (*exemples* : vente d'un immeuble ; apport d'un immeuble en société ; renonciation à une succession échue au majeur protégé).

CAS PARTICULIERS

- **Mariage ou conclusion d'un pacs** : Autorisation du juge ou du conseil de famille s'il a été constitué.
- **Divorce** : La demande en divorce est présentée par le tuteur.
- **Testament** : La personne ne peut pas faire seule son testament. Il lui faut une autorisation du juge des tutelles ou du conseil de famille s'il a été constitué. Elle révoque seule son testament.
- **Donation** : La personne peut, avec l'autorisation du juge des tutelles ou du conseil de famille s'il a été constitué, être assistée ou, au besoin, représentée par le tuteur pour faire des donations.

■ *Sanctions*

Le droit des sanctions s'organise autour de trois dispositions.

• Si la personne protégée a accompli seule un acte qu'elle pouvait faire sans représentation, l'acte peut faire l'objet, comme en matière de sauvegarde, d'une rescision pour lésion ou d'une réduction pour excès.

• Si la personne protégée a accompli seule un acte pour lequel elle aurait dû être représentée, l'acte est nul de plein droit.

• Si le tuteur a accompli seul un acte qui aurait dû être fait par la personne protégée soit seule soit avec son assistance ou qui ne pouvait être accompli qu'avec l'autorisation du juge ou du conseil de famille, l'acte est nul de plein droit.

Dans ces trois cas, l'action est prescrite dans le délai de cinq ans qui se calcule à compter du jour où le majeur protégé en a eu connaissance alors qu'il était en situation de le refaire valablement.

d) L'habilitation familiale

L'habilitation familiale est une mesure de protection juridique dont peut bénéficier une personne hors d'état de manifester sa volonté en raison d'une altération, médicalement constatée, de ses facultés mentales ou corporelles. Nous étudierons successivement sa mise en place, son organisation et les éventuelles sanctions des actes pris en violation des mesures protectrices mises en place.

(1) Id.

Mise en place

L'habilitation familiale permet aux familles d'assurer une protection de leurs proches vulnérables sans se soumettre à un formalisme judiciaire trop contraignant. L'habilitation familiale est une mesure de représentation. Elle est donc alternative à la tutelle. Elle dure dix ans maximum et peut faire l'objet, sous des conditions restrictives, d'une prorogation de dix ans au plus (art. 494-6, al. 7, Code civil). La mise sous habilitation familiale fait l'objet d'une mesure de publicité.

Organisation

La personne au profit de laquelle l'habilitation familiale a été ouverte conserve l'exercice de ses droits, à l'exception de ceux dont la mise en œuvre est confiée à une personne habilitée. L'organisation de l'habilitation législative repose sur une distinction entre pouvoirs sur la personne du majeur protégé et pouvoirs sur ses biens :

- **pouvoirs sur la personne du majeur protégé.** L'habilitation familiale peut porter sur un ou plusieurs actes relatifs à la personne à protéger (*exemple* : hospitalisation d'urgence). Pour le surplus, la personne protégée est autonome dans le gouvernement de sa personne. Elle peut notamment disposer seule de ses biens par testament, exercer son droit de vote, se marier, divorcer et conclure un pacte civil de solidarité ;
- **pouvoirs sur les biens du majeur protégé.** De ce point de vue, l'ordonnance de 2015 prévoit deux systèmes. Dans le premier, la personne habilitée reçoit une habilitation (= pouvoir) spéciale et doit se cantonner à l'exercer (*exemple* : vendre tel bien immobilier). Dans le second, elle reçoit une habilitation générale : elle peut accomplir seule l'ensemble des actes patrimoniaux sur les biens du majeur protégé. Par exception, les actes les plus graves sont soumis à autorisation du juge des tutelles.

ACTES SOUMIS À UNE AUTORISATION DU JUGE DES TUTELLES

- Disposer à titre gratuit des biens du majeur protégé.
- Agir en nullité d'un acte passé, il y a moins de deux ans, par la personne faisant l'objet actuellement de l'habilitation familiale.
- Agir en nullité d'un acte passé postérieurement à l'ouverture de l'habilitation familiale alors que le majeur aurait dû être représenté.
- Confirmer un acte nul.
- Conclure un acte pour la conclusion duquel la personne habilitée est placée en opposition d'intérêt.

Sanction

Le droit des sanctions s'organise de façon succincte autour de deux dispositions :

- si le majeur protégé accomplit un acte pour lequel il devait être représenté, l'acte est frappé d'une nullité de « plein droit » (Code civil, art. 494-4, al. 1er). L'action est intentée par la personne habilitée, avec l'autorisation du juge des tutelles. Elle s'exerce dans le délai de cinq ans qui court, en principe, à partir de la conclusion de l'acte ;
- la loi ne dit mot sur les sanctions pouvant frapper la personne habilitée. Elle indique seulement que les personnes autorisées à demander l'ouverture de l'habilitation familiale et le procureur de la République peuvent saisir le juge des tutelles des éventuelles contestations relatives au dispositif.

SECTION 3

LES PERSONNES MORALES

L'aptitude à être sujet de droits est d'abord conférée aux hommes ou personnes physiques mais elle est aussi attribuée à des groupements considérés comme des sujets de droits, distincts des membres qui les composent. Après avoir présenté quelques caractéristiques du régime juridique des personnes morales (1), nous en présenterons les éléments d'identification (2).

1. Régime juridique

La personne morale est un sujet de droit. Elle a une individualité distincte de ses membres. Son régime juridique présente deux caractéristiques essentielles qui concernent la capacité (1.1) et la nécessité d'une représentation (1.2).

1.1 Capacité de jouissance

Toutes les personnes morales ne disposent pas de l'ensemble des droits et obligations qui composent la personnalité juridique. Il existe une double limite qui tient à la nature du groupement et au principe de la spécialité des personnes morales.

NATURE DU GROUPEMENT

- Les **sociétés**, commerciales ou civiles, jouissent de la personnalité morale à dater de leur immatriculation. Il en est de même des **groupements d'intérêt économique** (GIE).
- Les **syndicats** ont la pleine capacité de jouissance. Toutefois, ils doivent respecter le principe de spécialité.
- Les **associations** n'ont pas toutes la même capacité de jouissance. Il convient de distinguer au moins trois situations. D'abord, certaines associations n'ont pas de personnalité et donc de capacité juridique. Il s'agit des **associations non déclarées**. Ensuite, d'autres ont la petite personnalité. Elles peuvent agir en justice, recevoir des dons manuels, acquérir à titre onéreux, posséder et administrer les cotisations de leurs membres, les locaux nécessaires à leur administration et les immeubles strictement nécessaires à leur but. Ces **associations** sont **déclarées**. Enfin, il existe des **associations déclarées d'utilité publique** qui ont la grande personnalité juridique et donc qui possèdent une capacité étendue. Elles peuvent recevoir des dons et legs sans restriction.

LE PRINCIPE DE SPÉCIALITÉ

Selon ce principe, la personne morale doit limiter ses opérations à celles comprises dans son objet social. Cette limitation trouve son fondement dans la loi et dans les statuts qui organisent la vie de la personne morale.

1.2 Capacité d'exercice

Les personnes morales sont des fictions. Elles ne peuvent donc pas participer elle-même au commerce juridique. Cette participation suppose l'intervention de personnes physiques, agissant pour le compte de la personne morale et ayant reçu pouvoir à cet effet.

La nature du mécanisme juridique qui unit la personne morale aux personnes physiques qui la font agir fait débat. Trois réponses sont possibles.

a) La théorie du mandat

Un mandat est « l'acte par lequel une personne donne à une autre le pouvoir de faire quelque chose pour elle et en son nom »[(1)].

EXEMPLE

Dans une SARL, le gérant est un mandataire social.

b) La théorie de la représentation légale

La représentation est « l'action consistant pour une personne investie à cet effet d'un pouvoir légal, judiciaire ou conventionnel (le représentant), d'accomplir au nom et pour le compte d'une autre – incapable ou empêchée (le représenté) – un acte juridique dont les effets se produisent directement sur la tête du représenté »[(2)].

EXEMPLE

Dans une SA, le directeur général est le représentant légal de l'entreprise.

Les théories du mandat et de la représentation ont fait l'objet de critiques de nature doctrinale. Sans entrer dans des controverses qui dépassent le champ de ce livre, on rappellera seulement que le mandat suppose la présence de deux volontés distinctes. Or, comme la société est une fiction, on ne voit pas comment elle peut exprimer sa volonté. Une critique similaire est possible pour la représentation.

c) La notion d'organe

Une partie de la doctrine préfère utiliser la notion d'organe entendu comme « l'instrument d'une fonction » ; le « rouage d'une organisation » ; « les éléments qui, liés à la structure d'une institution, en assurent le fonctionnement, par leur action combinée ».[(3)] L'organe fait donc partie de la structure de la personne morale. Cette thèse est intéressante, notamment parce qu'elle facilite la mise en cause de la responsabilité de la personne morale. En effet, toute faute d'un organe est nécessairement une faute de la personne morale.

2. Éléments d'identification

Trois éléments d'identification peuvent être isolés.

Le nom	Le nom permet d'identifier la personne morale. Ainsi une société a une dénomination sociale, choisie librement par les associés. Toutefois ce choix ne doit porter atteinte ni aux droits des tiers (imiter l'appellation d'un concurrent ou reproduire un nom de famille autre que celui d'un des associés) ni à l'ordre public et aux bonnes mœurs. Il est interdit également de rechercher la confusion en choisissant plusieurs appellations pour la même société. Un régime juridique identique caractérise le choix du nom de l'association.

☞

(1) *Association H. Capitant, dir. G. Cornu,* op. cit.
(2) *Association H. Capitant, dir. G. Cornu,* op. cit.
(3) *Association Henri Capitant, dir. G. Cornu,* op. cit.

Le domicile	Le domicile permet également de localiser géographiquement la personne morale. Ainsi une société, un GIE et une association ont un siège social.
La nationalité	Les personnes morales ont une nationalité qui est celle de leur siège social. Une société qui a son siège social en France est française.

SECTION 4
LE PATRIMOINE

Toute personne physique ou morale a un patrimoine constitué par l'ensemble de ses droits et obligations évaluables en argent et constituant une universalité de droit. Nous présenterons les éléments composant le patrimoine (1), ses caractéristiques (2) et ses liens avec le crédit (3).

1. La composition du patrimoine

Le patrimoine peut être défini comme l'ensemble des droits et des obligations à caractère pécuniaire d'une personne physique ou morale, présents et à venir, constituant son actif et son passif (1). C'est « l'ensemble » qui constitue le patrimoine et qui reste fondamentalement distinct des éléments qui le composent. Il forme une **universalité de droit**.

LES DROITS PATRIMONIAUX

Ils comprennent :

- les **droits réels**. Le droit réel se définit comme le pouvoir exercé directement par une personne sur une chose ;

  Exemple : Le droit de propriété.
- les **droits personnels**. Le droit personnel ou de créance est le pouvoir juridique qui permet à une personne (le créancier) d'exiger d'une autre (le débiteur) une prestation ou une abstention ;

  Exemples : L'acquéreur d'un fonds de commerce peut exiger que le vendeur s'interdise de lui faire concurrence en se rétablissant à proximité (clause de non-rétablissement) ; le prêteur peut exiger que l'emprunteur lui rembourse les sommes prêtées.
- les **droits intellectuels**. Ils confèrent un monopole d'exploitation qui porte sur des œuvres de l'esprit (droit d'auteur ; propriété industrielle) ou de clientèles (fonds de commerce, clientèles civiles). Ils sont absolus, c'est-à-dire opposables à tous.

2. Les caractéristiques du patrimoine

En droit français, et selon la doctrine dominante (2), le patrimoine est une émanation de la personnalité (2.1). Cette position a fait l'objet de critiques (2.2) qui ont débouché sur une consécration partielle de la théorie du patrimoine d'affectation (2.3).

(1) Définition présentée par l'Association Henri Capitant dans sa proposition de réforme du droit des biens.
(2) La doctrine dominante s'inspire des travaux de C. Aubry et C. Rau, juristes français du XIXe siècle.

2.1 La thèse personnaliste

Les droits et les obligations qui composent le patrimoine trouvent leur ciment dans la personne du titulaire. Ce lien est traduit par trois propositions :

– **tout patrimoine appartient à une personne** : il n'y a pas de patrimoine sans maître, personne physique ou morale. Si le maître est une personne physique et s'il vient à décéder, ses dettes et ses droits sont transmis aux héritiers ;

– **toute personne a un patrimoine** : l'enfant qui vient de naître a un patrimoine. Celui qui n'a que des dettes a un patrimoine. Celui qui n'a rien a un patrimoine. La proposition se conçoit aisément dès lors qu'on analyse le patrimoine comme le pouvoir d'acquérir des droits ;

– **toute personne n'a qu'un patrimoine** : cette règle dite de l'unité du patrimoine est posée à l'article 2284 du Code civil. Elle a de fortes conséquences, notamment pratiques. En effet, elle suppose que le patrimoine n'est pas divisible et que tous les biens répondent de toutes les dettes.

2.2 Critiques

La conception française d'un patrimoine unique et indivisible, émanant de la personnalité, a fait l'objet de nombreuses critiques.

On lui a reproché d'être un handicap au développement de l'esprit d'entreprise. En effet, une personne physique a un et un seul patrimoine. Si cette personne est un commerçant, les biens qu'elle affecte à ses activités professionnelles sont mélangés avec ceux qu'elle destine à la satisfaction des besoins de sa famille. En conséquence, quand le commerçant individuel rencontre des difficultés, il ne peut pas préserver sa famille de la rapacité de ses créanciers. Cette difficulté peut être tournée en créant une société et ceci explique peut-être la solidité de la thèse classique.

De manière plus générale, on peut aussi se demander pourquoi il ne serait pas possible de créer une universalité juridique sans une personne qui en soit le support.

La théorie du patrimoine d'affectation permet de lutter contre les faiblesses de la théorie française du patrimoine.

LE PATRIMOINE D'AFFECTATION

Dans cette théorie, le patrimoine se caractérise comme un ensemble de biens affectés à des destinations particulières. Cette thèse, qui trouve sa source dans la doctrine allemande, entraîne des conséquences fort différentes :

– une personne peut avoir plusieurs patrimoines en fonction des buts qu'elle affecte à chacun d'entre eux ;

– ces patrimoines peuvent être facilement transmis.

2.3 La consécration de la théorie du patrimoine d'affectation

Récemment la théorie du patrimoine d'affectation a reçu deux consécrations législatives : la fiducie (a) et l'EIRL (b).

a) La fiducie

Une loi du 19 février 2007 instaure la fiducie et consacre la théorie du patrimoine d'affectation en droit français. Ce texte permet à une personne (le constituant) de transférer, de façon temporaire, la propriété d'un droit lui appartenant à une autre personne (le fiduciaire) chargée de l'administrer dans un but déterminé. La fiducie permet la constitution d'un patrimoine « autonome ». En effet, les biens transférés sortent du patrimoine du constituant sans s'intégrer pour autant à celui du fiduciaire.

La loi réserve la fiducie à deux usages :

– elle peut être utilisée comme un instrument de gestion. Dans ce cas, le fiduciaire gère librement les biens transmis et on parle de **fiducie-gestion** ;
– elle peut aussi être utilisée pour garantir une créance. Dans ce cas, le débiteur transfère un bien à un tiers tant qu'il n'a pas remboursé sa dette et on parle de **fiducie-sûreté**.

La loi interdit expressément toute utilisation de la fiducie à titre de libéralité. Elle soumet le dispositif au respect des règles relatives aux successions et libéralités ainsi qu'à celles concernant la protection des mineurs et des majeurs.

Désormais, toute personne physique ou morale ayant la capacité de s'engager juridiquement peut avoir la qualité de constituant d'une fiducie. Cette possibilité est refusée aux personnes qui font l'objet d'une tutelle et aux mineurs. Les personnes sous curatelles peuvent conclure un contrat de fiducie avec l'assistance de leur curateur.

Le rôle du fiduciaire est réservé aux personnes morales de la banque et de l'assurance ainsi qu'aux avocats.

b) L'EIRL

La loi n° 2010-658 du 15 juin 2010 relative à l'entrepreneur individuel à responsabilité limitée est entrée en vigueur le 1er janvier 2011.

Elle permet à un entrepreneur individuel de séparer son patrimoine et d'affecter à son activité professionnelle une masse de biens, droits, obligations et sûretés. Cette affectation aboutit à la constitution de deux patrimoines : personnel et affecté ou professionnel. Cette affectation se réalise avec un minimum de formalités. Celles-ci comprennent :

– la rédaction d'une déclaration d'affectation ;
– une évaluation par un expert (*exemples* : expert-comptable, notaire) de tout bien d'une valeur supérieure à 30 000 € ;
– l'intervention d'un notaire pour l'affectation d'un bien immobilier.

La déclaration d'affectation est déposée auprès d'un registre spécialisé (*exemple* : RCS). Elle est opposable de plein droit à tous les créanciers dont les droits sont nés après le dépôt de la déclaration. Elle est même opposable, sous certaines conditions(1), aux créanciers dont les droits sont nés antérieurement au dépôt de la déclaration.

Depuis le 1er janvier 2013, un entrepreneur individuel peut avoir autant de patrimoines professionnels qu'il a d'activités.

3. Patrimoine et crédit

En droit français, les droits et les obligations forment un tout, intimement lié et dont les éléments évoluent « en réciproque dépendance, le passif naissant de la gestion de l'actif,

(1) L'entrepreneur mentionne cette opposition dans sa déclaration d'affectation. Il en informe personnellement les créanciers antérieurs. Il leur indique qu'ils ont un droit d'opposition.

l'actif affecté au paiement du passif »[1]. Cette « réciproque dépendance » trouve une parfaite illustration dans le droit de gage général qui appartient à tout créancier. En effet, aux termes de l'article 2284 du Code civil, « quiconque s'est obligé personnellement, est tenu de remplir son engagement sur tous ses biens mobiliers et immobiliers, présents et à venir ». Ainsi celui qui a, sur une personne, une créance possède aussi un droit (dit de gage général) sur l'ensemble des biens de cette personne.

Les biens garantissent la dette du débiteur et le créancier pourra réaliser son droit de gage général en les faisant vendre pour se payer sur le prix. Toutefois, quand la consistance du patrimoine du débiteur est insuffisante, le créancier est mieux protégé s'il a obtenu des garanties particulières, ou sûretés, qui vont jouer uniquement à son profit.

On distingue deux types de sûretés. Les sûretés personnelles reposent sur une personne, plus exactement sur le crédit personnel de cette personne (*exemple* : le cautionnement). Les sûretés réelles procurent au créancier une garantie assise sur la valeur d'un bien (*exemple* : hypothèque portant sur un immeuble, gage portant sur un bien mobilier corporel, nantissement portant sur un bien mobilier incorporel).

---

(1) J. Carbonnier, Droit civil. Les biens, *19e éd., PUF, 2000, p. 15.*

FICHE MÉMO

1. Les différentes personnes juridiques
2. L'identification des personnes
3. Le régime juridique des personnes
4. Cas des mineurs
5. Cas des majeurs protégés
6. Patrimoine
7. Patrimoine et crédit

1. LES DIFFÉRENTES PERSONNES JURIDIQUES

Les personnes	Définition
Personnes physiques	Tous les êtres humains ont des devoirs et des obligations.
Personnes morales	Groupements de personnes dotés de la personnalité juridique.

2. L'IDENTIFICATION DES PERSONNES

Éléments d'identification	Personne physique	Personne morale
Le nom	Deux éléments le composent : – le nom de famille, – les accessoires, notamment le prénom.	Dénomination sociale choisie librement dans le respect de l'ordre public, des bonnes mœurs et des droits des tiers.
Le domicile	Lieu où la personne a son principal établissement. Lieu choisi librement.	Siège social précisé dans les statuts.
La nationalité	Lien juridique entre une personne et un état.	Nationalité du siège social.

3. LE RÉGIME JURIDIQUE DES PERSONNES

Attributs	Personne physique	Personne morale
L'état	État civil : ensemble des qualités qui définissent le statut d'une personne : nom, prénom, filiation, capacité... État politique : qualités qui définissent une personne par rapport au droit public : nationalité, qualité.	*Idem.* Nationalité conférée par le siège social.

Attributs	Personne physique	Personne morale
La capacité	Capacité d'accomplir tous les actes, par elle-même. Sinon incapacité de jouissance ou incapacité d'exercice.	Capacité d'accomplir certains actes rentrant dans l'objet social (société) ou permis d'après la loi (association). Par représentation (ses organes).
Le patrimoine	Ensemble des biens et obligations à caractère pécuniaire, présents et à venir, d'une personne : actif + passif. Principe de l'universalité de droit : les biens et obligations forment un tout.	

4. CAS DES MINEURS

Les mineurs

- Mineur non émancipé :
  - association du mineur aux décisions le concernant
  - une certaine autonomie
- Mineur émancipé : pleine capacité dans les actes de la vie civile

5. CAS DES MAJEURS PROTÉGÉS

Protection judiciaire

Régimes	Sauvegarde de justice	Tutelle	Curatelle
Cas d'ouverture	Personne qui a besoin d'une protection juridique temporaire ou d'être représentée pour l'accomplissement de certains actes déterminés.	Personne qui a besoin d'être représentée de manière continue dans la vie civile.	Personne qui, sans être hors d'état d'agir elle-même, a besoin, en raison de l'altération de ses facultés, d'être assistée ou contrôlée d'une manière continue dans les actes importants de la vie civile.
Mise en œuvre	• La demande de mise sous protection judiciaire émane de la personne à protéger elle-même ou d'un membre de sa famille ou du procureur de la République. • Elle est accompagnée d'un certificat rédigé par un médecin autorisé. • La décision est prise, en principe, par le juge des tutelles. • Durée : en principe 5 ans maximum avec possibilité de renouvellement même pour une durée plus longue ; 1 an en sauvegarde de justice.		
Organes	Aucun.	Tuteur et conseil de famille.	Curateur.
Étendue de l'incapacité	Peut accomplir tous les actes. Les actes pourront faire l'objet d'une action en rescision pour lésion ou en réduction pour excès.	• La personne réalise seule les actes personnels. • Les autres actes sont effectués par le tuteur avec (actes de disposition) ou sans (actes conservatoires et d'administration) autorisation du conseil de famille ou, à défaut, du juge des tutelles.	• La personne réalise seule les actes personnel. • De même pour les actes conservatoires et d'administration • Assistance de son curateur pour les actes de disposition.

Protection familiale

La protection familiale est assurée par l'habilitation familiale.

Cas d'ouverture	Permet aux familles d'assurer une protection de leurs proches vulnérables sans formalisme judiciaire contraignant.
Mise en œuvre	La mesure est demandée par les parents en ligne directe ou la personne qui vit avec la personne à protéger mais sans être mariée. Elle est accompagnée par un certificat rédigé par un médecin autorisé. La décision est prise par le juge de tutelles pour une durée maximale de dix ans avec possibilité de renouvellement pour une même durée maximale.
Organes	Aucun
Étendue de l'incapacité	**Principe** : la personne protégée conserve l'exercice de ses droits. **Exception** : elle ne peut plus exercer les droits confiés à la personne habilitée. ⇩ Les 2 habilitations : • **Habilitation spéciale** : la personne protégée a reçu un pouvoir spécial (*exemple* : vendre un bien immobilier) ; • **Habilitation générale** : la personne habilitée a reçu le pouvoir d'accomplir seule l'ensemble des actes patrimoniaux sur les biens du majeur protégé.

6. PATRIMOINE

Définition C'est l'ensemble des droits et des obligations, présents et à venir, à caractère pécuniaire d'une personne physique ou morale et constituant une universalité de droit.

⇩

Patrimoine dans la thèse personnaliste	Patrimoine d'affectation
La thèse : Le patrimoine est une émanation de la personnalité (position d'Aubry et Rau).	**La thèse :** Le patrimoine est un ensemble à but. À chaque fois qu'il y a affectation volontaire de biens à un but, par exemple à une entreprise, on trouve un patrimoine (position de Brinz).
Les caractéristiques • Tout patrimoine appartient à une personne. • Toute personne a un patrimoine. • Toute personne n'a qu'un patrimoine. **La critique.** La thèse du patrimoine personnaliste est un handicap pour l'entreprise car l'entrepreneur ne pouvant pas protéger ses biens personnels court à sa perte quand il fait de mauvaises affaires.	**L'implantation en droit français.** • La **fiducie.** Une personne (le constituant) transfère temporairement la propriété d'un droit lui appartenant à une autre personne (le fiduciaire) chargée de l'administrer dans un but déterminé. • L'**EIRL.** Elle permet à un entrepreneur individuel de séparer son patrimoine et d'affecter à son activité professionnelle une masse de biens, droits, obligations et sûretés.

7. PATRIMOINE ET CRÉDIT

Fonctions du patrimoine	• C'est une structure d'accueil des biens et des dettes à caractères pécuniaires. • C'est une garantie offerte à tous les créanciers et constitutive du droit de gage général.
Les sûretés	• **Source des sûretés**. Elle se trouve dans l'insuffisance du droit de gage général. Celui-ci appartient à tous. Le créancier ne connaît pas avec précision l'état de la situation patrimoniale de son débiteur. • **Rôle des sûretés.** Elle permet à un créancier d'obtenir une garantie particulière qui ne jouera qu'à son profit. • **Types de sûretés.** Les sûretés **personnelles** reposent sur le crédit personnel d'une personne (*exemple* : cautionnement). Les sûretés **réelles** procurent au créancier une garantie assise sur la valeur d'un bien.

APPLICATION 1 Questionnaire d'auto-évaluation
APPLICATION 2 Question de cours
APPLICATION 3 Étude de cas pratique
APPLICATION 4 Étude d'une décision de justice

Vous trouverez les corrigés du questionnaire d'auto-évaluation et des questions de cours en fin d'ouvrage ; les corrigés des cas pratiques, analyses d'une décision de justice et analyses d'un document figurent sur les sites www.expert-sup.com et www.dunod.com.

APPLICATION 1

Questionnaire d'auto-évaluation

Déterminez la ou les réponses exactes

1. L'aptitude à être titulaire de droits et d'obligations caractérise :
   a) la personne physique.
   b) la personne morale.
   c) la personnalité juridique.
2. Une personne juridique a :
   a) la capacité de jouissance.
   b) la capacité d'exercice.
   c) la capacité de jouissance et d'exercice.
3. Le pouvoir pour une personne de mettre en œuvre ses droits constitue :
   a) la capacité de jouissance.
   b) la capacité d'exercice.
4. La personnalité juridique est attribuée dès la naissance :
   a) vrai.
   b) faux.
5. Le nom de famille s'acquiert :
   a) par la filiation.
   b) par convention.
   c) par le mariage.
   d) par décision administrative.

6. Une personne peut :
   a) avoir plusieurs domiciles.
   b) n'avoir qu'un seul domicile.
   c) choisir un domicile.

7. Relevez dans cette liste les incapacités d'exercice :
   a) condamnation pour escroquerie et interdiction de s'installer commerçant.
   b) une personne de nationalité finlandaise.
   c) une personne âgée, placée sous tutelle.
   d) un mineur.
   e) l'achat par une société d'un appartement sur la côte d'Azur. L'objet de la société est l'édition.

8. Le mineur est frappé :
   a) d'une incapacité de jouissance.
   b) d'une incapacité d'exercice.

9. La tutelle est :
   a) une mesure de contrôle des personnes protégées.
   b) une mesure de représentation des personnes protégées.
   c) une mesure d'assistance des personnes protégées.

10. Un majeur sous curatelle :
    a) ne peut faire aucun acte seul.
    b) peut faire tous les actes seul, ils seront éventuellement annulés *a posteriori*.
    c) peut faire seul les actes conservatoire et d'administration.
    d) peut faire seul les actes touchant à sa vie privée.

11. Un majeur sous sauvegarde de justice :
    a) exerce l'ensemble de ses droits.
    b) est représenté par un tuteur.
    c) est assisté par un curateur.

12. Les actes suivants peuvent être effectués par un majeur sous tutelle :
    a) signer un contrat de travail.
    b) acheter une place de cinéma.
    c) vendre sa maison.
    d) contracter un emprunt.
    e) louer un appartement.

13. Un majeur sous curatelle peut effectuer les actes suivants :
    a) prendre un abonnement de transport urbain.
    b) retirer 15 000 € sur son livret de caisse d'épargne.
    c) changer de domicile.
    d) acheter une maison.
    e) faire un testament.

14. Les actes accomplis par un majeur sous sauvegarde de justice sont :
a) toujours valables.
b) toujours nuls.
c) éventuellement rescindés pour lésion.
d) éventuellement réduits pour excès.

15. Un majeur qui fait preuve de prodigalité, marié sous le régime de la séparation des biens, licencié en lettres sera mis :
a) sous sauvegarde de justice.
b) sous curatelle.
c) sous tutelle.

16. Un majeur dont les facultés mentales sont altérées et constatées par un médecin spécialiste, et marié sous le régime de la séparation de bien sera mis :
a) sous sauvegarde de justice.
b) sous curatelle.
c) sous tutelle.

17. M. Doucet, président de l'association des étudiants de DCG de l'établissement, peut-il effectuer les actes suivants :
a) contracter une assurance responsabilité civile.
b) faire des placements financiers.
c) vendre du beaujolais en novembre.
d) organiser un voyage d'étude.

18. Le droit de la protection des majeurs obéit au principe de :
a) subsidiarité.
b) continuité.
c) nécessité.
d) proportionnalité.

19. La loi de 2007 organise une protection :
a) des majeurs fragiles.
b) des incapables.
c) des biens de toutes personnes.
d) des personnes âgées.

20. La mise sous protection judiciaire d'un majeur :
a) est à durée indéterminée.
b) dure 5 ans sans pouvoir être renouvelée.
c) dure 5 ans et peut être renouvelée.
d) dure 1 an et est renouvelable une fois.

APPLICATION 2

Question de cours

La personne et le patrimoine.

APPLICATION 3

Étude de cas pratique

Cas Pierre Lancien

Le grand-père de Stéphane, Pierre Lancien, est affecté depuis quelques mois de profonds troubles de mémoire. Il ne reconnaît plus son petit-fils, refuse de s'alimenter et dilapide son argent. Les membres de la famille s'inquiètent. Ils désirent protéger Pierre qui possède un important patrimoine immobilier. Consulté, un ami de la famille conseille le placement de Pierre sous tutelle.

Stéphane s'inquiète du placement de son grand-père sous tutelle. Il préférerait une autre solution.

QUESTIONS

1. Quels sont les principes qui commandent le droit de la protection des majeurs protégés ? Expliquez succinctement chaque principe.
2. Qui va décider du placement de Pierre sous un régime de protection judiciaire des majeurs ? Faut-il respecter une procédure pour placer Pierre sous un régime de protection judiciaire ?
3. Un ami de la famille Lancien conseille de placer Pierre sous tutelle pour au moins 10 ans. Qu'en pensez-vous ?
4. Finalement, Pierre est placé sous curatelle. Il désire maintenant effectuer les actes suivants :
   - embaucher une femme de ménage ;
   - vendre deux appartements ;
   - s'abonner à une revue sur les animaux.

   Peut-il effectuer ces actes seuls ? Justifiez la réponse.

APPLICATION 4

Étude d'une décision de justice

MM. Le Gunehec, Prés. – Bayet, Rapp. – Perfetti, Av. gén. SCP Waquet, Farge et Hazan, Av.

Sur le moyen unique de cassation pris de la violation des articles 37, alinéa second, de l'ordonnance du 1er décembre 1986 sur les prix, 591 et 593 du Code de procédure pénale, défaut et contradiction de motifs, manque de base légale ;

« en ce que l'arrêt attaqué a déclaré la présidente de l'association American Body Center, coupable d'avoir fourni de manière habituelle et lucrative des services alors que ceux-ci ne sont pas prévus par les statuts de ladite association ;

« aux motifs, propres et adoptés des premiers juges, qu'en infraction avec l'article 3 des statuts de l'association, l'ensemble des prestations de caractère sportif, culturiste ou autre dispensées par l'association était ouvert à toute personne, même non membre de l'association, que l'association déterminait pour chaque discipline des tarifs sous la forme soit d'un forfait général par discipline, soit par séance unique, faisait payer en outre un "droit d'entrée" ; que ces prix et droits ne pouvaient s'assimiler à une cotisation d'adhérent, la liste de ceux-ci n'était ni tenue, ni même connue, et aucune carte d'adhérent n'étant délivrée ;

« alors que la Cour, après avoir constaté que l'ensemble des prestations sportives dispensées par l'association était ouvert à tous, même non-membres de l'association, considérant de la sorte qu'il existait dans cette association un certain nombre d'adhérents, n'a pu, sans se contredire, affirmer que les prix et droits ne pouvaient s'assimiler à une cotisation d'adhérent, la liste de ceux-ci n'étant ni tenue, ni même connue et aucune carte d'adhérent n'étant délivrée et conclure néanmoins à une activité de paracommercialisme qui s'adresse à des tiers non-membres de la personne morale, de sorte que la décision attaquée n'est pas légalement justifiée » ;

Attendu qu'il appert de l'arrêt attaqué (Bordeaux, ch. cor., 26 novembre 1991) que pour déclarer Marie-Christine Delmas, épouse Signat président de l'association « American Body Center » coupable de pratique paracommerciale, la cour d'appel, après avoir rappelé l'objet de cette association tel que défini par ses statuts complétés par divers additifs, relève que ladite association assurait en outre des prestations de sauna et de bronzage non prévues statutairement ;

Qu'elle retient qu'en infraction à l'article 3 de ces mêmes statuts, l'ensemble des prestations de caractère sportif, culturel et autres, dispensées par l'association, était ouvert à toute personne, même extérieure à celle-ci ; que ces prestations, objet d'une campagne publicitaire par voie de plaquettes ou d'affichage mural, étaient tarifées sous forme, soit d'un forfait général ou par discipline, soit par séance unique et, en outre assujetties au paiement d'un droit d'entrée ;

Que la cour d'appel observe que ces prix et ce « droit d'entrée » ne pouvaient être assimilés à une cotisation d'adhérent, alors que la liste de ceux-ci n'était ni tenue ni connue et qu'aucune carte d'adhérent n'était délivrée ; que les juges en déduisent que l'association « American Body Center », non assujettie aux charges fiscales et sociales, s'est ainsi livrée habituellement à des opérations lucratives de type commercial non prévues par ses statuts et de nature à porter préjudice aux commerçants offrant les mêmes prestations ;

Attendu qu'en l'état de ces constatations et énonciations, exemptes de contradiction, et déduites d'une appréciation souveraine par les juges du fond des faits et circonstances de la cause contradictoirement débattus, la cour d'appel qui a caractérisé en tous ses éléments constitutifs la contravention prévue par l'article 37 alinéa 2 de l'ordonnance du 1er décembre 1986 et réprimée par l'article 33 du décret du 29 décembre 1986, seule remise en cause par la demanderesse, a donné une base légale à sa décision ;

D'où il suit que le moyen ne peut qu'être écarté ; Et attendu que l'arrêt est régulier en la forme ; Rejette le pourvoi.

Arrêt de la Cour de cassation,
ch. criminelle 19 octobre 1992.

QUESTIONS

1. Qu'est-ce qu'une association ?
2. Comment délimite-t-on la capacité des associations ?
3. Quels sont les faits dans l'affaire exposée ?
4. Quel est le problème juridique posé ?
5. Quelle est la décision de la Cour de cassation ? Pourquoi ?

7

CHAPITRE

Les professionnels de la vie des affaires : les commerçants

SECTION 1 La qualité de commerçant
SECTION 2 Les activités commerciales
SECTION 3 Le statut personnel du commerçant
SECTION 4 Les conséquences de l'activité commerciale
FICHE MÉMO • APPLICATIONS

L'entreprise individuelle appartient à une seule personne, qui l'exploite sans partage. En droit français, elle se confond avec la personne de l'entrepreneur à qui elle appartient. Dans la langue des affaires, cette personne est qualifiée de commerçant (section 1).

Aux termes du Code de commerce, le commerçant effectue des actes de commerce, à titre de profession habituelle. Il développe une activité commerciale (section 2) et il est soumis à un statut particulier : le statut de commerçant (section 3).

Dans le cadre de ses affaires, le commerçant a besoin de règles adaptées à ses besoins. Les affaires exigent, en effet, de la rapidité mais aussi de la sécurité. Aussi convient-il d'écarter certaines règles du droit civil, trop lourdes et qui freineraient les courants d'affaires. Tout ceci milite pour un droit propre au commerçant. Pour terminer ce chapitre, nous présenterons donc les conséquences de l'activité commerciale (section 4).

SECTION 1
LA QUALITÉ DE COMMERÇANT

L'article L. 121-1 du Code de commerce dispose que « sont commerçants ceux qui exercent des actes de commerce et en font leur profession habituelle ».

Les conditions requises pour avoir la qualité de commerçant sont donc relatives à l'exercice d'actes de commerce (1) effectués à titre habituel (2).

1. L'exercice d'actes de commerce

Le commerçant doit exercer une activité commerciale. Ce sont les actes de commerce par nature qui font de leur auteur un commerçant. L'article L. 110-1 du Code de commerce en dresse la liste. Ils concernent les activités de distribution, de production ou de services.

2. La profession habituelle

Pour être commerciale, l'activité doit être exercée à titre professionnel (2.1) et indépendant (2.2).

2.1 L'exercice à titre professionnel

Le commerçant doit faire de l'activité commerciale sa profession habituelle. Cette exigence de l'article L. 121-1 du Code de commerce amène à définir la notion de profession habituelle : elle consiste dans l'exercice d'une activité permettant à son auteur de satisfaire à ses besoins financiers (Com. 24 nov. 1992).

La pluralité des professions est fréquente et une profession commerciale peut coexister avec une autre profession non commerciale. Dans cette hypothèse, le droit commercial s'appliquera à l'activité professionnelle commerçante, le droit civil à l'activité professionnelle non commerçante.

EXEMPLE

Un artisan cordonnier achète des produits en grande quantité (cirage, lacets, semelles, objets de maroquinerie) pour les revendre. Il relève pour cette dernière activité du domaine professionnel commercial.

2.2 L'exercice à titre indépendant

Seul a la qualité de commerçant celui qui court le risque du commerce, qui agit de façon indépendante, c'est-à-dire en son nom et pour son compte personnel. Par conséquent, les professionnels qui exercent une activité relevant du commerce au nom et pour le compte d'autrui ne sont pas commerçants.

EXEMPLE

Cas des salariés, agents commerciaux, VRP, gérants de magasins et succursales.

SECTION 2
LES ACTIVITÉS COMMERCIALES

Le Code de commerce détermine quels sont les actes de commerce par nature (1) pour en déduire qui sont les commerçants[1]. Il évoque également les actes qui devraient être civils mais accèdent à la commercialité parce qu'ils sont accomplis par un commerçant (2). Cette théorie de l'accessoire a été développée par la jurisprudence. L'acte mixte est une catégorie particulière (3). Enfin et pour des raisons de police, le Code de commerce interdit ou contrôle certaines activités (4).

1. Les actes de commerce par nature

Ces actes, énumérés dans l'article L. 110-1 du Code de commerce et, de fait, réservés aux commerçants, sont donc naturellement commerciaux. À l'origine, il s'agissait essentiellement d'actes relevant du commerce et de l'industrie. L'évolution économique et juridique a élargi ce domaine. Il conviendra donc, avant de dresser la liste de ces actes de commerce par nature (1.2), de déterminer les conditions de leur commercialité (1.1).

(1) Les actes de commerce par la forme (sociétés commerciales et lettres de change) sont commerciaux quelle que soit la personne qui les effectue. Ils ne sont pas évoqués ici puisqu'ils ne confèrent pas à ceux qui les passent la qualité de commerçant.

1.1 Les conditions de la commercialité par nature

Les actes énumérés par l'article L. 110-1 du Code de commerce ne sont commerciaux que s'ils réunissent deux conditions : la spéculation et la répétition.

a) La spéculation

Elle se définit comme la recherche d'un bénéfice. Il est en effet essentiel de réaliser un profit pour poursuivre une activité ou subvenir aux besoins de l'entreprise. Ainsi, le type même de l'acte de commerce, aux termes de l'article L. 110-1, est l'achat pour revente. Le commerçant achète des produits dans le but de dégager un bénéfice : la jurisprudence fait donc de la spéculation un critère systématique de distinction entre activités commerciales et activités civiles.

b) La répétition

L'article L. 110-1 établit une distinction entre l'acte de commerce et l'entreprise qui l'exécute. L'entreprise fait référence à l'existence d'une organisation structurée et implique par conséquent la répétition des actes ou des opérations.

1.2 Détermination des actes de commerce par nature

De l'énumération de l'article L. 110-1, on peut distinguer deux catégories d'actes de commerce par nature : l'acte de commerce isolé et l'acte de commerce accompli dans l'entreprise.

Article L 110-1 du Code de commerce (extrait) : « La loi répute actes de commerce »	Les actes de commerce par nature dans l'article L. 110-1 du Code de commerce
« 1° Tout achat de biens meubles pour les revendre, soit en nature, soit après les avoir travaillés et mis en œuvre ; 2° Tout achat de biens immeubles aux fins de les revendre, à moins que l'acquéreur n'ait agi en vue d'édifier un ou plusieurs bâtiments et de les vendre en bloc ou par locaux ; 3° Toutes opérations d'intermédiaire pour l'achat, la souscription ou la vente d'immeubles, de fonds de commerce, d'actions ou parts de sociétés immobilières ; [...] 7° Toute opération de change, banque, courtage, activité d'émission et de gestion de monnaie électronique et tout service de paiement ; 8° Toutes les opérations de banques publiques ; 9° Toutes obligations entre négociants, marchands et banquiers ; 10° Entre toutes personnes, les lettres de change. »	**Acte de commerce isolé** L'article L. 110-1 répute acte de commerce « **tout** achat de biens meubles... ». Une telle formulation nous amène à considérer qu'un acte isolé peut être qualifié d'acte de commerce. Toutefois, comme nous l'avons vu dans le paragraphe précédent, la commercialité d'un acte n'est reconnue que si son caractère spéculatif est établi. Or, celui ci vient souvent de la répétition. Par exception, la jurisprudence a pu reconnaître le caractère spéculatif d'un achat unique de titre sociaux (actions, parts sociales) destinés à être revendus et conférer à l'opération un caractère commercial (Colmar, 16 juin 1982, Gaz. Pal. 1983, Som. P. 114).
« 4° Toute entreprise de location de meubles ; 5° Toute entreprise de manufactures, de commission, de transport par terre ou par eau ; 6° Toute entreprise de fournitures, d'agence, bureaux d'affaires, établissement de vente à l'encan, de spectacles publics ; ... »	**Actes de commerce accomplis dans le cadre d'une entreprise** Ces actes sont effectués dans le cadre d'une organisation préétablie en vue de leur répétition. La commercialité trouve ici son assise dans la recherche d'une activité spéculative liée aux biens et aux services.

2. Les actes de commerce par accessoire

En proclamant la commercialité de « toutes obligations entre négociants, marchands et banquiers », l'article L. 110-1, 9° fait implicitement application de la règle selon laquelle l'accessoire suit le principal.

Le principe est le suivant : les actes passés par le commerçant dans l'exercice de son commerce sont eux-mêmes commerciaux. Ce principe est d'application générale c'est-à-dire qu'il s'applique aussi bien :

– en matière contractuelle ;

EXEMPLES

Tous les actes d'exploitation accomplis par un commerçant : un bail, l'achat d'un véhicule.

– qu'en matière extra-contractuelle.

EXEMPLES

Délit d'un dirigeant, concurrence déloyale.

La jurisprudence présume que les actes faits par un commerçant relèvent de son commerce et sont donc commerciaux. Cette présomption n'est pas absolue ou irréfragable et l'on pourra faire la preuve du caractère non professionnel de l'acte accompli.

EXEMPLES

Les contrats conclus hors de l'exercice de la profession, l'achat d'un véhicule ou la location d'un immeuble à des fins non professionnelles, ont naturellement un caractère civil.

3. Le cas particulier de l'acte mixte

Lorsqu'un commerçant conclut un acte avec un non-commerçant, l'acte est un acte de commerce pour le commerçant et un acte civil pour le non-commerçant. Un tel acte est qualifié d'acte mixte. Cette qualification entraîne quatre conséquences pratiques.

RÈGLES APPLICABLES À L'ACTE MIXTE	
Compétence judiciaire	• Si le demandeur est le commerçant, il doit porter le litige devant les tribunaux civils. • Si le demandeur est le non-commerçant, il bénéficie d'une « option de juridiction » civile ou commerciale.
Prescription	• Elle est de cinq ans.
Clause compromissoire	• Le recours à un arbitre en cas de litige ne peut pas être prévu dans une clause du contrat.
Preuve	• Preuve contre un commerçant. On applique le principe de la liberté de la preuve. Les actes de commerce peuvent se prouver par tous moyens (application de l'article L. 110-3 du Code de commerce). • Preuve contre un non-commerçant. On applique les règles de droit civil (exigence d'un écrit au-delà de 1 500 €).

4. Activités interdites ou contrôlées

Un certain nombre de textes interdisent (4.1) certaines activités. Dans d'autres cas, des conditions d'accès à la profession sont énoncées (4.2).

4.1 Les interdictions

Types d'activité	But poursuivi	Exemples
Activités dans les domaines de police et d'hygiène	Protection des personnes	La fabrication et la vente d'absinthe ainsi que de certaines boissons alcoolisées, la fabrication de jouets dangereux.
Activités réservées et constituant des monopoles d'État	Buts fiscaux, économiques ou de police. Plusieurs de ces monopoles ont été réaménagés car ils sont contraires à la réglementation européenne puisqu'ils s'opposent à la pénétration d'entreprises étrangères dans ce domaine d'activités.	Vente au détail des tabacs manufacturés, vente des timbres-poste.
Activités contraires à l'ordre public	Protection des personnes	Commerce de la drogue, prostitution

4.2 Les activités contrôlées

De nombreuses activités ne peuvent être exercées qu'avec une autorisation administrative salles de spectacles, agences de voyages, transports routiers, débits de boissons... En fonction des professions, l'agrément est subordonné à une garantie financière (agences de voyages), à la possession d'un diplôme (opticiens-lunetiers) ou à des conditions techniques d'installation (commerces d'alimentation).

SECTION 3
LE STATUT PERSONNEL DU COMMERÇANT

La situation personnelle du commerçant ou du candidat à la profession commerciale aura une influence sur l'exercice de cette profession. Cette situation doit être analysée au regard de la capacité juridique (1), du mariage (2) ou du pacs (3) et de la nationalité (4). De plus, des dispositions légales interdisent l'accès de certaines personnes à la profession commerciale : ce sont les incompatibilités et déchéances (5).

1. Activité commerciale et incapacité

Il existe deux catégories de personnes incapables d'être commerçants : les mineurs (1.1) et les incapables majeurs (1.2).

1.1 Les mineurs

Toute personne qui n'a pas atteint l'âge de 18 ans révolus ne peut pas, en principe, effectuer des actes de commerce.

Par exception, la loi du 15 juin 2010 relative à l'EIRL prévoit que les mineurs émancipés peuvent être commerçants s'ils y ont été autorisés par le juge des tutelles au moment de l'émancipation ou par le président du TGI après l'émancipation.

1.2 Les majeurs protégées

Le Code de commerce ne prévoit aucune disposition propre aux incapables majeurs. Nous savons qu'il existe quatre régimes juridiques : tutelle, curatelle, sauvegarde de justice et habilitation familiale[1]. L'exercice du commerce appliqué à ces régimes issus du Code civil peut être présenté dans le tableau suivant.

Majeur en tutelle	Il est privé de toute capacité juridique et ne peut pas accomplir des actes de commerce ou exercer la profession commerciale.
Majeur en curatelle	La curatelle est applicable au majeur qui, en raison de l'altération de ses facultés mentales ou corporelles empêchant l'expression de sa volonté, doit être assisté ou contrôlé d'une manière continue dans les actes importants de la vie civile. C'est un régime d'assistance sans représentation. Il en résulte l'impossibilité, pratique et non pas théorique, pour le majeur en curatelle de se livrer à l'exercice du commerce. Il est difficilement imaginable, en effet, d'envisager la présence du curateur lors de chacune des opérations de la vie commerciale réalisée par l'incapable.
Majeur sous sauvegarde de justice	Il conserve l'exercice de ses droits mais les actes qu'il a accomplis peuvent être rescindés pour lésion ou réduits en cas d'excès. Cette incertitude juridique s'oppose pratiquement à ce qu'un majeur sous sauvegarde de justice puisse se livrer à une activité commerciale, la sécurité des transactions étant menacée.
Majeur sous habilitation familiale	• Si la personne habilitée a reçu un pouvoir général, le majeur protégé ne peut pas accomplir d'actes de commerce. • Si la personne habilitée a reçu un pouvoir spécial, le majeur protégé peut, sous réserve de la teneur de l'habilitation, accomplir des actes de commerce. En pratique, cela semble difficilement possible.

2. Activité commerciale et mariage

Chacun des deux époux peut librement exercer une activité commerciale. L'article L. 121-3 du Code de commerce prévoit que « le conjoint d'un commerçant n'est réputé lui-même commerçant que s'il exerce une activité commerciale séparée de celle de son époux. »

En cas d'activité séparée, le régime matrimonial a des conséquences importantes notamment vis-à-vis des tiers (2.1). Lorsque l'un des époux est commerçant et que le conjoint participe, ce qui est souvent le cas, à l'exploitation commerciale, la loi du 10 juillet 1982 a proposé trois statuts au conjoint qui ne bénéficiait jusqu'à cette date que d'un statut juridique mineur, ne disposant d'aucune prérogative de gestion et que d'une protection sociale très limitée (2.2).

2.1 Le régime matrimonial du commerçant

Depuis le décret n° 2005-530 du 24 mai 2005, le Registre du commerce et des sociétés ne contient plus d'information sur le régime matrimonial des commerçants. Pour obtenir ces informations, il faut consulter le registre d'état civil de naissance du commerçant[2].

Le régime matrimonial s'entend de l'ensemble des règles qui organisent les relations patrimoniales entre les époux et avec les tiers. Les régimes matrimoniaux entraînent pour le commerçant quelques règles spécifiques, selon qu'il adopte le régime légal (a) ou celui de la séparation des biens (b).

(1) *Cf. chapitre 6, p. 105 à 110.*
(2) *Ce lieu figure sur l'extrait d'inscription au RCS (extrait K-bis).*

a) La communauté légale est le régime le plus courant

Le régime légal, ou régime de droit commun, est celui que la loi impose aux parties qui n'ont pas fait de contrat de mariage. Dans ce régime, on distingue les biens propres de chaque époux acquis avant le mariage et les biens communs des époux acquis après le mariage. Le fonds de commerce y est, selon son acquisition, propre ou commun.

Exploitation d'un fonds de commerce commun	• **Principe.** L'époux commerçant a les pouvoirs de gestion les plus étendus. Il accomplit les actes d'administration et de disposition qui sont nécessaires à l'activité commerciale. *Exemples* : il achète du matériel, vend des marchandises. • **Exception.** L'époux commerçant ne peut, seul, ni aliéner, ni grever de droits réels les immeubles, fonds de commerce et exploitations dépendant de la communauté ; il ne peut pas davantage consentir un bail commercial sur l'immeuble commun. • **Remarque.** Les résultats de l'exploitation entrent en communauté, les bénéfices comme les pertes.
Exploitation d'un fonds de commerce propre	• **Principe.** L'époux propriétaire de ce fonds a tous les pouvoirs d'administration et de disposition de ce bien, sans aucune restriction et sans que son conjoint puisse normalement y faire obstacle. • **Remarque.** Les dettes et les bénéfices de l'exploitation entrent en communauté sauf récompense éventuelle.

b) Le régime de séparation des biens

Dans ce régime, chaque époux est propriétaire des biens qu'il a acquis avant ou après son mariage. Il n'y a pas de biens communs.

Dans cette hypothèse, l'époux commerçant et propriétaire du fonds l'administre et en dispose seul. Il perçoit seul les bénéfices et supporte seul les pertes. Ce régime confère donc une grande sécurité au conjoint non commerçant. Ces règles sont parfois théoriques. En particulier, lorsque l'époux non commerçant a accepté de cautionner les dettes de son conjoint commerçant, il a ainsi engagé sa responsabilité pécuniaire et l'ensemble du patrimoine familial se trouve menacé.

2.2 La participation au commerce des deux époux

La loi du 10 juillet 1982 relative aux conjoints des artisans et des commerçants travaillant dans l'entreprise familiale a d'abord porté remède aux inconvénients résultant de l'inorganisation du régime de la coopération conjugale. Réformé en 2005 ce texte oblige le conjoint travaillant dans l'entreprise familiale de choisir entre trois statuts :

Conjoint collaborateur	• **Principe.** Ce statut s'applique à tout conjoint qui n'exerce pas parallèlement une autre profession. Il collabore effectivement à l'entreprise et il en est fait mention au RCS. Cette collaboration n'est pas en principe rémunérée. • **Avantage au plan civil.** Le conjoint collaborateur n'a pas la qualité de commerçant mais il est présumé avoir reçu mandat du conjoint commerçant d'accomplir en son nom des actes d'administration de l'entreprise. Cette présomption de mandat cesse par déclaration notariée conjointe. • **Avantage sur le plan social.** Il est ayant droit du chef d'entreprise pour les prestations d'assurance maladie et les prestations familiales. Il n'est pas indemnisé au titre de l'assurance chômage s'il cesse son activité. Il doit adhérer à l'organisation autonome d'assurance vieillesse du chef d'entreprise.

☞

Conjoint salarié	• **Conditions du contrat de travail entre époux.** Le conjoint doit participer effectivement à l'activité commerciale à titre professionnel et habituel, et percevoir un salaire au moins égal au SMIC. • **Effets.** Le conjoint salarié est affilié au régime général de la Sécurité sociale et bénéficie de la législation du travail. Il bénéficie de l'assurance chômage.
Conjoint associé	• **Principe.** La loi reconnaît la possibilité de constitution d'une société familiale entre époux avec l'apport de seuls biens communs. Les deux époux ont la qualité d'associé pour la moitié des parts souscrites correspondant à cet apport. • **Avantage sur le plan social.** Le conjoint est affilié au régime social des non-salariés et au régime d'allocations familiales des travailleurs indépendants. Il adhère à titre personnel à l'assurance vieillesse du chef d'entreprise.

3. Activité commerciale et pacs

Aux termes de l'article 515-1 du Code civil, « un pacte civil de solidarité est un contrat conclu par deux personnes physiques majeures, de sexe différent ou de même sexe, pour organiser leur vie commune ». Les personnes déclarent leur pacs au greffe du tribunal d'instance(1) de leur commune de résidence. Le pacs est un régime patrimonial qui résulte d'une convention passée par acte authentique ou sous seing privé. Les conséquences du Pacs sur l'activité commerciale sont importantes.

Propriété et gestion du fonds de commerce	
Fonds acquis avant la conclusion d'un pacs	**Fonds acquis après la conclusion d'un pacs**
• La conclusion du Pacs n'a aucune conséquence. Le commerçant conserve la propriété de son fonds et la plénitude de ses pouvoirs de gestion.	• **Principe.** Le fonds est la propriété exclusive de l'acquéreur. • **Exception.** Les partenaires peuvent choisir de se soumettre au régime de l'**indivision**(1). Le fonds est alors réputé indivis par moitié(2) en cas d'indivision. • **Gestion en cas d'indivision.** Les actes **conservatoires** sont accomplis par chaque pacsé agissant seul. Les actes d'**administration** et de **disposition** requièrent le consentement des deux quand ils ne ressortent pas de l'activité normale du fonds. *Exemples* : L'achat de matériel est réalisé par le pacsé exploitant le fonds ; la vente du fonds est réalisée en commun.
Dettes professionnelles	
• Le commerçant pacsé supporte seul ses dettes professionnelles. • Les biens indivis peuvent être poursuivis pour moitié par les créanciers personnels du commerçant.	
Participation du partenaire à l'activité commerciale	
Le partenaire pacsé peut, tout comme le conjoint de commerçant, choisir parmi les statuts de partenaire collaborateur, partenaire salarié et partenaire associé, celui qui convient le mieux à sa situation.	
(1) L'indivision est l'état de plusieurs personnes qui se trouvent, en même temps, propriétaire de la même chose. *(2) Il est possible d'écarter l'indivision du fonds s'il a été acquis avec les deniers ayant appartenu exclusivement à l'un des pacsés avant le choix de ce régime patrimonial et si l'acte d'acquisition mentionne cette origine (article 515-5-2 du Code civil).*	

(1) La condition de personne pacsée n'est pas mentionnée au RCS. En revanche, la condition de personne mariée y figure.

4. Activité commerciale et nationalité

Un premier principe est posé : celui de la réciprocité législative. Un étranger non ressortissant européen ne peut, en France, exercer une profession commerciale que si les Français jouissent du même droit dans son pays. Cette condition est peu contraignante du fait du nombre important de traités d'établissement signés par l'État français. Par ailleurs, depuis les lois du 24 juillet 2006 et du 2 janvier 2014, il faut accorder une attention particulière au cas de **l'étranger qui réside en France et veut y exercer une profession commerciale, industrielle ou artisanale.** Dans ce cas, il doit obtenir **une carte de séjour temporaire** autorisant l'exercice d'une activité professionnelle. À cette fin, il doit justifier d'une activité économique viable et compatible avec l'ordre public. De plus, il doit respecter les obligations imposées aux nationaux. Sont dispensés de cette carte les ressortissants européens, les étrangers titulaires d'une carte de résident, les ressortissants des pays parties à l'Espace économique européen (Norvège, Islande, Liechtenstein) et les Suisses.

L'étranger est soumis aux mêmes obligations fiscales et sociales qu'un commerçant français. En revanche, s'il est un étranger non européen, ses droits sont moins étendus puisque certaines professions lui sont interdites (débitants de boissons, transporteur routier, etc.) ou exceptionnellement autorisées (assurance). Par ailleurs, il n'est ni électeur, ni éligible aux chambres de commerce et aux tribunaux de commerce.

5. Les incompatibilités et déchéances

Il existe des limitations au principe du libre accès aux professions commerciales qui visent à restreindre la liberté d'entreprendre pour certaines personnes dans un but d'intérêt général : les incompatibilités et déchéances.

Incompatibilités	Certaines personnes ne peuvent pas exercer le commerce en raison de leurs fonctions ou de leur profession. Le législateur assure ainsi l'indépendance de la fonction publique (*exemples* : magistrats, fonctionnaires, militaires) ou la dignité de certaines professions qui s'accommoderaient mal de la recherche du profit (*exemples* : huissiers, notaires).
Déchéances	Le législateur frappe de déchéance ceux qui ont déjà fait preuve de leur indignité dans un souci d'assurer la moralité commerciale. À cette fin, la loi de modernisation de l'économie a mis en place un système de peines complémentaires quand une personne a commis certaines infractions (*exemples* : atteintes volontaires à la vie, tromperie). L'interdiction est prononcée pour dix ans au plus ou à titre définitif.

SECTION 4

LES CONSÉQUENCES DE L'ACTIVITÉ COMMERCIALE

Le commerçant a des responsabilités (1). Il est soumis à des obligations notamment comptables, fiscales et sociales (2) et aux règles du droit commercial (3).

1. Les responsabilités du commerçant

En application du principe de l'unité du patrimoine, l'ensemble du patrimoine du commerçant répond de ses dettes professionnelles. Toutefois, l'article L. 526-1 du Code du commerce rend de droit insaisissable les droits sur l'immeuble où est fixée la résidence principale d'un entrepreneur individuel[1]. De plus, le même article du Code de commerce permet à l'entrepreneur individuel de déclarer insaisissables ses droits sur l'immeuble où est fixée sa résidence principale ainsi que tout bien foncier bâti ou non bâti qu'il n'a pas affecté à un usage professionnel. Cette déclaration doit être faite par acte notarié. Elle reçoit diverses publicités (*exemples* : bureau des hypothèques, JAL).

Par ailleurs, le commerçant qui choisit le statut d'entrepreneur individuel à responsabilité limitée (EIRL) peut affecter une partie de son patrimoine à son activité professionnelle[2].

Le commerçant, en tant que professionnel, répond à ce titre de la qualité de ses produits. L'élargissement de ses obligations dans ce domaine est constant (*exemples* : obligation de renseignement, extension de la garantie contre les vices cachés).

La responsabilité pénale du commerçant peut également être mise en œuvre en cas de non-application de la législation en matière économique et sociale : faux, contrefaçon, etc.

2. Les obligations du commerçant

La première obligation qui pèse sur le commerçant est, sauf exception, l'inscription au registre du commerce et des sociétés. Toute entreprise commerciale est tenue d'établir une comptabilité et de se soumettre à l'impôt.

L'inscription au RCS	• **Utilité.** Elle sert à renseigner les banquiers qui prêtent des capitaux, les fournisseurs qui accordent des délais de paiement, les entreprises et les clients qui traitent avec le commerçant. Cette immatriculation constitue une forme irremplaçable de publicité en matière commerciale puisque les renseignements figurant au dossier sont susceptibles d'être communiqués aux tiers. • **Comment procéder ?** La demande d'immatriculation du commerçant individuel doit être présentée au greffe du tribunal de commerce du siège de son entreprise, son principal établissement ou son domicile. • **Effets.** Elle crée à l'égard de la personne inscrite une présomption simple d'appartenance à la profession commerciale. Elle permet également au commerçant de réclamer l'application de certaines règles bénéfiques du droit commercial.
Les obligations comptables	• **Utilité.** Elle offre au dirigeant une vision financière et économique de l'entreprise qui lui permet d'assurer une gestion prévoyante. Elle remplit une fonction probatoire à l'égard de la clientèle et des administrations intéressées. • **Que faire ?** Tout commerçant doit procéder à l'enregistrement comptable des mouvements affectant le patrimoine de son entreprise. La tenue d'une comptabilité irrégulière est sanctionnée pénalement. • **Fonction probatoire.** Les documents comptables doivent être gardés pendant dix ans. Ils ne font preuve qu'entre commerçants et contre le commerçant qui les a tenus. Le juge apprécie en toute liberté la valeur des écritures comptables qui lui sont soumises conformément au principe de liberté de la preuve en matière commerciale.
Les obligations fiscales	• L'entreprise commerciale n'a ni la personnalité juridique ni la personnalité fiscale, elle est cependant considérée comme un contribuable indépendant et a une existence fiscale puisqu'il faudra calculer le bénéfice imposable qu'elle dégage. • L'entreprise est assujettie notamment à la TVA, à la contribution économique territoriale et à l'impôt sur les bénéfices industriels et commerciaux.

☞

(1) *Dans sa rédaction issue de la loi n° 2015-9 du 6 août 2015 pour la croissance, l'activité et l'égalité des chances.*
(2) *Ce point est développé page 115.*

Les obligations sociales	Le commerçant travaille de façon indépendante et relève, non pas du régime général de la Sécurité sociale, mais du régime social des indépendants (RSI). Il est assujetti au versement de diverses cotisations : assurance-maladie, allocations familiales, accident du travail et assurance vieillesse.

Pendant de nombreuses années, les auto-entrepreneurs commerçants n'étaient pas tenus de s'immatriculer au RCS. La loi du 18 juin 2014 relative à l'artisanat, au commerce et aux très petites entreprises a supprimé cette dispense. Tous les entrepreneurs doivent s'immatriculer. Il s'agit des personnes physiques qui :

– exercent une activité commerciale ou artisanale, à titre principal ou complémentaire ;
– bénéficient du régime micro-social ;
– et déclarent leur activité au CFE (Centre de formalités des entreprises).

3. Les règles de droit commercial applicables au commerçant

Des règles spécifiques sont appliquées au domaine commercial pour des raisons pratiques de rapidité des transactions et de spécificité du monde des affaires. Elles concernent essentiellement le règlement des litiges (3.1), les obligations commerciales (3.2) et l'application du droit des entreprises en difficulté (3.3).

3.1 Le règlement des litiges

Les litiges commerciaux peuvent être tranchés par les institutions judiciaires.

Il existe, à côté des juridictions judiciaires, des « juridictions privées » : ce sont les arbitres et institutions arbitrales auxquels les parties font appel pour trancher leurs différends. Le recours à l'arbitrage est fréquent, il est rapide et évite toute publicité qui porterait atteinte à l'image de l'entreprise. Il peut être prévu dès la rédaction du contrat (par une clause compromissoire) ou à la survenance du litige (par un compromis).

Pour ce qui concerne les moyens de preuve utilisables en cas de litige, le principe est la liberté de la preuve. Elle peut donc se faire par tous moyens : écrit, témoignage, présomption, etc. Ce principe s'explique par la nécessité de favoriser la conclusion rapide des opérations commerciales.

3.2 Les obligations commerciales

Une coutume consacrée par la jurisprudence admet que les codébiteurs d'une obligation commerciale sont tenus solidairement, c'est-à-dire que l'un quelconque d'entre eux peut être actionné en paiement pour le tout par le créancier. Cette règle de solidarité peut toutefois être écartée par la volonté contraire des parties.

Les obligations commerciales ont, en principe, une prescription extinctive de cinq ans. Elle libère le débiteur du fait de l'inaction prolongée du créancier. Les documents comptables sont conservés pendant dix ans.

3.3 L'application du droit des entreprises en difficulté

Les commerçants en difficulté peuvent bénéficier des procédures de conciliation, de sauvegarde, de redressement et de liquidation judiciaire.

FICHE MÉMO

1. Définition du commerçant
2. Les activités commerciales
3. Le statut personnel du commerçant
4. Le statut juridique du commerçant
5. Les obligations du commerçant
6. Les règles de droit commercial applicables au commerçant

1. DÉFINITION DU COMMERÇANT

Exercice d'actes de commerce | Exercice à caractère professionnel | Exercice à caractère indépendant

2. LES ACTIVITÉS COMMERCIALES

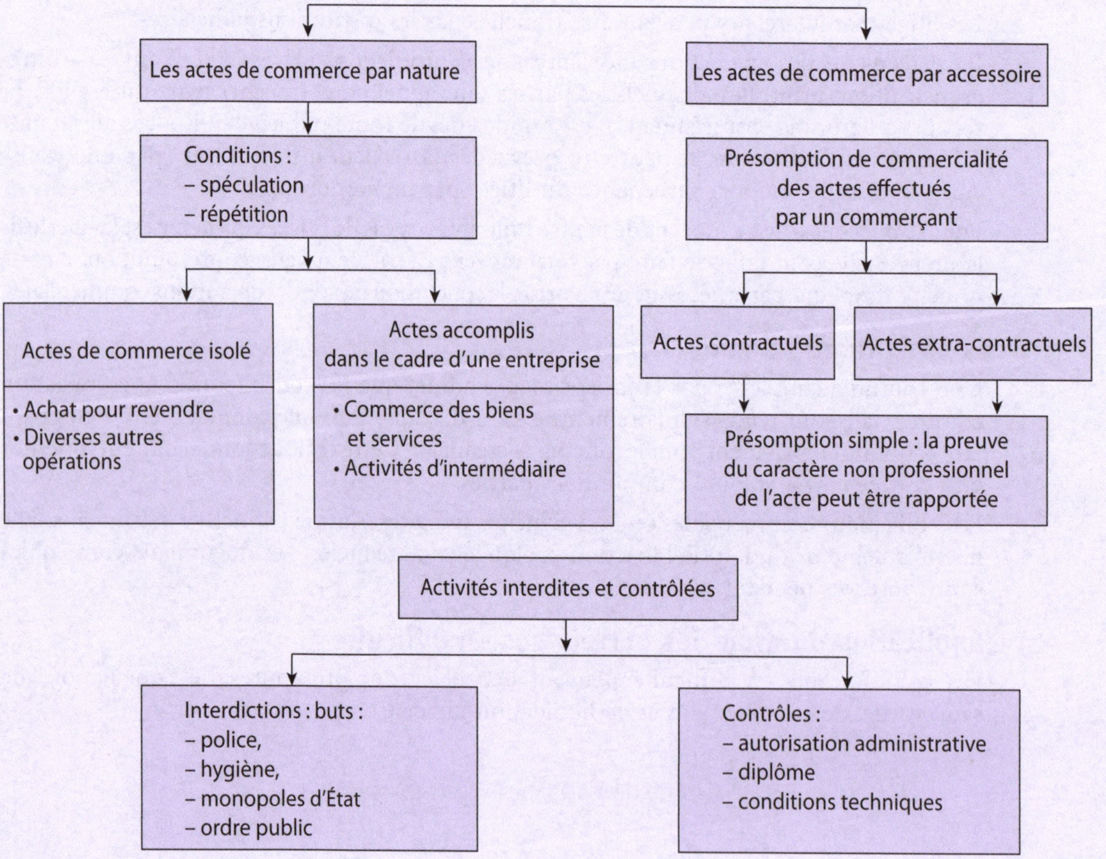

3. LE STATUT PERSONNEL DU COMMERÇANT

La capacité	Le mariage et le pacs	La nationalité	Les incompatibilités et déchéances
Principes • Le commerçant doit être capable. • Il est majeur ou mineur émancipé. **Conséquences** • Un mineur non émancipé ne peut pas exercer la profession de commerçant. • Le mineur émancipé peut être commerçant s'il a été autorisé (par le juge des tutelles au moment de l'émancipation ; par le président du TGI ensuite). • Le majeur protégé sous sauvegarde de justice peut exercer une activité commerciale mais ses actes pourront être rescindés pour lésion ou réduits pour excès.	**Principes** Exercice libre de l'activité commerciale par chacun des époux ou partenaires. **Conséquences** • Influence du régime matrimonial ou du pacs sur l'engagement des biens. • Statut du conjoint ou partenaire à déterminer (collaborateur, salarié, associé).	**Principes** • Réciprocité législative • Étranger commerçant et résidant en France : nécessité d'obtenir une carte de séjour temporaire (il existe des exceptions). • Commerçants étrangers soumis aux mêmes obligations sociales et fiscales que les Français.	**Incompatibilités** Interdictions faites à certaines personnes d'exercer le commerce en raison de leurs fonctions ou profession. **Déchéances** Interdictions liées à la moralité des personnes souhaitant être commerçantes.

4. LE STATUT JURIDIQUE DU COMMERÇANT ET SES BIENS

Unité du patrimoine

+

Résidence principale insaisissable de droit

+

Possibilité de rendre insaisissable tout bien foncier bâti et non bâti non affecté à un usage professionnel

+

Possibilité de créer un patrimoine d'affectation

5. LES OBLIGATIONS DU COMMERÇANT

- Inscription au RCS
- Obligations comptables.
- Oligations fiscales.
- Obligations sociales (RSI)

6. LES RÈGLES DE DROIT COMMERCIAL APPLICABLES AU COMMERÇANT

- Règlement des litiges :
  - tribunaux de commerce
  - arbitres
  - preuve par tous moyens
- Solidarité des obligations commerciales
- Application du droit des entreprises en difficulté.

APPLICATION 1 Questionnaire d'auto-évaluation
APPLICATION 2 Question de cours
APPLICATION 3 Étude d'un cas pratique
APPLICATION 4 Étude d'un cas pratique

Vous trouverez les corrigés du questionnaire d'auto-évaluation et des questions de cours en fin d'ouvrage ; les corrigés des cas pratiques, analyses d'une décision de justice et analyses d'un document figurent sur les sites www.expert-sup.com et www.dunod.com.

APPLICATION 1

Questionnaire d'auto-évaluation

Déterminez la ou les réponses exactes

1. Les actes de commerce suivants confèrent la qualité de commerçant à leurs auteurs :
   a) des actes de commerce par nature.
   b) une lettre de change.
   c) un contrat de création d'une société commerciale.
   d) un acte de commerce par accessoire.
2. La présomption de commercialité des actes effectués par un commerçant :
   a) est simple.
   b) est irréfragable.
   c) admet la preuve contraire.
   d) n'admet pas de preuve contraire.
3. La qualité de commerçant s'acquiert par :
   a) l'exercice d'actes de commerce par nature.
   b) l'exercice d'actes de commerce par accessoire.
   c) l'exercice d'actes de commerce à titre de profession habituelle.
   d) l'exercice d'actes de commerce à titre indépendant.
4. Les personnes suivantes sont commerçantes :
   a) M. D qui a un magasin de vêtements en franchise.
   b) M. X, représentant, qui réalise des ventes pour le compte de la société VPC.

c) Mme Z, gérante salariée du magasin « Sucre d'orge ».
d) Mme Y, qui revend des parpaings car elle a renoncé à construire.

5. M. Camus est commerçant ; il a acheté un portemanteau, des chaises et des étagères. Ces actes sont :
a) des actes de commerce par nature.
b) des actes de commerce isolés.
c) des actes de commerce par accessoire.

6. Ces activités commerciales sont contrôlées :
a) vente de plats préparés.
b) agence de voyages.
c) vente de chaussures.
d) débit de boissons.

7. Ces personnes peuvent s'installer commerçant en France :
a) un mineur émancipé.
b) un majeur en tutelle.
c) un majeur sous sauvegarde de justice.
d) une femme mariée.
e) un Belge.

8. Un commerçant marié sous le régime de la communauté légale :
a) peut s'installer commerçant sans l'autorisation de son conjoint.
b) est responsable des dettes de son commerce sur les biens communs.
c) peut vendre, tout ou partie du fonds de commerce commun.
d) dispose, seul des résultats de son exploitation.

9. Un commerçant marié sous le régime de séparation de biens :
a) est responsable des dettes de son commerce sur ses biens.
b) engage les biens de son conjoint dans son activité commerciale.
c) dispose, seul des résultats de son exploitation.
d) peut vendre son fonds de commerce sans l'accord de son conjoint.

10. Madame Blanche travaille avec son mari et tient une maison de presse. Elle s'occupe des relations avec les éditeurs, signe des contrats, paye les factures et gère les contacts avec la banque et les organismes professionnels. Chaque mois, une somme de 450 € lui est personnellement allouée. En conséquence, elle a le statut :
a) de conjoint collaborateur.
b) de conjoint salarié.
c) de conjoint associé.

11. Les documents comptables :
a) doivent être gardés pendant 10 ans.
b) doivent être gardés pendant 30 ans.
c) font preuve entre commerçants et non-commerçants.
d) font preuve au profit du commerçant qui les a tenus.

12. L'entreprise commerciale :
a) n'a pas la personnalité juridique, ni la personnalité fiscale.
b) n'a pas la personnalité juridique mais a la personnalité fiscale.
c) est soumise au régime des BIC.
d) est soumise au régime de l'IS.

13. Les litiges commerciaux :
a) sont toujours résolus par les tribunaux de commerce.
b) peuvent être résolus par des « juridictions privées ».
c) sont toujours résolus par des « juridictions privées ».

14. En cas de litige commercial :
a) la preuve est libre.
b) la preuve peut se faire par tous moyens.
c) la preuve doit se faire à partir des documents comptables.
d) la preuve doit se faire par écrit.

15. En cas d'obligation commerciale souscrite par plusieurs co-débiteurs, le créancier :
a) se retourne contre le débiteur le plus solvable.
b) se retourne contre les co-débiteurs proportionnellement à leur engagement.
c) se retourne contre l'un quelconque des co-débiteurs.
d) doit consulter le contrat qui fixe les conditions de recours.

16. Un créancier impayé peut poursuivre son débiteur commerçant :
a) pendant 30 ans.
b) pendant 5 ans.
c) indéfiniment.

17. L'achat d'un bureau par un non-commerçant peut être qualifié :
a) d'acte de commerce par nature.
b) d'acte de commerce par accessoire.

18. Ces achats sont-ils des actes de commerce isolés ?
a) Achat de livres par un étudiant qui les revend à la suite d'une démission.
b) Achat d'un stock de livres par un étudiant qui les revend au sein de son campus.
c) Achat de graines de fleurs par Mme Mutin, qui décide après les avoir cultivées d'en faire des bouquets et les revendre.
d) Achat de troncs d'arbres par un agriculteur qui les coupe en bûches de 50 cm environ et les livre dans son village.
e) Achat de couleurs par une jeune femme qui fait des tableaux pour décorer sa maison et faire plaisir aux membres de sa famille.

APPLICATION 2

Question de cours

Le commerçant et son conjoint.

APPLICATION 3

Étude de cas pratique

Cas Sébastien Leblond

Sébastien Leblond achète à Jacques Piette des poules reproductrices. Pendant une période de temps variable, il les élève dans son exploitation de Buyon, située dans le département de la Somme et près d'Amiens, les soigne et les nourrit.

Sur la nourriture, Sébastien est très rigoureux. Il souhaite faire de la qualité pour obtenir, dans les années qui viennent, un label bio-vert. À cette fin, il refuse d'alimenter ses poules avec des aliments préparés par des sociétés spécialisées. Grâce à son sérieux, il vend de nombreuses poules et, après quelques années difficiles, il réussit à faire vivre sa famille.

QUESTIONS

1. L'activité de Sébastien peut-elle être qualifiée de commerciale ? Justifiez votre réponse.
2. Quel(s) intérêt(s) pratique(s) la réponse à la question précédente présente-t-elle ?
3. Sébastien a acheté pour 1 000 euros des engrais à Langrais, une société commerciale basée à Rennes. Ces engrais posent des problèmes de conservation et Sébastien envisage de mettre en cause son fournisseur. Déterminez le tribunal compétent.

APPLICATION 4

Étude de cas pratique

Cas Lauder

Arielle Lauder est salariée d'une entreprise installée à Villers dans la Sarthe. De formation artistique, elle réalise des modèles originaux de bijoux fantaisies à base de différents matériaux. Elle les décore à la main.

L'employeur d'Arielle va prendre sa retraite et elle souhaite poursuivre son activité en optant pour un statut de commerçant.

Elle envisage d'acquérir son entreprise au moyen d'un emprunt contracté auprès de la banque Zalard.

Son ami, Rachid, travaille comme commercial dans une société de téléphonie mobile. Arielle et Rachid ont un projet de mariage et de développement de l'activité de l'entreprise d'Arielle.

Rachid dispose déjà de quelques économies et l'appartement dans lequel le couple va s'installer lui appartient.

QUESTIONS

1. Quels conseils pouvez-vous donner à Arielle et Rachid concernant leur projet de mariage ?
2. Rachid va travailler avec Arielle dans son entreprise. Quel statut lui conseillez-vous ?

8

CHAPITRE

Les autres professionnels de la vie des affaires

SECTION 1 L'artisan

SECTION 2 L'agriculteur

SECTION 3 Les professions libérales

FICHE MÉMO • APPLICATIONS

D'autres professionnels que le commerçant exercent dans le monde des affaires. Ils sont assujettis à un statut propre : artisan, agriculteur, profession libérale. Ces professions échappent en partie à l'emprise du droit commercial. Elles ne tombent pas pour autant dans le domaine du droit civil. On observe, en effet, une tendance au développement de la réglementation par voie de statut. Il existe par exemple un véritable statut de l'artisan comme de l'agriculteur.

Ces activités non commerciales peuvent être exercées dans le cadre de l'entreprise individuelle et c'est dans ce cadre que nous les étudierons. Par ailleurs, quand elles sont exercées à titre indépendant, elles sont souvent le complément de la phase ultérieure de commercialisation (*exemple* : vente d'objets artisanaux). Aussi convient-il de les différencier nettement des activités commerciales en recherchant leurs caractères généraux.

L'étude sera conduite en distinguant les activités ayant un caractère manuel, l'artisanat (section 1) et l'agriculture (section 2), de celles ayant un caractère intellectuel marqué, les professions libérales (section 3).

SECTION 1 L'ARTISAN

L'artisan exerce un métier manuel. Certains droits du commerçant sont reconnus à l'artisan mais ce dernier bénéficie d'un statut particulier. Encore aujourd'hui, l'artisanat fait figure de secteur protégé et conserve une certaine originalité, perceptible notamment au niveau du statut de l'artisan (1). Toutefois avant de présenter les principaux traits caractéristiques de ce statut, il faut commencer par définir l'artisan (2).

1. Définition de l'artisan

Il existe une définition légale (1.1) qui peut être mise en perspective avec les critères jurisprudentiels (1.2).

1.1 La définition légale

La loi n° 2014-626 du 18 juin 2014 relative à l'artisanat, au commerce et aux très petites entreprises a clarifié la qualité d'artisan.

Article 19 de la loi du 5 juillet 1996 modifiée par la loi du 18 juin 2014

« Doivent être immatriculées au répertoire des métiers [...] les personnes physiques et les personnes morales qui n'emploient pas plus de dix salariés et qui exercent à titre principal ou secondaire une activité professionnelle indépendante de production, de transformation, de réparation ou de prestation de services figurant sur une liste établie par décret en Conseil d'Etat [...]. »

Article 21-I al. 1er de la loi du 5 juillet 1996 modifiée par la loi du 18 juin 2014

Les personnes physiques et les dirigeants sociaux des personnes morales relevant du secteur de l'artisanat [...] peuvent se prévaloir de la qualité d'artisan dès lors qu'ils justifient d'un diplôme, d'un titre ou d'une expérience professionnelle dans le métier qu'ils exercent, dans les conditions définies par décret en Conseil d'Etat [...] »

L'examen de cet article permet d'identifier les trois critères permettant à une personne d'obtenir la qualité d'artisan.

■ *L'activité exercée*

La qualité d'artisan est réservée aux personnes qui exercent effectivement leur métier et peuvent en justifier.

■ *L'immatriculation au répertoire des métiers*

L'immatriculation est réservée à certaines personnes : celles qui n'emploient pas plus de dix salariés et exercent certains métiers dont la liste est établie par décret après consultation des instances professionnelles (*exemple* : Assemblée permanente des chambres de métiers).

■ *L'effectif*

L'artisan entrepreneur ne doit pas employer plus de dix salariés. Certaines personnes qui travaillent avec l'artisan ne sont pas comprises dans l'effectif, comme le conjoint collaborateur ou l'apprenti. En principe, il est possible de conserver la qualité d'artisan alors que le seuil de dix salariés est dépassé (*exemple* : fusion de deux entreprises artisanales).

DES TITRES PROTÉGÉS

Les titres d'artisan et de maître artisan sont accordés après vérification des qualités professionnelles.

- Pour avoir le titre d'« artisan », il faut, soit avoir un certificat d'aptitude professionnelle (CAP) ou un brevet d'études professionnelles (BEP) ou un titre homologué d'un niveau au moins équivalent dans le métier exercé ou un métier connexe, soit pouvoir justifier d'une immatriculation dans le métier concerné d'au moins six ans.
- Pour avoir le titre de « maître artisan », il faut avoir un brevet de maîtrise et deux ans de pratique professionnelle.

1.2 Les critères jurisprudentiels

La jurisprudence retient trois critères pour qualifier l'artisan.

- L'artisan est d'abord un **travailleur manuel**. Cela implique qu'une trop grande « mécanisation » est incompatible avec cette qualité.

• Un artisan emploie un **petit nombre de salariés.** Le seuil de dix salariés posé par la loi ne semble avoir d'incidence que pour l'inscription au répertoire des métiers. Il ne préjuge pas de la qualité d'artisan et cela laisse aux juges une liberté d'appréciation. Aucun seuil n'a été fixé par les tribunaux, celui-ci est fonction de l'espèce.

• L'artisan est un **professionnel qui tire ses bénéfices d'une activité professionnelle.** Il ne doit pas spéculer sur la main-d'œuvre salariée ou sur les marchandises. Ainsi, par exemple, un maçon qui fait réaliser l'ensemble des constructions est considéré comme commerçant. Les tribunaux exigent que la source principale du revenu de l'artisan provient de son travail manuel. Mais la frontière qui sépare les artisans des commerçants est faible. Et les juges, pour se forger une opinion, utilisent plusieurs critères d'appréciation. Une idée reste toujours présente dans les analyses : c'est seulement lorsque les moyens mis en œuvre sont peu importants que l'activité est qualifiée d'artisanale.

2. Le statut de l'artisan

Les traits caractéristiques du statut de l'artisan peuvent s'analyser de plusieurs points de vue.

LES STATUTS DE L'ARTISAN	
Le statut professionnel	• Les artisans doivent être immatriculés au répertoire des métiers. Les micro-entrepreneurs sont aussi soumis à cette obligation. • Ils reçoivent un numéro qui figure obligatoirement sur les documents et papiers professionnels. Ce numéro est attribué par la chambre des métiers.
Le statut fiscal	• Les artisans sont assujettis au régime fiscal de l'impôt sur le revenu dans la catégorie des bénéfices industriels et commerciaux. • Ils sont exonérés de la contribution économique territoriale lorsqu'ils travaillent seuls ou avec le concours d'une main-d'œuvre familiale ou d'un apprenti. • Ils bénéficient de règles de faveur en cas d'apprentissage.
Le statut juridique des activités artisanales	• Les artisans échappent, en principe, aux rigueurs du droit commercial. Ils sont soumis au droit civil. Ils relèvent donc des juridictions civiles et du droit commun en matière de preuve, de prescription ou encore de solidarité. • Les règles de comptabilité commerciale ne leur sont pas applicables. • Toutefois, certaines règles du droit commercial leur sont appliquées. Ils bénéficient de la législation sur les baux commerciaux, la location gérance et le fonds de commerce. Ils sont soumis aux procédures relatives aux entreprises en difficulté.

SECTION 2
L'AGRICULTEUR

Nous définirons l'agriculteur (1) puis présenterons les traits caractéristiques de son statut (2).

1. Définition de l'agriculteur

L'article L. 311-1 du Code rural délimite le domaine d'activité des agriculteurs.

Article L. 311-1 du Code rural

Sont réputées agricoles toutes les activités correspondant à la maîtrise et à l'exploitation d'un cycle biologique de caractère végétal ou animal et constituant une ou plusieurs étapes nécessaires au déroulement de ce cycle ainsi que les activités exercées par un exploitant agricole qui sont dans le prolongement de l'acte de production ou qui ont pour support l'exploitation.

De la définition des activités agricoles découle celle de l'exploitant agricole. Est agriculteur la personne physique ou morale qui exerce des activités réputées agricoles par l'article L. 311-1 du Code rural. Cependant, ce critère n'est pas suffisant à lui seul pour distinguer le chef d'exploitation des autres personnes qui concourent au fonctionnement de l'exploitation agricole (aides familiales, salariés) et qui exercent eux aussi une activité agricole. L'agriculteur, celui qui a la qualité de chef d'exploitation, doit être titulaire d'un titre juridique lui donnant le pouvoir d'exercer l'activité agricole sur le bien foncier support de cette activité. Ce titre découle, soit de la propriété ou de l'usufruit, soit d'un contrat (location, concession, etc.).

La loi du 31 décembre 1988 a confirmé le caractère civil de l'activité agricole et considéré comme tel, non seulement l'activité agricole stricto sensu, mais aussi les activités exercées par un exploitant agricole qui sont dans le prolongement de l'acte de production ou qui ont pour support cette exploitation.

2. Statut de l'agriculteur

Les traits caractéristiques de l'agriculteur peuvent s'analyser sur plusieurs plans.

• **La nature civile des activités agricoles.** Cette qualification se justifie par le fait que l'agriculteur tire l'essentiel de ses revenus de son activité manuelle, qu'il n'effectue pas des achats pour revente mais qu'il vend ce qu'il a produit. Il s'ensuit que le tribunal de commerce est incompétent pour connaître des litiges qui opposent les entreprises agricoles. Par ailleurs, les contrats des agriculteurs sont soumis aux dispositions du Code civil.

• **L'emprise du droit commercial.** Au même titre que les chambres de commerce et d'industrie qui assurent la défense des intérêts des commerçants, il existe les chambres d'agriculture. Les agriculteurs sont inscrits au registre de l'agriculture qui, contrairement au registre du commerce et de l'industrie, n'a qu'un rôle administratif. L'existence d'un fonds agricole a été reconnue par la loi du 5 janvier 2006, qui présente un caractère civil et peut faire l'objet, comme le fonds de commerce, d'un nantissement. Les agriculteurs sont soumis aux rigueurs du droit des entreprises en difficulté depuis la loi du 30 décembre 1988. Le dispositif est, toutefois, adapté aux spécificités du monde agricole.

• **La détention d'un titre de jouissance sur des biens fonciers.** Celle-ci est indispensable pour exercer l'activité d'exploitant agricole. Dans la plupart des cas, ce titre de jouissance résulte, soit de la propriété ou de l'usufruit des immeubles exploités (faire-valoir direct), soit d'un contrat de bail à ferme ou de bail à métayage (faire-valoir indirect).

EXEMPLES

Soit M. Duchamp, propriétaire d'un bien rural, et M. Delavallée qui souhaite exploiter ces terres.

• Cas du bail à ferme : M. Duchamp transfère à M. Delavallée, par contrat, la jouissance de ses terres contre le versement, en argent ou en produits, d'une valeur fixe : le fermage. M. Duchamp (le bailleur) n'a pas, en tant que tel, la qualité d'exploitant.

• Cas du bail à métayage : M. Duchamp confère à M. Delavallée, par contrat, la jouissance de ses biens, moyennant un partage en nature des produits de l'exploitation. Les charges sont aussi partagées entre les deux parties. M. Duchamp (le bailleur), comme M. Delavallée (le métayer), a le titre juridique d'exploitant agricole.

• **Le statut social.** Au plan social les agriculteurs comme leurs conjoints, descendants et salariés, relèvent de la Mutualité sociale agricole (MSA).

• **Le statut fiscal.** Au plan fiscal, les bénéfices de l'exploitation agricole sont soumis à l'impôt sur le revenu dans la catégorie des bénéfices agricoles. Les agriculteurs sont assujettis à la TVA, plus exactement au régime simplifié agricole (RSA), pour les opérations de nature agricole imposables à la TVA, de plein droit ou sur option.

SECTION 3

LES PROFESSIONS LIBÉRALES

La loi du 22 mars 2012 de simplification du droit et d'allégement des démarches administratives donne, pour la première fois, une définition générale des professions libérales. Celles-ci regroupent les personnes exerçant à titre habituel, de manière indépendante et sous leur responsabilité, une activité de nature généralement civile. Dans l'intérêt du client ou du public, elles assurent des prestations principalement intellectuelles, techniques ou de soins, mises en œuvre au moyen de qualifications professionnelles appropriées et dans le respect de principes éthiques ou d'une déontologie professionnelle. Selon l'INSEE, il s'agit de « personnes établies à leur compte, qui ne font pas partie de l'industrie et du commerce et qui exercent une profession dont l'activité demande une instruction supérieure ». Cette définition ne recoupe pas toutes les situations et exige une recherche des principales caractéristiques des professions libérales (1) avant de présenter le statut de ces professionnels (2).

1. Les principales caractéristiques des professions libérales

La doctrine n'est pas unanime dans la recherche des caractéristiques des professions libérales. Toutefois trois critères apparaissent jouer un rôle particulier.

• **L'exercice d'une activité civile.** L'activité libérale exige souvent un effort purement intellectuel et donc essentiellement personnel. De fait, elle exclut la spéculation sur la marchandise, le matériel et le travail d'autrui.

LE CARACTÈRE CIVIL MIS EN DOUTE	
Caractères spéculatifs	**Analyse**
Le travail d'autrui	• Un développement du salariat, ce qui entraîne une spéculation sur le travail d'autrui.
Le matériel	• Le recours à une utilisation croissante de moyens matériels (*exemples* : matériel médical, ressources et matériels informatiques).
Le fonctionnement sous forme de société	• Certaines de ces activités peuvent être exercées sous la forme de sociétés d'exercice libéral (SEL) qui empruntent largement aux sociétés commerciales (apports, partage des bénéfices ou des économies qui résultent de l'activité).

• **La qualification professionnelle.** Le professionnel libéral fournit une prestation intellectuelle. Pour ce faire, il a reçu une formation et obtenu un titre ou un diplôme.

• **La soumission à une déontologie.** Le professionnel libéral respecte une déontologie professionnelle. Il a des droits et des devoirs qui résultent de la loi ou d'un code de déontologie édicté par une organisation professionnelle (un ordre professionnel). Cet ordre fait régner une discipline en sanctionnant (*exemples* : suspension, radiation) les manquements aux règles qu'il édicte (indépendance, responsabilité professionnelle, secret professionnel). On ajoute souvent que ces professions supposent un certain désintéressement car, en principe, le service d'autrui prime la considération du profit.

2. Le statut des professions libérales

Les professions libérales se trouvent dans les secteurs d'activité les plus divers. Les avocats, les médecins, les experts-comptables, les commissaires aux comptes, etc., sont des professionnels libéraux.

Les traits caractéristiques du statut des professions libérales sont les suivants.

• **La nature civile de l'activité.** Elles ne sont pas soumises aux règles du droit commercial. Leurs litiges ne relèvent pas du droit commercial.

• **Une activité intellectuelle.** Le professionnel libéral fournit des services non commerciaux. Il est tenu de respecter les règles déontologiques dont la finalité est la protection de la clientèle et le développement de la confiance.

• **L'application du droit des entreprises en difficulté.** Depuis la loi du 26 juillet 2005 relative à la sauvegarde des entreprises, une personne physique, exerçant une profession libérale soumise à un statut législatif ou réglementaire ou dont le titre est protégé, peut bénéficier de l'une des procédures applicables aux entreprises en difficulté.

• **Une distinction entre professions réglementées et non réglementées.** Certaines professions libérales sont organisées au sein d'un ordre (*exemple* : médecins) ou d'une compagnie (*exemple* : commissaires aux comptes). L'exercice de ces professions suppose d'être membre de l'organisation professionnelle. Ces professions sont encadrées et structurées. On les qualifie de « réglementées ». Elles comprennent : les professions juridiques et judiciaires ; les professions de santé et les autres professions techniques.

D'autres professions ayant aussi un caractère libéral ne font l'objet d'aucune réglementation spécifique. Elles ne sont pas organisées en ordre. *Exemples* : ingénieurs conseils, conseils en patrimoine.

• **La reconnaissance de l'existence d'un fonds libéral.** La clientèle civile présente un caractère très personnel. Il existe entre le professionnel libéral et son client, un *intuitus personae* particulièrement fort. Par conséquent la cession de cette clientèle n'était possible que dans le cadre de conventions dites de présentation (présentation du successeur à la clientèle). En 2000, un arrêt de la Cour de cassation a admis la licéité d'une cession de clientèle médicale à la condition que « soit sauvegardée la liberté de choix du patient ».

FICHE MÉMO

1. L'artisan et l'agriculteur
2. Le professionnel libéral

1. L'ARTISAN ET L'AGRICULTEUR

	L'artisan	L'agriculteur
Définition	• Activité exercée de façon personnelle, indépendante et figurant sur une liste. • Effectif limité à 10 salariés. • Immatriculation au répertoire des métiers.	• Exerce des activités agricoles. • Détient un titre de jouissance sur des biens fonciers.
Statut	• Dispositions du droit civil. • Immatriculation au RM. • Bénéficiaire législation des baux commerciaux. • IRPP – catégorie BIC. • Assujetti à TVA. • Soumis au droit des entreprises en difficulté.	• Activité civile. • Au plan social relève de la mutualité sociale agricole. • IRPP : catégorie BA. • Assujettis à TVA. • Soumis au droit des entreprises en difficulté.

2. LE PROFESSIONNEL LIBÉRAL

	Le professionnel libéral
Définition	• Exerce une activité civile. • Possède une qualification professionnelle. • Respecte une déontologie professionnelle.
Statut	• Non soumis au droit commercial. • Organisé par un statut particulier. • Cession de clientèle civile soumise à condition.

APPLICATIONS

APPLICATION 1 Questionnaire d'auto-évaluation
APPLICATION 2 Question de cours
APPLICATION 3 Étude d'un cas pratique
APPLICATION 4 Analyse d'une décision de justice

Vous trouverez les corrigés du questionnaire d'auto-évaluation et des questions de cours en fin d'ouvrage ; les corrigés des cas pratiques, analyses d'une décision de justice et analyses d'un document figurent sur les sites www.expert-sup.com et www.dunod.com.

APPLICATION 1

Questionnaire d'auto-évaluation

Déterminez la ou les réponses exactes

1. L'artisan est :
   a) un commerçant.
   b) assimilé à un professionnel libéral.
   c) un travailleur indépendant.
2. Pour s'inscrire au répertoire des métiers, il faut :
   a) s'inscrire aussi au RCS et employer deux personnes au plus.
   b) employer dix salariés au plus et exercer de manière personnelle et indépendante certaines professions.
   c) ne pas spéculer sur les marchandises.
   d) employer vingt personnes au plus.
3. L'artisan a un statut qui se caractérise par :
   a) l'immatriculation au RM.
   b) l'application du droit commercial.
   c) l'assujettissement au BIC.
   d) le paiement de la TVA.
4. L'agriculteur est :
   a) un commerçant.
   b) assimilé à un professionnel libéral.

c) une personne qui exerce une activité agricole.
d) une personne qui détient un titre de jouissance sur des biens fonciers.

5. L'activité de l'agriculteur est :
a) civile.
b) commerciale.
c) mixte.

6. L'agriculteur relève au plan social :
a) du régime général de la Sécurité sociale.
b) de la CANAM (Caisse nationale d'assurance maladie des professions indépendantes).
c) de la Mutualité sociale agricole (MSA).
d) de la Caisse nationale des barreaux français (CNBF).

7. L'agriculteur :
a) ne paie pas la TVA.
b) est assujetti à l'IRPP.
c) bénéficie du revenu minimum agricole.
d) est assujetti pour la TVA au régime simplifié agricole.

8. Le professionnel libéral :
a) exerce une activité civile.
b) exerce une activité commerciale.
c) possède une qualification professionnelle.
d) est soumis à des règles de déontologie.

9. Le professionnel libéral :
a) est soumis au droit commercial.
b) est soumis au droit civil.
c) peut être mis en redressement judiciaire.
d) peut être mis en liquidation judiciaire.

10. Le professionnel libéral :
a) peut céder sa clientèle.
b) peut « présenter » sa clientèle à son successeur.
c) peut exercer individuellement son activité.
d) peut s'associer avec d'autres professionnels.

APPLICATION 2

Question de cours

Les statuts d'artisan et de commerçant.

APPLICATION 3

Étude d'un cas pratique

Cas Agricol

Domiciliée à Longpré-les-Corps-Saints dans le département de la Somme, la famille Agricol exerce de père en fils le métier d'agriculteur. Depuis quelques années, les revenus de la famille stagnent. Le dernier des enfants,marié la semaine dernière, ne trouve pas d'emploi. Le père, M. André Agricol, cherche en vain depuis plusieurs années à accroître les revenus de sa famille.

Il vient de décider d'adjoindre à son métier d'agriculteur une activité de tourisme à la ferme. À cette fin il effectue divers travaux dans l'un des bâtiments du corps de sa ferme. À terme, il vise la création d'une dizaine de chambres. Pour l'heure, il est encore loin du résultat et seules quatre chambres sont prêtes pour le début de la saison touristique.

QUESTIONS

1. En développant une activité de tourisme à la ferme, M. Agricol devient-il commerçant ? Justifiez la réponse.
2. Au cours des travaux de construction, M. Agricol a signé une lettre de change à l'ordre de Mathieu Béton, entrepreneur de travaux publics. Cette lettre de change est venue à échéance hier et, compte tenu du mariage de son fils, M. Agricol n'a pas pu l'honorer. M. Béton l'a alors menacé de poursuites devant les tribunaux de commerce.

   Dans un tel différend les tribunaux de commerce sont-ils compétents ? Justifiez la réponse.
3. Pour équiper ses appartements M. Agricol a acheté du mobilier à un revendeur spécialisé. En signant le bon de commande il a accepté une clause attributive de juridiction qui stipule que tout différend entre le vendeur et l'acquéreur sera tranché par le tribunal de commerce de Marseille. Quelle est la validité de cette clause ? Justifiez la réponse.

APPLICATION 4

Analyse d'une décision de justice

[...]

Attendu que M. Issautier, médecin, fait grief à l'arrêt attaqué (CA Aix-en-Provence, 10 juin 1999) qui a prononcé la nullité de la « cession partielle de droit de représentation de clientèle » consentie par lui à son confrère M. Magnant, aux motifs que la pathologie des malades concernés, en ce qu'elle requérait des soins réguliers de dialyse avec appareillage, faisait obstacle à la liberté de choix de médecin traitant comme de lieu d'exécution, et que rien n'avait été prévu pour la préserver, d'avoir violé les articles 1128 et 1134 du Code civil et 12 alinéa 2 du nouveau Code de procédure civile ;

Mais attendu que si la cession de clientèle médicale n'est pas illicite, c'est à la condition que soit sauvegardée la liberté de choix du patient ; qu'à partir de ses constatations, la cour d'appel a souverainement retenu que cette liberté n'était pas respectée en l'espèce ; d'où il suit que le moyen est mal fondé ;

Par ces motifs : Rejette le pourvoi.

Cour de cassation, 1re chambre civile, 30 juin 2004.

QUESTION

Dans une réponse structurée, à l'aide de vos connaissances et de l'arrêt du 30 juin 2004 de la Cour de cassation, vous traiterez le sujet suivant : « La reconnaissance d'une clientèle dans le cas d'une profession libérale. »

9 CHAPITRE

La propriété

SECTION 1 Théorie générale de la propriété
SECTION 2 L'acquisition de la propriété
SECTION 3 L'étendue du droit de propriété
FICHE MÉMO • APPLICATIONS

Parmi tous les droits subjectifs dont les personnes peuvent se prévaloir, la propriété a longtemps été controversée. Proud'hon[1] n'a-t-il pas assimilé la propriété à du vol ? En revanche, la Déclaration des droits de l'homme et du citoyen de 1789 considère que la propriété est un « droit naturel ».

Aujourd'hui toutes ces controverses sont apaisées et la propriété, notamment privée, est unanimement défendue, même si elle fait l'objet d'atteintes croissantes. Dans ces circonstances, il est aisé de comprendre que le Conseil constitutionnel et la Cour européenne des droits de l'homme appellent à une consolidation du droit de propriété.

La notion de propriété se fonde étymologiquement sur l'unicité de son titulaire ; le mot vient du latin *proprius* : propre, sans partage. En effet, la propriété permet au propriétaire de gérer son bien selon ses propres prévisions, le protégeant des interférences des tiers, États ou voisins. Un tel constat incite à commencer ce chapitre en présentant une théorie générale du droit de propriété (section 1). Ensuite, nous verrons comment la propriété s'acquiert (section 2) et nous terminerons en délimitant l'étendue du droit de propriété (section 3).

SECTION 1
THÉORIE GÉNÉRALE DE LA PROPRIÉTÉ

L'article 544 du Code civil pose que « la propriété est le droit de jouir et de disposer des choses de la manière la plus absolue... ». Le législateur nous invite donc à distinguer les attributs (1) des caractères (2) du droit de propriété.

1. Les attributs

Le droit de propriété est le plus complet des droits réels. Il donne la faculté de tirer de la chose toutes les utilités dont elle est susceptible. Depuis les Romains, il est classique de le présenter par ses trois attributs.

- Le droit d'user (*usus*) comporte la faculté de se servir de la chose comme on l'entend.

(1) Qu'est-ce que la propriété ? *(1840), éd. Rivière, 1926.*

EXEMPLE

Le propriétaire d'une automobile peut l'utiliser pour ses déplacements privés ou professionnels.

• Le droit de jouir (*fructus*) permet de tirer des revenus du bien. Juridiquement on dit que le bien produit des fruits c'est-à-dire des biens accessoires qui proviennent périodiquement d'un bien principal sans que celui-ci s'en trouve diminué.

EXEMPLE

Un propriétaire donne à bail (= en location) un immeuble et encaisse chaque mois des loyers.

Le propriétaire peut également tirer de sa chose des produits définis comme tout ce qui provient d'une chose, sans périodicité et qui en épuise sa substance.

EXEMPLE

Les matériaux provenant d'une carrière.

• Le droit de disposer (*abusus*) suppose, soit des actes matériels (*exemples* : consommation d'une chose consomptible au premier usage, destruction), soit des actes juridiques. Dans ce cas, le propriétaire aliène son bien (*exemples* : vente, donation, échange, etc.).

2. Les caractères

Le droit de propriété présente quatre caractères :

– c'est un droit réel. Il porte directement sur la chose qu'il a pour objet ;

– c'est un droit absolu. Il donne la faculté de tirer de la chose toutes les utilités dont elle est susceptible (*usus*, *fructus*, *abusus*). En pratique, ce droit absolu est très relatif car l'article 544 pose lui-même des limites au droit de propriété. En effet, les attributs du droit de propriété peuvent s'exercer « pourvu qu'on n'en fasse pas un usage prohibé par les lois et règlements ». Les restrictions au droit de propriété sont nombreuses ;

EXEMPLE

Des distances doivent être observées pour les plantations et pour certaines constructions susceptibles de nuire aux voisins ; une personne privée peut être dépossédée de son bien immobilier par une personne publique dans un but d'intérêt général (expropriation pour cause d'utilité publique).

– c'est un droit exclusif. Le propriétaire peut interdire à toute personne de tirer profit des utilités de sa chose. Ce caractère connaît cependant des limites ;

EXEMPLE

Le propriétaire ne peut pas s'opposer au passage de câbles électriques installés par EDF sur sa propriété.

– c'est un droit perpétuel. Il dure autant que la chose qui en est l'objet et ne s'éteint pas par le non-usage. Ce caractère connaît cependant des limites.

EXEMPLE

Une entreprise peut être nationalisée ou encore la loi rend possible l'expropriation des immeubles.

SECTION 2
L'ACQUISITION DE LA PROPRIÉTÉ

Le Code civil, dans ses articles 711 et 712, évoque les différentes façons d'acquérir la propriété. À cette fin, on distinguera l'acquisition par un acte juridique (1) et l'acquisition par un fait juridique (2).

1. L'acquisition par un acte juridique

En pratique, la propriété s'acquiert par la transmission du bien du précédent propriétaire au suivant. Cette transmission repose sur un acte de volonté unilatéral (*exemple* : le testament) ou une convention. De ce point de vue nous distinguerons les actes qui mènent à la transmission (1.1) et leurs effets (1.2).

1.1 Les actes

Traditionnellement on oppose les actes à titre gratuit aux actes à titre onéreux.

Acte à titre gratuit : la donation	Acte à titre onéreux : la vente
• **Définition**. C'est un contrat par lequel une personne animée d'une intention libérale, le donateur, transfère, actuellement et irrévocablement, la propriété d'un bien lui appartenant, à une autre personne, le donataire qui l'accepte, sans contrepartie. • **Régime juridique**. La donation est, en principe, passée devant notaire à peine de nullité. Elle produit effet quand elle est acceptée, en termes exprès.	• **Définition**. Le contrat de vente a pour objet le transfert de propriété d'une chose (meuble ou immeuble) contre le versement d'un prix. • **Régime juridique** (*cf.* chapitre 14 section 1). • **Remarque**. On peut également ranger sous la rubrique des actes à titre onéreux l'échange. Dans ce contrat « les parties se donnent respectivement une chose pour une autre » (Code civil, art. 1702).

1.2 Le transfert immédiat de la chose

L'article 1138 du Code civil pose que : « l'obligation de livrer la chose est parfaite par le seul consentement des parties contractantes ». Ce principe du transfert immédiat de la propriété vaut notamment pour la vente, la donation et l'échange.

Le principe du transfert immédiat protège l'acquéreur. En effet, ce dernier n'a pas à craindre l'insolvabilité du vendeur. Il est propriétaire. En revanche, le vendeur peut redouter l'insolvabilité de l'acquéreur car il n'est plus propriétaire. S'il n'a pas été payé comptant et si son acquéreur est insolvable, il entrera en concours (= concurrence) avec d'autres créanciers. En conséquence le principe du transfert immédiat reçoit plusieurs limites.

Les limites au transfert immédiat	Régime juridique
Limites nées de la **volonté des parties**	L'article 1138 n'est pas d'ordre public. Il peut donc être écarté par la volonté des parties. *Exemple :* Les parties peuvent retarder le transfert de propriété au paiement complet du prix de la chose. Dans ce cas, elles introduisent dans le contrat une **clause de réserve de propriété**.

☞

☞

Les limites au transfert immédiat	Régime juridique
Limites liées à la **nature de la chose vendue**	• Cas des choses de genre : le transfert est réalisé au moment où la chose est individualisée. *Exemples* : Ventes de blé, de pétrole. • Cas des ventes de choses à fabriquer : le transfert de propriété n'a lieu que lorsque la chose est effectivement en mesure d'être livrée. *Exemple* : Vente d'un meuble fabriqué par un menuisier.
Limites liées à la **protection des tiers**	• En matière de propriété immobilière, le transfert n'est opposable aux tiers que si une mesure de publicité a été accomplie. Cette publicité est effectuée sur un registre spécial tenu à la Conservation des hypothèques. *Exemple* : Fabien vend un immeuble à Élodie puis, immédiatement après, il vend le même immeuble à Céline. La règle du transfert immédiat veut qu'Élodie soit le propriétaire et que Céline se trouve sans droit. En réalité, on préférera celle des deux acquéreuses qui aura, le plus tôt, effectué les formalités de publicité foncière. • En matière de propriété mobilière, la possession de bonne foi vaut publicité (*cf.* section suivante pour l'explicitation de la règle).

2. L'acquisition par un fait juridique

Sous certaines conditions, il est possible d'acquérir la propriété par un fait juridique : la possession. Nous analyserons les conditions (2.1) et les effets (2.2) de la possession.

2.1 Conditions de la possession

Si la propriété est un droit, la possession est un fait juridique. Avoir la possession d'une chose, se comporter à son égard comme si l'on en était propriétaire ; c'est exercer les attributs du droit de propriété, alors même qu'on ne serait pas propriétaire. À l'origine, la possession était limitée au domaine des biens corporels, meubles et immeubles. Aujourd'hui, elle est étendue au domaine des biens incorporels, par exemple des créances. Par ailleurs, à l'origine, la possession ne concernait que les choses sous le rapport du droit de propriété. Aujourd'hui, elle est étendue aux autres droits réels, en particulier l'usufruit et les servitudes.

La possession est un fait juridique qui exige la réunion d'éléments constitutifs. Elle doit présenter des qualités et suppose une certaine attitude du possesseur : la bonne foi.

Éléments constitutifs	
Corpus • Il constitue l'élément matériel de la possession. Il consiste à faire les actes matériels qu'un propriétaire fait sur sa chose. *Exemples* : Utiliser une machine, la transformer. • Aux yeux des tiers, ces actes traduisent l'apparence de la propriété.	**Animus** • L'« *animus* » (ou plus précisément l'*animus domini*) est un élément intentionnel. C'est un état psychologique qui traduit la volonté de se comporter comme le véritable propriétaire de la chose.

Qualités de la possession	
• **Continue**. La possession suppose des actes matériels. Ils doivent être accomplis avec régularité, mais ici tout est affaire de circonstance. Par exemple, la possession d'un bois donne lieu à des coupes tous les six à huit ans. • **Paisible**. La violence vicie tout. Le possesseur ne peut pas s'emparer de la chose par la contrainte et faire produire à cette situation des effets de droit. Toutefois, ce vice est temporaire : une possession violente à l'origine peut devenir ensuite paisible et produire des effets de droit.	• **Publique**. Les actes de possession doivent être apparents, non dissimulés. • **Non équivoque**. Les actes de possession ne doivent pas être susceptibles d'interprétation différente. *Exemple* : Un local de stockage est utilisé par plusieurs commerçants qui se prétendent propriétaires exclusifs ou copropriétaires de celui-ci. • **Non précaire**. La précarité est le vice qui affecte la possession quand le soi-disant possesseur ne possède pas « pour soi et à titre de propriétaire » mais pour un autre. *Exemple* : Le locataire possède précairement.
La bonne foi Le possesseur est de bonne foi quand il croit, à tort, être devenu propriétaire parce qu'il ignore les vices du titre en vertu duquel il a acquis. La bonne foi suppose donc un titre d'acquisition (vente, donation, testament) avec un vice affectant ce titre et l'ignorance de ce vice par l'acquéreur. La bonne foi se présume ; en conséquence, il appartient au propriétaire de démontrer la mauvaise foi du possesseur pour en réduire ainsi les droits.	

2.2 Les effets de la possession

Quand les conditions précédemment rappelées sont respectées, la possession produit des effets de droit. Plusieurs effets doivent être distingués.

a) L'effet probatoire

L'apparence fait présumer, jusqu'à preuve contraire, que le possesseur est propriétaire. Il en résulte trois conséquences. Le possesseur joue le rôle du défendeur en cas de procédure. Le fardeau de la preuve repose sur celui qui conteste le droit du possesseur. Si la preuve de la propriété n'est pas rapportée, le bien devra, dans le doute, être laissé au possesseur.

b) La protection possessoire

Depuis la loi du 2 janvier 2014 et la disparition des actions possessoires, la possession est protégée par la procédure de référé. Elle est soumise à deux conditions : l'urgence et un dommage imminent ou un trouble manifestement illicite. Par cette procédure, le possesseur pourra obtenir rapidement des mesures de protection provisoires.

c) L'effet créateur de la possession

La possession utile, c'est-à-dire exempte de vices, peut faire acquérir la propriété. De ce point de vue, il faut distinguer entre l'acquisition de la propriété immobilière (qui suppose que la possession s'exerce sur une longue durée) et celle de la propriété mobilière (qui est immédiate).

Acquisition de la propriété immobilière	Acquisition de la propriété mobilière
• **Principe**. Après écoulement d'un certain délai de temps le possesseur devient propriétaire. On parle alors de prescription acquisitive ou usucapion. • **Délai de droit commun**. La prescription acquisitive suppose que la possession s'exerce pendant un délai de trente ans.	• **Principe**. On applique l'article 2276 al. 1er du Code civil : « En fait de meubles, la possession vaut titre. » • **Conditions**. Elles sont additives : il y a possession d'un meuble corporel si : – la possession revêt les qualités nécessaires à son existence ;

☞

Acquisition de la propriété immobilière	Acquisition de la propriété mobilière
• **Délai abrégé**. Le délai abrégé suppose que le possesseur soit de bonne foi et qu'il détienne un juste titre. En fait, il s'agit d'une personne qui a acquis l'immeuble d'une personne autre que le véritable propriétaire, tout en croyant, au moment de l'acquisition, que celle-ci était régulière. Le délai abrégé est de dix ans.	– le possesseur est de bonne foi : au moment de l'acquisition du bien il n'a eu aucun doute sur le droit de celui qui lui transférait le bien. • **Exception** : meuble perdu ou volé. Le second alinéa de l'article 2276 permet au propriétaire d'un meuble perdu ou volé de revendiquer sa chose auprès du possesseur pendant un délai de trois ans à compter du jour de la perte ou du vol.

SECTION 3
L'ÉTENDUE DU DROIT DE PROPRIÉTÉ

L'étendue du droit de propriété suppose que l'on précise son objet (1). Ensuite, ce droit de propriété va s'exercer de différentes façons. D'abord, il va faire l'objet de servitudes (2). Ensuite, il peut être démembré (3). Ce droit s'appelle droit d'accession. Enfin, son exercice peut être entravé (4).

1. L'objet du droit de propriété

Déterminer l'objet du droit de propriété c'est préciser sur quoi s'exercent les prérogatives du propriétaire. De ce point de vue, il conviendra de distinguer les règles propres aux immeubles (1.1) et aux meubles (1.2).

1.1 Règles propres aux immeubles

Nous distinguerons l'assiette du droit de propriété (a) et le droit d'accession (b).

a) Assiette

L'article 552 al. 1er du Code civil pose que la « propriété du sol emporte la propriété du dessus et du dessous ».

La propriété du dessus	La propriété du dessous
Signification de la règle : – droit du propriétaire de s'opposer à tout empiétement au-dessus de son fonds ; *Exemple* : Le propriétaire peut exiger que son voisin taille les branches qui débordent sur son terrain. – le propriétaire du sol est présumé propriétaire de toutes les constructions et plantations faites sur son fonds. *Exemple* : La propriété du sol entraîne la propriété des arbres du terrain.	Signification de la règle : – droit du propriétaire de s'opposer à un empiétement souterrain ; *Exemple* : Le propriétaire peut empêcher que son voisin creuse des galeries sous son terrain. – le propriétaire peut se livrer à des fouilles et profiter de tous les produits que sa propriété pourrait lui fournir.

La propriété du dessus	La propriété du dessous
Limitations du droit de propriété : – limitations volontaires. Par contrat le propriétaire peut rompre le lien entre propriété du sol et du dessus. *Exemple* : le propriétaire accorde à un tiers une servitude de ne pas bâtir ;	Limitations du droit de propriété : – limitations volontaires. Les règles sont identiques au cas présenté ci-contre ;
– limitations légales. Le propriétaire ne peut pas s'opposer au survol de son fonds par un avion. Les règles d'urbanisme imposent au propriétaire de nombreuses contraintes. *Exemple* : limitation de la hauteur de certains immeubles. La nécessité de distribuer de l'énergie contraint le propriétaire à laisser construire sur son fonds des pylônes électriques.	– limitations légales. Il existe une réglementation particulière en matière de fouille archéologique. La propriété du sol n'entraîne pas celle des gisements. *Exemple* : l'État est propriétaire des gisements. Il peut concéder ce droit au propriétaire du sol.

b) L'accession immobilière

L'article 546 du Code civil pose que « la propriété d'une chose, soit mobilière, soit immobilière, donne droit sur tout ce qu'elle produit, et sur ce qui s'y unit..., soit naturellement, soit artificiellement... ». Ce droit s'appelle droit d'accession. On distingue l'accession par production et par incorporation.

L'accession par production	L'accession par incorporation
Le propriétaire exerce son droit sur ce que produit son bien : des fruits et des produits. • Les fruits concernent tout ce que la chose produit périodiquement sans altération de sa substance. *Exemples* : Les loyers, le croît des animaux. • Les produits proviennent de la chose mais, soit sans périodicité, soit en en épuisant la substance. *Exemples* : Une personne extrait du sable d'une carrière non exploitée(1).	Le propriétaire exerce son droit sur tout ce qui s'unit ou s'incorpore à sa chose. *Exemple* : Les terrains qui se forment dans un cours d'eau s'appellent alluvions quand ils consistent en un dépôt de vases ou de graviers le long des rives. Ils appartiennent, en principe, aux propriétaires des fonds le long desquels ils se sont formés.

(1) Si la carrière est exploitée, les produits deviennent des fruits car la périodicité est le signe du fruit.

1.2 Règles propres aux meubles

Comme en matière immobilière, on rencontre le droit d'accession. Toutefois, celui-ci concerne essentiellement le croît des animaux.

EXEMPLE

Le propriétaire d'une jument qui vient de mettre bas est, en principe, propriétaire du poulain.

2. Les servitudes

Selon l'article 637 du Code civil, « une servitude est une charge imposée sur un héritage pour l'usage et l'utilité d'un héritage appartenant à un autre propriétaire ». Le terme héritage désigne un fonds c'est-à-dire un immeuble par nature. En conséquence, on peut dire qu'une servitude est une charge pesant sur un immeuble (le fonds servant) au profit d'un autre immeuble (le fonds dominant).

Perçues comme des atteintes au droit de propriété, les servitudes souffrent d'un déficit d'image mais sont source d'une jurisprudence abondante et constante.

Afin de cerner la notion, nous en présenterons successivement les caractéristiques (2.1), la diversité (2.2) et le régime juridique (2.3).

2.1 Caractéristiques

Les servitudes présentent quatre caractéristiques :

Caractère immobilier	Une servitude ne peut grever qu'un immeuble et ne peut profiter qu'à un autre immeuble.
Caractère accessoire	La servitude est liée au fonds dominant. Elle est transmise avec le fonds dominant.
Caractère perpétuel	Comme la propriété, la servitude est en principe perpétuelle.
Caractère indivisible	La servitude profite au fonds dominant tout entier. Elle grève le fonds servant dans son intégralité.

2.2 Diversité

Il est possible de classer les servitudes en fonction de trois critères.

Mode d'établissement	Finalité	Mode d'exercice(1)
• **Servitudes qui dérivent de la situation des lieux.** *Exemple* : Servitude d'écoulement des eaux. • **Servitudes établies par la loi.** *Exemple* : Distance à respecter pour les constructions. • **Servitudes établies par le fait de l'homme** ou conventionnelles. • **Servitudes établies par le juge.** *Exemple* : Servitude de « tour d'échelle » permettant d'accéder au fonds voisin pour l'entretien de son propre fonds.	• **Servitudes d'utilité publique.** Elles se définissent comme des charges imposées à la propriété foncière dans l'intérêt général. *Exemples* : Servitudes des propriétés privées pour la pose des canalisations, servitude de passage des conducteurs aériens d'électricité.... • **Servitudes d'intérêt privé.** Elles se définissent comme des charges imposées à la propriété foncière dans l'intérêt de personnes privées. *Exemples* : Servitude d'écoulement des eaux, droits de passage...	• **Servitudes continues.** Servitudes dont l'usage ne nécessite pas l'intervention de l'homme. *Exemple* : Servitude d'écoulement des eaux. • **Servitudes discontinues.** Servitudes dont l'usage nécessite l'intervention de l'homme. *Exemple* : Les droits de passage. • **Servitudes apparentes.** Servitudes dont l'usage se manifeste par un signe extérieur. *Exemple* : Une servitude de vue se manifeste par une fenêtre. • **Servitudes non apparentes.** Servitudes dont l'usage ne se manifeste pas par un signe extérieur. *Exemple* : Une servitude de ne pas bâtir.

(1) Sous cette rubrique nous avons seulement évoqué les servitudes visées par le Code civil. Toutefois la doctrine ajoute, aux deux classifications évoquées dans cette rubrique, une opposition entre les servitudes positives et négatives. Les premières permettent d'accomplir des actes (exemple : *passer sur le terrain d'autrui), les secondes donnent le droit de bénéficier d'une abstention imposée à autrui* (exemple : *servitude de ne pas construire).*

2.3 Régime juridique

Nous examinerons successivement les questions relatives à la constitution (a), l'exercice (b) et à l'extinction des servitudes (c).

a) La constitution des servitudes

Le Code civil, en ses articles 690 s., dresse la liste des différentes méthodes qui permettent de constituer des servitudes du fait de l'homme.

Les différents modes de constitution des servitudes	
Par un titre[1]	• **Définition.** Un écrit peut instituer une servitude. Il peut s'agir d'un contrat ou d'un testament. • **Liberté de constitution.** Le Code civil laisse le propriétaire libre d'établir une servitude sur son fonds. • **Atténuations.** La constitution d'une servitude par titre exige une publicité foncière. Par ailleurs, la preuve de l'existence de la servitude est soumise aux règles du droit commun. En principe, la preuve suppose un écrit. • **Limites.** Dans certains cas, il est possible qu'un doute s'instaure sur la nature du droit institué. Pour savoir s'il s'agit d'une servitude, il convient de vérifier la présence de deux éléments constitutifs de la servitude : – la servitude n'est pas imposée à une personne mais à un fonds ; – la servitude profite à un fonds et non pas à une personne.
Par la possession	• **Définition.** La prescription acquisitive permet d'instituer une servitude. • **Domaines.** Seules sont concernées les servitudes continues et apparentes. • **Conditions.** Les éléments constitutifs de la possession doivent être réunis. Les qualités de la possession doivent être respectées. Par ailleurs, seule la prescription trentenaire permet l'institution d'une servitude.
Par la destination du père de famille	• **Définition.** La servitude résulte d'un état de fait créé par le propriétaire initial du fonds (= père de famille). *Exemple* : Le propriétaire de deux parcelles de terrain les relie par un chemin puis il vend le fonds enclavé. • **Domaines.** Seules sont concernées les servitudes continues et apparentes. • **Conditions.** L'établissement de cette servitude suppose la réunion de 4 conditions additives : – les 2 fonds actuellement séparés ont appartenu, jadis, à un même propriétaire ; – c'est le propriétaire initial qui a aménagé le fonds de telle sorte qu'il en résulte, aujourd'hui, une servitude ; – lors de la division du fonds, l'aménagement a été maintenu ; – personne n'a manifesté de volonté visant à contester la présomption légale de constitution d'une servitude attachée à l'état de fait observé.
(1) Il s'agit du mode principal.	

b) L'exercice des servitudes

On distinguera la situation du propriétaire du fonds dominant de celui du fonds servant.

Situation du propriétaire du fonds dominant	Situation du propriétaire du fonds servant
Droits • Il dispose d'un droit réel sur la propriété d'autrui. • Il a un **droit aux accessoires** nécessaires à l'exercice de la servitude. *Exemple* : La servitude de puisage est l'accessoire de la servitude de passage. • Il a le **droit d'entretenir** la servitude. Les frais engagés sont à sa charge.	**Droits** • Il peut jouir de toutes les prérogatives attachées à son fonds. • Il peut demander au juge le changement de l'assiette de la servitude. *Exemple* : la servitude va porter sur un autre bien.
Devoirs • La servitude est soumise au **principe de fixité.** En conséquence, le propriétaire ne doit pas aggraver la servitude. *Exemple* : Une servitude de puisage est limitée au temps de sécheresse. Elle est discontinue. Le propriétaire du fonds dominant ne peut pas, de son seul chef, la transformer en servitude continue et puiser de l'eau chaque jour.	**Devoirs** • Il a une obligation passive. • Il doit respecter le droit constitué par la servitude. En conséquence, il ne doit rien faire qui tende à diminuer l'usage de la servitude ou à la rendre plus difficile. • Il ne peut pas changer les lieux de la servitude.
Actions Pour assurer l'exercice de son droit réel, le propriétaire du fonds dominant peut exercer en justice diverses actions. • **L'action confessoire** permet au bénéficiaire d'une servitude de faire reconnaître l'existence de son droit quand il est contesté. • Le propriétaire du fonds dominant peut obtenir des dommages-intérêts en réparation du préjudice subi par l'action du propriétaire du fonds servant.	**Actions** Pour assurer l'exercice de son droit réel, le propriétaire du fonds servant peut exercer en justice diverse actions. • **L'action négatoire** permet au propriétaire d'un fonds sur lequel une personne tente de constituer une servitude de s'opposer à cette constitution. • Le propriétaire du fonds servant peut obtenir des dommages-intérêts en réparation du préjudice subi par l'action du propriétaire du fonds dominant.

c) L'extinction des servitudes

On distingue des causes d'extinction qui sont propres aux servitudes et d'autres qui sont communes à tous les droits.

■ *Causes propres aux servitudes*

Le Code civil distingue trois causes d'extinction.

• **L'impossibilité d'exercice.** La servitude ne peut plus être utilisée. Cette impossibilité est naturelle.

EXEMPLE

> Le puits est tari et la servitude de puisage est donc éteinte.
> Le bâtiment est abattu et la servitude d'écoulement des eaux est donc éteinte.

• **La confusion.** Le fonds dominant et le fonds servant deviennent la propriété de la même personne.

• **Le non-usage trentenaire.** L'article 706 du Code civil pose que les servitudes du fait de l'homme qui ne sont pas utilisées s'éteignent sous trente ans.

■ *Autres causes d'extinction*

Les autres causes d'extinction sont : l'annulation des droits du constituant, l'arrivée du terme, la survenance d'une condition résolutoire ou bien encore la renonciation du propriétaire du fonds dominant.

3. La propriété démembrée

Le propriétaire dispose sur sa chose de trois prérogatives : l'usus, le fructus et l'abusus. Ces prérogatives peuvent être exercées par des personnes différentes. Tel est le cas en matière d'usufruit. Aux termes de l'article 578 du Code civil, « l'usufruit est le droit de jouir des choses dont un autre a la propriété comme le propriétaire lui-même, mais à la charge d'en conserver la substance ». **L'usufruit** présente des dangers car deux droits vont s'exercer sur une même chose. Ces droits peuvent entrer en concurrence, voire poursuivre des finalités différentes. Ces dangers sont largement compensés par les virtualités de l'usufruit. En effet, l'usufruit peut être établi sur toutes sortes de biens, notamment des choses incorporelles, par exemple des valeurs mobilières.

Dans les développements qui suivent, nous présenterons successivement la constitution (3.1) et les effets (3.2) de l'usufruit puis, pour terminer, nous évoquerons la question de la reconstitution de la propriété (3.3).

3.1 La constitution de l'usufruit

L'usufruit peut être établi de 3 façons.

D'abord, l'usufruit peut être institué par la loi.

EXEMPLE

L'article 382 du Code civil donne, aux pères et mères, la jouissance légale des biens de leurs enfants jusqu'à leurs 16 ans révolus.

Ensuite, l'usufruit peut être institué par la volonté de l'homme. Celle-ci s'exprime par un contrat à titre onéreux (rare en pratique), par testament ou donation.

Enfin, l'usufruit est susceptible d'être acquis par l'effet d'une possession pendant la durée requise.

EXEMPLE

Celui qui, de bonne foi, a été institué usufruitier *a non domino* (= par une personne qui n'était pas propriétaire) et qui dispose d'un juste titre, devient usufruitier après une possession de 10 ans en matière immobilière.

L'usufruit est un droit réel temporaire. L'usufruitier devra donc conserver la chose et la restituer à terme au nu-propriétaire. En conséquence, à son entrée en jouissance, l'usufruitier doit faire dresser un **inventaire des meubles** et un **état des immeubles** dont il a l'usufruit. Par ailleurs, il donne au nu-propriétaire caution. Cette caution est un tiers qui garantit que l'usufruitier se comportera en bon père de famille et contre lequel le nu-propriétaire aura recours si l'usufruitier manque à ses obligations.

3.2 Les effets de l'usufruit

Nous distinguerons les situations de l'usufruitier et du nu-propriétaire.

Situation de l'usufruitier	Situation du nu-propriétaire
Droits et pouvoirs de l'usufruitier • **Droit de jouir de la chose**. Il jouit de la chose comme s'il en était le propriétaire. Il en reçoit les fruits. *Exemple* : Il habite la maison ; s'il la loue, il en perçoit les loyers. • **Pouvoirs de gestion**. L'usufruitier a le droit de passer des actes à propos de la chose et d'intenter des actions en justice. Toutefois, dans certains cas, ses pouvoirs de gestion sont encadrés. *Exemple 1* : Il peut donner à bail l'immeuble qu'il a reçu en usufruit mais, si ce bail est à usage commercial, industriel ou artisanal, le concours du nu-propriétaire est nécessaire, de même pour donner à bail un fonds rural. *Exemple 2* : L'usufruitier dispose des actions en justice pour faire reconnaître son droit (action confessoire d'usufruit) ou encore pour défendre son droit d'usufruit (actions en référé). • **Droit de céder son usufruit**. L'usufruitier peut céder son droit. Toutefois, il ne peut pas céder plus de droit qu'il n'en a reçu. En conséquence, la cession est limitée à la durée de vie du premier titulaire.	**Droits du nu-propriétaire** • **Droit de disposer**. *Exemples* : Vente, donation. • Actions en justice. Il peut exercer en justice toutes les actions qui lui permettent de faire respecter sa propriété. *Exemple* : action en référé qui lui permet de se faire maintenir en possession quand elle est troublée et action lui permettant de recouvrer la possession quand il l'a perdue. • **Surveillance de l'usufruit**. • **Bénéficie des produits**. Ils proviennent de la chose mais, soit sans périodicité, soit en en épuisant la substance. *Exemple* : Les arbres auxquels on laisse atteindre leur complet développement.
Devoirs de l'usufruitier • **Justification des charges**. Pour justifier les charges on peut avancer deux idées. L'usufruit est un droit temporaire dont l'avenir est borné par la reconstitution du droit de propriété. L'usufruitier retire des bénéfices de la chose, il est normal qu'il en supporte des charges. • **L'obligation de jouir en bon père de famille**. *Exemple* : Il ne doit pas changer la destination de la chose. S'il a reçu un immeuble à usage d'habitation, il ne peut pas le transformer en immeuble à usage commercial. • **Obligation de payer les charges usufructuaires**. *Exemples* : Il paie les impôts, notamment fonciers ; il effectue les réparations d'entretien (ravalement de la façade d'un immeuble, réparation d'un climatiseur...). Le non-respect des obligations d'entretien peut être sanctionné. *Exemples* : Condamnation au paiement de ces réparations, le nu-propriétaire peut obtenir en justice la déchéance de l'usufruit.	**Devoirs du nu-propriétaire** • **Ne pas nuire aux droits de l'usufruitier**. *Exemple* : Changer la destination finale du bien, notamment transformer un immeuble à usage d'habitation en un immeuble à usage commercial. • **Effectuer les grosses réparations**. Ces réparations sont énumérées de façon limitative dans le Code civil. *Exemples* : Réfection de la couverture d'un immeuble, réparation des murs porteurs. Tous ces exemples figurent à l'article 606 du Code civil. Ils ressortent tous de la catégorie des immeubles. Force est donc de constater qu'il n'y a pas de grosses réparations en matière mobilière.

3.3 La reconstitution de la propriété

L'usufruit est une situation temporaire dont il convient d'analyser les causes (a) et les conséquences de l'extinction (b).

a) Les causes de l'extinction

Normalement l'usufruit s'éteint au terme initialement prévu.

EXEMPLE

La mort de l'usufruitier ; trente ans au maximum après sa constitution quand il a été constitué en faveur d'une personne morale.

Par exception, il est possible d'envisager une extinction anticipée. Divers cas doivent alors être distingués :
- la **renonciation** par l'usufruitier ;
- la **non-utilisation** de l'usufruit pendant 30 ans ;
- la **faute de l'usufruitier** (*exemples* : il dégrade le fonds, il ne l'entretient pas) ;
- la chose est **détruite totalement** (*exemples* : incendie, dégât des eaux) ;
- la **consolidation**, c'est-à-dire la réunion dans une même personne des qualités d'usufruitier et de nu-propriétaire (*exemple* : l'usufruitier hérite du nu-propriétaire).

b) Les conséquences de l'extinction

Les conséquences sont très rigoureuses pour l'usufruitier.

L'extinction de l'usufruit entraîne en principe la restitution de la chose au nu-propriétaire. Quand la restitution en nature est impossible, il convient d'effectuerune restitution en valeur qui doit tenir compte de la valeur de la chose au jour de la restitution.

Si l'usufruitier a amélioré la chose (*exemple* : construction élevée sur un terrain donné en usufruit) aucune indemnisation n'est due, en principe, par le nu-propriétaire à l'usufruitier.

4. L'exercice entravé du droit de propriété

L'article 4 de la Déclaration des droits de l'homme et du citoyen de 1789 pose que « la liberté consiste à pouvoir faire tout ce qui ne nuit pas à autrui : ainsi l'exercice des droits naturels de chaque homme n'a de bornes que celles qui assurent aux autres membres de la société la jouissance de ces mêmes droits. » L'exercice du droit de propriété peut donc être entravé quand il est abusif ou cause un trouble anormal de voisinage.

L'abus du droit de propriété	Les troubles anormaux de voisinage
• **Principe.** Le titulaire d'un droit de propriété peut commettre une faute en restant dans les limites légales apparentes de son droit mais en l'utilisant de façon abusive. *Exemples :* Une fausse cheminée est installée sur un toit dans le seul but d'obscurcir la maison voisine. Une personne peint en noir le mur qui se situe juste devant la maison de son voisin. • **Traitement de l'abus par la jurisprudence.** Ce cas est traité en appliquant la responsabilité civile délictuelle. Pour obtenir réparation, la victime devra prouver l'existence d'une faute, un dommage et un lien de causalité.	• **Constat.** Dans certaines situations, le propriétaire n'abuse pas de son droit. Tel est le cas de celui qui construit, après avoir obtenu une autorisation administrative, une porcherie à proximité d'un village. L'odeur fétide incommode de nombreuses personnes et l'abus de droit qui suppose une faute est de bien peu d'utilité. D'où la nécessité de recourir à la théorie du trouble anormal de voisinage. • **Principe.** Tout voisinage provoque des contraintes mais, dans certaines situations, celles-ci excèdent la commune mesure. • **Traitement des troubles anormaux de voisinage par la jurisprudence.** Pour engager la responsabilité (sans faute) du propriétaire, la Cour de cassation vise clairement le principe selon lequel nul ne doit causer à autrui un trouble anormal de voisinage.

FICHE MÉMO

1. Théorie générale de la propriété
2. Acquisition
3. Objet de la propriété
4. Servitude
5. La propriété démembrée : l'usufruit
6. L'exercice entravé du droit de propriété

1. THÉORIE GÉNÉRALE DE LA PROPRIÉTÉ

Fondement	Article 544 du Code civil
Éléments constitutifs	*Usus* + *fructus* + *abusus*
Caractères	Réel + Absolu + exclusif + perpétuel

2. ACQUISITION

Propriété		Possession
Acte juridique		Fait juridique
À titre gratuit : donation	À titre onéreux : vente, échange	Corpus + animus
Transfert immédiat de la propriété		Continue + paisible + publique + non équivoque + non précaire
Limite au principe : – par la volonté des parties : clause de réserve de propriété – par la nature de la chose : chose de genre – par la protection des tiers : . propriété immobilière : opposabilité si publicité . propriété mobilière : la possession de bonne foi vaut publicité		• Effet probatoire, • Protection possessoire, • Effet créateur de la possession : – propriété immobilière : prescription acquisitive : 30 ans et 10 ans si bonne foi + juste titre – propriété mobilière : « en fait de meuble possession vaut titre »

3. OBJET DE LA PROPRIÉTÉ

Immeuble	Meuble
Assiette : la propriété du sol emporte la propriété du dessus et du dessous **Accession immobilière :** – par production – par incorporation	**Droit accession** : cas du droit des animaux

4. SERVITUDE

Caractères	Immobilier, accessoire, perpétuel, indivisible
Diversité	Mode d'établissement : situation des lieux, loi, fait de l'homme, juge Finalité : d'utilité publique, d'intérêt privé Mode d'exercice : continue, discontinue, apparente, non-apparente
Régime juridique	Constitution : par un titre, la possession, la destination du père de famille Droits et devoirs du propriétaire du fond dominant : droit aux accessoires, d'entretenir, principe de fixité → action confessoire. Droits et devoirs du propriétaire du fonds servant : droit de jouissance, obligation passive, respect du droit constitué, ne peut pas changer les lieux → action négatoire.
Extinction	Causes propres : impossibilité d'exercice, confusion, non-usage trentenaire Autres causes : exemple arrivée du terme

5. LA PROPRIÉTÉ DÉMEMBRÉE : L'USUFRUIT

Constitution	Par la loi Par la volonté de l'homme Par la possession	
Effets	Usufruitier	Nu-propriétaire
	Droit de jouir de la chose Pouvoirs de gestion Droit de céder Justification des charges Jouissance en bon père de famille Paiement des charges usufructuaires	Droit de disposer Respect de sa propriété en justice Surveillance de l'usufruit Bénéfice des produits Ne pas nuire aux droits de l'usufruitier Effectuer les grosses réparations
Reconstitution de la propriété	Principe : au terme prévu Exception : extinction anticipée : exemple destruction de la chose	Conséquence : restitution au nu-propriétaire

6. L'EXERCICE ENTRAVÉ DU DROIT DE PROPRIÉTÉ

L'abus du droit de propriété	Les troubles anormaux de voisinage
↓	↓
Principe : le titulaire d'un droit de propriété peut commettre une faute en restant dans les limites légales apparentes de son droit mais en l'utilisant de façon abusive.	Principe : nul ne doit causer à autrui un trouble anormal de voisinage
↓	↓
Responsabilité civile délictuelle	Responsabilité sans faute

APPLICATIONS

APPLICATION 1 Questionnaire d'auto-évaluation
APPLICATION 2 Question de cours
APPLICATION 3 Analyse d'un cas pratique
APPLICATION 4 Analyse d'une décision de justice

Vous trouverez les corrigés du questionnaire d'auto-évaluation et des questions de cours en fin d'ouvrage ; les corrigés des cas pratiques, analyses d'une décision de justice et analyses d'un document figurent sur les sites www.expert-sup.com et www.dunod.com.

APPLICATION 1

Questionnaire d'auto-évaluation

Déterminez la ou les réponses justes

1. Le droit de propriété est :
   a) un droit réel principal.
   b) un droit personnel.
   c) un droit réel accessoire.
2. Les démembrements du droit de propriété sont :
   a) l'usufruit.
   b) les servitudes.
   c) la nue-propriété.
   d) la possession.
3. Le droit de propriété est :
   a) un droit réel.
   b) un droit absolu.
   c) un droit personnel.
   d) un droit exclusif.
4. Le caractère exclusif du droit de propriété :
   a) est opposable aux tiers.
   b) s'incline devant l'intérêt général.
   c) signifie qu'une chose ne peut avoir qu'un seul propriétaire.
   d) signifie que seul le propriétaire peut tirer les utilités d'une chose.

5. Le propriétaire d'une maison peut :
a) la louer et percevoir les loyers.
b) la transformer.
c) la détruire.
d) l'habiter.
e) la vendre.
f) la donner.

6. Le contrat qui transfère la propriété d'une chose contre une autre chose est :
a) un contrat de vente.
b) un échange.
c) une donation.

7. Le transfert de propriété dans un contrat de vente :
a) est immédiat.
b) a lieu lors du paiement complet du prix.
c) a lieu lors de la remise de la chose par le vendeur à l'acheteur.

8. L'usufruitier d'une maison peut :
a) la louer et percevoir les loyers.
b) la transformer.
c) la détruire.
d) l'habiter.
e) la vendre.
f) la donner.

9. Les restrictions suivantes au droit de propriété sont légales et réglementaires :
a) l'expropriation pour cause d'utilité publique.
b) les servitudes d'écoulement des eaux naturelles.
c) les servitudes de passage.
d) le remembrement.

10. Le délai de la prescription acquisitive est :
a) dix ans.
b) vingt ans.
c) trente ans.

11. À compter de sa perte, le propriétaire d'un meuble peut le revendiquer :
a) pendant trois ans auprès d'un nouvel acquéreur.
b) pendant trente ans auprès de son voleur.
c) pendant trente ans dans tous les cas.

12. La possession est :
a) un droit.
b) un fait juridique.
c) limitée aux biens corporels, meubles et immeubles.
d) appliquée aux biens corporels et incorporels.

13. Dans les situations suivantes, sommes-nous en présence d'un abus du droit de propriété ou d'un trouble anormal de voisinage ?
   a) L'émission de bruits à une heure très avancée dans la nuit.
   b) La plantation de fougères devant la fenêtre d'un voisin.
   c) L'activité d'une entreprise fortement émettrice de poussière.
   d) L'opposition d'un propriétaire à la démolition d'un mur vétuste sans raison valable.
   e) La forte lumière d'une enseigne qui clignote toute la nuit près d'une chambre.

APPLICATION 2

Question de cours

L'exercice entravé du droit de propriété.

APPLICATION 3

Analyse d'un cas pratique

Une clause d'un contrat de prêt immobilier

Entre la Banque européenne de crédit, le prêteur

ET Monsieur Paul Mael ; l'emprunteur

Il a été convenu ce qui suit :

(...)

Article 9 : Il est interdit à Monsieur Paul Mael de louer, en tout ou partie, l'immeuble ci-dessus désigné acquis à l'aide du prêt objet de ce contrat, sans l'accord du prêteur, sous peine d'exigibilité anticipée du prêt.

Annexe

Le Code civil interdit aux parties à un contrat de déroger aux lois d'ordre public (art. 6) et de subordonner l'exécution ou l'extinction d'une obligation à une condition prohibée par la loi (art. 1172).

Ce n'est pas pour autant que toute clause interdisant à une partie de vendre ou de louer un bien lui appartenant est nulle. Concernant les clauses d'inaliénabilité – et la solution vaut également pour les clauses restreignant le droit de jouissance – il est admis qu'elles sont valables dès lors qu'elles sont temporaires et justifiées par un intérêt sérieux et légitime.

RJDA, 9.06, p. 6 et 7.

QUESTIONS

À partir de vos connaissances et du document annexé, vous répondrez aux questions suivantes :

1. Rappelez la définition du droit de propriété.
2. Le droit de propriété est d'ordre public. Quelles sont les conséquences de cette qualification ?
3. À quelle condition une clause interdisant à un propriétaire de vendre ou louer son bien est-elle valable ?
4. La clause extraite du contrat de prêt immobilier qui vous est soumise est-elle valable ? Justifiez votre réponse.

APPLICATION 4

Analyse d'une décision de justice

Attendu, selon l'arrêt attaqué (CA 19 février 2002), que la société Flohic éditions a publié, dans un tome d'une collection intitulée « le Patrimoine des communes de France », la photographie d'une maison du XVIIIe siècle, accompagnée de précisions localisatrices, historiques et architecturales ; que Mlles Marie-Laure et Marie-France Massip, sœurs et copropriétaires de l'immeuble, dont le consentement préalable à l'utilisation de cette image n'avait pas été sollicité, ont assigné ladite société en dommages-intérêts ;

Attendu que les sœurs Massip font grief à la cour d'appel d'avoir rejeté leurs prétentions, alors que, selon le moyen, la propriété est le droit de jouir et de disposer des choses de la manière la plus absolue, le propriétaire ayant seul le droit d'exploiter son bien sous quelque forme que ce soit, et que l'exploitation du bien par un tiers, sous la forme de photographie, porte atteinte au droit de jouissance du propriétaire et qu'en décidant du contraire la cour d'appel a directement violé l'article 544 du Code civil ;

Mais attendu que le propriétaire d'une chose, qui ne dispose pas d'un droit exclusif sur l'image de celle-ci, ne peut s'opposer à l'utilisation du cliché par un tiers que si elle lui cause un trouble anormal ; que la cour d'appel, qui a relevé que les sœurs Massip ne versaient pas aux débats le moindre élément propre à établir que la reproduction litigieuse perturbait leur tranquillité et intimité ou que les indications de situation géographique, non critiquées par le moyen sous l'angle de la vie privée, permettaient de redouter en l'espèce un trouble quelconque, a ainsi légalement justifié sa décision ;

Par ces motifs : rejette le pourvoi.

Cour cassation, 1er civ., 5 juillet 2005,
Massip/Selapa MJA ès qual.

QUESTIONS

Après avoir pris connaissance de l'arrêt ci-dessus, vous répondrez aux questions suivantes :

1. Quels sont les faits ?
2. Quel est le problème de droit ?
3. Comment la cour d'appel avait-elle résolu ce problème ?
4. Quelle est la décision de la Cour de cassation ?
5. Quelle précision la Cour de cassation donne-t-elle sur le trouble anormal de voisinage qui aurait pu, en l'espèce, être avancé ?
6. Quelles conclusions tirez-vous de l'arrêt étudié quant à ce droit à l'image du propriétaire sur son bien ?

10 CHAPITRE

Applications particulières de la propriété

SECTION 1 Le fonds de commerce
SECTION 2 La propriété commerciale
SECTION 3 La propriété industrielle
SECTION 4 Le droit d'auteur
FICHE MÉMO • APPLICATIONS

La propriété est une notion paradoxale. Alors que le législateur n'a cessé, depuis le XIXe siècle, d'encadrer et de limiter la propriété immobilière, il a aussi dans un même mouvement étendu toujours plus le champ de la propriété. Trois extensions méritent intérêt.

• On donne le nom de fonds de commerce à l'établissement qu'un commerçant exploite à son profit. Ce fonds est constitué de divers éléments, plus ou moins nombreux selon les cas.

Un commerçant qui a une clientèle possède un fonds de commerce, quelles que soient sa taille, son activité, sa structure juridique.

C'est la pratique qui a progressivement imposé l'institution sur le plan juridique. La loi du 17 mars 1909 est le texte fondamental dans ce domaine. En réglementant la vente du fonds de commerce, son apport en société et son nantissement (le fonds utilisé comme garantie de paiement), cette loi a reconnu la propriété du fonds et l'a transformé en bien distinct des éléments qui le composent et soumis à un régime juridique propre (section 1).

• La deuxième extension concerne la « propriété commerciale ». Pour faire face à la pénurie de locaux commerciaux qui a suivi la Seconde Guerre mondiale, les pouvoirs publics ont, par le décret n° 53-960 du 30 septembre 1953, organisé un « statut des baux commerciaux ». Cette réglementation est très protectrice des intérêts du locataire qui exerce son activité commerciale dans un local dont il n'est pas propriétaire. En effet à l'issue de son bail, il a droit au renouvellement du contrat qui le lie à son bailleur. Lorsque celui-ci l'évince, il doit verser à son locataire une indemnité d'éviction qui correspond à la valeur marchande du fonds (section 2).

• La troisième extension concerne l'application de la propriété à la protection des créations. En effet, la propriété est appliquée aux domaines des créations industrielles et intellectuelles :

- dans le premier cas, elle a donné naissance à la propriété industrielle qui porte sur des créations techniques ou des signes à vocation distinctive (section 3) ;
- dans le second cas, elle a donné naissance à la propriété littéraire et artistique qui, aujourd'hui, est devenue le droit d'auteur et les droits voisins (section 4).

Dans les deux cas, les attributs du droit de propriété ont été octroyés à des créateurs. En effet, ceux-ci se sont vus reconnaître la jouissance, c'est-à-dire le rapport d'exclusivité qui lie la personne à la chose et le pouvoir de disposition, c'est-à-dire celui d'accomplir des actes juridiques sur les biens qui lui appartiennent.

SECTION 1
LE FONDS DE COMMERCE

Il n'existe pas de définition légale du fonds de commerce. La loi du 17 mars 1909 se limite à distinguer les divers éléments qui entrent dans sa composition. Après les avoir présentés (1), nous préciserons la nature juridique du fonds de commerce (2).

1. Composition

Pour des raisons techniques, la loi de 1909 répartit les éléments en trois catégories : les éléments incorporels, le matériel et les marchandises. Il est classique de regrouper les deux derniers en éléments corporels. Nous étudierons ces deux catégories (1.2) et (1.3), après avoir évoqué leur diversité (1.1).

1.1 La diversité des éléments du fonds de commerce

Le fonds de commerce a pour objet l'accomplissement d'actes de commerce pour développer une activité commerciale. Toutefois, son champ d'application est très large et couvre aussi bien la petite boutique de quartier, l'hypermarché que le secteur industriel. Cette variété des fonds de commerce s'étend à leur composition. Les éléments sont variables d'un fonds à un autre. Parmi ces éléments, la clientèle (ou l'achalandage) est indispensable, mais non suffisante puisque d'autres éléments incorporels et corporels la servent. La liste des éléments qui composent le fonds de commerce énoncée dans la loi du 17 mars 1909 n'est pas exhaustive et les droits de propriété industrielle (brevets, marque, etc.) forment aujourd'hui un élément essentiel du fonds ignoré par cette loi.

1.2 Les éléments corporels

Ce sont le matériel et les marchandises. On différencie ces deux éléments en recherchant si le bien sert à l'exploitation, il s'agit alors du matériel, ou s'il est l'objet de l'exploitation, ce sont alors les marchandises.

MATÉRIEL ET MARCHANDISES

Le **matériel** se compose de l'ensemble des biens mobiliers corporels qui servent durablement à l'exploitation : équipement, matériel d'entreposage, outillage industriel, mobilier de bureau, etc.

Les **marchandises** comprennent les matières premières destinées à être transformées ou les produits et les biens destinés à la vente. Ces marchandises constituent les stocks.

1.3 Les éléments incorporels

Ils permettent de distinguer la clientèle et l'achalandage (a) des autres éléments incorporels (b).

a) La clientèle

L'interprétation de cette notion suscite un important contentieux et de vifs débats. La question consiste à se demander si la clientèle est un élément constitutif du fonds de commerce (ce que cite expressément la loi de 1909) ou si elle n'en est pas plutôt la destination future (le commerçant n'aurait alors aucun droit sur ses clients qui sont libres). Elle se définirait, dans le second cas, non plus comme une composante mais comme une résultante, « une possibilité de contrats futurs et renouvelés ». Toutefois, les thèses se rejoignent sur le fait que « l'existence de la clientèle conditionne l'existence du fonds de commerce ». Mais qu'est-ce que la clientèle ?

La loi de 1909 utilise la double expression **clientèle** et **achalandage**. La clientèle désignerait les personnes attirées par la compétence ou le savoir-faire du commerçant, et l'achalandage les personnes attirées par la commodité du lieu. Cette distinction n'ayant aucune conséquence dans la jurisprudence, le terme clientèle désignera l'ensemble des personnes qui s'approvisionnent habituellement ou occasionnellement auprès d'un commerçant.

Les caractéristiques de la clientèle

Le fonds de commerce n'existe que si une clientèle lui est attachée. Elle doit donc répondre à deux conditions :

- **être « réelle et certaine »**. Une clientèle virtuelle ou potentielle ne suffit pas. L'utilité pratique de cette première caractéristique est importante. Cela permet de déterminer l'apparition et la cessation du fonds : le fonds de commerce est constitué dès la première opération traitée ; il disparaît dès le moment où aucun client ne vient plus s'approvisionner ;
- **être « personnelle à l'exploitant »**. La clientèle doit être rattachée en propre au titulaire du fonds.

La clientèle est protégée par **l'action en concurrence déloyale**.

b) Les autres éléments incorporels

Parmi ses éléments on distinguera.

- la propriété commerciale (*cf.* section 2) ;
- les droits de la propriété industrielle (*cf.* section 3) ;
- le nom commercial et l'enseigne. Ces deux éléments servent à l'individualisation du fonds de commerce.

Le **nom commercial** est l'appellation sous laquelle le commerçant exerce son activité (nom de famille, pseudonyme, dénomination fantaisiste). Élément du fonds de commerce, le nom est cessible avec lui.

Conséquence pratique

Le nom est protégé essentiellement par l'action an concurrence déloyale dont l'exercice est limité à certains cas. Si le nom commercial est un nom de fantaisie, il n'est protégé que s'il est original et de notoriété suffisante ; en outre, il faut qu'il y ait détournement ou risque de détournement.

Cette **action en concurrence déloyale** repose sur l'idée que tous les moyens ne sont pas bons pour détourner la clientèle d'un commerçant. Certains comportements qui portent atteinte aux usages sont interdits.

Ils sont sanctionnés par l'action en concurrence déloyale. La mise en œuvre de cette action suppose la réunion de trois conditions. D'abord, il faut un acte de concurrence fautif, c'est-à-dire un manquement aux usages professionnels (*exemple* : jeter le discrédit sur un concurrent en répandant des propos malveillants). Ensuite, il faut un préjudice (*exemple* : une perte de chiffre d'affaires). Enfin, il faut un lien de causalité entre les deux éléments précédents.

Le préjudice et le lien de causalité sont difficiles à prouver. Un courant jurisprudentiel considère que le préjudice s'infère nécessairement de la déloyauté. Toutefois, cette analyse n'est pas unanimement admise et de nombreuses décisions exigent que la victime prouve la faute, le préjudice et le lien de causalité.

L'enseigne est un signe extérieur qui permet d'individualiser l'établissement, le magasin et sa localisation géographique. Elle peut être le nom de famille du commerçant, une dénomination de fantaisie ou un emblème. Comme le nom, elle est cédée ou louée avec le fonds et protégée par l'action en concurrence déloyale en cas d'imitation ou d'usurpation.

2. Nature juridique du fonds de commerce

Le fonds de commerce est un agrégat d'éléments disparates que l'on considère sous l'angle d'une unité. Composé d'une masse de biens unis par une affectation commune, il est souvent qualifié d'universalité de fait ou de biens. Il distingue, au sein du patrimoine du commerçant, les biens affectés à l'exercice de la profession. Outre ce caractère de bien unitaire (2.1), le fonds de commerce est un bien meuble incorporel (2.2).

2.1 Le fonds de commerce, bien unitaire

Le fonds de commerce est envisagé comme un ensemble. Différent des biens qui le composent, il peut être vendu, loué, donné en garantie et apporté en société en une seule opération juridique.

Cependant, il peut être démembré et il est possible de céder une partie du fonds si elle constitue une branche autonome d'activité. Par ailleurs, un élément du fonds peut être cédé isolément (cas des marques). Enfin, le fonds peut être cédé tout en conservant certains éléments.

2.2 Le fonds de commerce, bien meuble incorporel

Il ne regroupe que des biens mobiliers : l'immeuble n'en fait pas partie. Par conséquent, un commerçant, qui exploite son fonds de commerce dans un immeuble lui appartenant, est propriétaire de deux masses de biens distinctes : l'une mobilière, l'autre immobilière.

Le caractère incorporel du fonds de commerce s'est imposé par la prépondérance des éléments incorporels dans sa composition. Il résulte de cette qualification du fonds de commerce que tout immeuble est exclu du fonds, qu'il s'agisse d'un immeuble par nature ou d'un immeuble par destination. En conséquence, lorsque le propriétaire d'un fonds est aussi propriétaire de l'immeuble, le matériel attaché à l'exploitation a la qualification d'immeuble ; la jurisprudence exige néanmoins que le matériel affecté soit indispensable à l'exploitation du fonds (*exemple* : le stock de champagne d'une exploitation viticole conservera un caractère mobilier car il n'est pas indispensable à l'exploitation du fonds).

En matière industrielle, certains auteurs posent le principe de l'immobilisation par destination, puisque l'entreprise est construite en fonction d'une affectation précise (matières premières, outillage sont alors des immeubles). Cependant, en matière commerciale, l'immobilisation par destination est plus rare, le commerce pouvant généralement s'exercer dans n'importe quel lieu.

SECTION 2
LA PROPRIÉTÉ COMMERCIALE

Dans certains cas, le commerçant n'est pas propriétaire des locaux dans lesquels il exerce son commerce. Il passe alors un contrat avec un propriétaire ou bailleur. Ce contrat est conclu pour une durée déterminée. Au terme fixé, le bailleur est en droit de mettre fin au contrat. Un tel système est dangereux pour le commerçant qui a multiplié les efforts commerciaux et risque de perdre les fruits de ses investissements. En conséquence le législateur a mis sur pied, de longue date, une législation protectrice des commerçants et artisans. Cette réglementation, connue sous le nom de statut des baux commerciaux, s'écarte du droit civil. Elle suppose le respect de certaines conditions (1) et offre à l'échéance, à ses bénéficiaires, un véritable droit au renouvellement du bail (2).

1. Champ d'application de la législation des baux commerciaux

L'application de la législation des baux commerciaux suppose le respect de trois conditions. Elle concerne les contractants, le local loué et la durée du bail.

CONDITIONS D'APPLICATION DE LA LÉGISLATION DES BAUX COMMERCIAUX

Conditions relatives aux contractants

Condition relative au **locataire** (= preneur) : le preneur est un commerçant inscrit au RCS ou un artisan inscrit au répertoire des métiers.

Les micro-entrepreneurs bénéficient de la législation relative aux baux commerciaux.

Il n'y a pas de condition relative au propriétaire du local.

Conditions relatives au bail

Les baux atypiques (*exemple* : baux de longue durée) et la convention d'occupation précaire (dans cette convention, l'occupation des lieux n'est autorisée qu'à raison de circonstances particulières indépendantes de la seule volonté des parties) sont exclus.

Conditions relatives au local

- La législation s'applique aux baux portant sur un immeuble ou un local. Sont exclus les terrains nus, les emplacements de vente dans des passages ou sur des trottoirs, les murs publicitaires.
- Les locaux accessoires sont protégés par le statut des baux commerciaux sous certaines conditions (ils sont rattachés à un local principal ; leur retranchement est de nature à compromettre l'exploitation du fonds ; ils appartiennent au propriétaire du local où est situé l'établissement principal ; ils présentent les caractéristiques d'un local).

- Un fonds de clientèle doit être exploité dans les lieux loués. Ce fonds doit appartenir à un commerçant, industriel ou artisan. Par ailleurs, l'exploitation doit être conforme à celle prévue au bail.
- Un **état des lieux** doit être établi de manière contradictoire par les deux parties au moment de la prise de possession des lieux et au moment de leur restitution.

Conditions relatives à la durée

Le bail commercial a une durée de 9 ans minimum. Il n'y a pas de maximum.

2. Les droits et obligations des parties

Le contrat de bail met en relation le bailleur (2.1) et son locataire ou preneur à bail (2.2).

2.1 Le cas du bailleur

Dans le contrat qui le lie à son locataire, le bailleur doit :

– **délivrer le bien.** Le bailleur met l'immeuble à la disposition du preneur ;

– **entretenir le bien.** Pendant toute la durée du contrat de location, le bailleur effectue les réparations qui lui incombent (*exemple* : réparation de la toiture suite à une tempête). En revanche, il n'est pas tenu par les réparations locatives (*exemple* : remplacement du joint d'un robinet qui fuit) ;

– **assurer au locataire une jouissance paisible** ;

– **garantir l'usage de la chose.** Le bailleur indemnise le preneur de la perte résultant des vices ou défauts de la chose louée qui en empêchent totalement ou partiellement l'usage.

2.3 Le cas du locataire ou preneur

En vertu de contrat de bail, le locataire a des obligations et des droits.

a) Les obligations du locataire

Dans le contrat qui le lie au propriétaire du local, le locataire doit :

– **exploiter le fonds de commerce.** Le preneur doit utiliser le fonds en bon père de famille et en suivant la destination qui lui a été donné par le bail commercial ;

– **payer les loyers.** Ce paiement s'effectue au terme convenu.

b) Les droits du locataire

Au titre de ses droits le locataire peut :

– **déspécialiser le bail** ;

– **céder le bail** ;

– **obtenir le renouvellement du bail.**

■ ***La déspécialisation du bail***

Le statut des baux commerciaux permet au preneur à bail de changer l'affectation des locaux loués. On distingue deux types de déspécialisations :

– dans la **déspécialisation simple**, le preneur ajoute une activité connexe ou complémentaire (*exemple* : un boulanger envisage de faire de la pâtisserie). Le preneur informe le bailleur qui ne peut pas s'opposer à cette adjonction d'activité ;

– dans la **déspécialisation plénière**, le preneur change totalement l'activité (*exemple* : il transforme un fonds de boulangerie en café-restaurant). Dans cette dernière hypothèse, le changement est profond et, en conséquence, le preneur doit obtenir une autorisation du bailleur.

■ *La cession du bail*

Comme le droit au bail est un élément du fonds de commerce, le locataire peut vendre son fonds et céder, en même temps, le bail. Il n'a pas d'autorisation du bailleur à demander.

■ *Le renouvellement du bail*

Le locataire bénéficie d'un droit au renouvellement de son bail à l'expiration de celui-ci. À défaut, il a droit à une indemnité d'éviction. Cette prérogative est appelée « propriété commerciale ».

Le renouvellement du bail au profit du locataire est un principe de droit mais le locataire doit satisfaire à plusieurs conditions :

– être propriétaire du fonds qu'il exploite dans les lieux loués ;
– exploiter réellement le fonds, régulièrement et conformément aux stipulations du bail ;
– exploiter effectivement le fonds pendant les trois années consécutives précédant la date d'expiration du bail ou de sa tacite reconduction ;
– être immatriculé au RCS ou au RM.

Le droit au renouvellement peut être exercé par le bailleur. Il propose au preneur un congé avec offre de renouvellement (un nouveau bail est alors réalisé). Le preneur peut aussi être à l'origine de la demande de renouvellement dans les six mois précédant l'expiration du bail. Le bailleur a trois mois pour faire connaître sa décision, sinon il est réputé avoir accepté. Si aucune des parties ne se manifeste à l'issue des 9 ans, le bail est renouvelé pour une durée indéterminée. On parle alors de tacite reconduction du bail.

Le bailleur peut refuser le renouvellement du bail en versant à son locataire une **indemnité d'éviction**. Son montant est égal au préjudice causé par le défaut de renouvellement. Cette indemnité comprend notamment la valeur marchande du fonds et les frais de déménagement et de réinstallation. Tant que l'indemnité n'est pas versée au locataire, celui-ci a droit au maintien dans les lieux.

LE REFUS DE RENOUVELLEMENT SANS INDEMNITÉ D'ÉVICTION

Le bailleur peut refuser de renouveler le bail sans verser d'indemnités dans les cas suivants (sous conditions) :

– insalubrité ou ruine de l'immeuble ;
– reprise pour habitation ;
– reprise pour travaux ;
– « motif grave et légitime » évoqué à l'encontre du preneur. *Exemple* : non-paiement des loyers.

SECTION 3

LA PROPRIÉTÉ INDUSTRIELLE

Il est possible de définir la propriété industrielle, soit par son objet, soit par sa nature.

LES DEUX DÉFINITIONS DE LA PROPRIÉTÉ INDUSTRIELLE

Définition par son objet

« La propriété industrielle se définit comme l'ensemble des droits destinés à la protection des créations de nature industrielle ou des signes distinctifs à vocation industrielle et commerciale et énoncées par la loi de façon limitative. »(1) En ce sens la propriété industrielle a pour objet les brevets d'invention, les dessins et modèles, les marques de fabrique ou de commerce, les marques de service, le nom commercial et les indications de provenance ou appellations d'origine, le certificat d'obtention végétale, les droits sur les schémas de configuration ou topographies de semi-conducteurs ainsi que la répression de la concurrence déloyale.

Définition par sa nature

« La propriété industrielle est une forme de propriété, organisée par l'État, qui porte sur des informations à caractère technique ou des signes à vocation distinctive. »(2)

Les droits de la propriété industrielle confèrent un monopole et constituent des « droits de clientèle » puisqu'ils procurent à leur titulaire le moyen de constituer et de préserver une clientèle : ils constituent donc des éléments du fonds de commerce. Ils sont qualifiés de « droits de propriété » car leur titulaire peut en disposer et les opposer à tous. Cette propriété a un caractère original : elle est limitée dans le temps (*exemple* : vingt ans pour les brevets) et elle porte sur des « biens incorporels » ; on a donc prévu une action spécifique pour les protéger : l'action en contrefaçon. Nous étudierons successivement les brevets d'invention (1), les dessins et modèles (2) et enfin les marques de fabrique, de commerce et de services (3).

1. Les brevets d'invention

L'obtention d'un brevet suppose le respect de certaines conditions (1.1). Il confère au breveté des droits et des obligations (1.2).

1.1 Conditions de la brevetabilité

Le brevet est un titre délivré par l'INPI, qui attribue à l'inventeur un monopole d'exploitation sur sa création.

La brevetabilité dépend de conditions de fond et de forme.

(1) *J.-C. Galloux,* Droit de la propriété industrielle, *2e éd., Dalloz, 2003, no 7.*
(2) *J.-C. Galloux,* op. cit., *no 24.*

Conditions de fond

Principe : « Sont brevetables, dans tous les domaines technologiques, les inventions nouvelles impliquant une activité inventive et susceptibles d'application industrielle. » (L. 611-10, 1° Code de la propriété intellectuelle). Toute innovation ne peut donc pas faire l'objet d'un brevet. Elle doit respecter divers critères :

- Une **invention**. La notion d'invention n'est pas définie dans le Code de la propriété industrielle. De l'examen de la jurisprudence et de la doctrine française on peut déduire que « l'invention se définit comme une solution technique apportée à un problème technique. »[1]
- Une **invention brevetable**. Sont exclues du domaine de la brevetabilité les innovations non qualifiées d'inventions car elles sont dépourvues d'application technique (*exemples* : découvertes, théories scientifiques et mathématiques) ainsi que diverses inventions exclues du champ de la brevetabilité pour des raisons éthiques et sous certaines limites (*exemples* : le corps humain, les races animales).
- Une **invention nouvelle**. L'invention ne doit pas être comprise dans l'état de la technique, entendu comme ce qui a été rendu accessible au public.
- Une **invention impliquant une activité inventive**. Elle ne doit pas découler de manière évidente, pour un homme du métier, de l'état de la technique : l'inventeur doit avoir réalisé un véritable apport personnel.
- Une **invention susceptible d'application industrielle**. Son objet doit pouvoir être fabriqué dans tout genre d'industrie, c'est-à-dire avoir une application économique immédiate.
- Une **invention conforme à l'ordre public et aux bonnes mœurs**.

Conditions de forme

Selon l'article L. 611-6 CPI, le droit au titre de propriété industrielle appartient à l'inventeur (ou à son ayant cause) qui est le premier à avoir déposé une demande auprès de l'INPI.

L'invention est décrite dans la demande de brevet de façon à permettre à un homme de métier de l'exécuter. L'**INPI** procède à un rapport de recherche sur les éléments de l'état de la technique, qui peuvent être pris en considération pour apprécier la brevetabilité de l'invention. Le brevet est délivré par le directeur de l'INPI au nom du gouvernement. Un avis est publié au BOPI (*Bulletin officiel de la propriété industrielle*).

(1) *J. Azéma et J.-C. Galloux,* Droit de la propriété industrielle, *7e éd., Dalloz, 2012, n° 206.*

1.2 Les effets de la brevetabilité

a) Les droits du breveté

Dès le dépôt d'une demande de brevet, le déposant acquiert un **droit exclusif sur l'invention** qui s'analyse en un monopole d'exploitation pendant une durée de vingt ans. Pendant cette période, le titulaire du monopole peut exploiter lui-même son invention, céder ses droits à un tiers, les apporter en société et concéder une licence d'exploitation contre le paiement d'une redevance.

Par ailleurs, le breveté a le **droit d'interdire l'exploitation aux tiers.** Le brevet protège l'invention et permet au breveté de s'opposer à la **contrefaçon**. Celle-ci s'entend de tout acte illégitime portant atteinte à l'objet du droit de brevet. Le CPI énumère les atteintes constitutives de contrefaçon, par exemple la fabrication, la mise dans le commerce ou l'importation de produits portant atteinte au brevet.

La contrefaçon est un délit civil et pénal. Au plan pénal ceux qui portent atteinte sciemment aux droits de propriété industrielle encourent des peines privatives de liberté (3 ans) et des amendes (300 000 €).

Au plan civil, la responsabilité du contrefacteur peut être engagée. L'action doit être intentée uniquement devant le TGI de Paris. La victime peut obtenir des mesures réparatrices (*exemples* : indemnisation, publication de la décision) et des mesures destinées à prévenir des atteintes imminentes au brevet ou d'empêcher la poursuite d'actes de contrefaçon (*exemples* : interdiction de poursuivre les actes illicites, confiscation). Le délai de prescription est de cinq ans.

b) Les obligations du breveté

En contrepartie de ce monopole, le breveté est tenu de **payer des taxes** annuelles à l'INPI et d'**exploiter** lui-même **son brevet** (ou le faire exploiter par d'autres).

CONSÉQUENCES PRATIQUES

Si le breveté n'a pas exploité ou fait exploiter son brevet pendant **trois ans** après sa délivrance, le TGI est en droit d'attribuer à toute personne qui en fait la demande une licence obligatoire. Cette disposition a pour but d'éviter le dépôt de brevets qui ne sont pas exploités et présentent un intérêt public. Il existe d'autres cas de licences obligatoires.

2. Les dessins et modèles

Le droit des brevets protège des créations techniques sans se préoccuper de la forme de ces créations. À l'opposé, le droit d'auteur protège des créations portant exclusivement sur une forme esthétique (*exemples* : romans, musique). Entre les deux, il existe des créations de caractère ornemental dont l'objet et la finalité sont esthétiques et qui se trouvent souvent appliqués à des objets industriels. Il s'agit des dessins et modèles (*exemples* : la forme d'un flacon de parfum, le modèle d'un vêtement).

La protection des dessins et modèles en France est assurée non seulement par une législation spécifique (2.1) mais aussi par la législation sur le droit d'auteur (2.2).

2.1 La protection par le droit spécial des dessins et modèles

Nous distinguerons les conditions (a) et les effets de la protection (b).

a) Conditions de la protection

Conditions de fond	Conditions de forme
Principe : Le dessin ou modèle se définit comme « l'apparence d'un produit, ou d'une partie de produit, caractérisée en particulier par ses lignes, ses contours, ses couleurs, sa forme, sa texture ou ses matériaux » (L. 511-1 al. 1 CPI). Pour être protégé le dessin ou le modèle doit présenter diverses caractéristiques : – le dessin ou le modèle doivent être **nouveau**. Un dessin ou un modèle est regardé comme nouveau si, à la date du dépôt de la demande d'enregistrement ou à la date de la priorité revendiquée, aucun dessin ou modèle identique n'a été divulgué ; – le dessin ou modèle doit avoir un caractère propre. Le modèle ou dessin ne doit pas susciter chez l'observateur un caractère de déjà vu. En conséquence une impression de déjà vu exclut le caractère propre même si le modèle est nouveau ; – la non-contrariété du dessin ou modèle à l'ordre public ; – l'objet de la protection est une apparence, c'est-à-dire l'aspect extérieur. Elle doit être déterminée par une configuration particulière de lignes, contours, couleurs... (L. 511-1 al. 1 CPI). Une apparence dont les caractéristiques sont exclusivement imposées par la fonction technique du produit n'est pas protégée.	La protection spécifique des dessins et modèles est subordonnée à l'accomplissement d'une **formalité préalable de** dépôt. Le dépôt s'effectue à l'INPI ou, si le déposant a son domicile hors de Paris, au greffe du tribunal de commerce de son domicile. Le dossier de dépôt comporte notamment une reproduction graphique des dessins et modèles et la justification du paiement des redevances. • L'INPI peut refuser le dépôt. *Exemples* : dessin ou modèle de nature à porter atteinte à l'ordre public ou aux bonnes mœurs ; dépôt d'un dossier ne respectant pas les formes prescrites. • **Point sensible.** L'enregistrement d'un dessin ou d'un modèle est déclaré nul par décision de justice. *Exemples* : enregistrement portant atteinte au droit d'auteur d'un tiers ; non-respect des conditions de fond.

b) Effets de la protection

Le créateur du dessin ou du modèle dispose d'un droit exclusif s'il a satisfait aux conditions de fond et de forme précédemment rappelées. Ce droit lui permet de fabriquer, offrir, mettre sur le marché, exporter, utiliser ou détenir un produit incorporant ce dessin ou modèle.

Cette protection dure **5 ans**. Elle peut être renouvelée par périodes de 5 ans mais la durée totale de la protection ne peut pas dépasser 25 ans (L. 513-1 CPI). Passé ce délai une protection du créateur est encore possible mais elle passe par le droit d'auteur.

Toute atteinte au droit du déposant est sanctionnée par une action en **contrefaçon**. Elle se prescrit par cinq ans.

2.2 La protection par le droit d'auteur

Nous distinguerons les conditions (a) et les effets (b) de la protection.

a) Conditions de la protection

La protection est soumise à la condition d'originalité. Elle ne repose sur aucune condition de dépôt.

La protection est accordée à l'auteur c'est-à-dire à la personne physique sous le nom de qui l'œuvre est divulguée.

LE CAS DES PERSONNES MORALES

Les personnes morales sont des fictions. En conséquence, on en déduit l'idée que l'auteur est nécessairement une personne physique.

Pour être titulaire de droits sur les dessins et modèles, les personnes morales doivent être cessionnaires de droits ou se trouver à l'initiative d'une œuvre collective divulguée sous leur nom.

b) Effets de la protection

D'abord, l'auteur a sur son œuvre un droit moral qui comprend :

- un droit de paternité. Le dessin ou modèle doit être divulgué sous le nom de l'auteur ;
- un droit à l'intégrité de l'œuvre. L'auteur a le droit d'exiger que son dessin ou modèle soit respecté ;

EXEMPLE

Empêcher une reproduction de son dessin ou modèle sous un format différent de celui de sa conception.

- un droit de divulgation. L'auteur du dessin ou modèle peut refuser de communiquer son œuvre au public.
- un droit de repentir et de retrait. Ce droit permet à l'auteur de modifier son dessin ou modèle ou, sous certaines conditions, de le retirer de la communication au public ;

Ensuite, l'auteur du dessin ou modèle a le droit d'exploiter son œuvre. Ce droit patrimonial permet à l'auteur de dessin ou modèle de :

- représenter son œuvre, c'est-à-dire la communiquer au public ;
- reproduire son œuvre, c'est-à-dire la fixer matériellement par tous procédés à sa convenance (*exemples* : dessin, moulage).

Enfin, l'action en contrefaçon permet de lutter contre toutes les atteintes portées au droit d'auteur.

3. Les marques de fabrique, de commerce et de service

La marque est le signe qui permet de distinguer un produit ou un service de ceux offerts par la concurrence. Ces marques peuvent revêtir différentes formes : dénominations (mots, lettres, chiffres, sigles, etc.), signes sonores (sons, phrases musicales, etc.), signes figuratifs (logos, étiquettes, etc.) ou combinaisons de couleurs.

Nous distinguerons les conditions (3.1) et les effets de la protection (3.2).

3.1 Les conditions de la protection

Nous distinguerons les conditions de fond et de forme.

Conditions de fond
• Le signe doit être **licite**. Est illicite une marque contraire à l'ordre public et aux bonnes mœurs. Par ailleurs, certains textes prohibent l'utilisation de tel ou tel signe. *Exemple* : L'usage commercial des 5 anneaux olympiques est interdit. • Le signe ne doit **pas être déceptif**. La marque ne doit pas être de nature à tromper le public. *Exemples* : Mokalux pour un café de second choix, sirop d'Évian pour un sirop sans eau minérale. • La marque doit **être distinctive**. La marque sert à distinguer le produit ou le service. À cette fin, elle ne doit pas constituer la désignation usuelle du produit ou service, être descriptive ou simplement figurative. *Exemples* : A été jugée générique la marque « banquette-lit » pour désigner une banquette-lit, a été jugée descriptive la marque « multimédia » pour désigner des services qui utilisent des médias pour leur diffusion ; a été jugée figurative un flacon représentant un fruit pour désigner des extraits de ce fruit. • Le signe doit être **disponible**. Afin d'éviter toute confusion, le signe ne doit pas porter atteinte à des droits antérieurs. Par conséquent, en application du « principe de spécialité », une marque désignant un produit peut être utilisée pour un produit différent dans une autre branche industrielle ou commerciale. *Exemple* : Ritz, prestigieux hôtel de Paris, et Charles of the Ritz, produits de beauté.
Condition de forme
Pour être protégée, la marque doit être déposée à l'INPI. Elle est alors enregistrée et la protection est accordée pendant dix ans, indéfiniment renouvelables.

3.2 Les effets de la protection

Celui qui effectue ce dépôt a un droit exclusif sur la marque. Il peut :

– utiliser sa marque, la céder ou en concéder l'usage au moyen de licences. Le défaut d'exploitation est sanctionné par la déchéance de la marque. La déchéance peut provenir également du fait que la marque sert à désigner un produit de façon usuelle alors que le titulaire de la marque n'a rien fait pour la défendre ;

– la protéger contre toute usurpation, qu'elle soit de bonne ou mauvaise foi. La marque est protégée essentiellement par l'action en contrefaçon. Cette action portée devant le TGI permet au titulaire de la marque d'obtenir réparation et de faire cesser le trouble. Elle se prescrit par cinq ans. La contrefaçon est aussi un délit au plan pénal. Le contrefacteur encourt une peine d'emprisonnement (4 ans) et d'amende (400 000 €). Le recours à l'action en concurrence déloyale est possible si elle repose sur des faits distincts (la jurisprudence retient la création ou l'aggravation d'un risque de confusion).

SECTION 4

LE DROIT D'AUTEUR

Les œuvres de l'esprit, notamment les chansons, romans, peintures, bases de données, logiciels, créations multimédias, font l'objet d'une protection par le droit d'auteur. Toutes ces créations intellectuelles ont un point commun : elles revêtent une forme concrète et originale. La présentation du droit d'auteur suppose l'étude des conditions de la protection des œuvres (1), des personnes protégées (2) et des droits des auteurs (3).

1. Les conditions de protection des œuvres

Le droit d'auteur protège les **créations intellectuelles** entendues comme « un fait juridique résultant d'une activité humaine consciente qui entraîne une modification de la réalité »[1]. Cette protection juridique ne nécessite aucune formalité.

Par ailleurs, ces créations doivent présenter certaines qualités.

L'exigence de création[1]	Cette exigence suppose une intervention : – **humaine.** À l'origine de la création intellectuelle se trouve nécessairement une personne physique ; – **consciente.** Pour être protégée la création ne peut pas être spontanée. *Exemple* : Les dialogues échangés sur un plateau de télévision ne sont pas protégés par le droit d'auteur ; – **qui modifie le réel.** Comme le soulignait un auteur célèbre du XIXe siècle, « créer, c'est faire quelque chose qui n'existait pas »[2]. *Exemple* : Les découvertes faites par un archéologue ne sont pas protégées par le droit d'auteur.
Les qualités de la création	Les deux qualités de la création sont : – une **forme**. Selon un auteur contemporain, « la forme est à l'œuvre ce que le corps est à la personne »[3]. La forme permet à l'auteur de communiquer son œuvre au public. Le Code de la propriété intellectuelle admet toutes les formes d'expression. *Exemples* : Formes visuelles (*exemple* : manga), auditives (*exemple* : chanson) ; – une **originalité**. L'œuvre exprime la personnalité de l'auteur. En conséquence, elle ne peut être protégée que si elle est originale. Cette vision classique est souvent battue en brèche aujourd'hui. En effet, bien souvent l'originalité se limite à la nouveauté. Toutefois, la doctrine continue d'être attachée à la notion d'originalité que l'on peut définir comme « toute création, forcément nouvelle, qui exprime la personnalité de son auteur à travers des choix qui lui sont propres »[4]. *Exemples* : Agencement des couleurs, des scènes.

(1) Sur ce point nous suivons l'enseignement de C. Caron, op. cit. , *n° 46 à 56.*
(2) A. Gastambide.
(3) P.-Y. Gauthier.
(4) C. Caron, op. cit., *n° 96.*

(1) *C. Caron,* Droit d'auteur et droits voisins, *Litec, 4e éd., 2015, n° 45.*

2. Les personnes protégées

Les personnes protégées sont les auteurs. L'étude de cette question nécessite de préciser la notion d'auteur et d'examiner un cas particulier : celui du salarié.

■ *Principe*

En France, le droit d'auteur est fortement marqué par une conception personnaliste. En conséquence, l'**auteur** c'est la personne dont la personnalité s'est exprimée dans l'œuvre. L'auteur est nécessairement une personne physique. Cette règle de fond est complétée par une règle de preuve qui pose que « la qualité d'auteur appartient, sauf preuve contraire, à celui ou à ceux sous le nom de qui l'œuvre est divulguée » (art. L. 113-1 CPI). Cette règle établit une présomption simple qui peut être combattue par tous moyens.

■ *Cas du salarié*

La question du droit d'auteur des salariés est réglée par l'article L. 111-1 du CPI, dans sa rédaction issue de la loi du 1er août 2006 relative au droit d'auteur et aux droits voisins dans la société de l'information. Cet article pose un principe et introduit une exception :

– principe : le salarié est reconnu comme étant le titulaire du droit d'auteur ; l'affirmation de ce principe est traditionnelle en droit français ;

– exception : le code peut introduire des « réserves » à ce droit. Cette formulation nouvelle accrédite l'idée que, dans certaines circonstances, le salarié pourrait ne pas être le titulaire du droit d'auteur. Comme cette question est source de profonds conflits depuis de nombreuses années, le législateur n'a pas précisé ce qu'il fallait entendre par la notion de « réserves ».

3. Les droits des auteurs

L'article L. 111-1 al. 2 du CPI pose que le droit d'auteur « comporte des attributs d'ordre intellectuel et moral ainsi que des attributs d'ordre patrimonial ». Les premiers seront regroupés sous la bannière du droit moral de l'auteur (3.1) tandis que les seconds figureront sous la rubrique des droits patrimoniaux de l'auteur (3.2). Par ailleurs, l'auteur peut défendre ses droits (3.3).

3.1 Le droit moral de l'auteur

Les attributs d'ordre intellectuel et moral qui sont évoqués par l'article L. 111-1 al. 2 du CPI sont classés dans la grande famille des droits extra-patrimoniaux. Conformément à l'empreinte personnaliste qui caractérise le droit d'auteur en France, il convient de les étudier en premier. Du vivant de l'auteur, les droits moraux comprennent le droit à la circulation de l'œuvre et le droit au respect de l'œuvre.

Droit à la circulation de l'œuvre	Droit au respect de l'œuvre
Droit de divulgation L'œuvre est destinée au public. Le droit de divulgation est exclusif et personnel. En conséquence, l'auteur décide seul du moment et du procédé de divulgation.	**Droit au respect du nom et de la qualité** L'œuvre doit être exploitée sous le nom de l'auteur et celui-ci peut exiger que son nom soit associé à l'œuvre. *Exemples* : Le nom de l'auteur figure sur le livre qui est commercialisé, le nom de l'architecte figure sur le bâtiment qu'il a conçu.

☞

Droit à la circulation de l'œuvre	Droit au respect de l'œuvre
Droit de retrait et de repentir • Définitions. Le droit de retrait permet de retirer l'œuvre de la circulation. Le droit de repentir permet à l'auteur de modifier le contenu de sa création. • Exercice de ces droits. L'exercice de ces droits est grave car il porte atteinte aux droits du cessionnaire d'exploiter l'œuvre. Leur exercice est donc entouré de conditions. Ces droits ne peuvent s'exercer que si l'auteur a, préalablement, cédé son droit d'exploitation à un cessionnaire (= titulaire des droits d'exploitation suite à une cession). L'auteur a proposé au cessionnaire une indemnisation préalable.	**Droit au respect de l'œuvre** • L'auteur a le droit d'exiger que son œuvre soit communiquée au public comme il souhaite qu'elle le soit. *Exemple* : Il a la possibilité de s'opposer à des reproductions de mauvaise qualité ou à des destructions ou à des mutilations de son œuvre. • L'auteur a le droit de s'opposer à toute altération, même minime, de son œuvre.

3.2 Les droits patrimoniaux

L'auteur n'a pas que des droits moraux, il a aussi le droit d'exploiter son œuvre. Ceci passe par une triple prérogative : il a un droit de reproduction, un droit de représentation et un droit de suite.

Droit de reproduction	Droit de représentation
Définition. Fixation matérielle de l'œuvre par tous procédés qui permettent de la communiquer au public d'une manière indirecte. *Exemples* : Imprimerie, photocopie, moulage, gravage.	**Définition.** Communication de l'œuvre au public par un procédé quelconque. *Exemple* : Télédiffusion.
Dérogations	
Quand l'œuvre a été divulguée, l'auteur ne peut pas interdire, notamment : – les copies ou reproduction strictement réservées à l'usage privé du copiste et non destinées à un usage collectif (*exemple* : photocopie des pages d'un livre que l'on veut travailler sans surcharger l'original) ; – les analyses, courtes citations, revues de presse quand sont indiqués clairement le nom de l'auteur et la source ; – la reproduction à des fins de conservation ; – la reproduction et la représentation d'extraits d'œuvre dans le cadre de l'enseignement et de la recherche. Cette exception vise à autoriser la reproduction et la représentation d'œuvre à des fins exclusivement pédagogiques d'illustration. Cette exception ne concerne pas les partitions de musique ou encore les œuvres conçues à des fins pédagogiques.	
Droit de suite	
• **Définition.** Ce droit permet à l'auteur et ensuite à ses héritiers de toucher une partie du produit de la vente chaque fois que le support matériel de l'œuvre est vendu. • **Exercice.** Ce droit s'applique : – aux œuvres originales graphiques et plastiques des auteurs ressortissants d'un État membre de l'Union européenne ou partie à l'accord sur l'Espace économique européen ; – et quand un professionnel du marché de l'art intervient en tant que vendeur, acheteur ou intermédiaire.	

L'auteur a le droit d'exploiter son œuvre sa vie durant. À son décès, ce droit persiste au bénéfice de ses ayants droit pendant l'année civile en cours et les 70 ans qui suivent (L. 123-1 CPI).

3.3 La défense des droits de l'auteur

En matière de droit d'auteur la vitesse joue un rôle déterminant. Non seulement il faut faire cesser le trouble mais aussi se donner les moyens de se constituer une preuve. Pour répondre à ces besoins particuliers le droit fournit deux moyens : la saisie-contrefaçon (a) et l'action en contrefaçon (b).

a) La saisie-contrefaçon

La saisie contrefaçon a deux fonctions. D'une part, elle offre à l'auteur d'une œuvre protégée la preuve de cette contrefaçon ; en ce sens, la saisie contrefaçon est une **mesure probatoire.** D'autre part, elle permet la cessation de toute reproduction ou représentation illicite de l'œuvre ; en ce sens, c'est une **mesure provisoire.**

Organisée par l'article L. 332-1 CPI, elle permet à l'auteur, ses ayants droit (*exemple* : ses héritiers) et ses ayants cause (*exemple* : un licencié) d'obtenir « soit (...) la description détaillée avec ou sans prélèvements d'échantillons, soit (...) la saisie réelle des œuvres prétendument contrefaisantes ainsi que de tout document s'y rapportant ».

La saisie est une mesure exceptionnelle dont les effets doivent être limités. En conséquence, la loi exige une certaine célérité du saisissant. L'article L. 332-3 CPI pose que, si, sous un certain délai, le saisissant ne s'est pas pourvu au fond, le saisi peut demander la nullité de la saisie-contrefaçon.

b) L'action en contrefaçon

Cette action est la suite logique de la procédure précédente. Elle poursuit deux objectifs : préserver le droit privatif de propriété intellectuelle et réparer le préjudice causé par l'atteinte au droit. Son succès suppose que la victime établisse sa qualité pour agir (titre en vertu duquel une personne agit en justice ; par exemple la personne agit comme auteur).

La contrefaçon est un délit, au double sens : civil et pénal.

• **Au plan civil,** l'action en contrefaçon est une action réelle qui vise à protéger le droit de propriété. Elle est intentée par l'auteur. S'il a cédé ses droits patrimoniaux, elle est intentée par le cessionnaire. Elle se prescrit par cinq ans qui commencent à courir, aux termes de l'article 224 du Code civil, « à compter du jour où le titulaire d'un droit a connu ou aurait dû connaître les faits lui permettant de l'exercer ». Elle se traduit par diverses sanctions, notamment la cessation du trouble, éventuellement sous astreintes, et le versement de dommages-intérêts. Pour fixer le montant de cette indemnité, la juridiction doit prendre en considération les conséquences économiques négatives (y compris le manque à gagner et la perte subie par la victime), le préjudice moral causé et les bénéfices réalisés par l'auteur de l'atteinte aux droits du créateur.

• Au **plan pénal,** l'acte de contrefaçon est caractérisé dès que le monopole d'exploitation est violé. Ceci se traduit par une atteinte de mauvaise foi (celle-ci est présumée) aux droits patrimoniaux (*exemples* : atteinte au droit de représentation, atteinte au droit de reproduction) ou aux droits moraux (*exemples* : atteinte au droit à la circulation de l'œuvre, atteinte au droit au respect de l'œuvre). La contrefaçon est un délit passible du tribunal correctionnel. L'action est intentée par le titulaire du droit d'auteur. Elle se prescrit par trois ans à compter du jour où l'infraction a été commise. Le contrefaisant encourt diverses sanctions, notamment une confiscation des recettes procurées par l'infraction, une destruction des objets contrefaits, une peine d'amende (300 000 €) et d'emprisonnement (3 ans).

Comme la contrefaçon est un délit pénal et civil, l'action en contrefaçon est mise en œuvre devant le tribunal correctionnel.

FICHE MÉMO

1. Le fonds de commerce
2. La propriété commerciale
3. La propriété industrielle
4. Les droits des auteurs

1. LE FONDS DE COMMERCE

Définition	Ensemble d'éléments, biens meubles corporels et incorporels réunis et organisés en vue d'exploiter une clientèle.
Qualification	Composé d'une masse de biens unis par une affectation commune, le fonds de commerce est une universalité de fait.

Les éléments corporels du fonds de commerce

Éléments	Description	Contenu
Le matériel	Ensemble des biens mobiliers corporels qui servent durablement à l'exploitation du fonds.	Équipement, matériel d'entreposage, outillage, mobilier de bureau...
Les marchandises	Matières premières destinées à être transformées, produits et biens destinés à la vente.	Ce sont les stocks.

Les éléments incorporels du fonds de commerce

Éléments	Description	Contenu	Protection
La clientèle	Ensemble des personnes qui s'approvisionnent habituellement auprès du commerçant.	• Clientèle ; personnes attirées par la compétence ou le savoir-faire du commerçant. • Achalandage : personnes attirées par la commodité du lieu.	Action en concurrence déloyale.

☞

Éléments	Description	Contenu	Protection
Le droit au bail	Lorsque le commerçant n'est pas propriétaire des locaux, mais locataire.	C'est le droit au renouvellement du bail	Dommages-intérêts en cas de refus de renouvellement
Le nom commercial	Appellation sous laquelle le commerçant exerce son activité	Nom de famille, pseudonyme, dénomination fantaisie	Actions en concurrence déloyale
L'enseigne	Signe extérieur qui individualise le fonds	Nom de famille, dénomination fantaisie, emblème	Action en concurrence déloyale
Les droits de propriété industrielle	Biens incorporels qui procurent à leurs titulaires un monopole d'exploitation ou d'utilisation	• Brevet d'invention • Dessins et modèles • Marques de fabrique de commerce et de service.	• Action en contrefaçon • Action en contrefaçon + législation sur les doits d'auteur • Action en contrefaçon + action en concurrence déloyale.

2. LA PROPRIÉTÉ COMMERCIALE

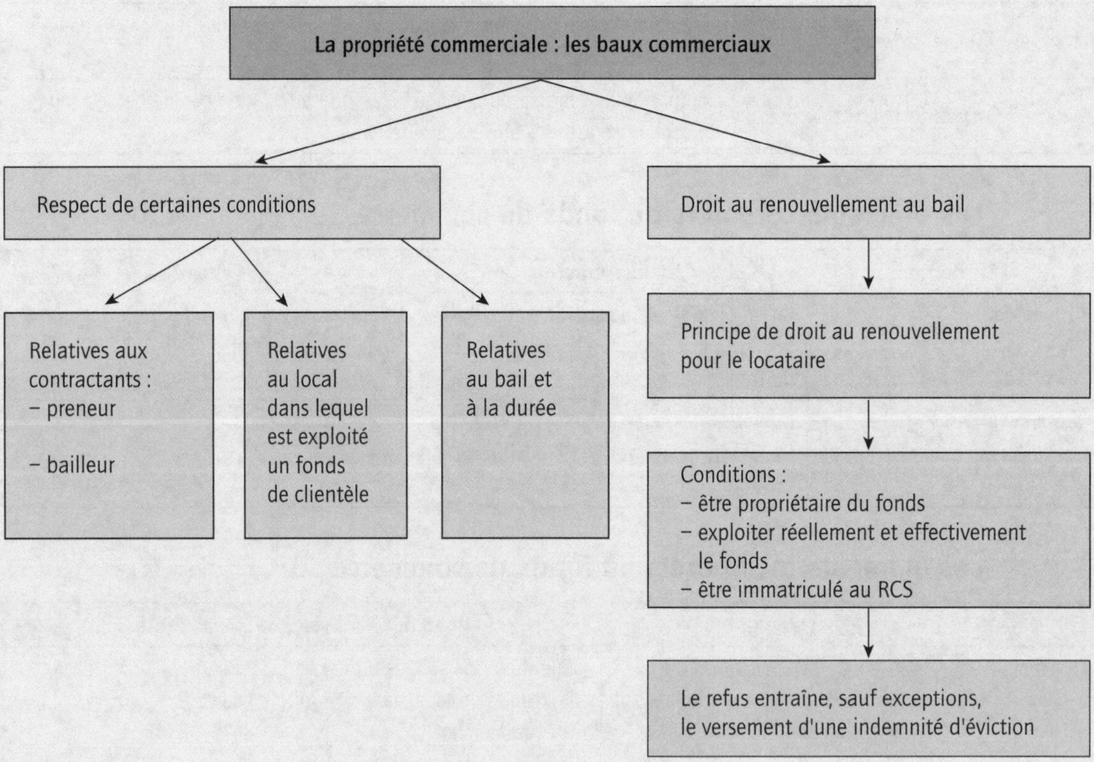

3. LA PROPRIÉTÉ INDUSTRIELLE

Description	Contenu	Protection
Biens incorporels qui procurent à leurs titulaires un monopole d'exploitation ou d'utilisation	• Brevets d'invention : – inventions nouvelles – impliquant une activité inventive – susceptible d'application industrielle. – brevetable – conforme à l'ordre public et aux bonnes mœurs	20 ans par l'action en contrefaçon
	• Dessins et modèles : création artistique appliquée à l'industrie : – nouvelle – ayant un caractère propre – non-contrariété à l'ordre public	Au titre des dessins et modèles 5 ans renouvelables (maximum 25 ans) + législation sur les droits d'auteur (vie de l'auteur + 70 ans) par l'action en contrefaçon
	• Marques de fabrique de commerce et de service : signes qui permettent de distinguer un produit ou un service de ceux offerts par la concurrence : – licite – non déceptive – distinctive – disponible	Action en contrefaçon + action en concurrence déloyale.

4. LES DROITS DES AUTEURS

Composition

Le droit moral de l'auteur perpétuel	Droit de circulation de l'œuvre	Droit de divulgation
		Droit de retrait et de repentir
	Droit au respect de l'œuvre : perpétuel	Droit au respect du nom et de la qualité
		Droit de s'opposer à toute altération
Les droits patrimoniaux de l'auteur pendant la vie de l'auteur + 70 ans	Droit de reproduction	Fixation matérielle de l'œuvre
	Droit de représentation	Communication de l'œuvre au public
	Droit de suite	Partie du produit de chaque vente

Protection

Saisie contrefaçon	La saisie des biens contrefaits permet de constituer une preuve de la contrefaçon. Elle réalise en même temps l'arrêt de celle-ci.
Action en contrefaçon	Elle a pour but de pénaliser le contrefacteur et de réparer le dommage subi par l'auteur.

APPLICATIONS

APPLICATION 1 Questionnaire d'auto-évaluation
APPLICATION 2 Questions de cours
APPLICATION 3 Étude de cas pratique
APPLICATION 4 Étude de cas pratique

Vous trouverez les corrigés du questionnaire d'auto-évaluation et des questions de cours en fin d'ouvrage ; les corrigés des cas pratiques, analyses d'une décision de justice et analyses d'un document figurent sur les sites www.expert-sup.com et www.dunod.com.

APPLICATION 1

Questionnaire d'auto-évaluation

Déterminez la ou les réponses exactes

1. Pour qu'il y ait bail commercial, il faut que :
   a) le propriétaire et le locataire soient commerçants.
   b) le propriétaire soit commerçant.
   c) le locataire soit commerçant.
   d) le bien loué soit un immeuble.
   e) le bien loué soit un meuble ou un immeuble.
   f) le bail soit d'une durée minimum de 3 ans.
   g) le bail soit d'une durée minimum de 9 ans.
   h) le bail soit d'une durée minimum de 2 ans.
   i) le bail soit d'une durée de 9 ans.

2. En cas de bail commercial :
   a) le locataire a droit dans tous les cas au renouvellement.
   b) le locataire a droit au renouvellement s'il exploite réellement le fonds dans les lieux loués.
   c) le locataire a droit au renouvellement s'il est propriétaire du fonds, même s'il ne l'exploite pas lui-même.
   d) le locataire a droit au renouvellement s'il exploite personnellement le fonds dans les lieux loués depuis au moins 3 ans, à l'expiration du bail.

3. La propriété industrielle :
   a) est synonyme de « propriété intellectuelle ».

b) concerne toutes les œuvres créatives.
c) est une qualification qui s'applique aux brevets, marques, dessins et modèles.
d) est une qualification qui s'applique aux logiciels.
e) est une qualification qui s'applique aux œuvres littéraires et artistiques.

4. Le brevet est protégé pendant :
a) 10 ans.
b) 5 ans renouvelables 5 fois.
c) 20 ans renouvelables.
d) 20 ans.

5. Le breveté :
a) est obligé d'exploiter son invention.
b) détient un droit exclusif sur son invention.
c) ne peut pas céder son invention.
d) peut céder ou concéder son invention.
e) peut apporter ses droits sur son invention en société.
f) doit payer une taxe.

6. La forme d'un flacon de parfum est protégée au titre :
a) du brevet d'invention.
b) du dessin.
c) du modèle.
d) du droit d'auteur.

7. La marque est protégée pendant :
a) 10 ans.
b) 5 ans renouvelables 5 fois.
c) 20 ans renouvelables.
d) 10 ans indéfiniment renouvelables.
e) 20 ans.

8. L'action en concurrence déloyale protège :
a) le nom commercial.
b) les brevets.
c) la clientèle.
d) l'enseigne.
e) les marques.

9. L'action en contrefaçon protège :
a) l'enseigne.
b) le nom commercial.
c) les brevets.
d) les marques.

10. La contrefaçon est :
a) un délit civil.

b) un délit au sens pénal.
c) un délit civil et un délit au sens pénal.

11. Le droit d'auteur protège :
a) toutes les œuvres créatives.
b) les œuvres de l'esprit.
c) uniquement l'auteur, personne physique.
d) l'auteur qui a fait des formalités de dépôt.
e) le salarié dans le cadre de son activité.
f) l'employeur sur les œuvres de ses salariés.
g) l'auteur pendant toute sa vie.
h) l'auteur pendant 70 ans.
i) l'auteur pendant toute sa vie et ses héritiers 70 ans après sa mort.

12. Les droits d'auteur sont protégés par :
a) l'action en contrefaçon.
b) l'action en concurrence déloyale.
c) l'action en contrefaçon et l'action en concurrence déloyale.

APPLICATION 2

Questions de cours

1. Les conditions de la brevetabilité.
2. Le renouvellement du bail commercial.

APPLICATION 3

Étude de cas pratique

Eau Andalouse

La société Emmanuel de la Ferrière commercialise sous ses marques des parfums et notamment une eau de toilette dénommée Eau Andalouse.

Cette société se prétend titulaire de droits d'auteur sur le flacon dans lequel est commercialisée cette eau de toilette ainsi que sur le jus constituant celui-ci.

Ayant constaté qu'une eau de toilette était commercialisée dans les magasins « Au Comptoir asiatique » sous la dénomination « Eau de Séville » et dans un flacon qui reproduisait ses marques figuratives, elle envisage d'assigner cette dernière en contrefaçon de droits d'auteur.

Document : Affaire Bsiri-Barbir c/ Sté Haarmann

Sur le moyen unique :

Attendu que Mme Bsiri-Barbir fait grief à l'arrêt attaqué (Versailles, 5 mars 2002, 6e ch. soc.) de l'avoir déboutée de sa demande en indemnisation formée à l'encontre de la société Haarman et Reimer au titre des parfums qu'elle a créés pour cette société, en retenant que de telles créations ne relevaient pas de la protection par le droit d'auteur, alors, selon le moyen, que les dispositions du Code de la propriété intellectuelle protègent les droits des auteurs sur toutes les œuvres de l'esprit, quels qu'en soit le genre, la forme d'expression, le mérite ou la destination ; que le même code prévoit une liste non exhaustive de ce qu'il considère notamment comme des œuvres de l'esprit ; que la fragrance d'un parfum, création intellectuelle, peut donc, sous réserve d'être originale, être considérée comme une œuvre de l'esprit protégée par le droit d'auteur ; qu'à ce titre Mme Bsiri-Barbir a demandé une gratification sur les parfums qu'elle a créés, en application de la protection des œuvres de l'esprit prévue par le code de la propriété intellectuelle ; qu'en décidant que la création de parfums ne relevait pas de la protection du droit d'auteur, la cour d'appel a violé les articles L. 112-1 et L. 112-2 du Code de la propriété intellectuelle ;

Mais attendu que la fragrance d'un parfum, qui procède de la simple mise en œuvre d'un savoir-faire, ne constitue pas au sens des textes précités, la création d'une forme d'expression pouvant bénéficier de la protection des œuvres de l'esprit par le droit d'auteur ; d'où il suit que le moyen n'est pas fondé ;

Par ces motifs : rejette le pourvoi.

Cass. civ. 1, 13 juin 2006,
Bsiri-Barbir c/ Sté Haarmann.

QUESTION

La société Emmanuel de la Ferrière se pose la question de savoir si un parfum (ou fragrance) peut être protégé au titre des droits d'auteur. Pour répondre à cette question, vous mobiliserez vos connaissances et vous utiliserez la documentation ci-dessus.

APPLICATION 4

Étude de cas pratique

Paul Lefebure

Par acte sous seing privé, la Société des Courses marseillaises a donné à bail à Paul Lefebure pour une durée de 9 ans la concession exclusive de l'installation d'un buffet buvette sur le champ de courses marseillais.

L'accord conclu prévoit que l'activité de Paul Lefebure doit être limitée à l'enceinte du champ de courses et réduites aux seules journées de réunions hippiques (10 à 20 réunions par an).

Par la suite, Paul Lefebure a demandé à la société de courses l'autorisation d'organiser des banquets hors des périodes hippiques. Accord lui a été donné à condition que la société de courses soit informée, chaque fois, de l'organisation de ces banquets et qu'une redevance lui soit versée.

À l'expiration de la période fixée dans l'acte sous seing privé, M. Lefebure a reçu congé de la Société des Courses marseillaises au motif que le bail n'est pas commercial. Les relations qu'il entretenait avec la société ont toujours été bonnes. Il a scrupuleusement respecté les obligations mises à sa charge par l'acte sous seing privé.

S'estimant lésé, il envisage d'intenter une procédure contre la société de courses pour violation des dispositions relatives aux baux commerciaux.

QUESTIONS

1. Rappelez les conditions du droit au renouvellement du bail commercial.
2. Quel est le problème juridique dans cette affaire ?
3. En vous appuyant sur vos connaissances et le document annexé vous ferez la liste des arguments des parties pour faire valoir leurs droits. Qu'en concluez-vous ?

Annexe : Arrêt de la Cour de cassation, chambre commerciale, 28 mai 2013

Attendu, selon l'arrêt attaqué, que la société La Romana, dont la gérante est Mme X., a donné en location-gérance à la société Queeky une pizzeria exploitée dans des locaux dépendant d'un port de plaisance dont la société Yacht Club a obtenu la concession de la commune de Saint-Laurent-du-Var ; qu'au terme du contrat, la société Queeky s'étant maintenue dans les lieux, la société La Romana l'a fait assigner en restitution du fonds et en réparation de son préjudice ; [...]

Attendu que, pour condamner la société Queeky à payer à la société La Romana la somme de 85 000 euros à titre de dommages-intérêts, l'arrêt retient que, si le commerce litigieux, qui est exploité sur le domaine public, ne peut bénéficier du statut des baux commerciaux, sa situation dans la galerie marchande du port de Saint-Laurent-du-Var permet le ralliement de la clientèle puisqu'elle attire les personnes attachées à l'environnement maritime des lieux ;

Attendu qu'en se déterminant ainsi, sans rechercher si la société La Romana exploitait une clientèle attachée à l'activité de la pizzeria qui soit distincte de celle du port de plaisance où elle était exercée, la cour d'appel n'a pas donné de base légale à sa décision ;

11 CHAPITRE

L'entreprise en difficulté

SECTION 1 La prévention des difficultés

SECTION 2 Le traitement des difficultés

FICHE MÉMO • APPLICATIONS

Quand une entreprise rencontre des problèmes pour payer ses dettes on la qualifie d'« entreprise en difficulté ». Cette expression est récente. Auparavant, on utilisait celle d'entreprise soumise à une « procédure collective » ou, de façon plus cruelle, celle d'entreprise en « faillite ». Ce changement dans le vocabulaire n'est pas neutre. Il traduit un changement d'attitude par rapport aux difficultés rencontrées par les entreprises. En effet, jusqu'aux lois du 1er mars 1984 et du 25 janvier 1985, quand un commerçant ne pouvait pas payer ses dettes, on le soumettait à une procédure organisée et collective de paiement du passif. Par ailleurs, on recherchait souvent dans quelle mesure son comportement était responsable de la situation de son entreprise. Le droit de la « faillite(1) » était fortement marqué par un caractère répressif.

Depuis le milieu des années 1980, le renforcement de la concurrence s'est traduit par de nombreuses défaillances qui ont affecté des pans entiers de notre économie. Par ailleurs, les défaillances d'entreprises ne sont pas nécessairement dues à la malhonnêteté de l'entrepreneur. Les difficultés qu'il rencontre s'expliquent aussi par les rigueurs de la concurrence, son incompétence ou des évolutions mal anticipées du marché. Tout ceci a conduit le législateur à modifier sa conception de l'entreprise en difficulté pour gommer, sans les effacer complètement, les aspects répressifs au profit du sauvetage de l'entreprise et de ses emplois. Cette tendance se lit dans les textes du milieu des années 1980. Elle est même renforcée par la loi du 26 juillet 2005 relative à la sauvegarde des entreprises, modifiée par la loi du 22 octobre 2010 de régulation bancaire et financière.

Tirant les enseignements des dysfonctionnements des textes antérieurs, ce dernier texte vise à rendre plus efficace les mécanismes de prévention (section 1) et de traitement des difficultés des entreprises (section 2).

SECTION 1

LA PRÉVENTION DES DIFFICULTÉS

Si l'on considère que l'entreprise est un acteur économique et social important, notamment par les emplois fournis, les revenus distribués, la prévention des difficultés apparaît comme un objectif de bon sens d'une politique législative réaliste. Toutefois, elle n'est pas aisée à

(1) *« Le terme "faillite" vient du mot* fallere *qui signifie manquer, tromper. Le débiteur trompe ceux qui lui font crédit et se trompe lui-même. Avant la loi du 13 juillet 1967, la faillite visait le commerçant qui ne pouvait plus payer ses dettes. »* Petit dictionnaire de la faillite, *IFPPC, La documentation française, 2006, p. 112.*

mettre en œuvre. En effet, une prévention efficace suppose, dans certains cas, de recourir à des tiers. Le chef d'entreprise doit vaincre sa réticence psychologique à demander de l'aide. Par ailleurs, le secret des affaires va s'effriter et l'on peut craindre raisonnablement une aggravation des difficultés dans certaines situations. Pourtant notre droit s'est engagé, depuis le milieu des années 1980, dans cette direction. Aujourd'hui, la prévention repose principalement sur quatre dispositifs : l'information comptable (1), la procédure d'alerte (2), le recours à un mandataire *ad hoc* (3) et à un conciliateur (4).

1. Le rôle de l'information comptable

La tenue d'une comptabilité (1.1) respectant des normes comptables constitue l'une des techniques de prévention les plus efficaces. Cette efficacité est renforcée par la nécessité de déposer certains documents comptables (1.2) et d'établir des documents de gestion prévisionnelle (1.3). Enfin, ces obligations doivent être sanctionnées si l'on veut qu'elles ne restent pas lettres mortes (1.4).

1.1 L'obligation de tenir une comptabilité

Nous distinguerons le cas des commerçants (a) de celui des sociétés civiles (b).

a) Le cas des commerçants et des sociétés commerciales

Toute personne physique ou morale ayant la qualité de commerçant est tenue d'établir une comptabilité régulière et de dresser, à la clôture de l'exercice, des comptes annuels au regard des enregistrements comptables et de l'inventaire. Ces exigences comptables sont posées par l'article L. 123-12 du Code de commerce.

Les exigences comptables de l'article L. 123-12 du Code de commerce

Toute personne physique ou morale ayant la qualité de commerçant doit procéder à l'enregistrement comptable des mouvements affectant le patrimoine de son entreprise. Ces mouvements sont enregistrés chronologiquement.

Elle doit contrôler par inventaire, au moins une fois tous les douze mois, l'existence et la valeur des éléments actifs et passifs du patrimoine de l'entreprise.

Elle doit établir des comptes annuels à la clôture de l'exercice au vu des enregistrements comptables et de l'inventaire. Ces comptes annuels comprennent le bilan, le compte de résultat et une annexe, qui forment un tout indissociable.

b) Le cas des sociétés civiles

Il n'existe pas une réglementation d'ensemble qui oblige les sociétés civiles à tenir une comptabilité. Ceci ne veut pas dire que ces sociétés sont dispensées de toute obligation comptable.

Plusieurs cas doivent être distingués :

– les obligations comptables peuvent être imposées par les statuts ou encore par les relations avec l'administration fiscale, les tiers ou les associés ;

– certaines sociétés civiles sont soumises à un plan comptable réglementé ;

EXEMPLES

Sociétés civiles de placements immobiliers, sociétés coopératives agricoles.

– certaines sociétés civiles doivent établir chaque année des comptes annuels et un rapport de gestion. Il s'agit de sociétés d'une certaine taille et qui développent une activité économique. Sont concernées les sociétés qui, à la clôture d'un exercice, dépassent deux des trois seuils suivants : 50 salariés, 3,1 millions d'euros de chiffre d'affaires ou de ressources et 1,55 million d'euros de total de bilan.

1.2 Le dépôt des comptes et des rapports annuels

Certaines personnes morales sont tenues de déposer au greffe du tribunal de commerce leurs comptes annuels. Cette obligation de dépôt rentre dans le cadre de ce que l'on pourrait appeler une « comptabilité rétrospective ». Elle doit être accomplie dans le mois qui suit l'approbation de ces comptes.

L'OBLIGATION DE DÉPOSER LES COMPTES ET LES RAPPORTS ANNUELS	
Sociétés visées	**Documents à déposer**
• Sociétés par actions (SA, SCA, SAS, SASU) • Sociétés à responsabilité limitée (SARL, EURL) • Sociétés en nom collectif et sociétés en commandite simple (sous certaines conditions)	• Comptes annuels (bilan, compte de résultat et annexe) (1) et (2) • Rapport de gestion (3) • Rapport du conseil de surveillance (pour les SA qui ont opté pour la méthode germanique de gouvernement de l'entreprise et pour les SCA) • Rapport du commissaire aux comptes s'il existe • Proposition d'affectation du résultat soumise à l'assemblée et la résolution votée

(1) Les petites entreprises peuvent adopter une présentation simplifiée de leurs comptes annuels et demander au greffe du tribunal de commerce que leur compte de résultat ne soit pas rendu public. La non-publication a été rendue possible par la loi du 6 août 2015. Elle s'applique aux exercices clos à compter du 31 décembre 2015 et aux comptes déposés à compter du 1er août 2016.
Les petites entreprises sont celles qui ne dépassent pas, au titre du dernier exercice comptable et sur une base annuelle, deux des trois seuils suivants :
– total bilan : 4 M€;
– montant net du CA : 8 M€;
– nombre moyen de salariés employés au cours de l'exercice : 50.
(2) Depuis le décret no 2014-136 du 17 février 2014, les micro-entreprises ne sont plus tenues d'établir l'annexe. L'allègement concerne des entreprises pour lesquelles, au titre du dernier exercice comptable et sur une base annuelle, deux des trois seuils suivants ne sont pas dépassés :
– total bilan : 350 000 euros ;
– montant net du chiffre d'affaires : 700 000 € ;
– nombre moyen de salariés employés au cours de l'exercice : 10.
(3) La loi no 2012-387 du 22 mars 2012 de simplification du droit et d'allégement des démarches administratives dispense les sociétés commerciales, à l'exception des sociétés dont les titres sont admis aux négociations sur un marché réglementé, de déposer le rapport de gestion au greffe du tribunal de commerce.

1.3 Les documents de gestion prévisionnelle

Dans le cadre de la prévention des difficultés des entreprises, la loi du 1er mars 1984 a soumis certaines entreprises à des obligations comptables renforcées. Cette obligation rentre dans le cadre de ce que l'on pourrait appeler une « comptabilité prospective ». Les entreprises visées doivent valider deux conditions.

■ *Figurer dans la liste prévue par la loi*

Elle concerne les entreprises suivantes :
– les sociétés commerciales ;
– les personnes morales de droit privé non commerçantes ayant une activité économique ;
– les établissements publics de l'État ayant une activité industrielle ou commerciale ;
– les groupements d'intérêt économique.

■ ***Respecter l'un des deux seuils suivants***

- Occuper un nombre de salariés égal ou supérieur à 300.
- Réaliser un chiffre d'affaires hors taxe égal ou supérieur à 18 millions d'euros.

Si ces différents critères sont validés, l'entreprise doit établir certains documents comptables en respectant une certaine périodicité.

DOCUMENTS À ÉTABLIR	
Périodicité	**Documents**
Dans les 4 mois de l'ouverture de l'exercice	• Le plan de financement et le compte de résultats prévisionnels de l'exercice en cours. • Le tableau de financement pour l'exercice écoulé. *Remarque* : le tableau doit être établi en même temps que les comptes annuels. • La situation de l'actif réalisable et disponible (valeurs d'exploitation exclues) et du passif exigible du second semestre de l'exercice écoulé.
Dans les 4 mois qui suivent la clôture du premier semestre	• La situation de l'actif réalisable et disponible (valeurs d'exploitation exclues) et du passif exigible du premier semestre de l'exercice écoulé. • Une révision du compte de résultat prévisionnel établi 6 mois auparavant.

1.4 Les sanctions

Deux cas de figures doivent être distingués.

a) Non-respect de l'obligation de dépôt annuel des comptes et des rapports

Ce non-respect peut faire l'objet de diverses sanctions.

• L'article L. 123-5-1 du Code de commerce permet à tout intéressé ou au ministère public de demander au président du tribunal de commerce, statuant en référé, d'enjoindre sous astreinte aux dirigeants sociaux de procéder au dépôt de ces documents ou de désigner un mandataire chargé d'effectuer cette formalité.

• Aux termes de l'article L. 611-2 C. com., quand les dirigeants d'une société commerciale ne procèdent pas au dépôt des comptes annuels dans les délais prévus par les textes applicables, le président du tribunal peut leur adresser une injonction de faire (c'est-à-dire déposer les comptes) à bref délai et sous astreinte. Si cette injonction n'est pas suivie d'effet, le président peut obtenir des renseignements de nature à lui donner une information exacte sur la situation économique et financière du débiteur. Les personnes qui doivent fournir ces informations sont les commissaires aux comptes, les membres et représentants du personnel, les administrations publiques, les organismes de sécurité et de prévoyance sociales ainsi que les services chargés de la centralisation des risques bancaires et des incidents de paiement.

De plus, le fait de ne pas satisfaire à l'obligation de dépôt est une contravention de 5e classe. Elle est punie d'une amende de 1 500 euros, doublée en cas de récidive.

b) Non-respect des obligations relatives aux documents prévisionnels

Dans ce domaine il n'existe pas de sanctions spécifiques. Les dirigeants sociaux qui ne respectent pas ces obligations n'encourent aucune sanction pénale. Toutefois, leur responsabilité civile pourrait être engagée.

2. Le rôle de la procédure d'alerte

L'information améliore la prise de décision. Elle permet de lutter plus efficacement contre les difficultés. Toutefois, l'information ne résout pas l'ensemble des problèmes. Il faut aussi qu'elle puisse être utilisée par les différentes parties prenantes de l'entreprise. Tel est l'objet du droit d'alerte dont on présentera les traits caractéristiques du régime juridique (2.1) avant d'en analyser l'application par le commissaire aux comptes (2.2).

2.1 Le régime juridique de la procédure d'alerte

La procédure d'alerte est une des innovations majeures de la loi de 1984. L'idée qui l'inspire est celle de « sursaut ». En fournissant des informations au chef d'entreprise on pense qu'il réagira et prendra les mesures nécessaires face aux menaces qui se profilent. L'efficacité de cette mesure repose sur plusieurs conditions. D'abord, les informations doivent être fournies le plus rapidement possible, en pratique dès l'apparition des premières difficultés. Ensuite, la procédure doit rester confidentielle de manière à ne pas discréditer l'entreprise. Enfin, le droit d'alerte doit être étendu au-delà du cercle des associés. D'autres parties prenantes doivent disposer de ce droit ; on pense notamment aux salariés.

Ce droit d'alerte, d'inspiration libérale, n'a pas produit les effets escomptés et il a subi des retouches lors de l'adoption de la loi du 26 juillet 2005. Les grands traits de son régime juridique sont les suivants.

a) Détenteur du droit

Les personnes qui peuvent déclencher l'alerte sont :
- le groupement de prévention agréé ;
- le commissaire aux comptes ;
- les institutions représentatives du personnel ;
- les actionnaires et les associés ;
- le président du tribunal.

PRÉCISIONS SUR LA DÉTENTION DU DROIT D'ALERTE

- **Le groupement de prévention agréé.** Il a pour mission de fournir à ses adhérents, de façon confidentielle, une analyse comptable, financière et économique des informations que ceux-ci s'engagent à lui transmettre régulièrement. Lorsque le groupement relève des indices de difficultés, il en informe le chef d'entreprise et peut lui proposer l'intervention d'un expert.
- **Le commissaire aux comptes.** Le commissaire aux comptes est obligatoire dans les sociétés par actions. Dans les autres sociétés, sa présence est soumise à la validation de certains seuils (*exemple* : dans la SARL, il faut valider 2 des 3 seuils suivants : CA hors taxe : 3,1 millions d'euros ; total bilan : 1,55 million d'euros ; nombre de salariés : 50). Hors ces cas, il est toujours possible de recourir à ce professionnel. Le déclenchement de l'alerte est une obligation pour le commissaire aux comptes.
- **Les institutions représentatives du personnel (IRP).** Le droit d'intervention appartient au comité d'entreprise ou, à défaut, aux délégués du personnel. Le déclenchement de l'alerte est une simple prérogative des représentants du personnel.

- **Les actionnaires et les associés.** Les associés non gérants d'une SARL et les actionnaires d'une société anonyme détiennent le droit d'alerte. Dans les SA, l'alerte ne peut être déclenchée que par un ou des actionnaires qui détiennent au moins 5 % du capital. Dans les SARL, le seuil est de 10 %.
- **Le président du tribunal.** Ce droit appartient au président du tribunal de commerce et à celui du TGI. Il s'exerce dans les sociétés commerciales et civiles, les GIE, les entreprises individuelles, commerciale ou artisanale. Le déclenchement de l'alerte est une simple prérogative du président du tribunal.

b) Moment de déclenchement de l'alerte

En règle générale, l'alerte est déclenchée quand apparaissent des faits qui sont de nature à compromettre la continuité de l'exploitation.

EXEMPLE

Perte d'un client important, sinistres, insuffisance de capitaux propres, départ d'une personne clé...

2.2 Le déclenchement de la procédure d'alerte par le commissaire aux comptes

a) Dans les sociétés anonymes

Dans les sociétés anonymes, le déclenchement de l'alerte par le commissaire aux comptes se déroule en trois phases.

Phase 1 : Information donnée par le commissaire aux comptes

Acteur	Procédure
CAC	• Il communique au président du conseil d'administration ou du directoire les faits précis relevés à l'occasion de sa mission qui sont de nature à compromettre la continuité de l'exploitation de l'entreprise.
Président du CA ou du directoire	• Il répond à la mise en garde du CAC, par lettre recommandée avec accusé de réception. • Le délai de réponse est de 15 jours qui se calculent à partir du jour de la réception de la mise en garde du CAC.
Conclusion de la phase 1 : Si le CAC estime que la réponse donnée est satisfaisante, la procédure d'alerte est terminée. Sinon on passe à la phase 2.	

Phase 2 : Délibération du conseil d'administration ou du conseil de surveillance

Acteur	Procédure
CAC	• Si le CAC ne reçoit pas de réponse ou s'il estime que la réponse reçue ne permet pas d'assurer la continuité de l'exploitation, il invite, par lettre recommandée, le président du conseil d'administration ou du directoire à faire délibérer le conseil d'administration ou de surveillance • Une copie de cette invitation est adressée au président du tribunal de commerce
Conseil d'administration ou conseil de surveillance	• Délibération suite à l'invitation du CAC • La délibération a lieu moins de 40 jours après le déclenchement de la procédure par le CAC

☞

Acteur	Procédure
CAC	• Envoi d'un extrait du procès-verbal de la réunion au CAC, au président du tribunal de commerce, au CE ou, à défaut, aux délégués du personnel.
Conclusion de la phase 2 : Si les dispositions de la phase 2 ne sont pas respectées ou si la réponse donnée par la société ne permet pas d'assurer la poursuite de la continuité de l'exploitation, on passe à la phase 3.	

■ *Phase 3 : Convocation de l'assemblée générale*

Acteur	Procédure
CAC	• Le CAC invite le président du conseil d'administration ou du directoire à faire délibérer une assemblée générale sur les faits relevés. • L'assemblée générale doit se réunir au plus tard dans le délai d'un mois qui suit l'invitation du CAC. • Si l'assemblée générale n'est pas convoquée, le CAC doit procéder lui-même à cette convocation.
Assemblée générale	• Lors de cette assemblée le CAC présente aux actionnaires un rapport spécial. • Ce rapport est communiqué au CE ou, à défaut, aux délégués du personnel.
Conclusion de la phase 3 : Si, à l'issue de cette assemblée générale, le CAC considère que les décisions prises ne permettent pas d'assurer la continuité de l'exploitation, il en informe le président du tribunal de commerce. Il lui communique tous les documents utiles à son information.	

b) Dans les autres sociétés

Dans les autres sociétés il n'y a que trois phases.

• Le CAC demande aux dirigeants (gérants de SARL...) de fournir des explications sur les faits qu'il a constatés et qui peuvent compromettre la continuité de l'exploitation. La réponse est communiquée aux représentants du personnel et au président du tribunal de commerce.

• Si les dirigeants ne fournissent pas une réponse satisfaisante ou ne répondent pas, le CAC les invite à faire délibérer une assemblée générale. Il établit un rapport spécial qu'il présente lors de cette assemblée. Il informe le président du tribunal de commerce.

• Si, à l'issue de la réunion de l'assemblée, le commissaire aux comptes constate que les décisions prises ne permettent pas d'assurer la continuité de l'exploitation, il informe de ses démarches le président du tribunal de commerce et lui communique les résultats de ses démarches.

3. Le rôle du mandataire *ad hoc*

Après avoir défini le mandat *ad hoc* (3.1), nous délimiterons la mission de cette personne (3.2).

3.1 Définition

Le mandat *ad hoc* est une technique ancienne, née de la pratique des juridictions consulaires (= tribunaux de commerce) et qui est utilisée à différentes fins, notamment la gestion des conflits. Elle consiste à **conférer une mission particulière à une personne désignée par l'autorité judiciaire.** En général, cette personne est un mandataire de justice.

EXEMPLES DE MISSIONS

Favoriser une conciliation des parties, assurer la gestion de telle ou telle activité d'une entreprise en raison d'une carence, convoquer une assemblée générale d'associés ou d'actionnaires.

Qu'est-ce qu'un mandataire de justice ?

Personne exerçant une activité libérale, chargée d'une mission de service public, nommée par une juridiction, dans le cadre des difficultés des entreprises.

Depuis 1985, les mandataires de justice sont regroupés dans une organisation professionnelle unique, coordonnée et contrôlée par le Conseil national des administrateurs judiciaires et des mandataires judiciaires.

Petit dictionnaire de la faillite, op. cit., p. 157.

Le mandat *ad hoc* présente de nombreux avantages. D'abord, le recours à ce mandataire ne s'accompagne pas d'une publicité ; aussi peut-il rester discret et ne pas porter atteinte au crédit de l'entreprise. Ensuite, le dirigeant de l'entreprise reste en place ; aussi peut-il collaborer à la réussite de la mission du mandataire. Enfin, la procédure est souple et ne dresse pas d'obstacle à la recherche de solutions efficaces et innovantes.

3.2 Mission du mandataire *ad hoc*

Le mandataire *ad hoc* est désigné par le président du tribunal. Ce dernier est saisi par l'entreprise qui rencontre des difficultés. Concrètement, il est saisi par l'entrepreneur individuel ou le représentant légal de la société, par exemple le gérant de la SARL. Toute autre personne est exclue.

La personne qui demande la nomination d'un tel mandataire expose les raisons de sa requête et propose, éventuellement, le nom du mandataire dont elle souhaite la désignation. Le président du tribunal convoque cette personne et décide des suites à donner. Il peut refuser la nomination d'un mandataire *ad hoc*. Dans ce cas, le chef d'entreprise peut faire appel de cette décision. Si le président agrée à la requête qui lui est adressée, l'ordonnance qui désigne le mandataire ad hoc définit l'objet de sa mission. Il s'agit essentiellement de rechercher puis de mettre en œuvre des solutions permettant de résoudre les difficultés.

EXEMPLES

Recherche de délais de paiement avec les créanciers, adoption d'un plan de redressement conventionnel.

Par ailleurs, le président du tribunal détermine la durée de la mission du mandataire ad hoc et fixe le montant de sa rémunération. Sur ce montant, l'accord de l'entreprise est requis. Le mandataire ad hoc est soumis à une obligation de confidentialité. Il en est de même pour toutes les personnes appelées à un mandat *ad hoc* ou qui, par leurs fonctions, en ont connaissance. Le président du tribunal met fin au mandat *ad hoc* sur la demande du débiteur.

4. Le rôle du conciliateur

Après avoir défini la conciliation (4.1), nous délimiterons la mission du conciliateur (4.2).

4.1 Définition

La conciliation est une procédure ordonnée par le président du tribunal de grande instance ou de commerce sur demande d'une entreprise qui éprouve des difficultés et qui, aidée par un conciliateur, désire rechercher un accord avec ses créanciers.

PRÉCISIONS : CONDITIONS POUR RECOURIR À LA CONCILIATION

Pour recourir à la conciliation il faut valider les conditions suivantes :

- **Champ d'application :**

– toute personne exerçant une activité commerciale ou artisanale (*exemples* : un boulanger, un maçon) ;

– toute personne morale de droit privé (*exemples* : une société civile, une association, une SARL) ;

– toute personne physique exerçant une activité professionnelle indépendante (*exemples :* un agent commercial, un médecin).

- **Situation de l'entreprise :**

– l'entreprise n'est pas en état de cessation des paiements ou son état de cessation des paiements est récent (il est intervenu il y a moins de 45 jours) ;

– et l'entreprise éprouve une difficulté avérée (= réalisée) ou prévisible.

Cette difficulté est :

– juridique (*exemples* : litiges entre associés, conflit avec un tiers) ;

– ou économique (*exemples* : perte d'un client important, rupture d'approvisionnement suite à un conflit affectant les moyens de transport) ;

– ou financière (*exemples* : défaillance d'un débiteur, rupture d'une ligne de crédit).

QUE FAUT-IL ENTENDRE PAR ÉTAT DE CESSATION DES PAIEMENTS ?

Situation d'une entreprise dans laquelle le passif exigible est supérieur à l'actif disponible.

4.2 Mission du conciliateur

La conciliation s'adresse à des entreprises qui sont viables du point de vue économique. Elle présente trois caractéristiques majeures qui en soulignent l'originalité.

a) Caractéristiques

D'abord la conciliation repose sur la mécanique contractuelle. Le débiteur et ses principaux créanciers cherchent à résoudre leurs problèmes en s'appuyant sur l'outil contractuel. Ensuite, la conciliation n'est pas une procédure collective. En effet, tous les créanciers ne sont pas appelés à la conciliation. Seuls les principaux créanciers sont concernés. Enfin, la conciliation est un mécanisme de prévention. En l'utilisant, l'entreprise en difficulté cherche à éviter le redressement ou la liquidation judiciaire.

b) Procédure

Seule l'entreprise en difficulté peut demander l'ouverture de la procédure de conciliation. Toute autre personne est exclue. La demande est adressée au président du tribunal de commerce si le demandeur est une entreprise commerciale. En revanche, la demande est adressée au président du tribunal de grande instance si le demandeur est une personne morale de droit privé ou un professionnel indépendant. La décision d'ouverture est prise par le président du tribunal. Celui-ci peut rejeter la demande(1) ou ouvrir la conciliation. Dans ce second cas, il nomme un conciliateur.

(1) Le rejet de la demande ouvre à l'entreprise en difficulté la possibilité de demander au président du tribunal de rétracter ou de modifier sa décision. L'appel est également possible.

Le conciliateur est choisi souverainement par le président du tribunal. Ce peut être un mandataire de justice ou une personne retenue en fonction de ses compétences. Toutefois, la liberté du président du tribunal n'est pas totale. En effet, la loi a édicté des incompatibilités.

EXEMPLE

Le conciliateur ne peut pas être une personne qui a reçu récemment (au cours des 24 mois précédents) une rémunération ou un paiement de la part de l'entreprise en difficulté ou de l'un de ses créanciers. La loi cherche ainsi à éviter les conflits d'intérêts.[1]

La durée de la mission du conciliateur n'excède pas 4 mois (exceptionnellement elle peut être prorogée d'un mois).

Le conciliateur reçoit une mission déterminée par le président du tribunal. Son objet est de favoriser la conclusion entre le débiteur et ses principaux créanciers ainsi que, le cas échéant, ses cocontractants habituels, d'un accord amiable destiné à mettre fin aux difficultés de l'entreprise. Il peut également présenter toute proposition se rapportant à la sauvegarde de l'entreprise, à la poursuite de l'activité économique et au maintien de l'emploi.

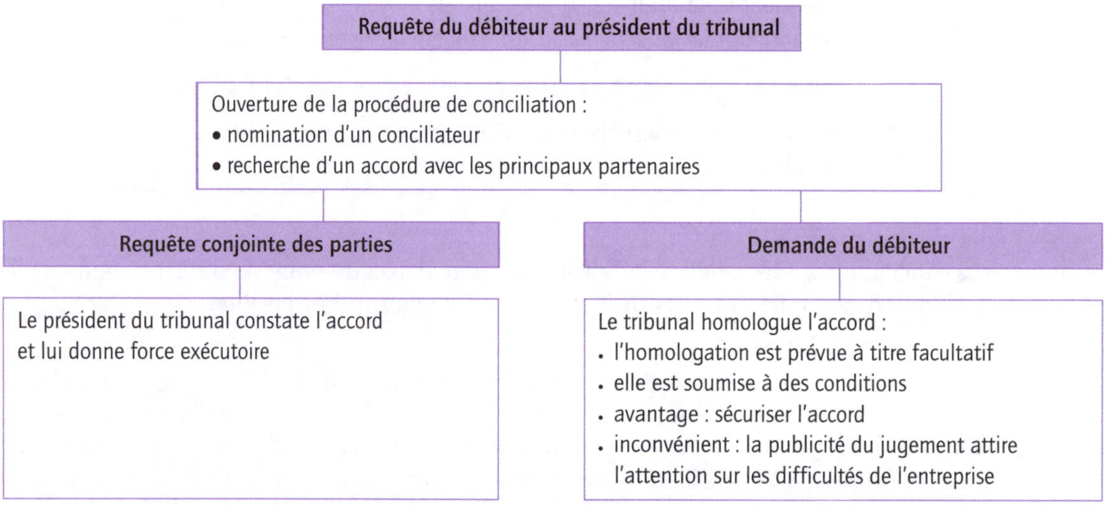

Si les parties ne réussissent pas à se mettre d'accord, ou si l'accord échoue, il conviendra de s'orienter vers une procédure de traitement des difficultés.

SECTION 2

LE TRAITEMENT DES DIFFICULTÉS

La loi du 26 juillet 2005 propose trois procédures pour traiter des difficultés des entreprises. La loi ancienne, celle du 25 janvier 1985, ne prévoyait que deux procédures. De prime abord, on peut s'étonner de ce nouvel ajout qui accroît la complexité d'une matière déjà foisonnante. En réalité, la multiplication des procédures est un choix de politique législative.

(1) *Ces incompatibilités concernent aussi le mandataire* ad hoc.

Ce choix est commandé par deux idées. D'abord, l'objectif premier d'un droit des entreprises en difficulté est le sauvetage du plus grand nombre possible d'entreprises ; de ce point de vue, la politique législative n'a pas changé depuis le milieu des années 1980. Ensuite, les réalités économiques sont devenues à la fois plus complexes mais aussi plus diverses. Face à une telle situation la multiplication des procédures permet une meilleure adaptation du droit aux réalités économiques. Il s'agit d'offrir plus d'outils pour traiter des difficultés des entreprises. Chaque entreprise pourra alors choisir la procédure qui lui apparaîtra comme la plus adaptée à ses besoins.

Les trois procédures à analyser sont la procédure de sauvegarde (1), les procédures de redressement (2) et de liquidation judiciaires (3).

1. La procédure de sauvegarde

La procédure de sauvegarde est l'innovation majeure de la loi du 26 juillet 2005. Nous en présenterons les finalités (1.1) et les caractéristiques essentielles (1.2). Par ailleurs, des textes récents ont créé une sauvegarde accélérée[1] (voir § 1.3).

1.1 Finalités de la procédure de sauvegarde

La procédure de sauvegarde est l'innovation majeure de la réforme de 2005. Elle est inspirée des modèles étrangers, notamment du chapitre XI du droit fédéral américain. Ce texte permet à une entreprise de se placer sous la sauvegarde de la justice, sans être pour autant en état de cessation des paiements. L'ouverture de la sauvegarde ne peut être demandée que par le débiteur.

Cette entreprise doit rencontrer des difficultés qu'elle ne peut pas surmonter seule. Ainsi placée sous la main de la justice, cette entreprise va pouvoir se restructurer et négocier avec ses créanciers. On peut donc dire que la procédure de sauvegarde vise à traiter le plus en amont possible les difficultés.

1.2 Caractéristiques de la procédure de sauvegarde

Elle présente six caractéristiques principales.

a) Procédure collective

La procédure est collective parce qu'elle concerne l'entreprise en difficulté (communément appelée le débiteur), tous ses créanciers et ses salariés.

b) Large champ d'application

La procédure de sauvegarde est applicable aux :

- personnes physiques : commerçant, artisan, agriculteur, professionnel indépendant, micro-entrepreneur ;
- personnes morales : à ce titre on peut notamment citer les sociétés commerciales et civiles, les associations déclarées, les coopératives, les GIE et autres CE.

c) Nature des difficultés

Pour pouvoir bénéficier de la procédure de sauvegarde, l'entreprise doit rencontrer des difficultés. La loi ne précise pas la nature des difficultés. Toutefois, on peut raisonnablement penser qu'il s'agit de difficultés à caractère économique, financier ou juridique.

(1) La loi n° 2010-1249 du 22 octobre 2010 de régulation bancaire et financière et l'ordonnance n° 2014-326 du 12 mars 2014 portant réforme de la prévention des difficultés des entreprises et des procédures collectives.

Comme l'entreprise n'est pas en état de cessation des paiements, le débiteur n'est pas dessaisi. Il en résulte que l'entreprise est toujours administrée par la personne qui a saisi le tribunal.

d) Procédure judiciaire

Dans la procédure de sauvegarde le débiteur n'est pas dessaisi de son affaire. Toutefois, le pouvoir judiciaire est très présent.

EXEMPLES

Le tribunal ouvre la procédure de sauvegarde, il arrête le plan de sauvegarde ; pendant la période d'observation, les licenciements doivent être autorisés par un organe judiciaire : le juge-commissaire.

e) Procédure confiée à des organes

LES PRINCIPAUX ORGANES DE LA PROCEDURE	
Organes	**Rôles**
Juge-commissaire	Veille au déroulement rapide de la procédure et à la protection des intérêts en présence.
Administrateur	Quand il est nommé, il peut être chargé par le tribunal d'une mission d'assistance ou de surveillance du débiteur.
Mandataire judiciaire	Représente les créanciers. A seule qualité pour agir au nom et dans l'intérêt collectif des créanciers.
Contrôleurs	Créanciers qui assistent le mandataire judiciaire et le juge-commissaire dans leurs missions.
Représentant des salariés	Veille à la prise en compte des intérêts des salariés et notamment de leurs créances.

f) Plan de sauvegarde

La procédure débute par une période d'observation qui dure six mois en principe et qui sert à établir un bilan économique et social ainsi que des propositions de rétablissement.

Elle se termine normalement par l'adoption d'un plan de sauvegarde. En pratique, il s'agit d'un plan de continuation qui, éventuellement, peut s'accompagner d'une cession partielle.

EXEMPLES DE DISPOSITIONS FIGURANT DANS LE PLAN

- Volet économique : perspectives de redressement en fonction de l'état du marché, des moyens de financement.
- Volet financier : modalités de règlement du passif, garanties proposées.
- Volet social et environnemental : perspectives d'emploi, conditions sociales envisagées.
- Offres d'acquisition : recensement et analyse des offres d'acquisition, liste des activités dont l'arrêt est envisagé.

1.3 La sauvegarde accélérée

L'ordonnance n° 2014-326 du 12 mars 2014 portant réforme de la prévention des difficultés des entreprises et des procédures collectives a créé une nouvelle procédure : la sauvegarde accélérée. Cette procédure s'inspire de la sauvegarde financière accélérée (SFA), créée par la loi du 22 octobre 2010, qui devient un cas particulier(1). Cette procédure doit aboutir à un plan de sauvegarde (c). Elle présente des caractéristiques (a) et obéit à des conditions (b).

(1) Au moment du vote de la loi habilitant le gouvernement à réformer l'entreprise en difficulté par ordonnace, on dénombrait six SFA mise en œuvre depuis l'adoption de la loi du 22 octobre 2010 qui l'avait instituée. Par la suite, il ne sera plus fait mention de ce texte.

a) Caractéristiques

La sauvegarde présente trois caractéristiques :

– elle répond à la volonté des pouvoirs publics de créer une procédure rapide, ouverte en cas d'échec d'une procédure de conciliation ;

– c'est une procédure qui s'adresse à tous les créanciers et non pas à une catégorie particulière ;

– c'est une procédure rapide : elle est limitée à une durée de trois mois.

b) Conditions

L'ouverture de la sauvegarde accélérée suppose la réunion de diverses conditions :

– le débiteur a préalablement obtenu l'ouverture d'une procédure de conciliation, en cours à la date de saisine du tribunal ;

– le débiteur justifie avoir élaboré un projet de plan visant à assurer la pérennité de l'entreprise et pouvant obtenir un large soutien des créanciers ;

– les comptes du débiteur sont certifiés par un commissaire aux comptes ou établis par un expert-comptable ;

– le débiteur doit employer un certain nombre de salariés ou réaliser un certain chiffre d'affaires ou avoir un total de bilan supérieur à un certain montant ou encore établir des comptes consolidés(1) ;

– le débiteur n'est pas en état de cessation des paiements ou son état de cessation des paiements est récent (moins de 45 jours).

c) L'aboutissement de la procédure

La sauvegarde accélérée aboutit à un plan soumis à l'approbation des créanciers et arrêté par le tribunal. Si le plan n'est pas adopté par les créanciers ou arrêté par le tribunal, celui-ci met fin à la procédure. La sauvegarde accélérée n'est pas convertie en une autre procédure.

2. La procédure de redressement judiciaire

La loi de 1985 a créé une procédure de redressement judiciaire qui n'a pas fondamentalement été modifiée par la loi de 2005. Nous en présenterons les finalités (2.1) et les caractéristiques essentielles (2.2).

2.1 Finalités de la procédure de redressement

Depuis la loi de 1985 le droit des entreprises en difficulté se donne comme objectif prioritaire de sauver les entreprises. À cette fin, la loi a créé une procédure de redressement des entreprises en état de cessation des paiements. La loi de 1985 ayant partiellement échoué, le législateur de 2005 a complété le dispositif de traitement en vigueur par la création de la procédure de sauvegarde (*cf.* § précédent) et maintenu la procédure de redressement, à peine retouchée.

Aux termes de l'article L. 631-1 alinéa 2 du Code de commerce, le législateur assigne trois fonctions au redressement :

– **la poursuite de l'activité.** Cet objectif insiste sur l'idée de continuité de l'entreprise. Le redressement ne peut pas déboucher sur la cession de l'entreprise. Cette dernière est

(1) 20 salariés, 3 millions de CAHT et 1 500 000 € pour le total de bilan selon le décret n° 2014-736 du 30 juin 2014.

désormais réservée à la liquidation judiciaire. Par rapport à la loi précédente, on observe une inflexion. En effet, précédemment le redressement visait à la « sauvegarde » de l'entreprise. L'examen des réalités économiques a montré le caractère très hypothétique de cet objectif et le législateur a préféré en tirer une conclusion définitive en supprimant un objectif qui ne pouvait pas, en pratique, être atteint ;

- **le maintien de l'emploi.** Depuis le courant des années 1980 cet objectif est une constante des politiques publiques ;
- **l'apurement du passif.** Par cette dernière expression, il faut entendre le règlement des dettes. Comme dans la loi de 1985, le règlement des dettes arrive en dernier dans la trilogie des objectifs assignés au redressement.

2.2 Caractéristiques de la procédure de redressement

Les caractéristiques des procédures de redressement et de sauvegarde sont pratiquement identiques. On se contentera, ici, d'attirer l'attention sur quelques différences.

a) Nature des difficultés

L'application de la procédure de redressement repose sur une condition de fond primordiale : le débiteur doit être en état de cessation des paiements. L'article L. 631-1, alinéa 1er du Code de commerce, définit la cessation des paiements comme la situation du débiteur qui est dans « l'impossibilité de faire face au passif exigible avec son actif disponible ».

Passif exigible	Dettes dont les créanciers sont en droit de réclamer le paiement
Actif disponible	Sommes dont l'entreprise peut disposer immédiatement pour assurer le paiement immédiat d'une dette
Impossibilité de faire face	La balance entre le passif exigible et l'actif disponible est déséquilibrée. L'actif disponible n'est pas à la hauteur du passif exigible. Toutefois, et depuis l'ordonnance du 18 décembre 2008, le débiteur, qui établit que les réserves de crédit ou les moratoires (= délais) dont il bénéficie de la part de ses créanciers lui permettent de faire face, n'est pas en cessation des paiements.

b) Procédure judiciaire

La procédure est fortement marquée par la présence des juridictions et des organes judiciaires.

Le tribunal peut être saisi par différentes voies d'une demande d'ouverture d'une procédure de redressement : par le débiteur, par un créancier et par le ministère public.

Le tribunal arrête la date de cessation des paiements. Il la fixe au jour d'ouverture de la procédure de redressement. Toutefois, pour les besoins de la procédure, il peut la fixer antérieurement à cette date. De ce point de vue sa liberté n'est pas totale et la date de cessation des paiements ne peut pas être antérieure de plus de 18 mois à la date du jugement d'ouverture. Cette période est appelée « période suspecte ».

Par ailleurs, le tribunal nomme un administrateur judiciaire dont il détermine la mission. Il s'agit d'une mission d'assistance ou d'administration.

c) Plan de redressement

La procédure débute par une période mise à profit pour examiner les chances de survie de l'entreprise. Cette période dite d'observation, dont la durée maximale est de six mois[(1)], débouche sur l'adoption d'un plan de redressement. Celui-ci prend la forme d'un plan de continuation ou de cession. Toutefois, une procédure de liquidation judiciaire peut toujours être ouverte.

3. La procédure de liquidation judiciaire

Le droit des entreprises en difficulté a toujours comporté un volet consacré à la liquidation judiciaire dont on présentera les finalités (3.1) et les caractéristiques (3.2).

3.1 Finalités de la procédure de liquidation

La liquidation judiciaire se traduit par la mort de l'entreprise. Sa mise en œuvre dépend de deux critères. D'une part, l'entreprise doit être en état de cessation des paiements. D'autre part, le redressement de cette entreprise doit être manifestement impossible.

La procédure de liquidation judiciaire est destinée à mettre fin à l'activité de l'entreprise ou à réaliser le patrimoine du débiteur par une cession globale de ses droits et de ses biens.

3.2 Caractéristiques de la procédure de liquidation

La procédure de liquidation judiciaire est déclenchée à l'initiative des mêmes parties que le redressement. Elle présente quatre caractéristiques essentielles.

a) La pluralité des procédures de liquidation

Depuis l'ordonnance du 18 décembre 2008, il existe trois procédures de liquidation judiciaire :

- la **procédure simplifiée** « **obligatoire** ». Cette procédure doit être utilisée par des entreprises dont le chiffre d'affaires hors taxe est inférieur ou égal à 300 000 € et qui emploie au maximum un salarié ;
- la **procédure simplifiée** « **facultative** ». Ce régime est applicable aux débiteurs dont le CAHT est supérieur à 300 000 € et inférieur ou égal à 750 000 €. Par ailleurs, le nombre de salariés occupés par le débiteur est compris entre deux et cinq ;
- la **procédure** « **normale** ». Elle concerne les autres débiteurs.

b) La nomination d'un liquidateur

Le mandataire est chargé des opérations de liquidation. Quand la liquidation est prononcée pendant la période d'observation, le tribunal nomme le mandataire de justice (= représentants des créanciers) aux fonctions de liquidateur. Quand le tribunal ouvre directement la liquidation, il désigne un mandataire comme liquidateur.

c) Le dessaisissement du débiteur

La liquidation s'accompagne du dessaisissement du débiteur. Le débiteur ne peut plus administrer ses biens ; il ne peut plus en disposer.

d) Les opérations de liquidation

Le liquidateur cherche à apurer les dettes du débiteur. À cette fin, il réalise les biens du débiteur et recouvre ses créances.

(1) Renouvelable à nouveau sous certaines conditions pour une durée maximale de 6 mois.

FICHE MÉMO

1. La prévention des difficultés
2. Le traitement des difficultés

1. LA PRÉVENTION DES DIFFICULTÉS

Par l'information comptable

- L'obligation de tenir une comptabilité
- L'obligation de déposer les comptes et rapports annuels.
- L'obligation d'établir des documents de gestion prévisionnelle

Par l'alerte

- Les détenteurs du droit :
  - groupements de prévention agréés
  - CAC
  - IRP
  - actionnaires et associés
  - président du tribunal
- Les grandes étapes dans la SA :
  - l'information donnée par le CAC
  - la délibération du CA ou du conseil de surveillance
  - la convocation de l'assemblée générale

Par le mandataire ad hoc

- *Définition* : Le mandat ad hoc est une technique qui consiste à conférer une mission particulière à une personne désignée par l'autorité judiciaire. En général cette personne est un mandataire de justice.
- *Mission* : Rechercher puis mettre en œuvre des solutions permettant la résolution du conflit.

Par la conciliation

- *Définition* : La conciliation est une procédure ordonnée par le président du tribunal de grande instance ou de commerce sur demande d'une entreprise qui éprouve des difficultés et qui, aidée par un conciliateur, désire rechercher un accord avec ses créanciers
- *Mission* : Résoudre les problèmes en s'appuyant sur l'outil contractuel.

2. LE TRAITEMENT DES DIFFICULTÉS

Les procédures de traitement

Procédures	Finalités
Procédure de sauvegarde	• *Objet* : permet à une personne de se placer sous la protection de la justice • *Conditions* : rencontrer des difficultés que l'entreprise ne peut pas surmonter seule • *Opérations réalisées* : restructuration ; négociation avec les créanciers
Sauvegarde accélérée	• *Objet :* procédure accélérée permettant d'aboutir à un plan de sauvegarde • *Conditions :* entreprise sous conciliation + présentant des difficultés ou en cessation des paiements récente + respectant certains critères, notamment comptables • *Opérations réalisées* : élaborer un plan de sauvegarde accélérée
Procédure de redressement	• *Objet* : poursuite de l'activité + maintien de l'emploi + apurement du passif c'est-à-dire le règlement des dettes • *Conditions* : être en état de cessation des paiements • *Opérations réalisées* : élaboration d'un plan de redressement et exécution de ce plan
Procédure de liquidation	• *Objet* : mettre fin à l'activité de l'entreprise ou réaliser le patrimoine du débiteur par une cession globale de ses droits et de ses biens • *Conditions* : être en état de cessation des paiements et être dans l'impossibilité manifeste de se redresser • *Opérations réalisées* : réalisation des biens du débiteur ; apurement des dettes du débiteur et recouvrement de ses créances

Le choix de la procédure de liquidation

Procédure simplifiée « obligatoire »	• Débiteur dont le CAHT est inférieur ou égal à 300 000 € • ET qui emploie 1 salarié au maximum
Procédure simplifiée « facultative »	• Débiteur dont le CAHT est supérieur à 300 000 € et inférieur ou égal à 750 000 € • ET qui emploie entre 2 et 5 salariés
Procédure « normale »	• Autres débiteurs

APPLICATIONS

APPLICATION 1 Questionnaire d'auto-évaluation
APPLICATION 2 Questions de cours
APPLICATION 3 Étude de cas pratique
APPLICATION 4 Analyse d'un texte

Vous trouverez les corrigés du questionnaire d'auto-évaluation et des questions de cours en fin d'ouvrage ; les corrigés des cas pratiques, analyses d'une décision de justice et analyses d'un document figurent sur les sites www.expert-sup.com et www.dunod.com.

APPLICATION 1

Questionnaire d'auto-évaluation

Déterminez la ou les réponses exactes

1. L'entreprise en difficulté est :
   a) une entreprise en cessation des paiements.
   b) une entreprise en cours de liquidation.
   c) une entreprise sous plan de sauvegarde.
   d) une entreprise individuelle dont le propriétaire vient de décéder.
2. Pour prévenir les difficultés on peut utiliser :
   a) la comptabilité de l'entreprise.
   b) la procédure de liquidation judiciaire.
   c) les conseils d'une voyante.
   d) les documents de gestion prévisionnelle.
3. Les personnes obligées de tenir une comptabilité sont :
   a) les sociétés commerciales et civiles.
   b) les personnes physiques ou morales ayant la qualité de commerçant.
   c) les SARL et les sociétés par actions seulement.
   d) les sociétés commerciales mais non pas les commerçants, personnes physiques.
4. Les sociétés qui doivent déposer leurs comptes sont :
   a) les entreprises individuelles.
   b) les SARL.

c) toutes les SNC.
d) les SA.

5. Par obligations de déposer les comptes, il faut entendre l'obligation de déposer :
a) le bilan seulement.
b) le bilan et parfois le compte de résultat et toujours l'annexe.
c) les mêmes documents que précédemment mais seulement si le résultat est une perte.
d) le bilan, le compte de résultat et l'annexe sauf si l'entreprise a été dispensée d'élaborer cette dernière.

6. Les détenteurs de la procédure d'alerte sont :
a) les délégués syndicaux.
b) le CAC.
c) le ministère public.
d) le président du tribunal.

7. Le déclenchement de l'alerte par le CAC dans une SA :
a) est un devoir à accomplir une fois par an lors de l'AGOA.
b) suppose la perte d'un client important.
c) suppose des faits de nature à compromettre la continuité de l'exploitation.
d) est soumis à une autorisation des actionnaires.

8. Le déclenchement de l'alerte par le CAC dans une SA suppose que :
a) le CAC effectue des vérifications spéciales pour constater l'existence de faits de nature à compromettre la continuité de l'exploitation.
b) le président du CA ou du directoire ne réponde pas aux questions posées.
c) l'assemblée des actionnaires ait délibéré préalablement.
d) le CAC, à l'occasion de sa mission, constate des faits de nature à compromettre la continuité de l'exploitation.

9. Le mandataire *ad hoc* et le conciliateur sont nommés par :
a) le ministère public.
b) un créancier.
c) le débiteur.
d) le président du tribunal.

10. Pour recourir à la conciliation une personne doit :
a) nécessairement être un particulier.
b) éprouver une difficulté qu'elle ne peut pas surmonter.
c) obligatoirement être en état de cessation des paiements.
d) être insolvable.

11. Le conciliateur est :
a) une personne nommée par le tribunal.
b) une personne qui a reçu récemment un paiement du débiteur.
c) un juge du tribunal de commerce.
d) un mandataire de justice ou une personne retenue pour ses compétences.

12. Les procédures suivantes sont des procédures collectives :
   a) la conciliation.
   b) la sauvegarde.
   c) la liquidation.
   d) le mandat *ad hoc*.

13. Les principaux organes de la procédure de sauvegarde sont :
   a) le juge commissaire.
   b) les associés de l'entreprise.
   c) le mandataire judiciaire.
   d) l'huissier.

14. Dans une procédure de sauvegarde, l'administrateur :
   a) veille au déroulement rapide de la procédure et à la protection des intérêts en présence.
   b) veille à la protection des intérêts des créanciers.
   c) assiste le juge-commissaire.
   d) assiste ou surveille le débiteur.

15. Le redressement judiciaire a pour finalité :
   a) la liquidation de l'entreprise.
   b) la poursuite de l'activité, le maintien de l'emploi et l'apurement du passif.
   c) la sauvegarde de l'entreprise.
   d) la fermeture de l'entreprise.

16. Les personnes suivantes peuvent-elles déclencher la procédure de redressement judiciaire :
   a) le débiteur.
   b) un créancier.
   c) le tribunal.
   d) le ministère public.

17. Les personnes suivantes peuvent-elles déclencher la procédure de liquidation judiciaire :
   a) le débiteur.
   b) un créancier.
   c) le tribunal.
   d) le ministère public.

18. La sauvegarde accélérée suppose que :
   a) l'entreprise soit nécessairement en état de cessation des paiements.
   b) le débiteur soit sous mandat ad hoc.
   c) les comptes de l'entreprise soient établis par un professionnel de la comptabilité.
   d) l'entreprise valide certains critères, notamment comptables.

19. Il existe trois procédures de liquidation judiciaire. Elle varie en fonction :
   a) de l'intensité des difficultés.
   b) du CA uniquement.

c) de la personne qui a saisi le tribunal.
d) du CAHT et du nombre de salariés occupés par le débiteur.

20. Le liquidateur :
   a) fait redémarrer l'entreprise.
   b) apure les dettes.
   c) réalise les biens du débiteur et ne s'occupe pas des dettes.
   d) réalise les biens du débiteur et recouvre ses créances.

APPLICATION 2

Questions de cours

1. La notion d'entreprise en difficulté.
2. Le débiteur et l'entreprise en difficulté.

APPLICATION 3

Étude de cas pratique

Cas Pierre Lancien

Depuis 1963, Dewaring fabrique et commercialise des chaudières pour les particuliers. Cette entreprise, installée à Limoges, occupe habituellement plus de 300 salariés. Elle est dotée d'un comité d'entreprise et la CGT syndique 39 % des salariés. De forme anonyme, la société est aujourd'hui dirigée par Pierre Dewaring qui occupe les fonctions de PDG. Pierre a 67 ans et il désire assurer dans de bonnes conditions la succession de l'entreprise. Il souhaite que cette dernière reste majoritairement contrôlée par des membres de la famille. Aujourd'hui les Dewaring contrôlent 70 % du capital de l'entreprise.

Toutefois, cette succession s'annonce délicate pour au moins trois raisons. D'abord, Christophe, le fils de Pierre, vient de décéder d'une crise cardiaque. Ensuite, Nolic SA, un client important de Dewaring, connaît de réelles difficultés. Les salaires n'ont pas été payés depuis deux mois, les factures impayées s'accumulent. Les banques menacent de couper toutes les lignes de crédit. Toutefois, l'entreprise dispose d'un important patrimoine immobilier. Enfin, un conflit important oppose Pierre à son frère Joseph à propos de la vente des 7 500 actions que détient ce dernier. En effet, Joseph désire vendre toutes ses actions afin de se retirer en Espagne. Il souhaite faire une offre à Élodie Santerre. Or, depuis de nombreuses années, un vieux conflit empoisonne les relations entre les familles Santerre et Dewaring. M. Exacte, le commissaire aux comptes de Dewaring SA, s'inquiète.

QUESTIONS

1. À quelle procédure Pierre et Joseph pourraient-ils recourir pour régler leurs difficultés ?
2. Nolic SA est-elle en état de cessation des paiements ? Justifiez la réponse.

3. Vous admettez maintenant que Nolic SA est en état de cessation des paiements. Identifiez la procédure collective qu'il conviendrait d'appliquer à cette entreprise puis justifiez votre réponse.
4. Finalement Nolic SA est mise en liquidation judiciaire et Ronald Pierson est nommé liquidateur. Qu'est-ce qu'une liquidation ? Quelles tâches le liquidateur va-t-il effectuer ? La liquidation va-t-elle s'accompagner de la disparition pure et simple de Nolic SA ?
5. Qu'est-ce qu'une procédure d'alerte ?
6. Identifiez les détenteurs de la procédure d'alerte dans l'entreprise Dewaring.
7. M. Exacte peut-il déclencher la procédure d'alerte ? Justifiez la réponse.
8. Dressez la liste de contrôle des tâches que doit réaliser le commissaire aux comptes quand il déclenche l'alerte.

APPLICATION 4

Analyse d'un texte

La loi de sauvegarde des entreprises : apport et philosophie

L'idée d'anticipation est la principale clé de lecture de la loi nouvelle. Tous les efforts du législateur tendent vers cet objectif, qui est de traiter de manière plus précoce les difficultés des entreprises. Rien n'a été négligé pour y parvenir. Le message transmis au débiteur est clair : vive la conciliation, vive la sauvegarde ! Maintenant il reste libre de ne pas saisir ces chances que sont pour lui le mandat *ad hoc*, la conciliation et la sauvegarde. Il est des malades que la vue du médecin terrifie et qui ne se feront jamais soigner ; il est certainement des débiteurs qui ne franchiront jamais le seuil d'un tribunal sans y être contraints...

D'une manière générale, les créanciers relèvent la tête. Ils ne retrouvent pas un droit de vie ou de mort sur l'entreprise de leur débiteur mais ils sont associés à l'adoption du plan, qu'il soit de sauvegarde ou de continuation... Les créanciers sont aussi associés au sauvetage de l'entreprise. On cherche à les impliquer et à les séduire. Ils ne sont plus des ennemis à abattre mais des partenaires à convaincre. Ainsi les banquiers et les fournisseurs sont encouragés à favoriser le redressement...

Alors quel avenir promettre à cette loi ? Quels que soient ses mérites, il est délicat de dire si elle permettra aux débiteurs en difficulté de surmonter leurs légitimes appréhensions et de s'adresser au juge pour demander du secours. Des siècles de droit de la faillite répressif ont laissé des traces dans l'imaginaire collectif des chefs d'entreprise. On ne changera pas cet état d'esprit d'un trait de plume...

F.-X. Lucas, LPA, n° 54, 16 mars 2006, p. 9.

QUESTIONS

1. Identifiez et illustrez les idées principales qui structurent la loi de 2005.
2. Quelles sont les raisons qui expliquent le changement de philosophie du nouveau texte ?
3. Comparez la conciliation et la sauvegarde.
4. Peut-on dire que la loi de 2005 réhabilite une vision libérale du droit de l'économie ?
5. Quelles sont les raisons pouvant expliquer un éventuel échec de ce texte ?

3 PARTIE

L'ENTREPRISE ET LES CONTRATS

CHAPITRE 12 La formation du contrat
CHAPITRE 13 L'exécution du contrat
CHAPITRE 14 Les contrats de l'entreprise
CHAPITRE 15 Les relations entreprise/banque

12 CHAPITRE

La formation du contrat

SECTION 1 Notion de contrat et fonctions économiques
SECTION 2 Les principes fondateurs du droit des contrats
SECTION 3 La formation du contrat
FICHE MÉMO • APPLICATIONS

Le contrat constitue un des instruments essentiels de la vie en société. Il s'analyse comme le moyen de créer volontairement un lien juridique d'obligation. L'entreprise s'est le plus souvent créée par un contrat de société. Tout au long de son existence elle va tisser des liens avec des partenaires (exemples : fournisseurs, clients, salariés) par contrat, un outil juridique simple, souple et évolutif. Certains contrats passés par l'entreprise relèvent du droit spécial des contrats, comme le contrat de prêt ou le contrat de mandat. D'autres ont acquis leur autonomie par rapport au droit civil comme le contrat de travail ou le contrat d'assurance. Mais il existe des règles communes à l'ensemble des contrats. Elles reposent sur un certain nombre de concepts fondamentaux dont l'intérêt pratique est évident : le contrat est l'instrument quasi exclusif de la circulation des richesses et l'un des piliers de l'activité économique. Nous examinerons la notion de contrat et ses fonctions afin d'en percevoir l'unité (section 1). Puis nous présenterons les principes fondateurs qui constituent le cadre juridique général de fonctionnement des contrats (section 2). Enfin, la formation est un moment clé qui conditionne la bonne exécution des relations contractuelles (section 3).

SECTION 1
NOTION DE CONTRAT ET FONCTIONS ÉCONOMIQUES

Dans cette première approche, nous aborderons la notion de contrat (1) et ses fonctions économiques (2).

1. Notion de contrat

L'article 1101 nouveau du Code civil définit le contrat comme étant un « accord de volontés entre deux ou plusieurs personnes destiné à créer, modifier, transmettre ou éteindre des obligations ».

Les éléments de cette définition appellent quelques commentaires :

– **un accord de volontés.** Le nouvel article 1101 met la volonté au cœur de la définition du contrat. Il reconnaît aux parties le pouvoir d'ériger en règles des arrangements entre des personnes ;

– **deux ou plusieurs personnes.** Le contrat est par excellence le véhicule de la vie courante et des affaires. C'est l'instrument juridique de contact avec autrui[1] ;
– **des effets de droit.** Le contrat crée entre les parties un lien d'obligation. Il est un lien de droit en ce qu'il est obligatoire pour les parties dans les termes où il a été conclu. Il est un lien exécutoire puisque le créancier peut en demander l'exécution forcée devant les tribunaux. Ce lien de droit a pour but de créer, modifier, transmettre ou éteindre des obligations.

EXEMPLES

- Créer des obligations : conclure un contrat de travail.
- Modifier des obligations : actualiser un contrat de prêt en modifiant un taux d'intérêt à la baisse.
- Transmettre des obligations : vendre une créance que l'on détient sur une personne pour se procurer des liquidités.
- Éteindre des obligations : reconnaître qu'une dette a été payée.

2. Les fonctions économiques du contrat

La fonction première du droit des contrats est d'assurer le respect des engagements pris. Mais il a également d'autres fonctions. Il est fondamentalement un instrument de nature économique, mais il est aussi un instrument social en ce qu'il sert à l'établissement de liens sociaux.

Ses fonctions peuvent être considérées au regard de la personne ou de la vie en société.

Le contrat, expression de la personne dans la société	Fonction de communication	Moyen d'établir avec d'autres des liens, principalement patrimoniaux : échanges de biens et de services
	Fonction égalitaire	Instrument de redistribution qui permet de se procurer ce qu'une personne n'a pas avec ce qu'elle a.
	Fonction de gestion patrimoniale	Permet de donner des affectations à ses biens
Le contrat, instrument d'organisation de la vie sociale	Fonction normative	Soumet les parties à des règles qu'elles sont tenues d'observer
	Fonction distributive	Organise la création et la circulation des richesses
	Fonction de stabilisation	Création de relations dans la durée

D'après J.-L. Aubert, « le contrat », Connaissance du droit, *Dalloz.*

SECTION 2

LES PRINCIPES FONDATEURS DU DROIT DES CONTRATS

La théorie de l'autonomie de la volonté, directement issue de la philosophie individualiste et du libéralisme économique, appliquée au régime juridique des contrats conduit à trois principes étroitement liés : la liberté contractuelle (1), la force obligatoire (2) et l'effet

(1) L'ancienne définition évoquait l'acte unilatéral pourtant consacré en droit des sociétés avec les sociétés unipersonnelles : EURL, SASU et SEU.

relatif du contrat (étudié avec les personnes obligées au chapitre 13 relatif à l'exécution du contrat). La bonne foi a été le moyen d'intégrer la règle morale en droit des contrats (3).

1. La liberté contractuelle

Selon le principe de l'autonomie de la volonté, l'homme est libre et ne peut s'obliger que par sa propre volonté. Ce principe est la traduction, au plan juridique, de la philosophie du XVIIIe siècle selon laquelle la société doit reconnaître à l'homme les droits les plus étendus, notamment la liberté qui lui appartient « naturellement » (Déclaration des droits de l'homme). Il est aussi le reflet juridique du libéralisme économique qui postule que la loi de l'offre et de la demande répond nécessairement à l'intérêt général. Il faut donc favoriser les échanges, écarter les entraves (laisser faire, laisser passer) et laisser contracter. Ainsi seront assurées la justice et l'utilité sociale. Ce principe de l'autonomie de la volonté a influencé le Code civil, notamment en ce qui concerne la formation et les effets du contrat.

Au stade de la formation, on peut soutenir que la liberté contractuelle dérive de l'autonomie de la volonté. L'homme est un être libre. Il ne peut pas être soumis à des obligations autres que celles qu'il a voulues. Il peut donc contracter ou non, choisir la personne du contractant, déterminer librement, en accord avec l'autre partie, les clauses du contrat (art. 1102 C. civ.). Elle est aujourd'hui relative.

Le contenu de la liberté contractuelle	Ses limites
La liberté de contracter (ou de ne pas contracter)	Certains contrats sont interdits. *Exemple* : Une société ne peut pas prêter de l'agent à ses associés. Certains contrats sont obligatoires, *Exemple* : L'assurance automobile.
Le libre choix du cocontactant	Le libre choix ne doit pas être une discrimination illicite. *Exemple* : Le refus de vente au consommateur est interdit.
La libre détermination du contenu du contrat	Des dispositions contraires à l'ordre public et aux bonnes mœurs ne peuvent pas être intégrées dans le contrat.

Par ailleurs, le principe de l'autonomie de la volonté impose la liberté contractuelle quant à la forme. La volonté suffit à conclure le contrat : tout formalisme est superflu et entrave la souveraineté de la volonté. Le droit des contrats est donc fortement marqué par le consensualisme.

Pour des motifs divers, notamment pour la protection de la partie la plus faible, on observe un recul de la liberté contractuelle et un développement du formalisme. De nombreux contrats doivent être conclus par écrit.

EXEMPLES

La loi du 13 juillet 1979 relative à la protection et à l'information des emprunteurs dans le domaine immobilier impose la remise à l'emprunteur d'une offre écrite.

Conformément à une directive du 14 octobre 1991, une obligation écrite d'information est à la charge de l'employeur en cas d'embauche d'un salarié, afin que celui-ci dispose d'éléments essentiels à la relation de travail.

Le contrat d'assurance et tout avenant doivent être établis par écrit, en français et en caractères apparents, et ceci en vue de la preuve.

2. La force obligatoire des contrats

Le principe de l'autonomie de la volonté se manifeste par le principe de l'effet obligatoire du contrat posé par l'article 1103 du Code civil qui dispose : « Les contrats légalement formées tiennent lieu de loi à ceux qui les ont faits. » En effet, dire que la volonté est autonome signifie qu'elle peut se donner à elle-même sa propre loi et se contraindre. Le contrat s'impose aux parties (2.1) comme au juge (2.2).

2.1 Le principe de la force obligatoire appliqué aux parties

Le contrat, c'est la loi des parties. Il est donc irrévocable (a) Mais un problème risque d'apparaître si ce qui a été apparemment voulu n'est pas ce sur quoi l'on s'est réellement accordé. Se pose alors la question de la simulation (b).

a) L'irrévocabilité du contrat

La notion d'irrévocabilité suggère que l'on ne peut pas revenir sur les contrats légalement formées. Toutefois, une modification ou une révocation est possible dans deux cas : la volonté des parties et l'autorisation de la loi.

EXEMPLES

Les parties peuvent par consentement mutuel annuler le contrat. Elles en décident les modalités : cas de la rupture conventionnelle entre un employeur et un salarié qui règle les modalités et les conséquences de la rupture par la volonté commune d'un contrat de travail.

La loi autorise aussi les parties à revenir sur leurs engagements : un contrat de travail ou d'approvisionnement à durée indéterminée peut être rompu à tout moment.

b) La simulation

Il est assez fréquent, notamment dans les affaires, que les parties souhaitent garder un contrat secret. Cette volonté n'est pas en soi répréhensible mais pose des difficultés. En effet, dans certains cas, ces actes sont soumis à une publicité.

EXEMPLES

Inscription au RCS, à la conservation des hypothèques.

Pour concilier le secret et la publicité on a inventé la simulation. C'est un mensonge concerté entre les parties (à la différence du dol, vice du consentement qui est le mensonge d'une seule des parties). Les contractants réalisent en même temps deux actes distincts : l'un est ostensible mais fictif, il est appelé contrat apparent et sert à dissimuler l'autre, occulte (secret) mais qui exprime leur volonté réelle : la contre-lettre. Dans le contrat fictif, la contre-lettre indique que l'acte apparent est sans réalité, sans existence. Les parties « font semblant » de passer un contrat.

EXEMPLE DE CONTRE-LETTRE

Imaginons par exemple qu'un débiteur souhaite échapper à la rapacité de ses créanciers. Il fait semblant de vendre un bien à un acquéreur. L'acte apparent est une vente, la contre-lettre indique que le bien n'est pas vendu.

La simulation a des effets tant entre les parties qu'à l'égard des tiers. Entre les parties, seule la contre-lettre qui correspond à la volonté des parties doit s'appliquer.

Toutefois, cette application n'est pas automatique. Elle suppose le respect de deux conditions : la preuve de la contre-lettre doit être rapportée (en principe par écrit) et la contre-lettre ne doit pas être illégale.

EXEMPLE

Est nulle toute contre-lettre ayant pour objet de dissimuler une partie du prix d'une vente immobilière, d'une cession de fonds de commerce, d'une cession d'un droit au bail, etc.

À l'égard des tiers, la contre-lettre n'a pas d'effet. Ce principe est posé par l'article 1201 du Code civil : la contre-lettre n'est pas opposable aux tiers. Toutefois, ils peuvent s'en prévaloir. En pratique, ces derniers peuvent s'en tenir à l'acte apparent ou, au contraire, se prévaloir de l'acte secret. Les juges trancheront le différend en appliquant notamment la théorie de l'apparence. Si un tiers a pu légitimement ignorer l'acte secret, il sera autorisé à s'en tenir à l'acte apparent.

EXEMPLES

Dans une vente fictive, les créanciers de l'acheteur invoqueront l'acte apparent pour saisir le bien vendu. Ceux du vendeur invoqueront l'acte secret.

2.2 Le juge et la force obligatoire des contrats

La force obligatoire du contrat s'impose au juge au niveau de l'interprétation (a). Le juge ne peut pas non plus, comme le veut la théorie de l'imprévision (b), modifier le contrat.

a) L'interprétation du contrat

Dans un certain nombre de cas, le juge est amené à interpréter le contrat. Ce pouvoir s'exerce dans un cadre délimité par le législateur et la jurisprudence de la Cour de cassation. Quelques principes sont à retenir :

– l'interprétation est une question de fait laissée à l'appréciation souveraine des juges du fond. Toutefois, la censure de la Cour de cassation s'exerce lorsque ces juges ont dénaturé une clause claire et précise (art. 1192 C. civ.) ;

– quelques règles d'interprétation sont fournies aux juges du fond par les articles 1188 à 1192 du Code civil. L'article 1188 donne un peu l'esprit dans lequel ce travail doit s'exécuter. Il dispose : « le contrat s'interprète d'après la commune intention des parties plutôt qu'en s'arrêtant au sens littéral de ses termes ». Suivent diverses règles d'interprétation :

Règles d'interprétation	Commentaires
Règle de raison	En principe, le contrat s'interprète d'après l'intention commune des parties. Toutefois, lorsque cette intention ne peut pas être décelée, le contrat s'interprète comme le ferait une personne raisonnable. Code civil, article 1188, al. 2.
Règle de cohérence	Les clauses du contrat s'interprètent les unes par rapport aux autres. Cette interprétation s'effectue en respectant la cohérence du contrat. Code civil, article 1189 al. 1er.
Règle de finalité	Si plusieurs contrats concourent à une même opération économique (*exemple* : contrat d'acquisition d'un bien et de financement de cet achat), les contrats s'interprètent par rapport à la finalité de l'opération. Code civil : article 1189 al. 2.

☞

Règles d'interprétation	Commentaires
Règles de faveur	On distingue deux règles de faveur mises en œuvre en cas de doute : • **Faveur envers le débiteur**. Dans le contrat de gré à gré (contrat dont les stipulations sont librement négociées), on privilégie le débiteur. Dans le contrat d'adhésion, on favorise celui à qui le contrat est imposé. Code civil : article 1190. • **Faveur envers le contrat**. Si une clause est susceptible de deux sens, on doit privilégier le sens qui confère une portée au contrat. Code civil : article 1191.

b) La théorie de l'imprévision

Tout contrat est conclu dans un environnement, notamment économique. Or l'environnement économique est en perpétuel changement. Ainsi les prix ont pu changer et la charge de l'une des parties a pu devenir beaucoup plus lourde que celle de l'autre. Cette situation pose le problème de l'imprévision dans les contrats.

Face à une telle occurrence, les parties peuvent adapter leur accord et le législateur peut intervenir. Mais que faire en l'absence d'accord ou de texte ? Quel recours trouver auprès du juge ? Le juge peut-il réviser le contrat ? La position de la Cour de cassation a été, sur ce point, immuable entre 1870 et 2010. Le juge n'avait pas le droit de réviser les contrats car cela revenait à les modifier, ce que le Code civil n'autorisait pas.

Cette interdiction est aujourd'hui remise en cause :

– l'article 1195 du Code civil autorise les parties, voire l'une d'entre elle, à demander au juge d'adapter le contrat(1) ;
– certaines lois permettent la révision.

EXEMPLE

Baux commerciaux.

– les parties peuvent insérer dans le contrat des clauses de révision, voire d'indexation.

UN PRINCIPE À RELATIVISER

Le principe de l'effet obligatoire doit aussi être relativisé. Sa force a été réduite tant par le juge que par le législateur.

Exemples :

- Le consommateur dispose d'un délai de quatorze jours pour exercer son droit de rétractation d'un contrat conclu à distance, à la suite d'un démarchage téléphonique ou hors établissement.
- Dans certains contrats, existe une clause pénale qui prévoit à l'avance les pénalités (sommes d'argent) dues si l'une des parties ne respecte pas ses engagements. Le juge peut, en cette occurrence, modifier une clause pénale manifestement excessive ou dérisoire.

(1) La question de l'adaptation du contrat par le juge est développée page 227.

3. La bonne foi dans les contrats

Le Code civil dispose à l'article 1104 que les contrats doivent être négociés, formés et exécutés de bonne foi ». L'article 1194 du même code pose que « les contrats obligent non seulement à ce qui y est exprimé, mais encore à toutes les suites que leur donnent l'équité, l'usage ou la loi ».

En droit des contrats, une personne agit de bonne foi lorsqu'elle se comporte de façon loyale vis-à-vis de son partenaire. La bonne foi permet d'imposer aux parties à un contrat un certain comportement. L'application de ce principe par les juges a créé de nombreuses obligations pour les contractants : devoir d'honnêteté, obligation d'information du cocontractant, devoir de coopération... Il s'agit d'une exigence générale de comportement entre les parties aussi bien au moment de la formation que lors de l'exécution du contrat.

La bonne foi lors de la formation du contrat	La bonne foi lors de l'exécution du contrat
• Se comporter loyalement vis-à-vis du partenaire. • Ne pas chercher à amener le partenaire à contracter contre son gré.	• Exécuter ses propres obligations de bonne foi, c'est-à-dire procurer à son cocontractant la satisfaction de ce qu'il peut légitimement attendre. • Être de bonne foi dans l'exigence de l'exécution par le cocontractant de ses obligations, par exemple prendre en considération les intérêts légitimes du cocontractant.
Exemples d'absence de bonne foi • Pratique de surréservation ou surbooking. • Financement par un banquier d'un projet dangereux pour la situation financière de son client.	*Exemples d'absence de bonne foi* • Un créancier délivre un commandement de payer à son débiteur en vacances dans l'unique dessein de le mettre dans l'impossibilité d'exécuter les délais. • Un chauffeur de taxi choisit le chemin le plus long, donc le plus onéreux, pour mener son passager à destination.

SECTION 3
LA FORMATION DU CONTRAT

Dans la vie courante, les contrats ne sont pas précédés de pourparlers. Tel est le cas de l'achat de produits dans une grande surface ou de l'acquisition d'un vêtement. En revanche, dans la vie des affaires, une négociation précède souvent la formation du contrat (1). Cette phase terminée, les parties peuvent, éventuellement, procéder à la conclusion du contrat. Celle-ci obéit à des conditions (2) et fait l'objet de sanctions (3). Par ailleurs, la vie des affaires devenant de plus en plus complexe, on constate le développement de clauses particulières (4).

1. La négociation du contrat

L'ordonnance portant réforme du droit des contrats introduit, aux articles 1112 à 1112-2 du Code civil, une sous-section consacrée aux négociations, communément appelée pourparlers. Le Code civil ne définit pas cette expression. La doctrine considère qu'il s'agit d'une période exploratoire « durant laquelle les futurs contractants échangent leurs points de vue, formulent et discutent les propositions qu'ils se font mutuellement afin de déterminer le contenu du contrat, sans être pour autant assurés de le conclure »[1].

L'ordonnance encadre les négociations tant du point de vue de leur conduite que de leur rupture.

- La **conduite des négociations** est encadrée par deux principes :
- d'une part, l'initiative et le déroulement sont libres. Nul ne peut être contraint d'entrer en négociation. Chacun mène les négociations librement ;
- d'autre part, cette phase précontractuelle doit être menée de bonne foi, c'est-à-dire loyalement[2].

Aux deux principes précédemment rappelés, s'ajoutent une obligation d'information et un devoir de confidentialité.

La partie qui détient une information déterminante pour l'autre doit l'en informer. Selon l'article 1112-1 nouveau du Code civil, par information déterminante il faut entendre toutes les informations « qui ont un lien direct et nécessaire avec le contenu du contrat ou la qualité des parties ». En revanche, ne sont pas déterminantes les informations portant sur la « valeur de la prestation ». Ce devoir d'information est d'ordre public. Tout manquement à ce devoir est sanctionné par la mise en cause de la partie qui a failli et peut entraîner l'annulation du contrat.

L'ordonnance consacre le devoir de confidentialité. En effet, l'article 1112-2 nouveau du Code civil pose que « celui qui utilise ou divulgue une information confidentielle obtenue à l'occasion des négociations engage sa responsabilité dans les conditions du droit commun ».

- Comme la conduite, la **rupture des négociations** est libre. Seule la mauvaise foi permet au cocontractant victime de mettre en cause la responsabilité civile délictuelle de son partenaire. L'article 1112 al. 2 règle la question des éventuels dommages-intérêts en posant que « la réparation du préjudice ne peut avoir pour objet de compenser la perte des avantages attendus du contrat non conclu ». Le gain manqué n'est pas indemnisable. Seuls les frais inutilement occasionnés lors des négociations pourront faire l'objet d'une indemnisation.

2. Les conditions de formation du contrat

Elles sont posées par l'article 1128 du Code civil qui vise trois conditions de fond : le consentement (2.1), la capacité (2.2) et un contenu (2.3). À cela s'ajoutent, dans certaines occurrences, des conditions de forme (2.4).

2.1 Le consentement

Le consentement est formé par la rencontre de l'offre et de l'acceptation (a). Mais cette rencontre n'est pas suffisante. Non seulement il faut que la personne soit saine d'esprit, mais il faut encore que le consentement présente certaines qualités : il doit être intègre (b).

a) L'offre et l'acceptation

L'offre est une déclaration de volonté par laquelle son auteur manifeste l'intention d'être lié.

(1) *F. Terré, P. Simler et Y. Lequette,* Les obligations, *Dalloz, 11e éd, 2013, n° 183.*
(2) *La notion de bonne foi est développée page 229.*

EXEMPLES D'OFFRES

- Un produit placé dans un rayon, comportant une étiquette avec indication du prix, constitue une offre de vendre ce produit au prix fixé.
- Un produit dans un catalogue de fournisseur engage cette personne à le vendre.
- Un taxi qui stationne dans la zone réservée à cet effet offre un service de transport de voyageurs.

L'offre doit présenter certaines qualités.

Qualités de l'offre	Commentaires
Porter sur les éléments essentiels.	L'offre doit donc être précise. Exemples : indication de la chose, du prix, du délai de livraison.
Être librement rétractable.	La rétractation est possible tant que l'offre n'est pas parvenue à son destinataire.
Comporter un délai.	• Si le délai est clairement exprimé, l'offre ne peut pas être rétractée avant ce délai. Sinon, elle est rétractable dans un délai raisonnable. • Si l'offrant ne respecte pas le délai, il engage sa responsabilité civile extracontractuelle.

L'offre est caduque (= anéantie) à l'expiration du délai fixé par l'offrant ou, à défaut, du délai raisonnable. Elle est aussi caduque en cas d'incapacité ou de décès de l'offrant.
L'**acceptation** est définie par l'article 1118 nouveau du Code civil comme « la manifestation de son auteur d'être lié dans les termes de l'offre ». Elle pose divers problèmes.

Problèmes posés par l'acceptation	Solutions
Comment l'acceptation se manifeste-t-elle ?	L'acceptation se manifeste par une déclaration (*exemple :* j'achète cette voiture) ou par un comportement non équivoque de l'acceptant (*exemple :* client montant dans un taxi). Code civil, article 1113.
À quel moment le contrat est-il formé ?	Le contrat est conclu dès que l'acceptation parvient à l'offrant. Code civil, article 1121.
En quel lieu le contrat est-il conclu ?	Le contrat est conclu au lieu où l'acceptation est parvenue. Code civil, article 1121.
Le silence vaut-il acceptation ?	Le silence ne vaut pas acceptation. Ce principe comporte quatre exceptions : la loi, les usages, les relations d'affaires et des situations particulières. Code civil, article 1120.
Le contrat comporte-t-il un délai de repentir ?	La loi ou le contrat peuvent prévoir deux délais de repentir : – un délai de réflexion qui est le délai avant l'expiration duquel le destinataire de l'offre ne peut pas manifester son acceptation ; – un délai de rétractation qui est le délai avant l'expiration duquel son bénéficiaire peut revenir sur son consentement. Code civil, article 1122.

b) L'intégrité du consentement

Le consentement ne peut engager celui qui l'a émis que s'il est libre et éclairé. Tel sera le cas s'il est exempt de vices. Le Code civil mentionne trois vices du consentement : l'erreur, le dol et la violence.

■ *L'erreur*

L'erreur est « une croyance fausse portant sur un des termes du contrat... suivant une formule classique, l'erreur consiste à prendre pour vrai ce qui est faux ou inversement(1) ».

Les différentes sortes d'erreur ...	... et leur appréhension par le Code civil
L'erreur sur les qualités essentielles de la prestation	• L'erreur peut porter sur la prestation du partenaire (*exemple :* l'acheteur d'un terrain croit acquérir un terrain constructible ; or, il ne l'est pas) ou sur la prestation du contractant lui-même (*exemple :* le vendeur d'un tableau ignorait que la chose fût d'un grand maître). • Les qualités essentielles sont celles qui ont été convenues et en considération desquelles les parties ont contracté. • L'erreur sur les qualités essentielles de la prestation est une cause de nullité (= anéantissement) du contrat.
L'erreur sur les qualités essentielles du cocontractant	Cette erreur n'est retenue que dans les cas où la considération de la personne est entrée dans le champ contractuel. Tel est le cas du contrat de travail, du contrat médical ou encore du mandat. Dans ces contrats, l'erreur s'entend de l'identité civile ou physique mais aussi de l'erreur sur diverses qualités fondamentales (*exemples :* honorabilité, compétence, solvabilité, etc.).
L'erreur sur les motifs	• Par motif il faut entendre les raisons ayant poussé une partie à contracter (*exemple :* une personne achète une voiture parce qu'elle croit avoir une mutation dans une ville de province mal desservie par les transports en commun ; or, elle ne l'obtient pas). • L'erreur sur les motifs n'est pas une cause de nullité des contrats car il n'appartient pas au droit de sonder les mobiles ayant poussé à contracter. Il existe deux exceptions : – les motifs sont entrés dans le champ contractuel (*exemple :* introduction dans le contrat d'une clause particulière) ; – le motif n'est pas étranger aux qualités essentielles (*exemple :* une personne a acquis un bien en considération de ses qualités essentielles ; or, celles-ci s'avèrent illusoires).
L'erreur sur la valeur	Ce n'est pas une source de nullité sauf si l'erreur sur la valeur est la conséquence d'une mauvaise appréciation des qualités essentielles de la prestation.

(1) P. Malinvaud, D. Fenouillet et M. Mekki, *Droit des obligations*, 13e éd., Litec, 2014, nº 165.

Toutes les erreurs ne vicient pas le consentement. L'erreur ne doit pas être inexcusable. L'entreprise, qui ne vérifie pas le curriculum vitae d'un directeur qu'elle embauche, commet une faute que l'on ne peut pas excuser. Ainsi, elle doit supporter les conséquences de sa « coupable légèreté ». Par ailleurs, l'erreur doit avoir été déterminante : si l'on ne s'était pas trompé, on n'aurait pas contracté.

■ *Le dol*

Le dol est une tromperie qui a pour effet de provoquer dans l'esprit du contractant une erreur qui le détermine à contracter.

EXEMPLE

Un garagiste falsifie le compteur kilométrique d'une auto, le faisant passer de 60 000 km à 20 000 km. Il provoque ainsi l'achat d'un consommateur abusé.

Pour vicier le consentement, le dol doit présenter certains caractères.

Caractères du dol	Commentaires
Quand la tromperie est-elle constitutive d'un dol ?	On distingue plusieurs formes de dol : – les manœuvres ou mensonges ; – la dissimulation intentionnelle par l'un des contractants d'une information déterminante pour le cocontractant.
Qui commet le dol ?	Il est commis par : – le cocontractant ; – un tiers de connivence ; – diverses autres personnes, notamment un salarié du cocontractant.
Quelle qualité la tromperie doit-elle présenter ?	La tromperie doit être déterminante. Elle doit avoir poussé la personne à contracter. Ce caractère s'apprécie *in concreto*, c'est-à-dire par rapport à la victime, à sa plus ou moins grande expérience.
Qui doit prouver le dol ?	Le dol doit être prouvé par celui qui l'invoque. Tous les moyens de preuve sont admissibles. Toutefois, dans ce domaine, la Cour de cassation a rendu une décision très importante (Cass. civ. 1re, 15 mai 2002) : alors que, traditionnellement, c'est à la victime de rapporter la preuve, la Cour a considéré qu'il appartenait au vendeur professionnel, tenu d'une obligation d'information à l'égard de son client, de prouver qu'il avait exécuté son obligation. Une même obligation pèse également sur le médecin.

L'erreur qui résulte d'un dol est toujours excusable.

■ *La violence*

La **violence** est une contrainte exercée par une partie pour obtenir le consentement de son cocontractant. Elle doit présenter certains caractères.

Caractères de la violence	Commentaires
Quelles sont les formes de la violence ?	La violence présente diverses formes : – une forme classique : contrainte exposant le cocontractant, sa fortune ou celles de ses proches à un mal considérable ; – une forme économique : abus d'état de dépendance exercé par une partie en vue d'obtenir un engagement et d'en tirer un avantage manifestement excessif.
De qui émane la violence ?	Elle émane d'une des parties ou d'un tiers.
Quel rôle doit-elle jouer ?	Elle doit être déterminante, c'est-à-dire pousser à contracter. Elle doit être illégitime : la menace d'une voie de droit n'est pas une violence.
Comment la violence se prouve-t-elle ?	Elle se prouve par tous moyens et s'apprécie *in concreto*, c'est-à-dire en tenant compte de la situation de la victime.

2.2 La capacité

La capacité est l'aptitude d'une personne à être titulaire de droits et à les exercer. En principe, toute personne peut contracter (art. 1145 C. civ.). Il existe toutefois des exceptions qui concernent le mineur non émancipé ainsi que le majeur protégé (art. 1146) qui reçoit la protection de sa personne et de ses biens que son état ou sa situation rend nécessaire (art. 415 C. civ.).

2.3 Le contenu du contrat

L'article 1128 du Code civil pose qu'un « contenu licite et certain » est nécessaire à la validité du contrat. Les règles concernant cette condition figurent aux articles 1162 à 1171 du Code civil. Il est possible de les regrouper en distinguant les règles de validité du contrat (a), de celles relatives à l'équilibre du contrat (b).

a) Les règles de validité du contrat

Les règles de validité concernent à la fois l'ordre public et le contenu de la prestation.

■ *L'ordre public*

Le contrat ne doit pas être contraire à l'ordre public. Il s'agit d'une notion au contenu variable, rétive à une définition synthétique.

À suivre le Vocabulaire Cornu, on peut y voir « une norme impérative dont les individus ne peuvent s'écarter ni dans leur comportement, ni dans leurs conventions »(1). L'ordre public correspond à des exigences considérées comme fondamentales « au fonctionnement des services publics, au maintien de la sécurité ou de la moralité [...] à la marche de l'économie [...] ou même à la sauvegarde de certains intérêts particuliers primordiaux ».

D'un point de vue plus concret, on peut soutenir que l'ordre public entraîne une atteinte à la liberté contractuelle.

L'article 1162 du Code civil pose que le contrat ne doit pas être contraire à l'ordre public, ni dans ses stipulations, c'est-à-dire dans ses clauses (*exemple :* clause d'un contrat de travail

(1) G. Cornu, Vocabulaire juridique, *10e éd., PUF, 2014 ; voir « Ordre public ».*

ayant pour but d'encadrer un réseau de travail clandestin), ni dans son but (*exemple :* acquisition d'armes chimiques en vue de réaliser un attentat).

■ *Le contenu de la prestation*

Le contenu de la prestation doit valider diverses qualités.

Tout d'abord, le contrat doit comporter une prestation présente ou future. Le contrat ne se forme pas si la prestation n'existe pas ou n'existe plus au moment où les deux volontés se rencontrent.

EXEMPLE

Avant que la vente d'une maison ne soit réalisée, celle-ci est ravagée par un incendie.

Toutefois, un contrat peut porter sur une chose qui n'existe pas encore et dont on n'est pas certain qu'elle existera un jour. De nombreux contrats portent sur des choses futures.

EXEMPLES

Meubles à fabriquer, immeuble à construire, etc.

Ensuite, aux termes de l'article 1163 du Code civil, la prestation doit être possible et déterminée ou déterminable.

Caractères de la prestation	Commentaires
Être possible	Selon un adage célèbre, « à l'impossible, nul n'est tenu ». Cette impossibilité peut être matérielle (*exemple :* vente d'une machine à remonter le temps) ou juridique (*exemple* : donation de la chose d'autrui).
Être déterminée ou déterminable	Ce caractère ne présente d'intérêt que pour les choses de genre (choses interchangeables). Dans ce cas, le contrat devra permettre de déterminer la qualité (dans le silence des parties, elle doit être d'usage), la quantité et le prix.

b) Les règles d'équilibre du contrat

Dans les contrats synallagmatiques (à obligations réciproques ; *exemple :* la vente), doit-on exiger que les parties s'échangent des prestations considérées comme réciproques (approximativement équivalente) ? Doit-on condamner celui qui use de sa force ou de sa ruse pour conclure un contrat déséquilibré ? Le rapport de force ne relève-t-il pas de l'ordre de la nature ? Toutes ces questions sont fondamentales car le déséquilibre est de l'essence de la vie contractuelle et plus généralement du véhicule le plus couramment utilisé : le contrat synallagmatique.

Le droit français n'a jamais posé un principe d'équilibre des contrats et le législateur de 2016 n'échappe pas à la règle. Toutefois, la notion de déséquilibre imprègne la vie des affaires. Aussi, ne doit-on pas s'étonner si la notion de déséquilibre a fait son entrée dans le Code civil. Le tableau ci-après illustre cette introduction.

Types de contrats	Définition	Référence à l'équilibre du contrat
Contrat synallagmatique	Contrat par lequel les cocontractants s'obligent réciproquement les uns envers les autres. *Exemple :* contrat de vente.	La nullité (anéantissement) du contrat ne peut pas être obtenue en cas de défaut d'équivalence entre les prestations données et reçues. *Exemple* : M. Dufer achète un stylo en plastique et le paie 150 €. Par exception, la loi peut prévoir la nullité. *Exemple* : cas du majeur protégé ou du mineur non émancipé. Code civil : article 1168.
Contrat à titre onéreux	Contrat par lequel chacune des parties reçoit de l'autre un avantage en contrepartie de celui qu'elle procure. *Exemple* : contrat de prêt d'une somme d'argent.	La nullité peut être obtenue si le prix est vil (dérisoire). Ce prix est apprécié au moment de la formation du contrat. Code civil : article 1169.
Contrat-cadre	Contrat par lequel les parties conviennent des caractéristiques générales de leurs relations contractuelles futures. Il se décline en contrats d'application. *Exemple* : contrat liant un grand distributeur à ses fournisseurs.	La fixation du prix peut être unilatérale. Cette liberté est encadrée car le prix devra être motivé en cas de contestation. Par ailleurs, celui qui fixe le prix ne doit pas commettre d'abus. Sinon, l'autre pourrait saisir le juge pour obtenir des dommages-intérêts, voire la résolution (= anéantissement) du contrat. Code civil : article 1164.
Contrat de prestation de services	Contrat par lequel une partie fournit à l'autre tout avantage (ouvrage, travaux, gestion, conseil, etc.) sauf la fourniture d'un produit contre paiement d'un prix(1).	Deux articles concernent le contrat de prestation de services(2). • Le premier concerne le prix. C'est une reproduction quasi identique de l'article 1164 relatif au contrat-cadre. • Le second est relatif à la qualité. Quand celle-ci n'est pas déterminée ou déterminable par une clause contractuelle, le prestataire doit offrir une qualité conforme aux attentes légitimes du client. À cette fin, on prend en considération la nature de la prestation, les usages et le montant de la contrepartie. Code civil : articles : 1165 et 1166.
Contrat d'adhésion	Contrat dans lequel les conditions générales sont soustraites à la négociation et déterminées à l'avance par l'une des parties. *Exemple* : acquisition d'un titre de transport.	Dans ces contrats, une clause qui crée un déséquilibre significatif (= important) entre les parties est réputée non écrite : elle ne peut pas produire d'effet. Le législateur limite considérablement la portée de cet article car il ne peut pas s'appliquer en cas de déséquilibre sur l'objet (contenu de la prestation), ni en cas d'inadéquation du prix à la prestation. Code civil : article 1171.

(1) La définition s'inspire fortement du Vocabulaire Cornu ; op. cit. *; voir « Prestation ».*
(2) En réalité un troisième article (1167) concerne également le contrat de prestations de services. Dans les développements qui suivent nous le négligeons.

2.4 Les conditions de forme

En vertu du consensualisme, le contrat est valablement formé par l'échange des consentements. Ce principe est affirmé par l'article 1172 du Code civil. Un écrit n'est pas nécessaire et de la parole donnée résulte bien un engagement.

De nos jours le formalisme se justifie par la volonté de mieux protéger les contractants ou encore de faciliter l'administration de la preuve.

D'un point de vue plus technique, le consensualisme subit des atténuations et des exceptions.

Les atténuations ne remettent pas en cause le principe mais elles en limitent la portée. Tel est le cas de la publicité qui informe les tiers et leur rend les actes opposables.

EXEMPLES

La vente d'un bien immobilier donne lieu à une publicité à la conservation des hypothèques. À partir de ce moment, elle devient opposable aux tiers. Une personne vend deux fois le même immeuble à quelques jours de différence. Quel acquéreur faut-il privilégier ? Le bon sens pourrait amener à préférer le premier. Telle n'est pas la réponse du droit. Préférence sera donné, en principe, à celui qui aura fait publier la vente le premier.

Le contrat de société donne lieu à immatriculation et à inscription au RCS.

Les règles de preuve atténuent également la portée du principe. En effet, l'article 1341 du Code civil impose le principe de la preuve par écrit pour les actes juridiques.

En revanche, les exceptions remettent en cause le principe. La formation des contrats réels (*exemples* : dépôt, gage, séquestre, etc.) exige la remise d'une chose. Les contrats solennels (*exemples* : hypothèque, location, accession à la propriété, etc.) exigent la rédaction d'un écrit, parfois même en passant devant notaire (*exemple* : contrat de mariage).

3. Les sanctions des conditions de formation

La sanction des conditions de formation est en principe la nullité. Le contrat est privé de tout effet. Il est censé n'avoir jamais existé. Il existe deux types de nullité qui ne sont pas soumis au même régime (3.1). En revanche, les effets (3.2) sont identiques.

3.1 Les nullités

Traditionnellement, on oppose les cas de nullité absolue (a) aux cas de nullité relative (b). La différence réside dans l'intérêt protégé. Si la condition violée sauvegardait l'intérêt général, la nullité est absolue. En revanche, si la condition violée sauvegardait l'intérêt privé (celui d'une personne), la nullité est relative. Dans un cas comme dans l'autre, le recours à la justice est obligatoire.

a) Nullité absolue

Elle présente essentiellement quatre caractères.

Caractères	Commentaires
Sauvegarde l'intérêt général.	Ainsi elle est encourue en l'absence d'un élément essentiel de validité des contrats : absence de consentement et, selon la doctrine, absence de forme dans les contrats solennels. Elle est également encourue en cas d'atteinte à l'ordre public (prestation non conforme aux bonnes mœurs).
Peut être invoquée par toute personne ayant intérêt à agir.	Sont donc concernés la victime, le ministère public et le juge qui peut relever la nullité d'office.
Ne peut pas être confirmée.	La confirmation est une renonciation à l'action en nullité. Elle n'est pas possible pour les nullités absolues parce que l'ordre public est en jeu.
Se prescrit en principe par un délai de cinq ans.	L'écoulement de ce délai met fin à la possibilité d'exercer l'action en nullité.

b) Nullité relative

Elle présente essentiellement quatre caractères.

Caractères	Commentaires
Sauvegarde l'intérêt privé.	Elle protège les contractants dont le consentement a été vicié (par erreur, dol, violence), les personnes protégées, ainsi que, dans certains contrats et sous certaines conditions, les personnes victimes d'un déséquilibre économique : la lésion (toutefois, dans ce cas, on parle de rescision).
Ne peut être intentée que par la personne que la loi a entendu protéger.	Peuvent aussi intenter l'action : les représentants légaux de la personne, ses ayants cause universels (*exemple* : héritiers) ou particuliers (*exemple* : l'acquéreur d'un bien au sujet duquel la nullité est invoquée) ainsi que ses créanciers chirographaires (qui ne disposent pas de garanties).
Est susceptible de confirmation.	La personne que la loi voulait protéger peut, lorsque le vice a disparu, confirmer l'acte, c'est-à-dire lui conférer la validité qui lui manquait en renonçant à invoquer la nullité. La confirmation mentionne l'objet de l'obligation et le vice affectant le contrat.
Se prescrit par un délai de cinq ans.	L'écoulement de ce délai met fin à la possibilité d'une action en nullité.

3.2 Les effets des nullités

Que la nullité soit absolue ou relative, les conséquences sont les mêmes.

Le contrat frappé de nullité est censé n'avoir jamais existé. La nullité agit rétroactivement. Aussi doit-on remettre les choses en l'état. Par exemple, dans un contrat de vente annulé, le vendeur restitue le prix et l'acheteur rend le bien. D'un point de vue pratique, ce principe pose des difficultés de mise en application, ce qui justifie les exceptions.

EXEMPLE

Dans un contrat de travail, l'employeur ne peut pas rendre au salarié sa force de travail. Le salarié est donc indemnisé.

La nullité d'un contrat est opposable aux tiers.

EXEMPLE

Si un bien, objet d'une vente nulle, est revendu plusieurs fois, toutes ces ventes sont nulles. Toutefois, il y a des atténuations à cette rigueur.

4. Les clauses contractuelles particulières

Le contrat permet une expression de la créativité et la vie des affaires a développé un certain nombre de clauses particulières qui sont devenues de style (= d'usage). Le tableau ci-après présente les plus courantes.

Clauses particulières	Définition	Commentaires	Exemple
Clause attributive de compétence ou de juridiction	Clause qui désigne par avance quel sera le tribunal compétent en cas de litige	Une clause relative à la compétence d'attribution est interdite entre toutes personnes. Seule une clause dérogeant à la compétence territoriale est autorisée entre commerçants. Elle doit être apparente	*Tout litige à venir sera de la compétence du tribunal de commerce de Bordeaux*
Clause compromissoire	Clause par laquelle les parties au contrat décident de ne pas recourir aux tribunaux et de soumettre à l'arbitrage les différends non encore nés mais qui pourront surgir entre elles	Cette possibilité est offerte pour les litiges entre commerçants et pour les contrats conclus à raison d'une activité professionnelle. Elle est obligatoirement écrite et doit préciser les conditions de désignation ou l'identité des arbitres	*Tous les litiges auxquels la présente convention pourra donner lieu seront résolus par un arbitre désigné par les parties*
Clause limitative ou exonératoire de responsabilité	Clause qui aménage la responsabilité des parties. Les clauses les plus usuelles fixent à l'avance le montant maximum de dommages-intérêts en cas d'inexécution, d'exécution défectueuse ou de retard. La clause est réputée non écrite si elle porte atteinte à une obligation essentielle du contrat.	Ces clauses sont valables sous réserve de respecter l'ordre public et des textes spécifiques. Elles ne doivent pas s'écarter de ce qui est l'objet essentiel du contrat. Elles sont nulles en cas de dol ou faute lourde, ou lorsque la loi le prévoit expressément (*exemple* : en matière de transport terrestre).	*Au cas où la société* Y *ne serait pas en mesure, en l'absence de faute lourde de sa part, de réaliser son obligation, il est expressément convenu que la société* Y *sera tenue de verser une somme plafonnée à x euros à titre d'indemnisation de tous préjudices y compris commerciaux.*

☞

☞

Clauses particulières	Définition	Commentaires	Exemple
Clause résolutoire de plein droit	Les parties prévoient que le contrat sera résolu de plein droit si survient un événement décrit. Elle dispense le créancier de s'adresser à la justice.	Le créancier devra adresser à son débiteur une mise en demeure Cette clause ne s'applique pas si l'inexécution résulte d'un cas de force majeure ou lorsque le créancier la met en œuvre de mauvaise foi.	*En cas de défaut de paiement d'un seul terme, et un mois après commandement de payer ou sommation restée sans effet, le présent contrat sera résilié automatiquement sans qu'il y ait lieu de remplir aucune formalité judiciaire.*
Clause pénale	Clause selon laquelle « une personne, pour assurer l'exécution d'une convention, s'engage à quelque chose en cas d'inexécution » (art. 1226 du Code civil). Le terme « pénal » fait référence à des pénalités, montant forfaitaire fixé à l'avance.	Une mise en demeure préalable du débiteur est, en principe nécessaire. Elle est interdite dans certains contrats (contrat de travail) ou réglementée (contrat de consommation, contrat de prêt)	*En cas de retard dans la livraison, les pénalités seront de 200 € par jour.*
Clause de réserve de propriété	Elle a pour objet de différer le transfert de propriété d'un bien jusqu'au complet paiement du prix.	Elle doit être écrite et acceptée par l'acquéreur.	*Le vendeur conserve la propriété de la marchandise jusqu'au paiement intégral du prix.*
Clause de révision de prix	Les parties conviennent que le montant du prix variera en fonction des conditions économiques.	Clause très fréquente notamment dans les contrats à longs délais d'exécution ; il est négocié une clause dite de « variation de prix » ou « d'indexation de prix ».	*Le prix* P *est de* x *euros. Il est établi aux conditions économiques de base du mois de mai de l'année N. Il sera révisé au moyen de la formule suivante... (une formule précise les conditions économiques retenues pour la révision : coût de main d'œuvre, des matières par exemple).*

FICHE MÉMO

1. Le contrat
2. Les fonctions économiques du contrat
3. Les principes fondateurs du droit des contrats
4. Les conditions de formation
5. Les vices du consentement
6. Les nullités : sanction des conditions de formation
7. Les clauses contractuelles particulières

1. LE CONTRAT

Un accord de volontés + Deux ou plusieurs personnes + Des effets de droits

- créer des obligations
- modifier des obligations
- transmettre des obligations
- éteindre des obligations

2. LES FONCTIONS ÉCONOMIQUES DU CONTRAT

Expression de la personne dans la société

- Fonction de communication
- Fonction égalitaire
- Fonction de gestion patrimoniale

Instrument d'organisation de la vie sociale

- Fonction normative
- Fonction distributive
- Fonction de stabilisation

3. LES PRINCIPES FONDATEURS DU DROIT DES CONTRATS

La liberté contractuelle

Restrictions :
certains contrats sont obligatoires (assurance…)

La force obligatoire des contrats

Restrictions :
rétractation autorisée dans certains cas (vente à domicile)

La bonne foi dans les contrats

La bonne foi lors de la formation du contrat	La bonne foi lors de l'exécution du contrat
• Se comporter loyalement vis-à-vis du partenaire	• Exécuter ses propres obligations de bonne foi • Être de bonne foi dans l'exigence de l'exécution par le cocontractant de ses obligations

4. LES CONDITIONS DE FORMATION

Conditions de fond

- consentement
- capacité
- un contenu licite et certain

Conditions de forme

Contrat valablement formé par l'échange des consentements c'est le consualisme

- atténuations

  Exemple :
  – mesure de publicité de certains contrats,
  – règles de preuves

- exceptions

  Exemple :
  – contrats réels (remise de la chose),
  – contrats solennels (rédaction d'un écrit)

Conditions	Définition	Caractères
Consentement	Offre + acceptation.	Intègre (vices du consentement : voir § 5).
Capacité	Aptitude d'une personne à être titulaire de droits et à les exercer.	Toute personne peut contracter sauf certains « incapables ».
Contenu	C'est la prestation due au créancier par le débiteur.	Le contrat doit comporter une prestation présente ou future. Par exception, il est possible de conclure un contrat sur une chose future. La prestation doit être possible, déterminée ou déterminable et conforme à l'ordre public.

5. LES VICES DU CONSENTEMENT

Erreur	Dol	Violence
Croyance fausse portant sur un des éléments du contrat • sur les qualités essentielles de la prestation • sur les qualités essentielles du cocontractant	Fait d'obtenir le consentement par des manœuvres ou tromperies	Contrainte exercée par une partie pour obtenir le consentement de son cocontractant

6. LES NULLITÉS : SANCTION DES CONDITIONS DE FORMATION

Types de nullité	Absolue	Relative
Intérêt protégé	Intérêt général	L'un des contractants
Demandeurs à l'action	Toute personne ayant intérêt à agir	Personne que la loi a voulu protéger (contractant, ses héritiers...)
Prescription	• 5 ans • ne peut pas être confirmée	• 5 ans • peut être confirmée
Cas de nullité	• absence de consentement • atteinte à l'ordre public (atteinte aux bonnes mœurs)	• erreur, dol, violence • lésion dans certains cas • capacité
Effets	Les conséquences sont les mêmes que la nullité soit relative ou absolue : – le contrat est censé n'avoir jamais existé ; – la nullité agit rétroactivement ; Conséquences : remise des choses en l'état ou, dans certains contrats exceptions.	

7. LES CLAUSES CONTRACTUELLES PARTICULIÈRES

- Attribution de juridiction ou de compétence
- Compromissoire
- Limitative de responsabilité
- Résolutoire de plein droit
- Pénale
- De réserve de propriété
- De révision de prix

APPLICATIONS

APPLICATION 1 Questionnaire d'auto-évaluation
APPLICATION 2 Questions de cours
APPLICATION 3 Étude de cas pratiques : des contrats viciés
APPLICATION 4 Analyse d'une décision de justice : affaire Degomme
APPLICATION 5 Analyse d'une décision de justice : la vente d'une jument

Vous trouverez les corrigés du questionnaire d'auto-évaluation et des questions de cours en fin d'ouvrage ; les corrigés des cas pratiques, analyses d'une décision de justice et analyses d'un document figurent sur les sites www.expert-sup.com et www.dunod.com.

APPLICATION 1

Questionnaire d'auto-évaluation

Déterminez la ou les réponses exactes

1. Un contrat c'est :
   a) une convention.
   b) un accord de volontés.
   c) un acte juridique.
2. L'autonomie de la volonté implique :
   a) l'autonomie de la chose jugée.
   b) la liberté contractuelle.
   c) l'effet obligatoire du contrat.
3. Il existe plusieurs sortes d'erreurs qui vicient le consentement. Il s'agit de :
   a) le dol.
   b) l'erreur sur les qualités essentielles de la prestation.
   c) l'erreur sur la personne.
   d) la violence.
4. Le contenu du contrat :
   a) c'est la prestation due au créancier par le débiteur.
   b) doit être déterminé sauf exception.
   c) doit être dans le commerce.
   d) doit exister.

5. Le contrat :
   a) doit être exécuté de bonne foi.
   b) peut être conclu de mauvaise foi mais doit être exécuté de bonne foi.
   c) doit être conforme à l'ordre public.
   d) peut faire l'objet d'une nullité pour erreur.
   e) ne peut jamais être annulé car le contrat c'est la loi des parties.

6. L'article 1108 du Code civil exige quatre conditions pour que le contrat soit formé, il s'agit :
   a) du consentement.
   b) de la capacité.
   c) du mobile.
   d) du contenu.
   e) de la cause.

7. La société A loue le local de M. B pour y installer un atelier de contrefaçon. Le contrat est nul pour :
   a) contenu non conforme à l'ordre public.
   b) erreur sur les qualités essentielles du cocontractant.
   c) violence.
   d) dol.

8. Quel type de nullité frappe le contrat de la question précédente :
   a) nullité relative.
   b) nullité absolue.

9. La nullité absolue :
   a) protège l'intérêt de tous.
   b) peut être invoquée uniquement par le procureur de la République.
   c) se prescrit par 10 ans.
   d) peut faire l'objet d'une renonciation à l'action en justice.

10. La nullité relative :
    a) est susceptible de confirmation.
    b) protège seulement l'intérêt des mineurs et des incapables majeurs.
    c) se prescrit par 5 ans.
    d) est rétroactive.

11. Absolue ou relative la nullité :
    a) entraîne toujours la restitution de ce qui avait été échangé.
    b) est opposable aux tiers.
    c) est imprescriptible.
    d) n'a pas à être demandé au juge.

12. Pierre a acheté un fonds de commerce pour y installer un magasin de jeux vidéos. Il est âgé de 16 ans. De quel type de nullité le contrat est-il frappé :
    a) nullité relative.
    b) nullité absolue.

13. M. X envoie une mise en demeure de paiement à son client, qui l'avait informé la veille de la fermeture de son entreprise pendant quatre semaines. Comment pouvez-vous qualifier la situation ?

a) Dol.

b) Simple oubli.

c) Mauvaise foi.

14. M. C a vendu un entrepôt à une société pour un prix correspondant à la moitié de sa valeur sur le marché actuel. Comment pouvez-vous qualifier la situation ?

a) Contenu de la prestation illicite.

b) Erreur.

c) Lésion.

d) Dol.

15. Le contrat :

a) doit être exécuté de bonne ou de mauvaise foi.

b) a force obligatoire entre les parties.

c) peut comporter une clause de révision de prix.

d) s'impose au juge.

16. La société Z a recruté un technicien spécialiste de la sécurité informatique. Celui-ci se montre rapidement incompétent. L'employeur constate alors qu'il a porté des informations fausses sur son diplôme. Comment qualifiez-vous cette situation ?

a) Erreur.

b) Dol.

17. M. C a engagé un commercial. Il apprend quelque temps après que celui-ci a été licencié par son ancien employeur pour faute grave pour avoir détourné des fonds de l'entreprise. Comment qualifiez-vous cette situation ?

a) Erreur.

b) Dol.

APPLICATION 2

Questions de cours

1. Les nullités.
2. La force obligatoire du contrat.

APPLICATION 3

Étude de cas pratiques : des contrats viciés

a) Monsieur Brico a cédé la totalité des parts d'une société exploitant un magasin de bricolage aux époux Defrance. Dans l'acte de cession, M. Brico précise n'avoir connaissance d'aucun événement susceptible d'avoir un effet défavorable sur la situation, l'activité ou le fonctionnement de la société. M. Brico avait pourtant été informé de l'existence d'un projet d'implantation à proximité d'une enseigne de bricolage concurrente.

b) Les époux Lenglet, désireux de réaliser une opération de défiscalisation, ont acquis, par acte notarié et sur les conseils du notaire, un terrain à bâtir dans la commune de Blansy. Ils souhaitaient ainsi profiter de la loi mais ils se sont vu notifier des redressements par l'administration fiscale au motif qu'ils n'étaient pas éligibles à ces mesures de défiscalisation.

c) Le docteur Ben a fait l'acquisition d'un appartement en copropriété situé dans le XVIe arrondissement de Paris. Peu avant cette acquisition, l'assemblée générale de la copropriété, en présence du vendeur de M. Ben, avait voté un projet de ravalement mettant à la charge de chaque appartement de l'immeuble une participation à ces travaux pour un montant élevé. Le docteur Ben, n'ayant pas eu connaissance de ce projet, se trouve dans une situation financière difficile compte tenu du fait qu'il a dû réaliser un emprunt très important pour financer son acquisition.

QUESTIONS

Après avoir pris connaissance des situations ci-dessus, vous répondrez aux questions suivantes :

1. Quel est le vice du consentement concerné ?
2. Quelle est la définition de ce vice du consentement ?
3. À quelles conditions ce vice du consentement est-il une cause de nullité ?
4. Examinez et discutez ces conditions dans chacune des situations. Qu'en concluez-vous ?

APPLICATION 4

Analyse d'une décision de justice : affaire Degomme

Attendu, selon l'arrêt attaqué (CA Grenoble 19 octobre 1994, 1re ch. civ.), que, le 26 juin 1987, MM. Falque et Degomme ont cédé à M. Roux et à Mme Cotting la totalité des parts de la société à responsabilité limitée Bièvre Chartreuse construction (la société) dont M. Falque était le gérant ; que la société ayant été mise en liquidation judiciaire le 6 novembre 1987, les cessionnaires ont assigné MM. Falque et Degomme ; que le tribunal, après avoir sursis à statuer, dans l'attente de la décision définitive sur l'action pénale mise en mouvement, par M. Roux, contre le gérant pour escroquerie, a prononcé la nullité des cessions de parts, sur le fondement du dol, en ce qui concerne la cession intervenue entre M. Falque et M. Roux, et sur le fondement de l'erreur, en ce qui concerne celle intervenue entre M. Degomme et Mme Cotting, et a condamné les cédants à remboursement ;

Sur le moyen unique :

Attendu que M. Degomme reproche à l'arrêt confirmatif attaqué d'avoir annulé la cession de 150 parts sociales de la société, que simple associé, il avait consentie à Mme Cotting, alors, selon le pourvoi, que l'erreur qui porte seulement sur la valeur de la chose vendue n'est pas une cause de nullité ; que, dans une cession de parts sociales, l'erreur, qui ne porte pas sur les droits et prérogatives attachés à ces parts ou sur la possibilité de la société de réaliser son objet social, mais seulement sur la situation financière de la société et la valeur économique et financière des parts, ne constitue pas une erreur sur la substance de la chose ; que la cour d'appel ne pouvait donc prononcer la nullité de ladite cession sur un tel fondement, sans méconnaître l'article 1110 du Code civil ;

Mais attendu qu'après avoir constaté que les cédants avaient fourni à l'expert-comptable, pour l'établissement du bilan, présenté aux cessionnaires préalablement à leur acquisition des parts sociales, des éléments incomplets et des faux renseignements, l'arrêt retient, qu'entre la date du bilan et la date de cession des parts sociales, un passif important était apparu, dû à des agissements du gérant retenus sous la qualification d'escroquerie par la chambre des appels correctionnels et que la société avait été mise en liquidation judiciaire quatre mois après la cession des parts sociales ; qu'en l'état de ces constatations, la cour d'appel a pu déduire que l'erreur affectait non seulement la valeur des parts mais bien leurs qualités substantielles, ne permettant pas à leurs titulaires de poursuivre l'activité économique constituant l'objet social et entraînait la nullité de la convention ; d'où il suit que le moyen n'est pas fondé ;

Par ces motifs : Rejette le pourvoi.

Affaire Degomme c/ Cotting, Cour de cassation.

QUESTIONS

1. Résumez succinctement les faits de l'affaire.
2. Quel problème de droit ce différend posait-il ?
3. Analysez les motifs de rejet du pourvoi.

APPLICATION 5

Analyse d'une décision de justice : la vente d'une jument

Attendu que MM. A., Z., Y. et B. ont acquis une jument vendue par M. X. lors d'une course dite « à réclamer », qu'après livraison ils ont su que l'animal était en gestation et ont assigné leur vendeur en annulation de la vente et paiement de dommages-intérêts ;

Sur le premier moyen pris en ses trois branches :

Attendu que M. X. fait grief à l'arrêt attaqué (Paris, 10 décembre 1999) d'avoir fait droit à leurs demandes alors, selon le moyen :

1° que l'état de gravidité de la pouliche constituait un vice caché ;

2° que, dans la vente à réclamer, les acquéreurs acceptent un aléa qui s'oppose à toute erreur sur une qualité substantielle de la chose vendue ;

3° que la cour d'appel s'est abstenue de rechercher si, compte tenu de la particularité de l'organisation des ventes à réclamer, l'information donnée par le vendeur à l'acquéreur sur l'état gravide(1) de la jument n'était pas de nature à écarter l'annulation de la vente ; [...]

Mais attendu d'abord que la cour d'appel a relevé que les acquéreurs avaient eu connaissance de l'état de gestation de la jument postérieurement à la vente et qu'ils avaient eu l'intention d'acquérir une pouliche de course et non une jument de reproduction ; qu'elle a pu ainsi en déduire que leur erreur avait porté, au jour de la vente, sur les qualités substantielles de l'animal vendu, qu'ensuite, la vente à réclamer consistant en l'acquisition d'un cheval juste après le déroulement d'une course ne s'oppose pas à une action en garantie pour vice du consentement, qu'enfin la cour d'appel procédant à la recherche prétendue omise a relevé que les informations données sur l'état de la pouliche avaient été données par le vendeur postérieurement à la vente et que celui-ci avait commis un dol par réticence en n'informant pas les éventuels acquéreurs de l'état de sa jument avant la vente ; que le moyen ne peut dès lors être accueilli en aucune de ses branches ; [...]

Cour de cassation, Chambre civile 1,
5 février 2002.

QUESTIONS

1. Quels sont les faits ?
2. Quelle est la procédure antérieure ?
3. Quel est le problème juridique ?
4. Quelle est la décision de la Cour de cassation ? Pour quels motifs ?

(1) Qui contient un embryon, un fœtus.

13 CHAPITRE

L'exécution du contrat

SECTION 1 Les obligations contractuelles
SECTION 2 Les personnes obligées : l'effet relatif du contrat
SECTION 3 Le paiement, mode normal d'exécution du contrat
SECTION 4 Les sanctions de l'inexécution
FICHE MÉMO • APPLICATIONS

L'article 1103 du Code civil énonce « les contrats légalement formés tiennent lieu de loi à ceux qui les ont faits ». Par conséquent, un contrat valablement conclu a force obligatoire. Les règles relatives à l'exécution du contrat vont alors s'appliquer. Les obligations contractuelles (section 1) ont été voulues par les parties mais sont parfois interprétées par le juge. Le contrat produit des effets entre les parties mais des tiers peuvent être concernés (section 2). Le mode normal d'exécution du contrat est le paiement (section 3). Dans le langage juridique le mot paiement a un sens plus large que dans le langage courant où il ne concerne que l'exécution d'une obligation portant sur une somme d'argent. L'expression est ici utilisée dans le sens de tout mode d'exécution d'une obligation, il conduit à l'extinction d'une dette. Si le contrat est mal exécuté ou s'il n'est pas exécuté, la responsabilité contractuelle (section 4) est engagée et des sanctions sont prévues.

SECTION 1 LES OBLIGATIONS CONTRACTUELLES

Les obligations à exécuter sont celles contenues dans le contrat (1) telles qu'interprétées par le juge (2).

1. Le contenu du contrat

Le contenu du contrat est déterminé par les parties (1.1) en application du principe de liberté contractuelle. Cependant, le juge (1.2) peut imposer des obligations fondées sur l'équité, la loi ou les usages. Par ailleurs, le contrat peut faire l'objet de modifications (1.3).

1.1 Les obligations voulues par les parties

Les parties sont libres de déterminer le contenu de leur contrat, sous réserve de respecter l'ordre public et les bonnes mœurs. Les obligations ainsi tissées par les parties peuvent s'analyser du point de vue de leur intensité. On distingue, de ce point de vue, les obligations de moyens et de résultat, auxquelles s'ajoute l'obligation de garantie. Il résulte de cette qualification une différence dans la mise en œuvre de la responsabilité du débiteur.

Nature de l'obligation	Définition	Conséquences	Exemple
Obligation de résultat	Le débiteur d'une obligation de résultat s'engage à atteindre un objectif préalablement fixé et convenu.	La seule inobtention du résultat suffit à caractériser l'inexécution : régime de la présomption de responsabilité. Le débiteur devra apporter la preuve qu'il n'est pas responsable de cette inexécution.	Le transporteur s'engage à livrer une marchandise à un point donné et dans un délai convenu. En cas de retard ou de marchandise livrée abîmée, le transporteur est présumé responsable. Pour s'exonérer de sa responsabilité, il devra apporter la preuve que l'inexécution est due par exemple à un cas de force majeure.
Obligation de moyens	Le débiteur d'une obligation de moyens s'oblige à mettre en œuvre tous les moyens à sa disposition pour atteindre un objectif fixé.	C'est au créancier qu'il appartient de faire la preuve que l'inobtention du résultat est due à une faute du débiteur : régime de la faute prouvée.	Le médecin ne s'engage pas à guérir son malade. Si le malade n'est pas guéri et qu'il estime que le médecin a commis une faute, il devra la prouver.
Obligation de garantie	Le débiteur garantit tous les cas d'inobtention du résultat.	Le débiteur ne peut pas s'exonérer en faisant la preuve de l'existence d'un cas de force majeure.	En cas de contrat de transport de marchandise à délai garanti, le transporteur est responsable du retard de livraison quel qu'en soit le motif.

La qualification d'une obligation, d'obligation de moyens ou de résultat, n'est pas toujours simple. Plusieurs indices sont retenus : l'aléa pesant sur le résultat à atteindre, le rôle de la victime dans le fait ayant conduit au dommage.

1.2 Les obligations imposées par le juge

L'article 1194 du Code civil précise : « Les contrats obligent non seulement à ce qui y est exprimé, mais encore à toutes les suites que leur donnent l'équité, l'usage ou la loi. » En fonction du type de contrat, les juges estiment que le contenu dudit contrat relève de l'ordre public. Sur le fondement de ce texte, les juges ont créé deux obligations générales qui ont désormais une grande portée.

Nature	Définition	Conséquences	Exemples
Obligation d'information	Obligation pour l'une des parties de fournir à l'autre des informations permettant une bonne exécution du contrat.	Celui qui est légalement ou contractuellement tenu d'une obligation particulière d'information doit rapporter la preuve de l'exécution de cette obligation. Cette preuve peut se faire par tous moyens.	Le vendeur doit informer l'acheteur sur les conditions d'utilisation de la chose achetée afin qu'il en retire toute l'utilité attendue et puisse s'en servir de façon satisfaisante.

☞

Nature	Définition	Conséquences	Exemples
Obligation d'information (suite)		Cette obligation a été étendue par la jurisprudence à de nombreux professionnels (médecin, avocat...) les incitant à se préconstituer la preuve complète de l'exécution de leur obligation.	
Obligation de sécurité	Le débiteur ne doit pas causer de dommage corporel à son cocontractant pour l'exécution du contrat.	Cette obligation, quand elle est reconnue doit être qualifiée par le juge d'obligation de résultat ou de moyens.	L'exploitant d'une piscine est tenu d'une obligation de sécurité des personnes qui fréquentent ses installations.

1.3 La modification du contrat

Le contrat conclu s'impose aux parties. Il est néanmoins possible d'envisager une modification du contrat par les parties (a) ou par le juge (b).

a) La modification du contrat par les parties

• **Lorsque les parties sont d'accord**, elles peuvent modifier le contrat à condition que cette modification ne soit pas contraire à la loi. Cette volonté commune peut même mettre fin au contrat alors même qu'il n'a pas été exécuté.

LE CAS PARTICULIER DE LA NOVATION

Il y a « novation » lorsque la modification du contrat par les parties est telle que les parties seront considérées comme ayant conclu un nouveau contrat.

Dans certains domaines, la modification importante du contrat n'entraîne pas novation. Par exemple, en droit du travail, la modification du contrat de travail, notamment de sa durée, n'entraînera pas novation pour permettre au salarié de conserver tous les avantages liés à son ancienneté.

• **Lorsqu'une seule des parties** souhaite modifier le contrat, la force obligatoire la contraint à exécuter celui-ci tel qu'il a été conclu. Elle ne peut pas imposer unilatéralement une modification.

• **En pratique**, les parties insèrent parfois dans leurs contrats des clauses autorisant des modifications au fur et à mesure de l'écoulement du temps.

EXEMPLES

Clause d'indexation, clause de variation de prix.

• Un **droit de révocation unilatérale** est exceptionnellement accordé :

– soit par le législateur à certains contractants ;

EXEMPLES

Le contrat de travail, le bail d'habitation, le droit de repentir dans le contrat de crédit à la consommation ou la vente à distance.

– soit par les contractants eux-mêmes au moyen d'une clause de dédit qui permet à l'un d'entre eux de se désengager en échange du versement d'une indemnité.

Le cas particulier des changements de circonstances économiques

Tout contrat est conclu dans un environnement économique. Il est exécuté dans un environnement qui, pour diverses raisons, peut changer. Par exemple, les coûts d'exploitation d'un puits de pétrole peuvent s'accroître et occasionner des difficultés économiques à l'exploitant. Que peut-il faire, particulièrement s'il a mal négocié son contrat en ne prévoyant pas une clause d'indexation (qui aurait fait varier le prix du pétrole en fonction des coûts d'exploitation) ? En droit, cette question pose le problème de la reconnaissance de l'imprévision.

L'imprévision est le changement important des circonstances économiques dans lesquelles s'insérait le contrat et dont il résulte un déséquilibre important au détriment de l'une des parties. L'imprévision n'a jamais été reconnue par les juridictions civiles et commerciales(1) même si, en 2010, un arrêt rendu par la chambre commerciale a pu laisser croire à une évolution de la Cour de cassation. Le législateur de 2016 consacre l'imprévision dans l'article 1195 al. 1er. Aux termes de celui-ci, « si un changement de circonstances imprévisible lors de la conclusion du contrat rend l'exécution excessivement onéreuse pour une partie qui n'avait pas accepté d'en assumer le risque, celle-ci peut demander une renégociation du contrat à son cocontractant ».

La mise en œuvre de cette demande de renégociation est donc soumise à trois conditions :

- d'abord, il faut un changement de circonstances imprévisible au moment de la formation du contrat ;
- ensuite, il faut que le cocontractant n'en ait pas assumé le risque. Par exemple, si le cocontractant garantit le prix, il assume le risque et ne peut pas mettre en œuvre la renégociation du contrat ;
- enfin, il faut que l'exécution du contrat soit devenue excessivement onéreuse.

Quoi qu'il en soit, pendant la période de renégociation, le contrat est exécuté aux conditions initiales. Reste à gérer les éventuels dysfonctionnements. Deux méritent notre attention.

- que se passe-t-il en cas de refus ou d'échec de la renégociation ? Les parties peuvent convenir de mettre fin à leur relation, à la date et aux conditions qu'elles déterminent. Le contrat est alors résolu. Elles peuvent aussi demander au juge de procéder à son adaptation ;
- que se passe-t-il en cas de défaut d'accord dans un délai raisonnable ? À la demande de l'une des parties, le juge peut procéder à la révision du contrat ou y mettre fin.

b) La modification du contrat par le juge

En application de la liberté contractuelle le juge n'a pas, en principe à intervenir dans le contrat soit pour imposer des clauses non prévues, soit pour en modifier le contenu. Mais, lorsque l'exécution d'un contrat s'étale sur un certain laps de temps, les circonstances

(1) L'imprévision a été reconnue par le Conseil d'Etat dès 1916 dans le célèbre arrêt dit du « gaz de Bordeaux » et par la chambre sociale de la Cour de cassation dans le non moins célèbre arrêt Expovit (1992).

économiques ont pu évoluer. Il se pose alors la question de l'**imprévision** dont nous venons de voir la consécration en 2016.

Par ailleurs, le législateur donne aussi le pouvoir au juge de modifier le contrat dans d'autres cas.

EXEMPLES

L'article 1231-5 alinéa 2 du Code civil donne au juge le pouvoir de modérer ou d'augmenter une clause pénale si elle est manifestement excessive ou dérisoire.

L'article 1343-5 du Code civil donne pouvoir au juge d'accorder un délai de grâce de deux ans au débiteur.

La loi sur le surendettement des particuliers donne pouvoir au juge de reporter ou échelonner le paiement de certaines dettes.

2. L'interprétation du contrat

Les contrats peuvent présenter des ambiguïtés ou des contradictions qui seront soumises à l'interprétation des juges.

Le droit français des contrats est fondé sur le principe de l'autonomie de la volonté, l'interprétation sert donc principalement à rechercher les intentions des parties.

Article 1188 du Code civil

Le contrat s'interprète d'après la commune intention des parties plutôt qu'en s'arrêtant au sens littéral de ses termes.

L'idée est que l'intention des parties doit l'emporter sur le sens littéral des termes mais sans que cela autorise le juge à ajouter lui-même un élément sur lequel les parties n'avaient pas pu se mettre d'accord(1).

Le juge n'est pas lié par la qualification donnée par les parties, il peut qualifier un contrat, interpréter des clauses douteuses, introduire des dispositions destinées à combler des lacunes du contrat.

LE CONTRÔLE DE LA COUR DE CASSATION

La Cour de cassation juge le droit et ne se reconnaît pas le droit de contrôler l'interprétation que les juges du fond donnent des contrats.

Toutefois, elle casse les décisions des juges du fond ayant refusé d'appliquer une clause « claire et précise » ou l'ayant dénaturée (contrôle de dénaturation).

Elle contrôle également la qualification donnée au contrat par les juges du fond.

Enfin, elle intervient dans un but d'unification des clauses contenues dans les contrats types.

(1) *Les règles d'interprétation sont présentées page 227.*

SECTION 2

LES PERSONNES OBLIGÉES : L'EFFET RELATIF DU CONTRAT

L'article 1103 de Code civil énonce la force obligatoire des contrats vis-à-vis de « ceux qui les ont faites », c'est l'effet relatif du contrat (1). Mais d'autres personnes peuvent être concernées par un contrat dont les obligations peuvent être transmissibles (2, 3).

1. L'effet relatif du contrat

L'article 1199 al. 1er du Code civil est le siège du principe de l'effet relatif du contrat. Cet article dispose : « Le contrat ne crée d'obligations qu'entre les parties. » Pourtant cela ne signifie pas que le contrat soit dépourvu de tout effet à l'égard des tiers. L'effet relatif se limite à son effet obligatoire. Par conséquent, si le contrat n'oblige que les parties, il doit être respecté par tous : c'est l'opposabilité du contrat aux tiers (2). Ainsi des personnes étrangères à l'acte (les tiers) vont apprendre son existence. Elles vont devoir le respecter. Dans certains cas, elles vont pouvoir opposer son existence aux parties. Le contrat peut être transmis aux ayants cause universels ou à titre universel ou à titre particulier. Le législateur a adjoint d'autres dérogations au principe de l'effet relatif du contrat (3) : la stipulation pour autrui et la promesse de porte-fort.

2. L'opposabilité du contrat aux tiers

Après avoir délimité le principe (2.1), nous verrons quels sont les tiers concernés (2.2).

2.1 Délimitation du principe

Trois propositions permettent de mieux cerner ce principe.

a) Le contrat peut créer une situation juridique qui s'impose à tous

Tous les contrats qui opèrent transfert de propriété illustrent parfaitement cette proposition.

EXEMPLE

La vente.

b) Les tiers peuvent opposer le contrat aux parties

EXEMPLE

Un tiers peut invoquer un contrat auquel il n'est pas partie à titre d'élément de preuve. Ainsi un locataire peut s'appuyer sur le contrat liant son bailleur à un ancien locataire pour renverser la présomption de l'article 1731 du Code civil, selon laquelle il aurait reçu les lieux « en bon état de réparations locatives ».

c) Les parties peuvent opposer le contrat aux tiers

La règle est posée par l'article 1200 du Code civil. Aux termes de celui-ci, « les tiers doivent respecter la situation juridique créée par le contrat ». En conséquence, un tiers peut engager sa responsabilité s'il incite une personne à violer ses engagements contractuels.

EXEMPLE

L'employeur qui incite un salarié à rompre son contrat de travail pour être embauché chez lui, engage sa responsabilité (Code du travail, art. L. 1237-3).

2.2 La transmission du contrat aux ayants cause

L'ayant cause est celui qui tient son droit d'une autre personne appelée auteur. On distingue les ayants cause universels ou à titre universel, et les ayants cause à titre particulier.

Les ayants cause universels ou à titre universel	L'ayant cause (AC) universel ou à titre universel continue la personne du défunt et devient donc partie aux contrats qu'il reçoit par la succession. Il acquiert le patrimoine tout entier de son auteur (AC universel) ou une fraction de celui-ci (AC à titre universel). Il succède aux droits et aux créances de son auteur. Il est tenu des dettes.	*Exemple* : Le fils qui hérite d'un fonds de commerce de son père, devient débiteur de la banque qui a fait un prêt d'accession à la propriété de ce fonds de commerce **Deux exceptions.** La transmission ne s'opère pas quand le contrat est viager. Dans ce cas, il s'éteint avec le décès du titulaire (*exemple* : rente viagère). Par ailleurs, certains contrats sont conclus *intuitus personae* : la mort d'une des parties met fin au contrat (*exemple* : contrat de travail).
Les ayants cause à titre particulier	• C'est une personne qui reçoit un ou plusieurs droits (ou biens) particuliers d'une autre personne qu'on appelle son « auteur ». La question se pose alors de savoir si celui qui reçoit ce droit (ou bien) devient débiteur ou créancier à la place de son auteur. • Il n'y a pas de principe général de transmission automatique des obligations avec les biens sur lesquels elles portent. Mais la loi ou la jurisprudence en donnent des exemples. De façon générale, la transmission est plus aisée pour les contrats portant sur des droits réels plutôt que personnels. De même elle se conçoit sur le bénéfice d'un contrat plutôt que sur la création passive d'une obligation pour laquelle l'ayant cause ne sera engagé que s'il l'a consentie.	*Exemples* • Un contrat d'assurance automobile est-il transmis à l'acheteur de cette automobile ? • Une clause de non-concurrence portant sur un fonds de commerce est-elle transmise au nouvel acquéreur ? *Exemples* • La transmission du bail à l'acquéreur d'un immeuble (art. 1743 du Code civil). • La transmission des contrats de travail en cours en cas de transfert de propriété (art. L. 1224-1 du Code du travail). • L'admission par la jurisprudence de la transmission d'une clause de non-concurrence en cas de cession d'un fonds de commerce.

3. Les dérogations au principe de l'effet relatif qui résultent de la loi

Le bénéfice d'un contrat peut être affecté à un tiers : c'est la stipulation pour autrui (3.1). Le législateur valide, par exception les promesses de porte-fort (3.2).

3.1 La stipulation pour autrui

La stipulation pour autrui est une exception, expressément évoquée par l'article 1205 du Code civil, à l'effet relatif des contrats. Il s'agit d'un contrat passé entre deux personnes : le stipulant et le promettant. Ce contrat prévoit que le promettant exécutera une prestation pour un tiers au contrat : le bénéficiaire. Une telle situation se rencontre dans l'assurance-vie.

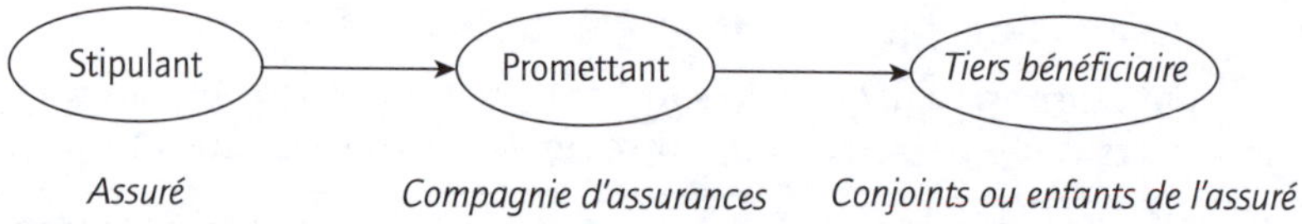

La stipulation pour autrui est une opération juridique à trois personnes :

– entre le stipulant et le promettant, il y a un contrat ;
– le tiers bénéficiaire a un droit direct contre le promettant ;
– le stipulant peut toujours révoquer la stipulation, tant qu'elle n'a pas été acceptée par le bénéficiaire. Quand elle a été acceptée par le bénéficiaire, elle peut être révoquée avec son accord.

3.2 La promesse de porte-fort

C'est l'engagement pris par une personne envers une autre, qu'un tiers fera quelque chose. La promesse de porte-fort est visée par l'article 1204 du Code civil.

EXEMPLE

Signer un contrat.

Le promettant s'engage personnellement à obtenir le consentement d'un tiers et cette obligation est une obligation de résultat. Si cet engagement n'est pas tenu, le porte-fort sera redevable de dommages-intérêts : sa responsabilité contractuelle est alors mise en œuvre.

EXEMPLE

Un impresario signe un contrat avec un organisateur de spectacles et se porte fort que la vedette l'acceptera, alors que son mandat d'impresario ne lui permet pas de le faire.

SECTION 3

LE PAIEMENT, MODE NORMAL D'EXÉCUTION DU CONTRAT

Le paiement est le mode normal d'exécution des obligations. Il conduit à l'extinction de la dette. Cette expression s'entend comme tout mode d'exécution d'une obligation.

L'étude des conditions et du mécanisme du paiement présente successivement les parties au paiement (1), l'objet du paiement (2), les modalités (3), la preuve (4).

1. Les parties au paiement

Deux personnes sont en présence : le solvens, celui qui exécute l'obligation et l'accipiens, celui qui en bénéficie.

LE SOLVENS EST CELUI QUI EFFECTUE LE PAIEMENT	
Qui peut payer ?	**Exemple**
C'est le débiteur ou son représentant.	• Le débiteur lui-même : un acheteur qui paie le prix du bien acquis. • Le représentant du débiteur : en cas de paiement par chèque, le créancier reçoit paiement du banquier.

☞

☞

Qui peut payer ?	Exemple
Le paiement peut également être réalisé par un tiers y ayant intérêt.	• Un codébiteur. • Une caution.
Un tiers qui n'est pas intéressé au paiement mais agit « au nom et en l'acquit du débiteur » ou « en son nom propre ».	• L'acquéreur d'un immeuble hypothéqué qui paie le créancier hypothécaire pour éviter d'être évincé. • Un père paie les dettes de son fils.

2. L'objet du paiement

La matière obéit à un principe : le paiement est l'exécution de la prestation. Le débiteur doit payer exactement ce qui est dû, ni plus ni moins. Le créancier ne peut pas être contraint à recevoir autre chose que ce qui est dû. Il doit, par ailleurs, recevoir tout ce qui est dû.

Des dispositions spécifiques commandent le paiement en monnaie. La monnaie de paiement est la monnaie qui a cours légal. En France, c'est l'euro. Le débiteur paie en espèces ou en monnaie scripturale : effets de commerce, chèques ou virements.

MOYENS DE PAIEMENT

Le décret nº 2015-741 du 24 juin 2015 fixe le seuil de paiement en espèces ou au moyen de monnaie électronique à 1 000 € lorsque le débiteur est résident en France. Les infractions à ces dispositions sont passibles d'une amende qui ne peut pas excéder 5 % des sommes payées. Le débiteur et le créancier sont solidairement responsables du paiement de cette amende.

Le créancier ne peut recevoir en paiement que la somme numérique énoncée au contrat. Ce principe, dit du **nominalisme monétaire**, est particulièrement gênant en période d'inflation. Aussi les créanciers essaient-ils de tourner l'obstacle en stipulant des clauses d'indexation. Ces clauses font varier le montant de la somme due en fonction de la dépréciation monétaire. Elles contribuent au développement de l'inflation et sont encadrées tant par le législateur que par la jurisprudence.

3. Les modalités de paiement

Elles concernent la date et les frais de paiement ainsi que le lieu de paiement.

• **La date de paiement** est celle fixée par les parties.

• **Les délais de paiement** entre entreprises sont encadrés par la loi et notamment par la loi nº 2015-990 du 6 août 2015. Ils ne peuvent pas dépasser 60 jours (calendaires) à compter de la date d'émission de la facture. Par exception, un délai de 45 jours fin de mois à compter de la date d'émission de la facture est possible s'il est stipulé dans le contrat et ne constitue pas un abus manifeste à l'égard du créancier.

La facture mentionne la date limite de règlement. En cas de retard, une pénalité est exigible sans rappel, fixée au minimum à trois fois le taux d'intérêt légal. À défaut de clause, le taux est égal au taux d'intérêt de la Banque centrale européenne majorée de 10 points. La facture mentionne le taux applicable.

Par ailleurs et en vertu de la loi du 22 mars 2012 portant simplification du droit, tout professionnel en situation de retard de paiement doit, de plein droit, au créancier une indemnité pour frais de recouvrement dont le montant est fixé par décret.

• **Les frais de paiement** sont, sauf convention contraire, supportés par le débiteur.

• **Le lieu de paiement** est désigné dans le contrat. À défaut, c'est le domicile du débiteur. Les dettes sont, en effet, quérables et non portables. Il existe de nombreuses exceptions.

EXEMPLES

- Les dettes fiscales sont portables.
- Les dettes d'aliment doivent être portées au domicile ou à la résidence du créancier.
- Les dettes relatives à un corps certain s'exécutent au lieu où se trouvait ce corps au moment du contrat.

4. La preuve du paiement

Sous cette rubrique, deux questions doivent être examinées : celle de la charge de la preuve et celle des moyens de preuve.

La question de la charge se résout par application des règles du droit commun. C'est donc à celui qui se prétend libéré de prouver que sa dette est éteinte (C. civ. art. 1353 al. 2). Cette charge incombe donc au débiteur.

En ce qui concerne le mode de preuve, le Code civil prévoit que « le paiement se prouve par tout moyen » (art. 1342-8).

EXEMPLE

Le créancier a apposé la mention « payée » sur une facture ou a délivré une quittance ou un reçu.

Le paiement libère le débiteur et éteint la dette.

SECTION 4
LES SANCTIONS DE L'INEXÉCUTION

À l'échéance, le débiteur peut exécuter volontairement l'obligation mise à sa charge. Toutefois, s'il est récalcitrant, il peut y avoir inexécution volontaire. Pour obtenir paiement, le créancier dispose de moyens d'action contre son débiteur (1) Certaines actions contractuelles peuvent être exercées par un tiers (2).

1. Les moyens d'action du créancier contre le débiteur

Lorsqu'un contrat n'est pas exécuté par l'une des parties, plusieurs types de sanction peuvent être envisagés, celles qui visent à l'exécution du contrat (1.1), celles qui visent au contraire à l'anéantissement du contrat (1.2). Par ailleurs, la non-exécution du contrat entraîne la mise en œuvre de la responsabilité contractuelle (1.3).

1.1 Les sanctions visant à l'exécution du contrat

Le créancier est titulaire d'un droit de gage général sur le patrimoine de son débiteur. En vertu de ce droit, il peut requérir des mesures conservatoires (a), mettre en œuvre l'exception d'inexécution (b), et poursuivre l'exécution forcée de l'obligation (c).

a) Les mesures conservatoires

Le créancier peut craindre que le débiteur fasse disparaître tout ou partie de ses biens. Or ceux-ci font l'objet de son droit de gage général. Il peut donc, pour assurer la sauvegarde de ses droits, pratiquer une mesure conservatoire. Le créancier peut prendre une garantie sur les biens du débiteur et posséder ainsi un moyen de pression conduisant à un règlement négocié, total ou partiel.

L'obtention d'une mesure conservatoire exige que trois conditions soient remplies. La créance doit paraître fondée en son principe. Le créancier doit, de plus, justifier de circonstances susceptibles de menacer le recouvrement de sa créance. Enfin, le créancier doit, sauf exception, demander une autorisation au juge (en principe le président du TGI).

Les mesures ont un caractère provisoire. Elles peuvent, pour l'essentiel, prendre la forme d'une saisie conservatoire (certains biens du débiteur deviennent indisponibles) ou d'une sûreté judiciaire (celui qui a pris la sûreté passe avant d'autres créanciers).

b) L'exception d'inexécution

L'exception d'inexécution est un **moyen d'inciter l'autre partie au contrat à exécuter ses obligations.** Une partie au contrat fait pression sur son cocontractant en refusant d'exécuter ses propres obligations. Elle est visée par les articles 1219 et 1920 nouveaux du Code civil.

EXEMPLE

Un acheteur qui n'a pas reçu livraison d'une marchandise refuse de payer le solde du prix.

L'exception d'inexécution ne met pas fin au contrat, elle suspend l'exécution des obligations contractuelles. Elle a donc plusieurs issues :

– le débiteur exécute son obligation ;

– le créancier demande l'exécution forcée ;

– le créancier décide de mettre fin au contrat.

LES CONDITIONS DE L'EXCEPTION D'INEXÉCUTION	
Un contrat synallagmatique	L'exception d'inexécution ne peut, par définition, s'appliquer que dans le cas d'obligations interdépendantes.
L'inexécution d'une obligation	L'exception d'inexécution ne joue qu'en cas d'inexécution d'une obligation quelle qu'en soit la raison. Cependant, le créancier doit avoir à s'en plaindre et il doit exister une certaine proportion entre l'inexécution, même si elle n'est pas totale, et la menace. Par ailleurs, l'inexécution doit être suffisamment grave. Enfin, l'exception d'inexécution est notifiée dans les meilleurs délais.

c) L'exécution forcée de l'obligation

Le créancier a recours aux tribunaux ou à la force publique pour contraindre le débiteur à s'exécuter, ici à payer. Cette possibilité est offerte à des créanciers qui possèdent un titre exécutoire, c'est-à-dire un acte notarié ou un jugement. Le créancier va procéder à l'envoi d'une mise en demeure, puis il essaiera d'obtenir l'exécution en nature ou par équivalent.

■ *La mise en demeure*

Il s'agit d'un acte qui constate le retard du débiteur et apporte la preuve du caractère volontaire de l'inexécution. Elle est visée par les articles 1344 à 1344-2 du Code civil.

LA MISE EN DEMEURE	
Domaine	La mise en demeure est nécessaire en matière contractuelle pour ouvrir droit aux dommages-intérêts. Elle permet d'imputer le retard au débiteur. Par exception, elle peut être écartée par une clause du contrat qui prévoit que l'arrivée du terme vaut automatiquement mise en demeure du débiteur (art. 1344 C. civil).
Les divers rôles de la mise en demeure	• Elle est le point de départ des **dommages et intérêts moratoires** par jour de retard. • Elle est le point de départ de dommages et intérêts compensatoires. • En cas d'obligation de livrer consécutive à une vente, elle met à la charge du vendeur les risques de perte ou de détérioration des objets vendus. • Elle est le préalable à l'exécution forcée.
Les formes de la mise en demeure	• Par **sommation** : un acte signifié par huissier de justice, invitant le débiteur à payer. • Elle est réalisée par **tout acte équivalent** : demande en justice ou lettre recommandée (dans les rapports commerciaux). • Une simple lettre « lorsqu'il ressort de ses termes une interpellation suffisante » (loi du 9 juillet 1991), c'est-à-dire une volonté claire du créancier d'exiger son dû sans délai. • Une **injonction de payer** : requête auprès du juge civil ou commercial.

■ *L'exécution forcée en nature de l'obligation*

La question ne se pose que lorsque l'exécution en nature est matériellement possible. Elle a pour but d'obtenir la prestation qui constitue l'objet de l'obligation en recourant éventuellement à des moyens de coercition. Cette exécution est plus ou moins aisée selon la nature de l'obligation. Elle suppose également que le créancier ait intérêt à cette exécution du contrat.

Obligation de payer une somme d'argent	L'exécution forcée en nature est la seule possible. Le procédé est celui de la saisie des biens du débiteur suivie de la vente forcée de ces biens : saisie-vente des biens meubles corporels ou saisie immobilière.
Autres obligations	Il est difficilement concevable de contraindre physiquement une personne à effectuer certaines obligations (*exemples* : obligation de ne pas concurrencer, obligation d'accomplir une prestation). Dans ce cas, la partie envers laquelle l'engagement n'a pas été exécuté, ou a été imparfaitement exécuté, peut demander des dommages-intérêts. Le créancier peut aussi chercher un moyen indirect de contraindre le débiteur par l'astreinte. Il s'agit d'une condamnation pécuniaire destinée à faire pression sur un débiteur afin de l'inciter à exécuter. Son montant est fixé par le juge par période de retard (jour, semaine, etc.).

■ *L'exécution forcée par équivalent*

L'exécution en nature ne présente pas toujours d'intérêt pour le créancier. Celui-ci peut préférer une exécution par équivalent sous la forme d'une indemnisation. Le juge en fixera le montant :

Obligation de payer	Dommages-intérêts moratoires : supplément du principal en intérêts par jour de retard dans le paiement.
Autres obligations	Dommages-intérêts compensatoires : équivalent de l'avantage qu'attendait le créancier et de la perte subie du fait de la non exécution.

Une fois la décision exécutoire, le créancier dispose des voies d'exécution par recours à la saisie.

1.2 Les sanctions visant à l'anéantissement du contrat

Nous distinguerons successivement la résolution (a) et l'anéantissement pour force majeure (b) du contrat.

a) La résolution

L'article 1224 du Code civil permet au créancier en cas d'inexécution des obligations contractuelles de son débiteur de demander la résolution du contrat avec dommages-intérêts. **La résolution est l'anéantissement du contrat.** Celle-ci doit être demandée au juge.

L'action en résolution concerne les contrats synallagmatiques, en raison de l'interdépendance des obligations. Dans cette hypothèse, le créancier qui a déjà effectué son obligation souhaite qu'elle lui soit restituée et être indemnisé. Celui qui n'a pas effectué son obligation souhaite en être dégagé définitivement.

CONDITIONS DE LA RÉSOLUTION	
L'inexécution de l'obligation	• L'inexécution totale d'une obligation essentielle implique la résolution du contrat. • L'inexécution partielle du contrat ou d'une obligation accessoire nécessite l'examen de l'utilité économique du contrat pour le créancier et de la mauvaise foi du débiteur pour prononcer la résolution.
La décision judiciaire	La résolution doit être demandée au tribunal (qui n'est pas contraint de la prononcer).
La résolution de plein droit	• En cas d'inexécution suffisamment grave, le créancier peut notifier au débiteur la résolution. Il effectue cette résolution à ses risques et périls. À cette fin, il procède à une mise en demeure. En cas d'urgence, elle est écartée. Si la mise en demeure n'est pas suivie d'effet, il notifie au débiteur la résolution du contrat et les raisons la justifiant. Par exemple, en matière de vente, le défaut de retirement à une date convenue entraîne la résolution automatique au profit du vendeur. • Une clause de résolution de plein droit peut être insérée par les parties dans le contrat. Elle précise les engagements dont l'inexécution entraînera l'anéantissement du contrat. Une telle clause est valable, mais elle ne peut pas être acquise au créancier sans la délivrance d'une mise en demeure restée sans effet. Il est possible d'écarter la mise en demeure.

La résolution met fin au contrat. Sa prise d'effet nécessite de distinguer trois situations :

– la **résolution contractuelle.** Dans ce premier cas, les parties appliquent les prescriptions de la clause résolutoire ;

– la **résolution par notification.** Dans ce deuxième cas, la résolution prend effet à la date de réception par le débiteur de la notification adressée par le créancier ;

– la **résolution judiciaire.** Dans ce dernier cas, la résolution prend effet à la date que fixera le juge ou, à défaut, à la date de l'assignation en justice.

Quels seront les effets de la résolution ? Pour répondre à cette importante question pratique, le législateur de 2016 exige que soient distingués deux cas.

1) Si l'utilité du contrat exigeait une exécution totale, la résolution oblige les parties à rendre la totalité de ce qu'elles ont reçu.

EXEMPLE

Soit une personne qui a conclu un contrat de formation s'étalant sur six mois et devant déboucher sur une qualification reconnue. Au bout de quatre mois, le contrat est résolu. La société ayant dispensé la formation rembourse intégralement le stagiaire.

2) Si le contrat pouvait avoir une certaine utilité malgré une exécution partielle, la résolution n'entraînera pas de restitution antérieure à la dernière prestation n'ayant pas reçu de contrepartie.

EXEMPLE

Soit un contrat portant sur la vente d'une certaine quantité de blé, la livraison s'effectuant chaque mois et pendant une année. Le contrat est résolu au bout de cinq mois. Il cesse de produire effet à partir du sixième mois. L'acheteur ne sera pas tenu de rendre les quantités qu'il a reçues. Le vendeur ne lui rendra pas l'argent correspondant aux cinq premières livraisons.

b) L'anéantissement pour force majeure

Lorsqu'une des obligations convenues dans un contrat n'est définitivement plus réalisable par suite d'un cas de force majeure, cette obligation disparaît et son débiteur n'est plus tenu de l'exécuter. C'est alors tout le contrat qui disparaît sans aucune compensation possible pour le débiteur de l'obligation devenue impossible. La disparition du contrat a lieu de plein droit. Le juge, saisi d'une contestation prononce cette disparition.

EXEMPLE

Un contrat de location a été passé entre un bailleur et un preneur concernant un immeuble à usage d'habitation. L'immeuble est détruit en totalité par un incendie provoqué par la foudre. Cet événement entraîne les conséquences suivantes :

- le bail est résilié de plein droit ;
- l'obligation devenue impossible disparaît : celle du bailleur ;
- celle du preneur disparaît également puisque c'est le contrat qui est anéanti.

LE CAS PARTICULIER DES CONTRATS TRANSLATIFS DE PROPRIÉTÉ

Dans ce type de contrat (contrat de vente), la propriété est transférée dès la conclusion du contrat par l'échange des consentements (art. 1196 du Code civil).

Par conséquent si la chose périt pour cas de force majeure avant la livraison, elle a déjà été transférée à l'acquéreur. C'est donc lui qui va assumer le risque et verser le prix convenu. En effet, l'obligation du vendeur (le transfert de propriété) a été exécutée.

La règle est donc que la chose périt aux risques de son propriétaire : l'acheteur.

En revanche, si l'empêchement est temporaire, le contrat est en principe seulement suspendu.

1.3 La réparation des dommages causés par l'inexécution du contrat : la responsabilité contractuelle

La mise en jeu de la responsabilité contractuelle vise à réparer un dommage en cas d'inexécution ou de mauvaise exécution du contrat. L'auteur du dommage et la victime sont liés par contrat. Le siège de la responsabilité contractuelle se trouve aux articles 1231 à 1231-7 du Code civil relatifs à la « réparation du préjudice résultant de l'inexécution du contrat ». L'étude de la responsabilité contractuelle passe par la recherche de ses conditions (a), l'examen de sa mise en œuvre (b) et l'analyse des aménagements conventionnels possibles (c).

a) Les conditions de la responsabilité contractuelle

Pour que la responsabilité puisse jouer, trois conditions doivent être réunies. Il faut un dommage, un fait générateur et un lien de causalité entre ces deux éléments.

■ *Le dommage*

L'inexécution, l'exécution tardive ou l'exécution défectueuse peuvent occasionner un dommage dont le cocontractant est déclaré responsable. Toutefois, seuls sont en principe réparables les dommages entrés dans les prévisions du contrat.

CONTROVERSE

Une controverse doctrinale sur l'existence de la responsabilité contractuelle existe depuis plusieurs années. Un arrêt de la troisième chambre civile de la Cour de cassation s'inscrit dans ce mouvement. La Cour de cassation a en effet décidé que l'action en responsabilité contractuelle pouvait prospérer en l'absence de préjudice. L'analyse de certains auteurs montre en effet que la source d'une inexécution réside dans le contrat lui-même et que ce qu'on nomme « réparation » constitue en réalité un mode d'exécution du contrat.

■ *Le fait générateur*

Le fait générateur est l'inexécution ou l'exécution tardive ou défectueuse du contrat. Dans ce cas, le cocontractant engage sa responsabilité. Cependant, quand y a-t-il inexécution ? La réponse n'est pas la même dans le cas d'une obligation de résultat et dans le cas d'une obligation de moyen.

OBLIGATION DE RÉSULTAT		
Définition	**Inexécution**	**Causes d'exonération**
Le débiteur s'est engagé à fournir un résultat. *Exemple* : il s'est engagé à transporter de la marchandise de Dunkerque à Rouen.	S'il ne valide pas ce résultat, il est présumé en faute. Toutefois, il peut écarter sa responsabilité en établissant l'existence d'une cause d'exonération.	• La **force majeure**. « Il y a force majeure en matière contractuelle lorsqu'un événement échappant au contrôle du débiteur, qui ne pouvait être raisonnablement prévu lors de la conclusion du contrat et dont les effets ne peuvent être évités par des mesures appropriées, empêche l'exécution de son obligation par le débiteur. » Article 1218 Code civil(1). • La **faute du créancier** : quand le créancier participe à la réalisation du dommage, son comportement peut exonérer, au moins en partie, le débiteur. *Exemple* : le cas de celui qui fait transporter un bien en ne le protégeant pas suffisamment.

☞

☞

OBLIGATION DE RÉSULTAT		
Définition	**Inexécution**	**Causes d'exonération**
		• Le **fait d'un tiers** : il s'agit d'un acte émanant d'une personne autre que les cocontractants et présentant les caractères de la force majeure. *Exemple* : le camion d'un transporteur est attaqué par des bandits.
(1) Dans un arrêt du 16 septembre 2014, la chambre commerciale de la Cour de cassation a posé que le débiteur d'une obligation contractuelle de somme d'argent inexécutée ne peut pas s'exonérer en invoquant un cas de force majeure.		

OBLIGATION DE MOYENS	
Définition	**Inexécution**
Le résultat n'est pas promis. Le débiteur s'est seulement engagé à mettre en œuvre tous les moyens nécessaires pour y parvenir. *Exemple* : Une telle obligation lie le médecin à son patient.	Le créancier devra prouver une faute du débiteur car si le résultat n'est pas obtenu, le débiteur n'est pas présumé fautif. *Exemple* : négligence, imprudence.

■ *Le lien de causalité*

La loi exige une relation causale directe entre le dommage et l'inexécution du contrat.

Deux raisons permettent de justifier cette affirmation.

D'abord, les articles 1231 à 1231-7 relatifs à la responsabilité contractuelle sont classés sous une rubrique intitulée « la réparation du préjudice résultant de l'inexécution du contrat ». Cet intitulé pose clairement le rôle causal entre le dommage et l'inexécution.

De plus, l'article 1231-4 dispose que, « dans le cas même où l'inexécution du contrat résulte d'une faute lourde ou dolosive, les dommages et intérêts ne comprennent que ce qui est une suite immédiate et directe de l'inexécution ».

EXEMPLE

Exemple célèbre, utilisé par Pothier (juriste français dont les travaux ont préparé le Code civil) : un marchand vend une vache malade qui contamine l'ensemble du troupeau de l'acheteur. Ce dernier, privé de revenus, ne peut plus payer ses créanciers qui saisissent ses biens.

Le seul dommage direct est ici le prix de la vache malade et du troupeau contaminé. La causalité est appréciée à l'examen des circonstances de l'espèce.

b) La mise en œuvre

La mise en œuvre de la responsabilité contractuelle commence par une mise en demeure de s'exécuter dans un délai raisonnable et se réalise dans la réparation.

Le créancier peut obtenir du tribunal une réparation en nature. Par exemple, il reçoit un objet comparable à celui qu'il aurait dû recevoir.

Toutefois, souvent la réparation s'effectue par équivalent. Il reçoit des dommages-intérêts.

c) Les aménagements conventionnels

Des clauses peuvent concerner les conditions d'existence de la responsabilité ou avoir pour objet le montant des réparations.

Type de clause	Commentaires
Les clauses relatives aux conditions d'existence de la responsabilité peuvent aggraver la responsabilité du débiteur (cela est peu fréquent) ou au contraire avoir pour but d'échapper à la responsabilité.	Valables sous réserve de ne pas affecter l'élément essentiel du contrat. Ces clauses de non-responsabilité ne s'appliquent pas en cas de dol, faute intentionnelle, dommage à la personne et dans certains contrats déterminés (*exemple :* contrat d'adhésion). *Exemple* : lorsque, dans un contrat de vente, le professionnel s'exonère de son obligation de garantie des vices cachés.
Des clauses ont pour objet de fixer à l'avance l'indemnité que le débiteur devra verser au créancier s'il ne respecte pas ses obligations. Ces clauses sont de deux ordres, les clauses limitatives de réparation ou les clauses pénales.	Clauses réputées non écrites si elles portent atteinte à un élément essentiel du contrat. Souvent considérées comme abusives, elles sont interdites dans certains contrats (*exemple* : contrats de vente entre un professionnel et un non-professionnel). Les **clauses pénales** sont de plus en plus utilisées. Leur objectif est de punir le débiteur défaillant en fixant une somme forfaitaire à laquelle la victime aura systématiquement droit, même si son dommage est inférieur à la somme prévue. Le juge est autorisé par le Code civil à modifier le montant de la peine si elle est manifestement excessive ou dérisoire.

2. L'exercice de certaines actions par un tiers

Le Code civil affirme le principe de l'effet relatif du contrat mais il admet des actions détenues par les créanciers en cas d'inaction du débiteur. Dans ce cas le créancier agit à sa place au moyen de l'action oblique (2.1) ou exige du débiteur de son débiteur l'exécution d'une obligation c'est l'action directe (2.2). Si le débiteur a agi en fraude des droits de ses créanciers, ceux-ci disposent de l'action paulienne (2.3) Ces actions sont à la limite du principe de l'effet relatif.

2.1 L'action oblique

L'action oblique est destinée à permettre au créancier de remédier à la négligence de son débiteur dans l'exercice de ses propres droits. Elle est visée par l'article 1341-1 du Code civil.

EXEMPLE

Une dette de somme d'argent :

B a une créance sur C et une dette à l'égard de A. Si B néglige ses droits, A peut agir contre C pour que ce dernier paie.

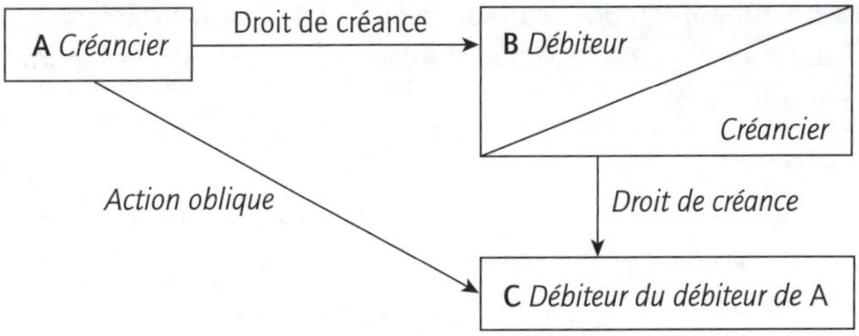

La mise en œuvre de l'action oblique obéit à quatre conditions formulées par l'article 1166 du Code civil.

LES CONDITIONS DE L'ACTION OBLIQUE	
Les droits et actions que le créancier peut exercer	L'action ne peut pas concerner des droits et actions exclusivement attachés à la personne. *Exemple* : Les droits et actions que le créancier (A dans l'exemple) met en œuvre ne sont pas « exclusivement attachés » à la personne du débiteur (B dans l'exemple). Cependant, si C a diffamé B et que ce dernier n'a pas intenté d'action judiciaire, A ne peut pas le faire à la place de B.
Le débiteur	• Selon l'article 1341-1, la carence du débiteur doit compromettre les droits du créancier. • La carence du débiteur doit être démontrée *Exemple* : Le débiteur (B dans l'exemple) est négligent. Il ne fait pas valoir ses droits auprès de son propre débiteur (B ne fait pas rentrer l'argent que C lui doit).
Le créancier	Sa créance doit être certaine, liquide et exigible *Exemple* : Le créancier (A dans l'exemple) qui intente l'action oblique doit justifier d'une créance certaine (non contestée en son principe), liquide (estimée en argent) et exigible (non affectée d'un terme suspensif).
L'exercice de l'action	Le créancier peut exercer l'action de plein droit sans autorisation préalable du juge en lieu et place de son débiteur. Il agit pour le compte de son débiteur. *Exemple* : Le principal effet de l'action oblique c'est de faire rentrer une somme d'argent dans le patrimoine du débiteur (B dans l'exemple) où elle pourra être saisie par tous les créanciers. Ainsi, le créancier (A dans l'exemple) tire les « marrons du feu » pour les autres en même temps que pour lui-même.

2.2 L'action directe

L'action directe permet à un créancier (A) d'agir en son nom et pour son compte contre le débiteur (C) de son débiteur (B) afin d'obtenir le versement à son profit de ce que doit ce débiteur (C) à son propre débiteur (B). Elle est visée par l'article 1341-3 du Code civil.

Le créancier se fait alors payer directement sans passer par le patrimoine de son débiteur. L'action directe confère au créancier un privilège important. Or il n'y a pas de privilège sans un texte de loi qui l'accorde. L'action directe ne peut donc exister que lorsque le législateur l'a voulue. Toutefois, la jurisprudence a consacré de nombreux cas d'actions directes.

EXEMPLE

Le Trésor dispose d'une action directe contre tout débiteur (exemple : un banquier) d'un contribuable.

2.3 L'action paulienne

L'action paulienne repose sur l'article 1341-2 du Code civil. Elle remédie à un acte par lequel le débiteur s'est frauduleusement appauvri. Il en va ainsi quand le débiteur a organisé son insolvabilité.

EXEMPLE

Un débiteur vend à vil prix ses biens. Dans ce cas, tout créancier peut attaquer l'acte afin qu'il ne lui soit pas opposable.

LES CONDITIONS DE L'ACTION PAULIENNE	
Une créance certaine liquide et exigible	Le créancier doit justifier d'une créance certaine dans son principe, liquide (condition exigée seulement en cas de créance de somme d'argent), exigible et antérieure à l'acte critiqué.
Ne porte que sur les actes d'appauvrissement	Le créancier ne peut attaquer que les actes d'appauvrissement. Ces actes diminuent l'actif du débiteur. Tel est le cas d'une vente à vil prix. *Cas particuliers* : certains actes d'appauvrissement ne sont pas attaquables. *Exemple* : cas du débiteur qui règle une dette exigible. Dans ce cas, on applique l'adage « le paiement est le prix de la course ». Aussi appartient-il à chaque créancier d'être plus rapide que les autres.
Insolvabilité du débiteur	L'acte d'appauvrissement doit créer ou accroître l'insolvabilité du débiteur. Le créancier doit subir un préjudice.
Une fraude	L'acte d'appauvrissement suppose enfin une fraude. C'est le cas quand il y a intention de nuire à autrui ou encore quand le débiteur sait que l'acte qu'il accomplit crée ou augmente son insolvabilité. Le créancier établit la fraude.

Les effets de l'action paulienne sont nombreux. Nous présenterons les trois principaux :
- **l'acte d'appauvrissement n'est pas annulé.** Il est inopposable au créancier agissant ;

EXEMPLE

Cas d'une vente :

A a une créance sur B qui ne peut pas payer sa dette. Pour échapper à son créancier, B vend à C un bien. L'action paulienne n'annule pas la vente mais celle-ci ne peut pas être opposée à A. Le créancier A va donc saisir le bien dans les mains de C et le faire vendre pour se payer.

- **le bien ne rentre pas dans le patrimoine du débiteur.** Aussi les autres créanciers ne peuvent-ils pas le saisir. Le créancier agissant « ne tire pas les marrons du feu » pour d'autres ; il agit en son nom personnel ;
- **l'acte d'appauvrissement reste valable** entre le vendeur et l'acheteur « évincé ». Ce dernier peut se retourner contre son vendeur pour lui demander une indemnité d'éviction. Très souvent ce dernier est insolvable et la demande illusoire.

FICHE MÉMO

1. Les obligations voulues par les parties
2. Les obligations imposées par le juge
3. La modification du contrat
4. L'effet relatif du contrat
5. Le paiement : mode normal d'exécution
6. Les sanctions de l'inexécution
7. La responsabilité contractuelle

1. LES OBLIGATIONS VOULUES PAR LES PARTIES

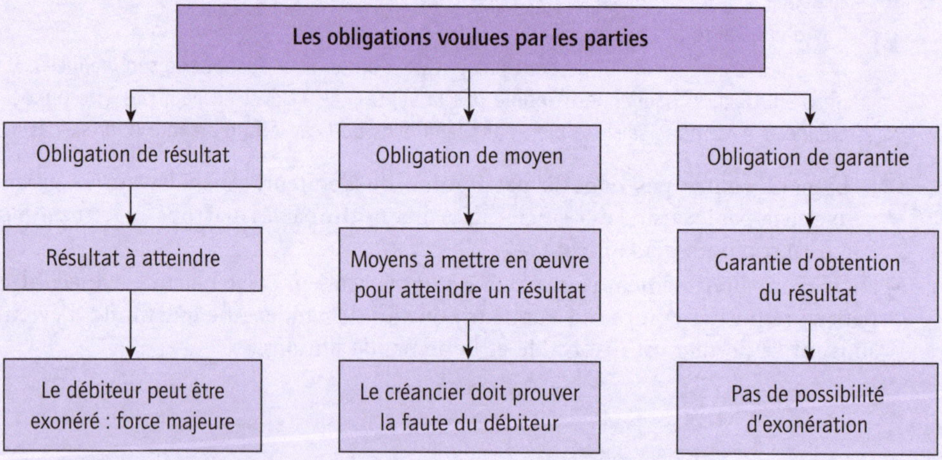

2. LES OBLIGATIONS IMPOSÉES PAR LE JUGE

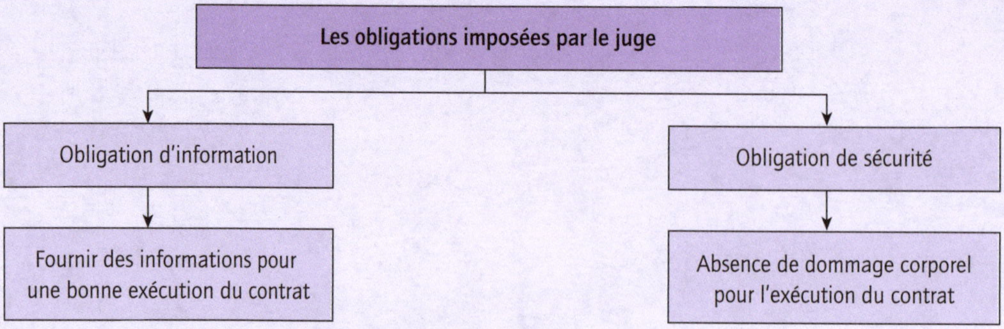

3. LA MODIFICATION DU CONTRAT

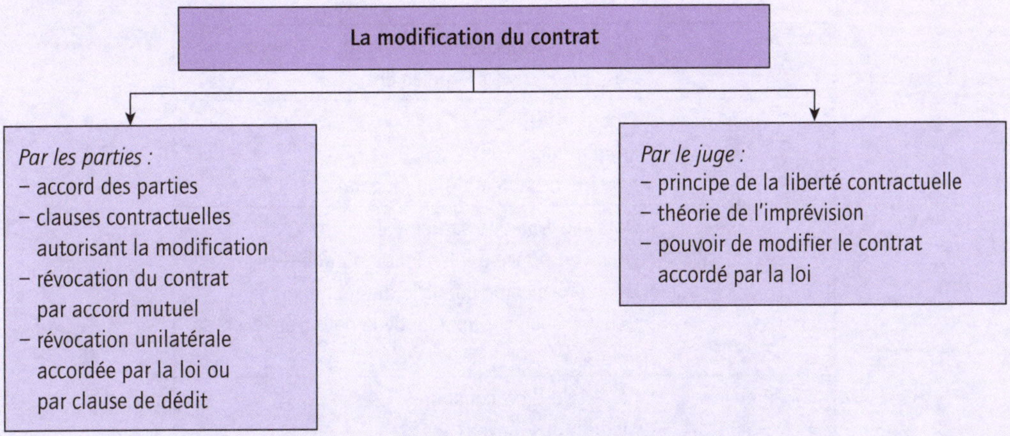

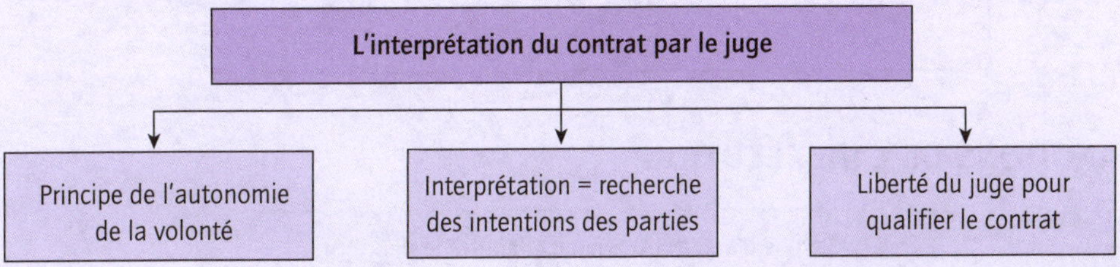

4. L'EFFET RELATIF DU CONTRAT

Le contrat n'a d'effet obligatoire qu'entre les parties	L'opposabilité du contrat aux tiers	• Le contrat peut créer une situation juridique qui s'impose à tous • Les tiers peuvent opposer le contrat aux parties • Les parties peuvent opposer le contrat aux tiers
	Transmission du contrat aux ayants cause universels ou à titre universel	Exception : contrat conclu *intuitu personae*
	Dérogation au principe : – stipulation pour autrui, – promesse de porte-fort	Le porte-fort, en cas de non-exécution, peut verser des dommages-intérêts

5. LE PAIEMENT : MODE NORMAL D'EXÉCUTION

Parties	Le solvens (effectue le paiement) L'accipiens (reçoit le paiement)
Objet	Ce qui est dû En monnaie Principe du nominalisme monétaire
Modalités	Date fixée par les parties Frais : en principe à la charge du débiteur Lieu : en principe domicile du débiteur Délai : 60 jours à compter de la date d'émission de la facture
Preuve	Règles du droit commun Mode : tous moyens
Effet	Libère le débiteur Éteint la dette

6. LES SANCTIONS DE L'INEXÉCUTION

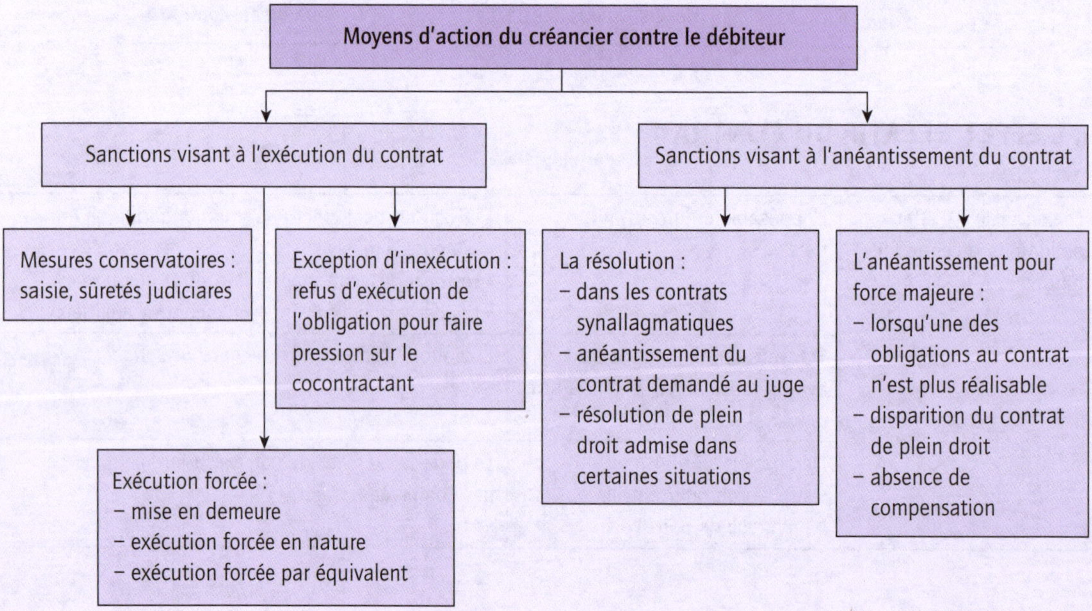

7. LA RESPONSABILITÉ CONTRACTUELLE

Principe	Mise en jeu de la responsabilité contractuelle en vue de réparer un dommage : – inexécution du contrat – mauvaise exécution du contrat

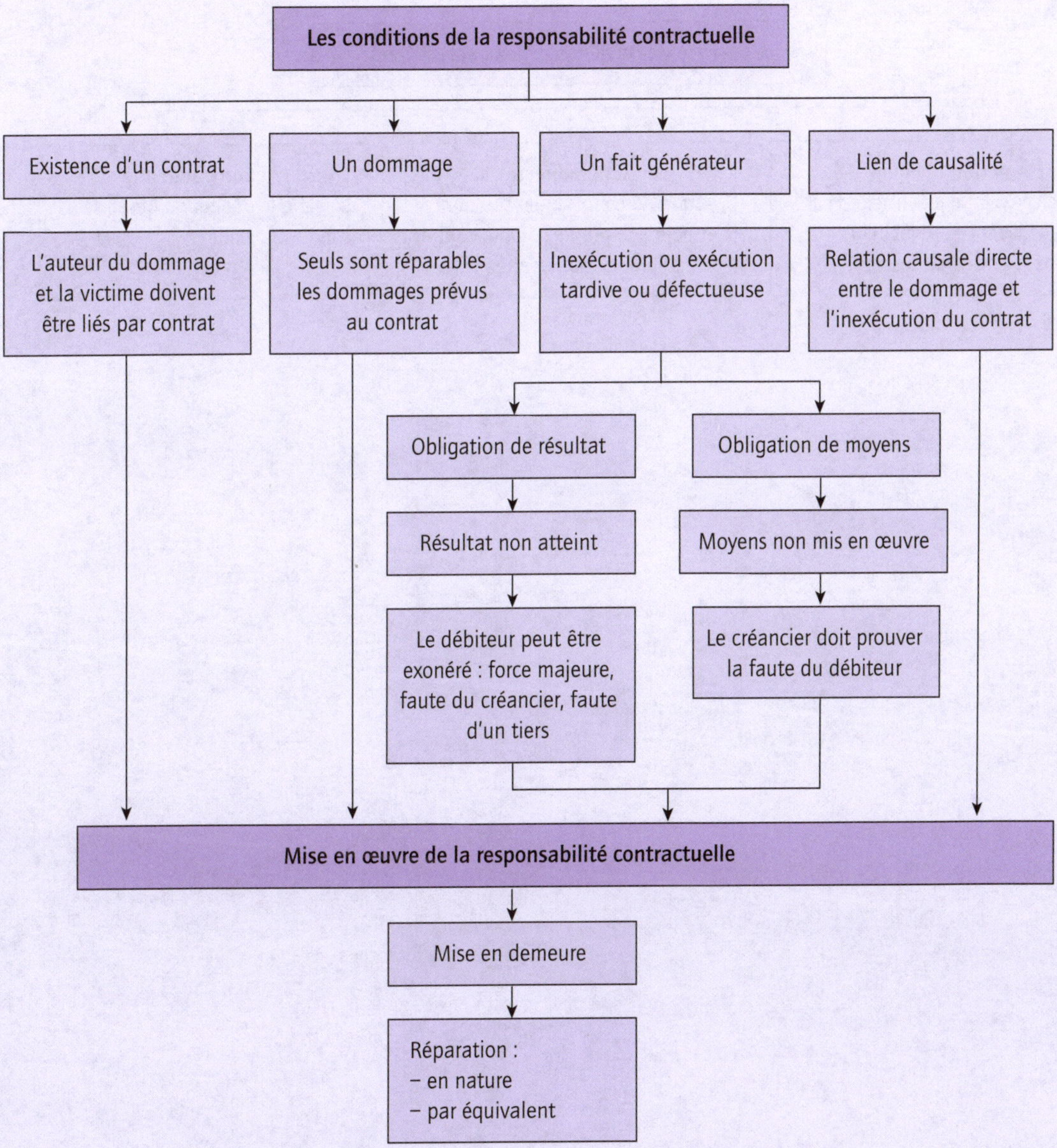

Aménagements conventionnels possibles :
- clauses de non-responsabilité
- clauses limitatives de responsabilité
- clauses pénales

L'exercice de certaines actions par un tiers

Action oblique
Exercée par un créancier en cas de négligence du débiteur dans l'exercice de ses droits

Action directe
Action du créancier en son nom et pour son propre compte contre le débiteur de son débiteur

Action paulienne
Lorsque le débiteur a organisé son insolvabilité

APPLICATIONS

APPLICATION 1 Questionnaire d'auto-évaluation
APPLICATION 2 Questions de cours
APPLICATION 3 Étude d'un cas pratique : la responsabilité du voyagiste
APPLICATION 4 Étude d'un cas pratique : l'obligation de sécurité

Vous trouverez les corrigés du questionnaire d'auto-évaluation et des questions de cours en fin d'ouvrage ; les corrigés des cas pratiques, analyses d'une décision de justice et analyses d'un document figurent sur les sites www.expert-sup.com et www.dunod.com.

APPLICATION 1

Questionnaire d'auto-évaluation

1. Les contrats :
   a) n'ont d'effet qu'entre les parties contractantes.
   b) profitent aux tiers.
   c) profitent aux tiers dans les cas prévus par la loi.
   d) ne nuisent pas aux tiers.
2. Les contrats :
   a) sont opposables aux tiers.
   b) sont transmis aux ayants cause universels.
   c) ne peuvent être transmis aux ayants cause à titre universel.
   d) sont opposables aux enfants dont les parents viennent de décéder.
3. Le créancier pourra prendre des mesures conservatoires :
   a) dans tous les cas.
   b) si la créance est devenue exigible.
   c) si la créance est fondée.
   d) si les circonstances menacent le recouvrement.
   e) avec l'autorisation du juge.
4. L'astreinte est :
   a) une somme d'argent forfaitaire.
   b) une contrainte physique sur la personne du débiteur.
   c) une somme d'argent par période de retard.

d) fixée par le créancier.
e) fixée par le juge.

5. L'exécution forcée :
a) est le recours à la force publique par le créancier.
b) est le recours aux tribunaux par le créancier.
c) suppose la mise en demeure du débiteur.
d) n'exige pas la mise en demeure du débiteur dans une première phase.
e) est une exécution en nature de l'obligation dans tous les cas.

6. En cas de non-paiement, une action contre des tiers est :
a) possible.
b) impossible.
c) possible contre certains tiers.

7. Le créancier, qui exerce une action contre le débiteur de son débiteur aux fins d'être payé lui-même, exerce une action :
a) paulienne.
b) oblique.
c) directe.

8. Un créancier qui exerce une action contre le débiteur de son débiteur aux fins de faire payer son débiteur, exerce :
a) une action oblique.
b) une action paulienne.
c) une action directe.

9. Un créancier qui veut faire annuler une donation faite par son débiteur, exerce une action :
a) directe.
b) oblique.
c) paulienne.

10. La Société de Transports Rapides Européens TRE a passé un contrat avec les établissements Bianco aux termes duquel elle s'engage à livrer dans les 72 heures un carton de produits de Paris à Dijon.
a) Son obligation est qualifiée d'obligation de moyens.
b) Son obligation est qualifiée d'obligation de résultat.
c) Si la marchandise arrive endommagée, la TRE pourra s'exonérer.
d) Si la marchandise arrive endommagée, Bianco devra prouver l'existence du dommage.
e) Si la marchandise arrive en retard, TRE devra indemniser aux conditions de Bianco.
f) Si la marchandise arrive en retard, TRE devra indemniser aux conditions prévues dans le contrat.

11. Ces affirmations sont-elles exactes ? Quand elles sont inexactes, rétablissez la vérité.
a) Le paiement est effectué par le débiteur.
b) Le paiement est toujours effectué par le débiteur.
c) Le paiement peut être réalisé par un tiers au contrat.

d) Seul le créancier peut recevoir le paiement.
e) Seul le créancier ou son représentant mandaté peut recevoir le paiement.
f) Le débiteur doit payer l'intégralité de ce qui est dû.
g) Le débiteur peut effectuer un paiement partiel.
h) Le créancier peut refuser un paiement partiel.
i) Un salarié peut être payé en dollar par son employeur français.
j) Un salarié d'une filiale américaine en France doit être payé en euros.
k) Les clauses d'indexation dans les contrats sont interdites.
l) Les clauses d'indexation dans les contrats sont autorisées sous certaines conditions.
m) Les clauses d'indexation dans les contrats sont autorisées.
n) Une clause d'indexation du montant d'un contrat, sur le SMIC est autorisée.
o) Une clause d'indexation du montant d'un contrat, sur la matière composant l'objet du contrat est autorisée.
p) Les frais de paiement sont supportés par les parties au contrat.
q) Les frais de paiement sont supportés par le débiteur.
r) Les dettes sont quérables sauf exception.
s) Le paiement doit avoir lieu au domicile du débiteur.
t) Les dettes sont portables.
u) Le paiement doit avoir lieu au domicile du créancier.
v) C'est au débiteur de prouver qu'il a effectué le paiement.
w) C'est au créancier de prouver qu'il n'a pas reçu de paiement.
x) Tous les moyens de preuve sont utilisables.
y) Seule la preuve par écrit est recevable.
z) La dette s'éteint avec le débiteur.

APPLICATION 2

Questions de cours

1. Le juge et le contrat.
2. Les recours en cas d'inexécution ou mauvaise exécution du contrat.

APPLICATION 3

Étude d'un cas pratique

La responsabilité du voyagiste

Sur le moyen unique, pris en sa première branche

Vu l'article 1147 du Code civil, ensemble l'article 33 du décret du 28 mars 1977 pris en application de la loi du 11 juillet 1975 ;

Attendu que lors d'un voyage organisé par la société Voyageurs au Mexique, Mme Poisson, descendue à l'Hôtel Ritz à Mexico, a été blessée, le 15 octobre

1993, en tombant dans la cage d'ascenseur par la porte du 2e étage alors que la cabine se trouvait bloquée au rez-de-chaussée ; que Mme Poisson a assigné en responsabilité la société des Voyageurs au Mexique et son assureur, la compagnie La Concorde, qui ont appelé l'Hôtel Ritz en garantie, l'assureur de celui-ci et la société Best Western international dont l'hôtel portait l'enseigne concédée ; Attendu que, pour rejeter, les demandes de Mme Poisson, l'arrêt attaqué retient que l'hôtel était un établissement de bon niveau, bénéficiant d'un label soumettant ses adhérents à des contrôles rigoureux et devant répondre à des critères de qualité très stricts et que l'agence de voyage n'avait donc commis aucune faute en choisissant cet établissement dont elle ne pouvait exiger qu'il réponde à des normes de sécurité autres que celles prévues par la législation et la réglementation locales, seules applicables ;

Attendu, cependant, que l'agence de voyage répond de l'hôtelier qu'elle s'est substitué quant à la sécurité des voyageurs ; que la cour d'appel, ayant expressément constaté le dysfonctionnement de l'ascenseur, n'a pas tiré les conséquences légales de ses constatations et a violé les textes susvisés ;

Par ces motifs, [...] casse [...] renvoie devant la cour d'appel de Versailles [...].

Cour de cassation, le civ., 3 mai 2000.

QUESTIONS

Après avoir pris connaissance de l'arrêt ci-dessus, vous répondrez aux questions suivantes.

1. Quels sont les faits ?
2. Quel est le problème de droit ?
3. Quels sont les éléments retenus par la cour d'appel pour rejeter la demande en réparation de Mme Poisson ?
4. Pour quel motif la Cour de cassation a-t-elle cassé la décision de la cour d'appel ?
5. Comment peut-on qualifier l'obligation du voyagiste ? Justifiez votre réponse.
6. Depuis la loi du 13 juillet 1992, il y a reconnaissance d'une responsabilité *objective* de l'agence de voyages. Expliquez cette qualification et précisez comment cette dernière pourra s'exonérer de sa responsabilité.

APPLICATION 4

Étude d'un cas pratique

L'obligation de sécurité

Vu l'article 1147 du Code civil ;

Attendu que le 11 mai 1989, Corinne Fillattre s'est tuée en effectuant son premier saut en parachute dans le cadre d'un stage organisé par le centre école régionale de parachutisme de Languedoc Méditerranée (CERP), son parachute de secours, qui s'était automatiquement déclenché à hauteur de sécurité, étant venu s'enrouler dans la voilure principale qui ne s'était pas correctement déployée et dont elle n'était pas parvenue à se libérer comme il le lui avait été enseigné ;

Attendu que pour déclarer le CERP responsable de l'accident et le condamner, *in solidum* avec son assureur, la société AXA global risks (venue aux droits du GIE Aviafrance) à indemniser les ayants droit de la victime, l'arrêt (CA Paris 30 avril 2001, 172e ch. sect. A) retient qu'au vu des circonstances dans lesquelles cet accident s'est produit, d'où il résultait que Corinne Fillatre n'avait pu ou n'avait su réaliser parfaitement et suffisamment les manœuvres de sauvetage, il apparaît que la formation de 24 heures qui lui a été dispensée, alors qu'elle était néophyte, était insuffisante au regard de la réglementation, laquelle doit s'apprécier en fonction du nombre des élèves, de leur motivation, et du programme traité, et ne permettait pas de s'assurer des capacités physiques et psychiques à reproduire, en toutes circonstances, les procédures de sauvetage enseignées ;

Attendu qu'en déterminant ainsi, sans indiquer en quoi la formation dispensée par le centre, dont elle relevait par ailleurs qu'elle avait été assimilée par l'élève et était conforme aux préconisations de la Fédération, se serait révélée insuffisante ou aurait été incomplète en raison de circonstances précises qu'elle n'a pas constatées, ni sans préciser en quoi cette formation, même dispensée sur une durée de 24 heures, n'aurait pas permis au Centre de s'assurer que l'intéressée présentait les capacités requises pour réaliser un premier saut dans les conditions imposées à tout débutant, la cour d'appel, qui n'a pas caractérisé le manquement du CERP à son obligation de sécurité de moyen, n'a pas donné de base légale à sa décision ;

Par ces motifs : Casse et renvoie devant la CA de Versailles

Cass. 1e civ., 22 juin 2004, *Sté AXA Global risks c/ Fillatre.*

QUESTIONS

1. Quels sont les faits ?
2. Quel est le problème juridique ?
3. Quels sont les motifs de la Cour de cassation pour casser la décision de la cour d'appel ?
4. Comment est qualifiée l'obligation de sécurité du centre de parachutisme ?
5. Quels devoirs cette obligation de sécurité comporte-t-elle ?
6. Quelles sont les conséquences juridiques de cette qualification ?
7. À quelle recherche la cour d'appel de renvoi devra-t-elle se livrer ?

14 CHAPITRE

Les contrats de l'entreprise

SECTION 1 Le contrat de vente
SECTION 2 Le contrat d'entreprise
SECTION 3 La vente du fonds de commerce
SECTION 4 La location-gérance du fonds de commerce
SECTION 5 Le nantissement conventionnel du fonds de commerce
SECTION 6 Les contrats de consommation
FICHE MÉMO • APPLICATIONS

De toutes les sources du droit, le contrat est celle qui fait naître le plus de droits et d'obligations.

Dans notre société, le contrat exprime le pouvoir des sujets de droit d'organiser eux-mêmes l'équilibre de leurs préoccupations ou de réaliser par l'échange de biens ou de services une fonction économique essentielle.

C'est pourquoi l'entreprise est amenée à recourir aux arrangements contractuels avec de nombreux partenaires extérieurs pour formaliser ses relations juridiques et adapter les accords qu'elle conclut à ses besoins.

Tous ces contrats peuvent être regroupés en deux familles. Certains correspondent à l'activité courante de l'entreprise. Il s'agit de la vente commerciale (section 1), du contrat d'entreprise (section 2) et des contrats de consommation (section 6). D'autres correspondent à une activité plus exceptionnelle. Ils portent tous sur le fonds de commerce. Il s'agit de la vente du fonds de commerce (section 3) la location-gérance du fonds de commerce (section 4) et du nantissement conventionnel du fonds de commerce (section 5).

SECTION 1
LE CONTRAT DE VENTE

Pour qu'un contrat soit qualifié de contrat de vente, il faut qu'il ait pour objet le transfert de propriété d'une chose (meuble ou immeuble) contre le versement d'un prix.

Les dispositions relatives à la vente figurent dans le Code civil (art. 1582 et suivants).

La vente est commerciale quand elle porte sur une marchandise que l'acheteur a l'intention de revendre (acte de commerce par nature) ou quand elle est faite par un commerçant pour les besoins de son commerce (acte de commerce par accessoire). Après avoir présenté les conditions de formation (1) du contrat, nous étudierons ses effets (2).

1. La formation du contrat

Le contrat de vente est soumis aux conditions générales de formation des contrats.

Conditions de formation	Commentaires
Consentement	**Définition** : il se définit comme la rencontre des volontés. **En pratique** : le consentement doit faire l'objet d'une manifestation concrète : il faut une offre, proposition de contracter sous certaines conditions, et une acceptation, qui marque l'accord des volontés. **Qualités** : le consentement doit exister et être exempt de vices (erreur, dol ou violence).
Capacité	**Vendeur** : il doit être capable d'aliéner la chose. **Acheteur** : il doit être capable d'acquérir la chose et d'en réaliser le paiement.
Contenu du contrat	**Définition** : c'est la prestation promise par les parties. **En pratique** : – la **chose vendue** doit exister (actuellement ou dans le futur), être dans le commerce (sont hors du commerce les organes humains, les choses contraires à l'ordre public, etc.) et appartenir au vendeur ; – le **prix** qui doit être déterminé (ou déterminable), stipulé en monnaie (sinon il n'y a pas vente mais échange), réel et sérieux (sinon il y a donation) et licite.

2. Les effets du contrat de vente

La vente a pour conséquence un transfert de propriété (2.1). Elle fait naître, à la charge des parties, des obligations (2.2 et 2.3).

2.1 Le transfert de propriété

La propriété de la chose vendue est transférée à l'acheteur dès l'instant où le vendeur et l'acheteur sont d'accord sur la chose et le prix. Peu importe si la chose n'a pas été livrée ou le prix payé. Les risques sont transférés en même temps que la propriété.

DISTINCTION DANS LE TRANSFERT DE PROPRIÉTÉ

- **Cas des corps certains** : le transfert de propriété et des risques est réalisé dès l'échange des consentements entre les parties.
- **Cas des choses de genre** : le transfert de propriété n'est réalisé qu'au moment où la chose est individualisée, c'est-à-dire à l'instant où les objets destinés à l'acheteur sont séparés du stock du vendeur. Cette individualisation doit être apparente. Elle s'effectue notamment par marquage, étiquettage, embarquement, parcage...
- **Vente avec réserve de propriété** : le transfert de propriété se produit au jour du complet paiement.
- **Vente de choses à fabriquer** : le transfert de propriété n'a lieu que lorsque la chose est effectivement en mesure d'être livrée.
- **Vente à l'essai** : C'est une vente sous condition suspensive. En conséquence, sauf convention contraire, le vendeur demeure propriétaire de la chose et en supporte les risques jusqu'à la réalisation de la condition. Toutefois, l'acheteur à l'essai supporte la responsabilité du dépositaire au regard de la chose qui lui a été remise.

2.2 Les obligations du vendeur

Le vendeur est tenu à des obligations générales de conseil (a) de délivrance de la chose vendue (b) et de garantie (c).

a) L'obligation d'information et de conseil du vendeur

Longtemps en cette matière on a appliqué l'adage « emptor debet esse curiosus », l'acheteur doit être curieux. À celui-ci s'est peu à peu substitué un devoir d'information et de conseil à la charge du professionnel. Ce dernier doit informer l'acheteur de ce qu'il est le seul à connaître.

En droit commun, la Cour de cassation (Cass. civ. 1re, 28 octobre 2010) a consacré l'existence d'un devoir général de conseil à la charge du vendeur professionnel. Il doit se renseigner sur les besoins de l'acheteur « afin d'être en mesure de l'informer quant à l'adéquation de la chose proposée à l'utilisation qui en est prévue ». La preuve de cette information incombe au vendeur professionnel.

Dans les relations entre un professionnel et un consommateur cette obligation trouve sa source dans l'article L. 111-1 du Code de la consommation. Celui-ci pose que « avant que le consommateur ne soit lié par un contrat de vente de biens ou de fourniture de services, le professionnel communique » diverses informations, notamment sur les caractéristiques essentielles du bien ou du service.

« En cas de litige, il appartient au vendeur de prouver qu'il a exécuté cette obligation. »

b) L'obligation de délivrance

La délivrance est le transfert de la chose vendue pour ce qui est de sa possession et de sa jouissance. Le vendeur n'exécute son obligation de délivrance que s'il délivre exactement la chose conforme à ce qui a été prévu au contrat, tant en ce qui concerne la quantité que la qualité. Sauf stipulations conventionnelles contraires, la délivrance se fait au lieu où se trouve la chose au moment de la vente.

c) L'obligation de garantie

Cette obligation porte sur la garantie contre l'éviction et la garantie de conformité du bien au contrat.

■ *La garantie contre l'éviction*

Le vendeur doit assurer à l'acheteur la possession paisible de la chose vendue. Le vendeur ne doit pas troubler personnellement l'acquéreur et de plus défendre l'acheteur contre tout trouble commis par un tiers, qui prétendrait avoir des droits sur la chose vendue.

■ *La garantie de conformité du bien au contrat*

Il existe un double régime en matière de garantie des vices cachés.

La notion de conformité englobe le vice caché et la délivrance conforme.

Garantie de délivrance conforme	Garantie des vices cachés
Fondement Article L. 211-4 al. 1er du Code de la consommation : « Le vendeur est tenu de livrer un bien conforme au contrat et répond des défauts de conformité existant lors de la délivrance. »	**Fondement** Article 1641 du Code civil : « Le vendeur est tenu de la garantie à raison des défauts cachés de la chose vendue qui la rendent impropre à l'usage auquel on la destine, ou qui diminue tellement cet usage, que l'acheteur ne l'aurait pas acquise, ou n'en aurait donné qu'un moindre prix, s'il les avait connus. »
Conditions de mise en œuvre : • Vente conclue par un vendeur professionnel et un consommateur profane. • Défaut de conformité. Un bien conforme est un bien propre à l'usage habituellement attendu d'un bien semblable. Par ailleurs, le bien doit présenter les caractéristiques définies d'un commun accord ou être propre à tout usage spécial recherché par l'acheteur, porté à la connaissance du vendeur et que ce dernier a accepté. • Action intentée dans un délai de deux ans à compter de la délivrance du bien.	**Conditions de mise en œuvre :** • Vice antérieur à la vente. • Vice diminuant ou supprimant l'usage normal de la chose que l'acheteur pouvait raisonnablement envisager. • Vice caché c'est-à-dire non apparent et inconnu de l'acheteur. • Action intentée dans un délai de deux ans à compter de la découverte du vice.
Actions possibles : • Remplacement/réparation. Le consommateur est libre de choisir l'option qui lui paraît protéger le mieux ses intérêts mais le vendeur peut imposer la solution la moins coûteuse. • Impossibilité de mettre en œuvre le couple précédent. L'acheteur peut rendre le bien et se faire restituer le prix ou bien garder le bien et se faire restituer une partie du prix.	**Actions possibles :** • **Action rédhibitoire**. L'acheteur demande que le prix lui soit rendu moyennant restitution de la chose. • **Action estimatoire**. L'acheteur demande que le prix soit réduit, la vente étant maintenue.
Dommages-intérêts. Dans tous les cas le consommateur peut demander des dommages-intérêts.	**Dommages-intérêts**. Le vendeur qui connaît les vices de la chose est tenu, en plus, au versement de dommages-intérêts. Le vendeur professionnel est censé connaître les vices de la chose.

2.3 Les obligations de l'acheteur

L'acheteur doit enlever les marchandises achetées et en payer le prix.

Obligation de retirement	Paiement du prix
Définition. C'est la réception de la chose par l'acquéreur. **Sanction.** Si le défaut de retirement est imputable à un fait, même non fautif de l'acquéreur, le vendeur dispose alors d'une triple option : – refuser d'exécuter ses propres obligations : c'est l'exception d'inexécution ; – demander l'exécution de la vente ; – demander la résolution de la vente. **Limite.** Cette triple option du vendeur ne pourra pas être exercée en cas de force majeure ou de fait du vendeur lui-même, ayant fait obstacle à la réception de la chose par l'acheteur.	**Principe.** L'acheteur doit payer le prix aux jour et lieu prévus par la vente. **Moment du paiement.** Ce paiement peut avoir lieu dès la conclusion du contrat (vente au comptant), postérieurement à la vente (vente à crédit), ou en plusieurs échéances (vente à tempérament). **Sanction.** Le vendeur peut demander la résolution de la vente, si l'acheteur ne paie pas le prix, ou être désintéressé par préférence sur le prix de la chose vendue, si celle-ci est encore en la possession de l'acquéreur. En cas de vente au comptant, le vendeur pourra, s'il n'a pas livré la chose, retenir la chose jusqu'au paiement (droit de rétention).

SECTION 2

LE CONTRAT D'ENTREPRISE

Le contrat d'entreprise est souvent qualifié par la doctrine de « bon à tout faire ». En pratique, c'est un contrat que l'on rencontre de façon régulière. Quand nous faisons réparer notre voiture, repeindre la façade de notre maison ou portons nos vêtements au pressing, nous recourons au contrat d'entreprise.

Dans ce contrat, « une personne (l'entrepreneur) s'engage moyennant rémunération à accomplir de manière indépendante un travail, au profit d'une autre (le maître de l'ouvrage), sans la représenter »(1). Cette définition permet de distinguer l'entreprise de contrats voisins : la vente et le contrat de travail. En effet, l'entreprise suppose un travail : en ceci elle se distingue de la vente. Par ailleurs, ce travail s'effectue de façon indépendante, ce qui distingue l'entreprise du travail salarié donc subordonné. Après avoir présenté les conditions de formation (1) du contrat, nous étudierons ses effets (2).

1. La formation du contrat d'entreprise

La formation du contrat d'entreprise ne présente pas de caractéristiques particulières. Elle obéit aux principes en vigueur pour le droit commun. Tout juste doit-on signaler le problème posé par les devis, plans et autres projets.

LE DEVIS

Le devis peut être défini comme « un état généralement détaillé d'ouvrages ou de travaux à exécuter, avec indication des prix, soit par nature de travail ou corps d'état, soit à forfait »(2).

La nature juridique du devis est complexe. Le devis peut être une simple invitation à poursuivre des pourparlers ou la formalisation d'une offre d'un professionnel. Il peut aussi être une promesse unilatérale de contracter. Tout est affaire de formulation.

L'une des difficultés en matière de devis est également de savoir si le devis a un caractère gratuit ou onéreux. Par principe, faute d'accord ou d'usages particuliers, le devis est gratuit. Toutefois, la portée de ce principe ne doit pas être exagérée. Si le devis constitue un véritable travail intellectuel, il doit être rémunéré.

2. Les effets du contrat d'entreprise

Nous distinguerons les obligations de l'entrepreneur (2.1) de celles du maître de l'ouvrage (2.2).

(1) *P. Malaurie, L. Aynès et P.-Y. Gautier,* Les contrats spéciaux, *éd. LGDJ, 7e éd. 2014, n° 708.*
(2) *H. Capitant,* Vocabulaire juridique, *PUF, 7e éd., 2005.*

2.1 Les obligations de l'entrepreneur

Nous examinerons l'étendue et les modalités d'exécution des obligations de l'entrepreneur.

Étendue de l'obligation	Modalités d'exécution
• **Accomplissement d'un travail** L'entrepreneur s'engage à accomplir une prestation ou un résultat déterminé. Le contrat d'entreprise fait donc naître, tantôt une obligation de moyens, tantôt une obligation de résultat. *Exemples* : le garagiste a une obligation de résultat mais l'expert-comptable a une obligation de moyens, sauf mission particulière. • **Devoir de conseil et d'information** Le contrat d'entreprise suppose une collaboration entre les divers contractants. Ceci entraîne la nécessité pour l'entrepreneur de fournir information et conseil au maître de l'ouvrage. • **Limites à l'obligation de l'entrepreneur** Par contrat les parties peuvent limiter voire écarter l'indemnité due en cas d'inexécution du contrat. Toutefois, les arrangements contractuels sont écartés en cas de dol ou de faute lourde de l'entrepreneur. *Exemple* : un transporteur qui conserve un colis 12 jours sans pouvoir expliquer le retard commet une faute lourde et les dispositions exonératoires de responsabilité qui figurent dans son contrat doivent être écartées.	• **Exécution du contrat par l'entrepreneur lui-même** • **Exécution du contrat par un sous-traitant** L'entrepreneur peut être remplacé par un sous-traitant sauf si le contrat est conclu *intuitus personae*. La sous-traitance se définit comme un contrat par lequel un entrepreneur fait réaliser par un autre le travail qu'il avait promis de faire. *Exemple* : une entreprise de maçonnerie sous-traite à une autre la construction du mur entourant une entreprise.

2.2 Les obligations du maître de l'ouvrage

Le maître de l'ouvrage a diverses obligations. Il doit payer le prix, prendre livraison et réception de la chose.

Payer le prix	Les autres obligations
Le contrat d'entreprise est à titre onéreux. Il existe trois modes de détermination du prix. • **Marché sur facture**. Dans ce cas, le prix dépend d'une intervention dont l'étendue ne peut pas être déterminée à l'avance. Le prix sera donc déterminé après intervention. *Exemple* : rémunération d'un arbitre. • **Contrat à forfait**. Dans ce cas, le prix est fixé *a priori* par les parties. *Exemple* : forfait vidange pratiqué par un garagiste. • **Paiement sur devis**. Dès l'avant-contrat l'entrepreneur a fixé un prix qu'il s'est engagé à respecter.	• **Prendre livraison** Acte matériel par lequel le maître de l'ouvrage reçoit l'ouvrage. Dans certains cas, si l'objet n'a pas été retiré l'entrepreneur peut obtenir en justice une autorisation pour faire vendre le bien et se payer sur le prix *Exemple* : le garagiste peut obtenir du juge une telle autorisation quand la voiture portée à réparer n'a pas été retirée dans les 6 mois. • **Réceptionner** Acte juridique par lequel le maître approuve l'ouvrage. La réception est effectuée contradictoirement. Conséquences. Le maître d'ouvrage doit payer le solde du prix, récupérer la garde et les risques afférents à la chose. L'entrepreneur est libéré de la garantie des vices apparents. Toutefois, l'entrepreneur reste tenu de la responsabilité contractuelle de droit commun et de la garantie des vices cachés.

SECTION 3
LA VENTE DU FONDS DE COMMERCE

Le régime de la vente du fonds de commerce est assez formaliste car c'est une opération importante sur le plan économique. Pour le vendeur, c'est le dernier acte de son exploitation. Le fonds représente une partie essentielle de son patrimoine et il constitue souvent l'essentiel du gage des créanciers. Pour l'acheteur, c'est le premier acte de son exploitation. Il représente un investissement considérable. Par conséquent, en plus d'être soumise aux règles relatives au contrat, cette opération est réglementée par le législateur dans le but de protéger :

– les créanciers du vendeur contre les opérations clandestines ou ruineuses ;
– l'acquéreur pour éviter qu'il soit trompé sur la valeur du fonds ;
– le vendeur contre le risque d'insolvabilité de l'acheteur.

Enfin, cette vente donne lieu à des prélèvements fiscaux ; aussi faut-il lutter contre les dissimulations fiscales. Nous examinerons les dispositions mises en œuvre pour atteindre ces objectifs (1), puis les effets de la vente du fonds de commerce (2).

1. Les conditions de la vente du fonds de commerce

Nous distinguerons les conditions de fond (1.1) qui ont pour but de protéger les parties et les conditions de forme et de publicité (1.2) qui offrent des garanties à l'acquéreur et aux tiers.

1.1 Les conditions de fond

La vente du fonds de commerce est soumise aux conditions générales qui régissent les conventions en général et les contrats de vente en particulier. Les points suivants méritent une attention particulière.

Conditions	Caractéristiques
Capacité des parties	La vente d'un fonds de commerce est un acte de commerce par accessoire pour le vendeur et l'acheteur ; les parties doivent donc avoir la capacité de faire le commerce. • **Cas du mineur non émancipé.** Il ne peut pas faire d'actes de commerce, même à titre isolé. En conséquence, il ne peut pas acheter un fonds de commerce. Pour vendre de gré à gré ou apporter à une société un fonds de commerce appartenant à un mineur, son administrateur légal doit obtenir une autorisation du juge des tutelles. • **Cas du mineur émancipé.** En ce qui concerne la gestion de son patrimoine, il bénéficie d'une autonomie quasi complète. Il peut donc accomplir des actes de commerce, en faire sa profession habituelle s'il en a reçu l'autorisation. En conséquence, il peut acheter ou vendre un fonds de commerce et l'exploiter • **Cas du majeur en tutelle.** Il ne peut ni acheter ni vendre un fonds de commerce(1). Le tuteur ne peut pas acquérir un fonds de commerce pour l'incapable. En revanche, il peut le vendre mais l'acte doit être autorisé en principe(2) par le conseil de famille. • **Cas du majeur en curatelle.** Il peut, assisté de son curateur, acheter ou vendre un fonds de commerce. Toutefois, il ne peut pas l'exploiter lui-même.

(1) Des dérogations semblent possible en s'appuyant sur l'article 501 du Code civil.
(2) Si la valeur du fonds n'excède pas 15 300 €, l'autorisation du juge des tutelles peut suppléer celle du conseil de famille. L'autorisation de vendre le fonds de commerce ne peut être donnée qu'après la réalisation d'une mesure d'instruction exécutée par un technicien ou le recueil de l'avis d'au moins deux professionnels qualifiés (art. 505 C. civ.).

☞

☞

Conditions	Caractéristiques
Capacité des parties (suite)	• **Cas du majeur sous sauvegarde de justice.** La personne placée sous ce régime conserve l'intégralité de ses droits. En conséquence, elle peut acheter ou vendre librement un fonds de commerce. Toutefois, le cocontractant d'une telle personne s'expose à deux risques : l'annulation de la vente si elle a été réalisée sous l'empire d'un trouble mental ; même si le trouble psychique n'est pas évoqué, elle encourt également la rescision pour lésion ou la réduction pour excès.
Consentement des parties	Il doit exister et ne pas être vicié par l'un des vices sanctionnés par la nullité : erreur substantielle, dol, violence.
Consistance et licéité du fonds	La vente porte sur le fonds de commerce, c'est-à-dire sur le ou les éléments qui servent de ralliement à la clientèle. De ce fait, le critère de la vente d'un fonds de commerce est la transmission de la clientèle. Les parties déterminent avec précision les autres éléments. Le fonds cédé doit être licite (activité autorisée, exercée en toute régularité).
Prix	Les parties sont libres de fixer le prix de cession. Celui-ci doit présenter certaines qualités. Le prix doit être déterminé ou déterminable, ne pas dépendre d'une seule partie ni d'un accord ultérieur des parties. Le prix ne doit pas être fictif ou dérisoire. Des dispositions permettent donc de protéger les intérêts des créanciers dans cette opération ainsi que ceux de l'administration fiscale.

Afin de permettre le maintien dans les communes d'une certaine diversité dans le commerce de détail de proximité, la loi du 2 août 2005 reconnaît aux communes un droit de préemption sur les fonds artisanaux, les fonds de commerce et les baux commerciaux. Concrètement, la commune délimite un périmètre de sauvegarde du commerce et de l'artisanat. À l'intérieur de ce périmètre, toute cession portant sur un bail, un fonds de commerce ou un fonds artisanal doit être notifiée à la commune. Celle-ci peut préempter le fonds (= acquérir le fonds par préférence) mais elle doit le rétrocéder à une entreprise immatriculée au RCS « en vue d'une exploitation destinée à préserver la diversité et à promouvoir le développement de l'activité commerciale et artisanale » dans le périmètre concerné (art. L. 214-2 Code de l'urbanisme).

1.2 Les conditions de forme et de publicité

Ces conditions sont rigoureuses car elles ont pour fonction de protéger l'acquéreur et les tiers par une information aussi large que possible. Elles concernent des mentions obligatoires dans l'acte (a) et des formalités (b).

a) Mentions obligatoires dans l'acte

La vente du fonds de commerce ne déroge pas au principe posé par l'article 1583 du Code civil qui veut que la vente soit un contrat consensuel. L'accord des parties sur la chose et le prix suffit donc à la formation du contrat. Par ailleurs, comme la vente du fonds de commerce est dans la quasi totalité des cas un acte de commerce, elle se prouve par tous moyens. L'écrit n'est donc pas nécessaire. Toutefois, en pratique, les ventes verbales sont très rares et la cession s'accompagne d'un acte sous seing privé ou d'un acte notarié.

L'acte de vente doit contenir un certain nombre de mentions destinées à renseigner l'acquéreur sur la consistance et la valeur du fonds qu'il achète.

EXEMPLES

Nom des parties, composition du fonds, chiffre d'affaires réalisés au cours des trois exercices comptables précédant celui de la vente...

L'omission de ces mentions peut entraîner la nullité relative de l'acte. L'inexactitude des mentions obligatoires ouvre à l'acquéreur, dans un délai d'un an à compter de la prise de possession, une action en garantie contre le vendeur.

b) Les formalités

Elles ont pour but d'informer les créanciers du vendeur afin qu'ils puissent faire valoir leurs droits sur le prix de vente (*cf.* § 2.3 p. 281). On distingue les formalités [1] suivantes.

Formalités à accomplir	Commentaires
Enregistrement	L'acte portant cession est porté à la connaissance de l'administration fiscale. Il doit être présenté, dans les 45 jours de la publication au BODACC, à l'administration de l'enregistrement. Celle-ci perçoit un droit. L'obligation d'enregistrer l'acte de cession est supprimée quand celui-ci est reçu par acte notarié.
Publicité	• **Principe** : l'acquéreur doit procéder à la publicité légale de la cession. • **Insertion** : une unique insertion est faite au BODACC, dans les quinze jours de la cession. • **Sanction** : l'inaccomplissement de cette formalité rend le paiement inopposable aux créanciers du vendeur. Concrètement, l'acquéreur s'expose à payer deux fois au cas où le montant des créances serait égal ou supérieur à celui du prix du fonds.
RCS	Le vendeur doit se faire radier du Registre du commerce et l'acquéreur se faire immatriculer. Cette formalité doit s'accomplir avant l'expiration d'un mois à dater de l'acte de cession.

2. Les effets de la vente du fonds de commerce

La vente du fonds de commerce a pour conséquence le transfert de propriété du fonds (2.1) et met des obligations à la charge des parties au contrat (2.2) (2.4). Cependant la volonté de protéger les créanciers du vendeur (2.3) et le vendeur lui-même a conduit le législateur à adopter des dispositions spéciales.

2.1 Le transfert de propriété

Le principe général est que le transfert de propriété se réalise par le seul échange des consentements sauf clause particulière. Le fonds de commerce, considéré comme un ensemble, est un bien meuble incorporel. Par conséquent, il n'est pas nécessaire que l'acquéreur prenne possession du fonds ou qu'il procède à la publicité pour que cet acte soit opposable aux tiers.

Néanmoins, pour certains éléments qui composent le fonds de commerce, des règles particulières s'appliquent pour rendre le transfert opposable aux tiers.

EXEMPLE

Pour les marques, inscription à l'INPI.

2.2 Les effets de la vente à l'égard du vendeur

Le vendeur dispose en contrepartie de ses obligations (a), d'un certain nombre de garanties (b) pour le cas très fréquent où le fonds n'est pas payé comptant.

(1) *Les formalités ont été modifiées par la loi n° 2015-990 du 6 août 2015 pour la croissance, l'activité et l'égalité des chances.*

a) Les obligations du vendeur

Il s'agit des obligations de droit commun qui reçoivent quelques aménagements : obligation de délivrance et obligation de garantie :

Obligations du vendeur	Contenu de l'obligation
Obligation de délivrance	**Définition** : l'obligation de délivrance consiste à mettre le bien à la disposition de l'acquéreur. *Exemple* : Présentation de l'acquéreur du fonds aux clients du cédant afin que celui-ci profite de la clientèle attachée au fonds.
Communication des livres comptables	**Définition** : – visa et inventaire des livres : le vendeur et l'acheteur visent tous les livres comptables des trois exercices comptables précédant celui de la vente[1] ainsi qu'un document présentant les CA mensuels réalisés au cours de la période entre la clôture du dernier exercice et le mois précédent la vente. – consultation des livres : Le vendeur doit mettre les livres comptables à la disposition de l'acheteur pendant trois ans à partir de l'entrée en jouissance
Obligation de garantie contre les vices cachés	**Définition** : le vendeur est garant des vices cachés qui rendent le fonds de commerce impropre à son usage. En pratique, elle est invoquée par l'acheteur du fonds lorsqu'un événement qu'il ignorait affecte sensiblement les résultats de son exploitation. *Exemples* : Fonds de commerce situé dans un immeuble non conforme aux règles de sécurité, travaux routiers détournant la clientèle.
Obligation de garantie contre l'éviction	**Définition** : le vendeur est garant d'une possession paisible de l'acheteur. En pratique, le vendeur doit protéger l'acheteur contre des troubles qui émanerait d'un tiers ou de lui-même. *Exemples* : Cas d'un tiers qui souhaiterait revendiquer (= récupérer) la propriété du fonds de commerce, cas du vendeur qui concurrencerait l'acheteur.
(1) Ce nombre est réduit à la durée de la possession du fonds si elle a été inférieure à trois ans.	

b) Les garanties du vendeur

Le fonds de commerce est le plus souvent payé à tempérament sous la forme de billets à ordre signés par l'acquéreur, échelonnés dans le temps (ils sont appelés billets de fonds). Pour prémunir le vendeur contre le risque de non-paiement, le législateur a créé à son profit un privilège et une action résolutoire.

Garanties conférés au vendeur	Commentaires
Le privilège du vendeur	**Généralités** : ce privilège confère au vendeur du fonds un droit de suite et un droit de préférence. Il est opposable aux tiers si deux conditions sont réunies. **Conditions** : – la vente doit être constatée dans un acte authentique ou un acte sous seing privé, préalablement enregistré – et le privilège doit être inscrit sur un registre spécial tenu au greffe du tribunal de commerce (l'inscription doit être prise, à peine de nullité, dans les trente [1] jours de la vente).

☞

Garanties conférés au vendeur	Commentaires
Le privilège du vendeur (suite)	**Droit de préférence** : le vendeur a le droit d'être payé avant les autres créanciers en cas de revente, amiable ou par autorité de justice, du fonds. Ce privilège subit toutefois quelques restrictions. **Droit de suite** : le privilège du vendeur suit le fonds de commerce en quelque main qu'il passe, en quelque lieu qu'il se trouve. Par conséquent le titulaire du privilège peut provoquer la vente du fonds, même s'il a été revendu et se faire payer par le nouvel acquéreur. Enfin ce privilège peut être cédé par endossement des billets de fonds au profit d'un tiers.
L'action résolutoire	**Définition** : elle permet au vendeur impayé de reprendre son fonds. En pratique, le vendeur reprend alors l'intégralité du fonds et restitue la partie du prix déjà perçue. **Régime juridique** : afin de préserver les droits des créanciers qui ont fait confiance à l'acquéreur, l'action résolutoire est possible lorsque le privilège du vendeur a été inscrit lors de la vente. L'action résolutoire doit être notifiée aux créanciers qui disposent d'un délai d'un mois pour payer à la place de leur débiteur. Passé ce délai, la résolution de la vente pourra être prononcée par le tribunal de commerce.
(1) Délai modifié par la loi n° 2015-990 du 6 août 2015. Antérieurement à ce texte, il était de quinze jours.	

2.3 Les effets de la vente à l'égard des créanciers du vendeur

La publicité de la vente (*cf.* § 1 de ce chapitre) a pour but d'informer les créanciers du vendeur et de leur permettre de sauvegarder leur situation. Ils disposent à cet effet d'une procédure d'opposition et d'un droit de former une surenchère :

– les créanciers peuvent faire opposition au paiement du prix, au plus tard dans les dix jours de la publication au BODACC. Ce délai est assez court pour ne pas retarder le paiement du prix : l'opposition bloque le prix entre les mains de l'acquéreur ou de l'intermédiaire dépositaire ;

– ensuite, si les créanciers du fonds estiment le prix insuffisant, ils peuvent former une surenchère du sixième. Ils doivent alors faire mettre le fonds aux enchères publiques, en s'engageant à se porter acquéreurs pour le prix initial majoré du sixième de la valeur des éléments incorporels, si aucune autre offre n'est faite. Cette obligation d'acquérir le fonds explique que les créanciers utilisent rarement cette procédure.

2.4 Les effets de la vente à l'égard de l'acheteur

L'acheteur a l'obligation principale de prendre possession du fonds. Cependant, le législateur a souhaité protéger l'acheteur antérieurement et postérieurement à la vente.

Obligations et protection de l'acheteur	Commentaires
Les obligations de l'acheteur	Prendre possession du fonds de commerce. En payer le prix au comptant ou à échéance.
Protection de l'acheteur	• **Avant la cession** : le législateur a souhaité qu'il soit le mieux informé possible. Tel est l'objectif des mentions obligatoires qui doivent figurer dans l'acte écrit.

Obligations et protection de l'acheteur	Commentaires
Protection de l'acheteur (suite)	• **Après la cession** : l'acquéreur est protégé pour éviter que le vendeur ne se rétablisse en exerçant une activité similaire et en le privant ainsi d'une partie de la clientèle attendue. Une règle du droit commun est alors appliquée : il s'agit de la garantie du fait personnel qui rend le vendeur responsable s'il évince l'acquéreur de la chose vendue (article 1628 du Code civil). Reprendre la clientèle constitue une éviction dans la vente du fonds de commerce. La plupart des actes de cession de fonds de commerce contiennent d'ailleurs une clause expresse appelée « **clause de non-rétablissement** ». Toutefois, même lorsque cette clause n'existe pas, le vendeur doit s'abstenir de tout acte visant à détourner la clientèle du fonds cédé.

SECTION 4

LA LOCATION-GÉRANCE DU FONDS DE COMMERCE

Le propriétaire d'un fonds de commerce peut l'exploiter lui-même ou par l'intermédiaire d'un salarié ou d'un mandataire. Il peut aussi le donner en location-gérance à un gérant libre qui va alors l'exploiter en son nom, à ses risques et périls. Le locataire-gérant devient commerçant et le propriétaire cesse de l'être : il est qualifié de loueur.

Il faut bien distinguer la location-gérance du bail commercial, car elle porte sur le fonds lui-même et non sur l'immeuble où le fonds est exploité. Nous distinguerons la formation du contrat (1) de son exécution (2).

1. La formation du contrat de location-gérance

La formation du contrat est subordonnée à des conditions de fond et de forme.

Conditions	Commentaires
Conditions de fond	**Conditions de droit commun.** Toutes les conditions de l'article 1108 du Code civil doivent être respectées. Deux remarques sont toutefois nécessaires : – la capacité : le locataire-gérant devient commerçant. Il doit donc avoir la capacité de faire le commerce ; – le contenu du contrat : il porte sur un fonds de commerce ou un établissement artisanal. Une clientèle doit donc y être rattachée. **Conditions spécifiques.** Elles sont liées au loueur et elles ont été créées pour limiter ce type de contrat et éviter les spéculations. Par conséquent la loi réserve ce contrat aux commerçants ou artisans, personnes physiques ou morales. Ces personnes doivent avoir, en principe, exploité le fonds mis en gérance pendant au moins deux ans. L'inobservation de cette condition prévue par la loi entraîne la nullité du contrat.

Conditions	Commentaires
Conditions de forme	**Principe** : la loi de 1956 a organisé la publicité de la location-gérance pour en informer les tiers. Publicités requises : – le contrat de location-gérance fait l'objet d'une publicité, dans la quinzaine de sa date sous forme d'extrait ou d'avis dans un journal habilité à recevoir les annonces légales ; – le locataire-gérant doit se faire immatriculer au RCS. La mention de mise en location-gérance doit être portée sur ce registre ainsi que dans l'avis publié au BODACC ; – le locataire-gérant est tenu d'indiquer sa qualité sur tous les documents commerciaux pour l'information des créanciers.

2. Les effets du contrat de location-gérance

Le locataire-gérant exploite le fonds pour son propre compte et à ses risques et périls. Le loueur cesse donc d'être commerçant. Les conséquences de cette situation peuvent être analysées dans les rapports entre les parties et dans les rapports des parties avec les tiers.

Les effets entre les parties	**Le cas du locataire-gérant** • Le locataire-gérant a la qualité de commerçant : il doit donc respecter les obligations qui en découlent. • Il est tenu d'exploiter le fonds en « bon père de famille ». • Il doit payer un loyer qui peut être fixe ou assorti d'une clause d'échelle mobile. • Il est tenu de continuer les contrats de travail conclus par le loueur. **Le cas du loueur** • Il doit garantir au locataire-gérant la jouissance paisible du fonds. • Il doit donc laisser à la disposition du locataire-gérant les biens qui composent le fonds et la clientèle. **À la fin du contrat** • Le contrat peut prendre fin par l'arrivée du terme fixé (un à trois ans) ou être renouvelé. • Si le loueur reprend le fonds, le locataire gérant n'a aucun droit à renouvellement ou à indemnité d'évection, ni à une indemnité compensatrice pour la plus value procurée au fonds.
Les effets entre les parties et les créanciers pour dettes d'exploitation	**Le cas des créanciers du loueur** Ils peuvent, lors de la mise en location-gérance, demander au TC de prononcer l'exigibilité immédiate des dettes afférentes à l'exploitation du fonds. Le tribunal examine, pour se prononcer, si le contrat est de nature à mettre en péril le recouvrement de ces dettes. L'action doit être intentée dans les trois mois qui suivent la publication du contrat au JAL. **Le cas des créanciers du locataire-gérant** • Le loueur est solidairement responsable avec le locataire-gérant des dettes contractées par le locataire-gérant à l'occasion de l'exploitation du fonds. Cette solidarité dure jusqu'à la publication au JAL et pendant six mois à compter de cette publication. • Lorsque le contrat de location-gérance prend fin, les dettes afférentes à l'exploitation deviennent immédiatement exigibles, quel que soit le moment où elles ont été contractées.

SECTION 5

LE NANTISSEMENT CONVENTIONNEL DU FONDS DE COMMERCE

Le fonds de commerce étant un bien distinct des éléments qui le composent, il est alors possible de prendre une sûreté sur cet ensemble garantissant les crédits consentis à moyen ou long terme pour financer l'activité de l'entreprise. Il s'agit d'une sûreté constituée sans dépossession du débiteur.

Nous en examinerons successivement les conditions (1) et les effets (2).

1. Les conditions du nantissement

Il importe de présenter les conditions de fond du nantissement, c'est-à-dire l'assiette, avant d'énoncer les conditions de forme et de publicité.

Condition de fond	**Assiette du nantissement** : elle porte sur les éléments incorporels principaux du fonds de commerce : enseigne, nom commercial, droit au bail et clientèle. **Élément exclu** : les marchandises. Cette omission est volontaire et permet de laisser au débiteur un actif libre et une possibilité de crédit. **Éléments pouvant être inclus** : le nantissement peut porter sur d'autres éléments du fonds par stipulation expresse dans l'acte : matériel, droits de propriété industrielle, etc.
Conditions de forme	**Un écrit** : le nantissement est constaté dans un acte écrit notarié ou sous signature privée enregistré. **Une inscription** : il doit être inscrit, dans un registre spécial, au greffe du tribunal de commerce du lieu d'exploitation du fonds, dans la quinzaine de l'acte. Cette inscription est valable dix ans et peut être renouvelée. Elle garantit le principal et deux années d'intérêts. **Cas particulier** : si le nantissement porte sur des droits de propriété industrielle, une inscription spéciale doit être prise à l'INPI.

2. Les effets du nantissement

Le nantissement confère une sûreté réelle au créancier nanti, c'est-à-dire un droit de préférence et un droit de suite qui sont les prérogatives normales de toute sûreté. Mais la loi de 1909 attribue au créancier inscrit une certaine protection dans le droit de s'opposer à la dépréciation ou à la désintégration du fonds de commerce. Ceci est lié à l'instabilité de la valeur du fonds car elle dépend de la façon dont le fonds est exploité.

Les droits du créancier nantis	Commentaires
Droit de préférence	**Principe** : le créancier nanti est préféré au créancier chirographaire lorsqu'en cas d'insolvabilité du débiteur, il réalise son nantissement en faisant vendre le fonds et en se payant sur le fonds.
Droit de suite	**Principe** : le nantissement suit le fonds en quelques mains qu'il passe. **Intérêt** : cette règle est commune aux sûretés sans dépossession. Dans la mesure où la sûreté a fait l'objet d'une publicité au greffe du tribunal de commerce, les acquéreurs éventuels pourront être informés de son existence avant de s'engager.

☞

Les droits du créancier nantis	Commentaires
Le droit de s'opposer à la dépréciation ou à la désintégration du fonds	**Le déplacement du fonds** • **Principe** : le fonds peut être déplacé. • **Protection des créanciers** : le commerçant doit leur notifier son intention dans les quinze jours précédant le déplacement. • **Sanction** : à défaut, il encourt de plein droit la déchéance du terme. • **En pratique** : les créanciers inscrits acceptent l'opération ou demandent au tribunal de commerce de rendre leurs créances immédiatement exigibles. **La résiliation du bail.** • **Principe** : demandée par le propriétaire, la résiliation du bail de l'immeuble dans lequel s'exerce le fonds de commerce peut entraîner une diminution de la valeur de ce fonds. • **Condition** : le bailleur de l'immeuble doit notifier son intention de résilier aux créanciers inscrits. • **En pratique** : ces créanciers ont un délai d'un mois pour éviter la résiliation en se substituant au débiteur. *Exemple* : en payant les loyers de retard. **La vente séparée d'un élément du fonds** • **Principe** : la valeur du fonds risque de diminuer si ses éléments sont vendus séparément. • **Sanction** : la jurisprudence décide que le commerçant qui vend des éléments de son fonds grevé d'inscription commet le délit de détournement d'objet remis en gage. Ce délit est puni des peines de l'abus de confiance. **La déspécialisation plénière de l'activité du locataire** • **Principe** : il s'agit de l'exercice d'une autre activité et donc d'un changement de clientèle et de fonds de commerce. • **Protection des créanciers** : la loi exige la notification de ce changement aux créanciers inscrits. • **En pratique** : les créanciers peuvent demander que l'opération soit subordonnée à des conditions propres à sauvegarder leurs intérêts. *Exemple* : octroi de garanties supplémentaires. Lorsque l'autorisation est accordée les droits des créanciers inscrits s'exercent avec leur rang antérieur sur le fonds transformé.

SECTION 6

LES CONTRATS DE CONSOMMATION

Les contrats de consommation mettent en relation un professionnel et un consommateur. Un consommateur est une « personne physique qui agit à des fins qui n'entrent pas dans le cadre de son activité commerciale, industrielle, artisanale ou libérale »[1]. Cette personne passe des contrats pour acquérir des biens, obtenir la fourniture de services (1) ou l'octroi d'un crédit (2).

(1) *Code de la consommation, article préliminaire.*

1. L'achat de biens ou de prestations de services

Pour se procurer des biens ou des services, le consommateur entre en relation avec des personnes qui font profession de vendre des biens ou de fournir des prestations de service. Or la relation entre le professionnel (le spécialiste) et le consommateur (le profane) est naturellement déséquilibrée. En effet, tout penche en faveur du premier et au détriment du second : la compétence, les informations et la surface financière. De ce rapport de forces, par trop inégal, naît le déséquilibre, voire l'abus. Il importe donc au législateur d'intervenir pour rétablir un équilibre des transactions. Jusqu'au début des années 1960, le client était protégé par le droit des obligations. Souvent illusoires, ces règles ont, à partir des années 1970, été renforcées par des dispositions spécifiques aujourd'hui regroupées dans un Code de la consommation.

La protection du consommateur est assurée tant sur le plan de la formation (1.1) que sur celui de l'exécution (1.2) du contrat.

1.1 Protection lors de la formation du contrat

Nous examinerons successivement l'information (a) et la protection du consentement (b) du consommateur.

a) L'information du consommateur

Le professionnel doit communiquer au consommateur des informations de « manière lisible et compréhensible » (art. L. 111-1, al. 1er Code de la consommation). En pratique, il est débiteur de deux obligations d'information. En cas de conflit, il prouve qu'il a satisfait à ses obligations d'information.

■ *Obligation générale d'information*

Le professionnel est, tout d'abord, débiteur d'une obligation générale d'information. Cette obligation est posée, en termes généraux, par l'article L. 111-1 du Code de la consommation qui édicte qu'avant que le consommateur ne soit lié par un contrat de vente de biens ou de fourniture de services, le professionnel lui communique les informations suivantes : les caractéristiques du bien ou du service, le prix, la date ou le délai de livraison en l'absence d'exécution immédiate du contrat et des informations sur l'identité du vendeur ou prestataire de services.

■ *Obligation spéciale d'information*

Le professionnel est également débiteur d'obligations spéciales d'information. Elles sont très nombreuses.

• Dans les **contrats de prestations de services**, le prestataire doit fournir des informations sur les conditions contractuelles (*exemple* : mode de règlement) et, notamment, les conditions de reconduction d'un tel contrat.

• Dans les **contrats conclus à distance**, l'absence d'information contractuelle dispense le consommateur de frais de renvoi de la marchandise.

• Dans les **contrats conclus hors établissement** (*exemple* : démarchage à domicile), les informations contractuelles doivent figurer sur un support papier ou sur un autre support durable (*exemple* : clé USB) si le consommateur l'accepte. Par ailleurs, aucun paiement ne doit être effectué avant l'expiration d'un délai de sept jours à compter de la conclusion du contrat.

b) La protection du consentement du consommateur

Cette protection est assurée par les éléments suivants.

Dispositions protégeant le consommateur	Caractéristiques principales de ces éléments
Un écrit	Tout contrat excédant 1 500 € (C. civ., art. 1341) doit faire l'objet d'un écrit, rédigé en langue française et de façon lisible. Des textes exigent que certains contrats comportent des mentions obligatoires. *Exemples* : Assurances, démarchage à domicile, crédit à la consommation et de crédit immobilier.
Clauses abusives	**Définition** : stipulations conventionnelles qui ont pour objet (= intention) ou pour effet (= résultat) de créer, au détriment du consommateur, un déséquilibre significatif entre les droits et obligations des parties. *Exemple* : Clause qui réserve au professionnel le droit de modifier unilatéralement les caractéristiques du bien à livrer ou du service à rendre. Toutes les clauses abusives sont, depuis la loi du 5 août 2008, déterminées par décret en Conseil d'État pris après avis de la Commission des clauses abusives. Ce décret détermine la liste des clauses (dites « grises ») présumées abusives. Dans ce cas, le professionnel devra prouver que la clause n'est pas abusive. Un deuxième décret détermine la liste des clauses (dites « noires ») présumées abusives de manière irréfragable. Dans ce cas, la preuve contraire n'est pas admise. Les clauses abusives sont écartées d'office par le juge. Les clauses « noires » sont passibles d'une amende administrative(1).
Délai de réflexion	**Principe** : l'examen des situations de consommation montre que, dans certains cas, le consommateur s'engage trop hâtivement. La loi lui donne alors un délai pour réfléchir. *Exemples* : – 7 jours en matière d'enseignement à distance, – 15 jours pour les contrats de crédit à la consommation, – 30 jours pour les contrats de crédit immobilier. **Effet** : pendant ce délai, rien ne doit peser sur la réflexion du consommateur. Le professionnel doit maintenir son offre. Il lui est interdit de percevoir des fonds, sinon il encourt des sanctions pénales.
Les délais de rétractation	**Principe** : ils permettent au consommateur de revenir sur la parole donnée. Ils s'exercent sans que le consommateur ait à en justifier l'emploi. *Exemples* : – 14 jours en matière de crédit à la consommation et de vente à distance(2), – 15 jours pour le démarchage financier, – 30 jours pour les contrats d'assurance vie. **Effet** : l'exercice de cette faculté permet d'anéantir le contrat signé.
Sommes versées en avance du prix	Pour tout contrat de vente ou de prestation de services, les sommes versées d'avance sont des arrhes. Les parties peuvent convenir qu'il s'agit d'acomptes.

(1) L'amende est de 3 000 € pour une personne physique et de 15 000 € pour une personne morale.
(2) Dans ce dernier cas, ce délai sera prolongé de douze mois quand les informations précontractuelles relatives au délai de rétractation n'auront pas été fournies.

☞

Dispositions protégeant le consommateur	Caractéristiques principales de ces éléments
Le délit d'abus de faiblesse	**Définition** : ce délit réprime le comportement de ceux qui, dans certaines circonstances, font souscrire des conventions à des personnes qui ne sont pas en mesure d'apprécier la portée de leurs engagements ou de déceler les ruses, les artifices déployés ou les contraintes auxquelles elles sont soumises. Exemples : Personnes âgées, immigrés. **Sanctions** : 5 ans d'emprisonnement et/ou 9 000 € d'amende.
Ventes ou prestations forcées	**Définition** : la loi punit ceux qui auront fait parvenir à un destinataire, sans demande préalable de celui-ci, un objet quelconque accompagné d'une correspondance indiquant qu'il peut être accepté par lui contre versement d'un prix fixé ou renvoyé à son expéditeur, même si ce renvoi peut être fait sans frais pour le destinataire. **Sanction** : l'envoi forcé est une contravention de 5e classe, punie d'une amende de 1 500 €. Par ailleurs, la jurisprudence admet depuis les années 1940 que la « victime » puisse conserver le bien sans avoir pour autant à le payer.
Pratiques commerciales déloyales	L'article L. 120-1 du Code de la consommation définit ces pratiques à partir de deux critères cumulatifs : – le professionnel utilise une pratique contraire aux exigences de la diligence professionnelle ; – elle altère ou est susceptible d'altérer de manière substantielle le comportement économique du consommateur normalement informé et raisonnablement attentif et avisé. On différencie les pratiques commerciales trompeuses (exemple : publicité trompeuse) des pratiques commerciales agressives (exemple : usage d'une contrainte pour forcer un consommateur à contracter). Ces pratiques sont des délits, pénalement réprimés.

1.2 Protection lors de l'exécution du contrat

Après la conclusion du contrat le vendeur doit notamment :

- **délivrer la chose vendue.** Le vendeur transfère la chose en la jouissance et possession de l'acheteur. Ce transfert porte sur la chose et ses accessoires. Exemple : le vendeur d'une automobile remet à l'acquéreur les clés du véhicule mais aussi la carte grise[1] ;
- **garantir la chose vendue.** D'abord, le consommateur bénéficie de la **garantie légale de conformité.** Cette garantie lui permet d'obtenir la réparation ou le remplacement du bien si celui-ci n'est pas conforme au contrat. La durée de cette garantie est de deux ans et court à compter de la délivrance du bien. Ensuite, le consommateur bénéficie de la **garantie des vices cachés.** Cette garantie permet au consommateur d'obtenir le remboursement total ou partiel d'un bien impropre à l'usage auquel il était destiné. La durée de cette garantie est de deux ans et court à compter de la découverte du vice[2]. Enfin, le consommateur bénéficie de la **garantie commerciale.** Cette garantie est définie comme tout engagement contractuel d'un professionnel à l'égard du consommateur en vue du remboursement du prix d'achat, du remplacement ou de la réparation du bien ;

(1) La délivrance de la chose vendue s'accompagne généralement du transfert des risques. Depuis la loi du 17 mars 2014, quand le vendeur se charge de l'acheminement du bien vendu, le risque de perte ou de détérioration de ce bien est transféré au consommateur au moment où ce dernier prend physiquement possession de la chose.

(2) Pour une comparaison de la garantie légale de conformité et de la garantie des vices cachés cf. p. 282.

– **conseiller l'acheteur.** Ce devoir implique de fournir au consommateur tous les renseignements indispensables à l'utilisation du produit. Il implique la remise d'un mode d'emploi. Par ailleurs, le vendeur doit pouvoir justifier avoir attiré l'attention du client sur les précautions d'utilisation du bien vendu.

2. Le crédit à la consommation

Le crédit est une opération qui permet à une personne d'obtenir immédiatement une prestation qu'elle paiera plus tard.

Nous examinerons successivement les conditions (2.1) et les effets (2.2) du contrat de crédit à la consommation.

2.1 Les conditions du contrat de crédit à la consommation

Les dangers qui guettent le consommateur de crédit sont nombreux. Il peut être amené à réaliser des achats inconsidérés. Il est guetté par le surendettement. En conséquence le législateur a organisé sa protection.

L'essentiel du dispositif a été remodelé par la loi n° 2010-737 du 1er juillet 2010 portant réforme du crédit à la consommation. Cette loi a donné des définitions du prêteur, de l'emprunteur et de l'opération de crédit :

– le **prêteur** est toute personne qui consent ou s'engage à consentir un crédit visé par la loi dans le cadre de l'exercice de ses activités commerciales ou professionnelles ;
– **l'emprunteur ou consommateur** est toute personne physique qui est en relation avec un prêteur, dans le cadre d'une opération de crédit réalisée ou envisagée dans un but étranger à son activité commerciale ou professionnelle ;
– **l'opération ou contrat de crédit** consiste pour un prêteur à consentir ou à s'engager à consentir un crédit. Celui-ci peut prendre diverses formes : délai de paiement, prêt y compris sous forme de découvert ou de toute autre facilité de paiement similaire, à l'exclusion des contrats conclus en vue de la fourniture d'une prestation continue ou à exécution successive de services ou de biens de même nature et aux termes desquels l'emprunteur en règle le coût par paiements échelonnés pendant toute la durée de la fourniture. *Exemple* : abonnement à une chaîne de télévision câblée et paiement de la prestation de service chaque mois.

La loi de 2010 exclut de son champ d'application certaines opérations. À titre d'exemples et sans être exhaustif, on peut citer les opérations suivantes :

– exclusions à raison du montant du crédit (*exemples* : opérations dont le montant total de crédit est inférieur à 200 euros ou supérieur à 75 000 euros) ;
– exclusions à raison de la durée (*exemple* : autorisations de découvert inférieures à un mois) ;
– exclusion à raison de l'objet de l'opération (*exemple* : crédit immobilier) ;
– autres exclusions (*exemple* : prêt consenti à un salarié par son employeur sous la forme d'avance de salaire).

RÈGLES ASSURANT LA PROTECTION DU CONSENTEMENT DE L'EMPRUNTEUR

Publicité

La loi organise un triple encadrement de la publicité en matière de crédit à la consommation. D'abord, certaines mentions sont obligatoires (*exemples* : le montant total du crédit, la durée du contrat, le taux annuel effectif global). Ensuite, les modalités de présentation de la publicité sont normalisées (*exemples* : dans une publicité écrite, certaines informations [TAEG, montant total dû par l'emprunteur, etc.] doivent figurer dans une taille de caractère plus importante). Enfin, certaines mentions sont interdites (*exemples* : proposer des lots promotionnels, mentionner l'existence d'une franchise de paiement de remboursement, etc.).

Information précontractuelle de l'emprunteur

Le prêteur fournit à l'emprunteur des informations pour qu'il puisse s'engager en toute connaissance de cause. À cette fin il lui remet une fiche d'information dont le contenu a été fixé par un décret (*exemples* : montant total du crédit, conditions de mise à dispositions des fonds, sûretés exigées, etc.).

Formation du contrat

Elle est encadrée par quatre dispositions :

- une **offre de contrat de crédit**. Elle est établie par écrit ou sur un support dématérialisé mais durable. Elle doit être maintenue pendant une durée minimale de 15 jours ;
- un **devoir de conseil du prêteur**. Le prêteur doit fournir à l'emprunteur des explications personnalisées sur le crédit envisagé et sur ses conséquences, notamment en matière de surendettement. Il vérifie la solvabilité de l'emprunteur et consulte le FICP (fichier des incidents de remboursement de crédit des particuliers) ;
- un **droit de rétractation de l'emprunteur**. L'emprunteur peut se rétracter dans un délai de 14 jours calendaires révolus à compter du jour de l'acceptation du crédit ;
- un **agrément de l'emprunteur**. Le prêteur doit agréer l'emprunteur dans un délai de 7 jours.

En conclusion le contrat de crédit est formé quand l'offre de crédit est acceptée par l'emprunteur et quand celui-ci a été agréé par le prêteur.

2.2 Les effets du contrat de crédit à la consommation

Normalement, le contrat conclu est fait pour être exécuté (a). Toutefois, la formation et l'exécution du contrat de crédit peuvent être émaillées d'incidents (b).

a) L'exécution du contrat

L'exécution débute par la mise à disposition des fonds à l'emprunteur dans un délai de sept jours à compter de l'acceptation du contrat par ce dernier. Avec cette mise à disposition ne se terminent pas les obligations du prêteur. Tout au long de l'exécution du contrat, il doit respecter une obligation d'information de l'emprunteur. Elle se décline en :

- une information préalable à toute modification du taux d'intérêt débiteur. Cette obligation concerne les prêts à taux variables ;

– une information annuelle sur le montant restant à rembourser ;
– une information sur les risques encourus dès le premier incident de paiement.

b) Les incidents

On peut distinguer les incidents relatifs à la formation du contrat et ceux relevant de l'exécution.

Incidents relatifs à la formation	• **Taux de crédit excessif**. Si le taux de crédit est supérieur à un maximum fixé par les pouvoirs publics, le prêteur commet le délit d'usure. Il est sanctionné par une sanction pénale (amende et/ou emprisonnement) et une peine civile (restitution à l'emprunteur des perceptions excessives). • **Procédure de formation non respectée**. Elle se solde par des déchéances automatiques (*exemples* : défaut de communication à l'emprunteur des informations précontractuelles, défaut de remise d'un contrat écrit conforme au droit) ou des déchéances nécessitant une appréciation du juge (*exemples* : absence de vérification de la solvabilité de l'emprunteur, défaut d'information préalable lors d'une modification du taux d'intérêt). • **Rupture du lien contrat principal/contrat de crédit**. Les deux contrats sont liés. Le contrat principal est lié au contrat de crédit. Réciproquement, le crédit est placé sous la dépendance du contrat principal.
Incidents liés à l'exécution du contrat	• **Remboursement par anticipation**. L'emprunteur peut rembourser à son initiative et par anticipation tout ou partie de son crédit. Dans ce cas, le prêteur ne peut pas exiger les intérêts et frais afférents à la partie remboursée mais il peut exiger une indemnité de remboursement que la loi a encadrée. • **Non-remboursement du crédit**. Le prêteur peut exiger le remboursement du capital restant dû, des intérêts échus et non payés et d'une pénalité si une clause pénale a été stipulée. Cette clause détermine par avance les indemnités que devra payer le débiteur s'il ne respecte pas ses engagements. Le juge peut modérer la clause qu'il considère comme manifestement excessive.

Les conflits relatifs au crédit à la consommation relèvent de la compétence du tribunal d'instance.

FICHE MÉMO

1. Le contrat de vente
2. Le contrat d'entreprise
3. La vente du fonds de commerce
4. La location gérance du fonds de commerce
5. Le nantissement conventionnel du fonds de commerce
6. Le contrat de consommation

1. LE CONTRAT DE VENTE

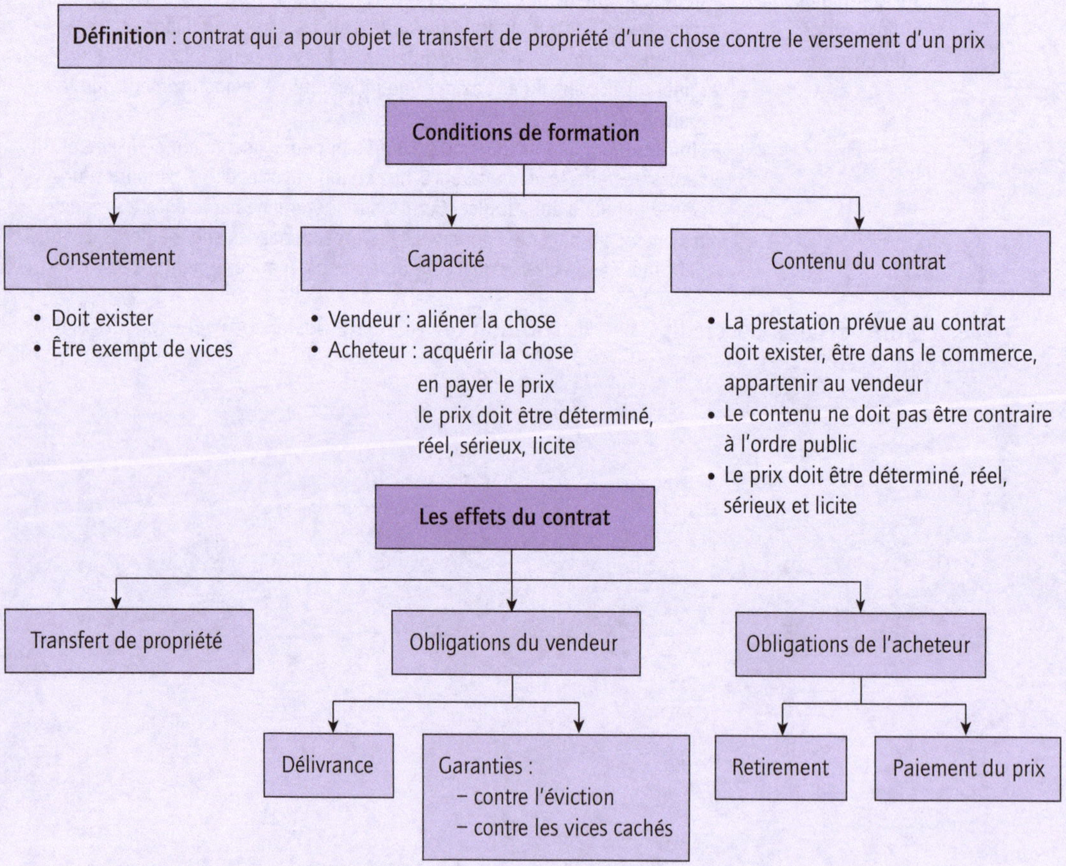

2. LE CONTRAT D'ENTREPRISE

Définition : contrat par lequel une personne s'engage à accomplir un travail de manière indépendante au profit d'une autre personne moyennant rémunération et sans la représenter

Formation du contrat

- Application du droit commun des contrats
- Cas particulier du devis

Effets du contrat

Obligations du vendeur

- Accomplissement d'un travail
  - par l'entrepreneur
  - par un sous-traitant
- Devoir de conseil et d'information

Obligations du maître d'œuvre

- Payer le prix
- Prendre livraison
- Réceptionner

3. LA VENTE DU FONDS DE COMMERCE

Définition : contrat par lequel le propriétaire d'un fonds de commerce en transfert la propriété à un acquéreur

Acte de commerce

Contrat
Conditions de formation (capacité, consentement, contenu du contrat)

Conditions de forme
Acte écrit
Mentions obligatoires
Formalités de publicité (BODACC)
RCS

Obligations des parties

Le vendeur

- Obligation de délivrance
- Obligation de garantie :
  - contre l'éviction
  - de conformité du bien au contrat :
    - Garantie de délivrance conforme
    - Garantie des vices cachés

L'acheteur

- Prendre possession du fonds
- Payer le prix

Protection des intérêts des parties et des tiers

Du vendeur

- Privilège du vendeur du fonds (droit de préférence et de suite)
- Action résolutoire

De l'acheteur

- Information préalable
- Garantie du fait personnel en cas d'éviction

Des créanciers du vendeur

- Procédure d'opposition
- Droit de surenchère du sixième

4. LA LOCATION GÉRANCE DU FONDS DE COMMERCE

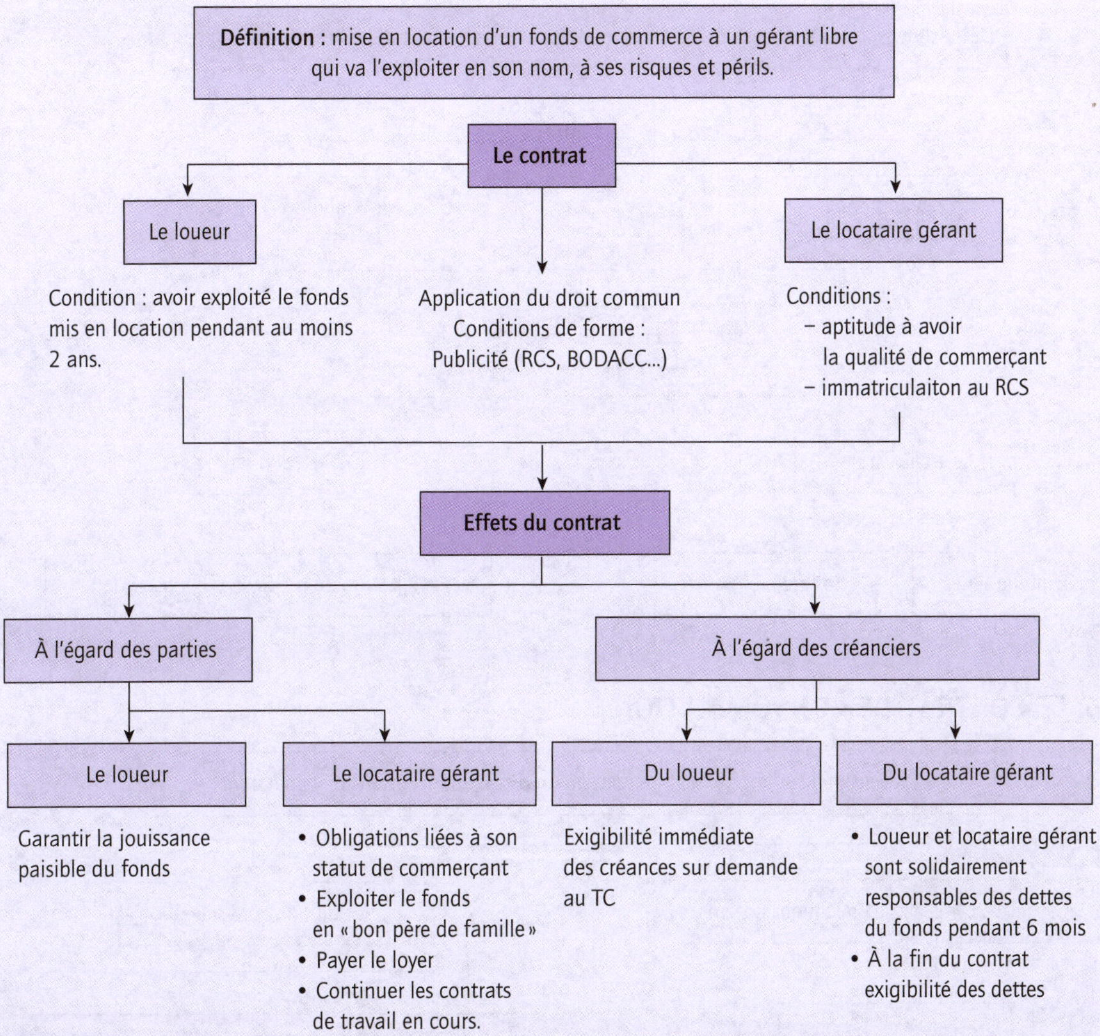

5. LE NANTISSEMENT CONVENTIONNEL DU FONDS DE COMMERCE

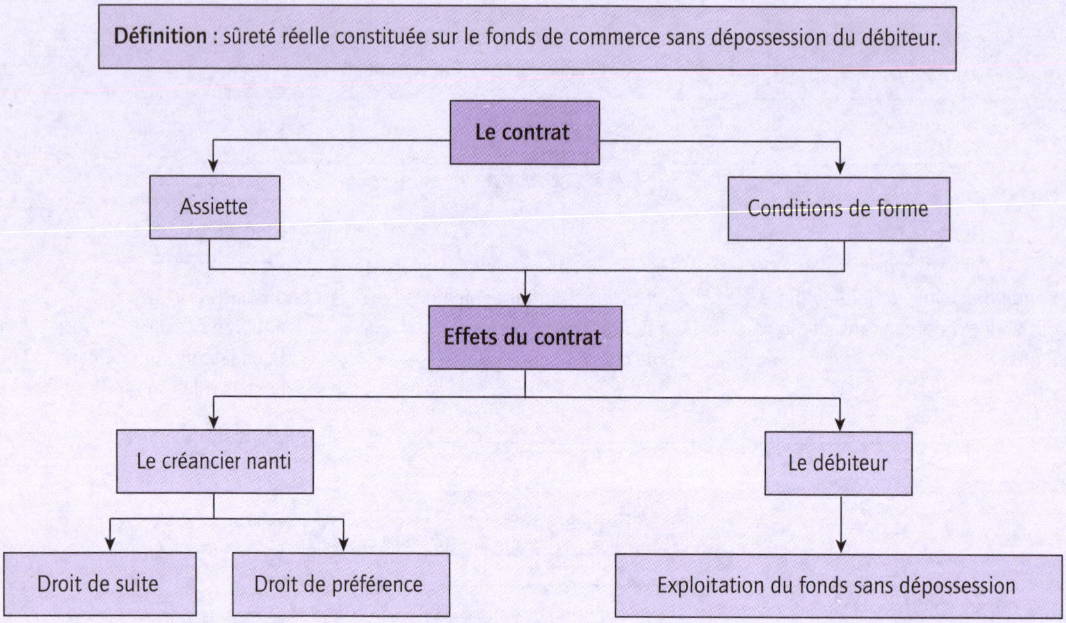

6. LE CONTRAT DE CONSOMMATION

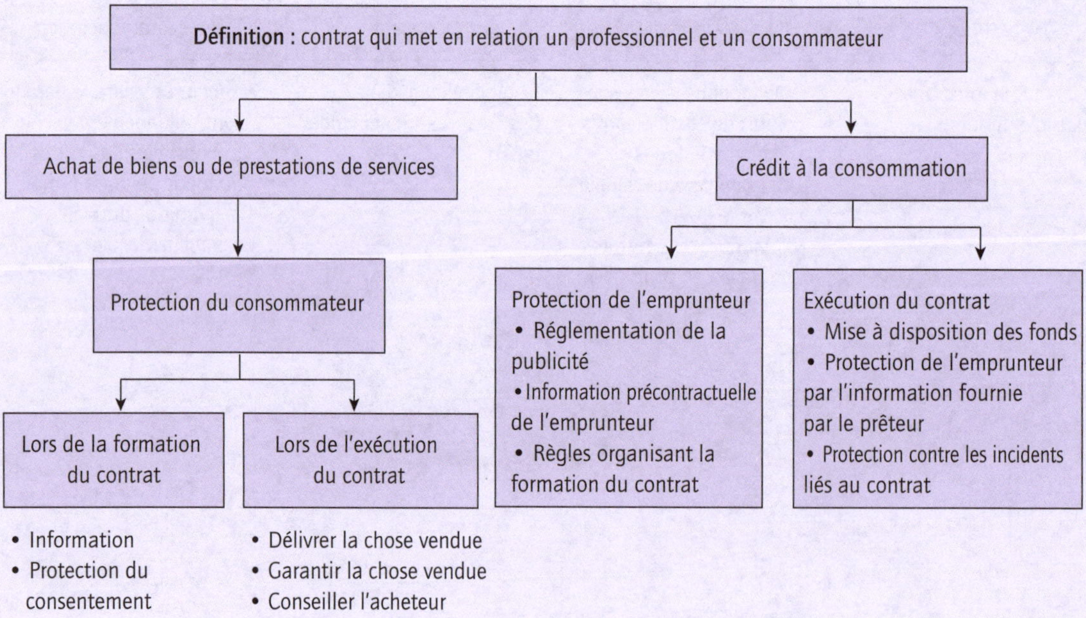

APPLICATIONS

APPLICATION 1	Opérations sur fonds de commerce : questionnaire d'auto-évaluation
APPLICATION 2	Les autres contrats de l'entreprise : questionnaire d'auto-évaluation
APPLICATION 3	Questions de cours
APPLICATION 4	Étude de cas pratique : des plants de melon
APPLICATION 5	Étude de cas pratiques : affaire N'Guyen Tuong c/ SNC Cros et Perrot
APPLICATION 6	Étude de cas pratique : affaire Rachel Ciquero
APPLICATION 7	Étude de cas pratique : des clauses de téléphonie mobile

Vous trouverez les corrigés du questionnaire d'auto-évaluation et des questions de cours en fin d'ouvrage ; les corrigés des cas pratiques, analyses d'une décision de justice et analyses d'un document figurent sur les sites www.expert-sup.com et www.dunod.com.

APPLICATION 1

Opérations sur fonds de commerce : questionnaire d'auto-évaluation

Dans les situations suivantes, déterminez la ou les réponses exactes

1. La vente du fonds de commerce est :
   a) un acte civil.
   b) un acte de commerce par accessoire.
   c) acte de commerce objectif.
2. Le critère de la vente du fonds de commerce est :
   a) la cession de l'ensemble des éléments qui le composent.
   b) la cession des éléments corporels.
   c) la cession des éléments incorporels.
   d) la cession de la clientèle.
3. Les mentions obligatoires dans le contrat de vente du fonds de commerce :
   a) renseignent simplement l'acquéreur.
   b) peuvent entraîner la nullité de l'acte si elles sont omises.
   c) sont susceptibles d'une action en garantie contre le vendeur, en cas d'inexactitude.
4. Le privilège du vendeur de fonds est composé :
   a) d'un droit de suite.
   b) d'un droit de préférence.
   c) d'un droit de suite et d'un droit de préférence.

5. Les créanciers du vendeur :
   a) peuvent faire opposition à la vente.
   b) peuvent faire opposition au paiement du prix.
   c) peuvent former une surenchère du dixième.
   d) peuvent former une surenchère du sixième en trouvant un nouvel acquéreur.
   e) peuvent former une surenchère du sixième en se portant acquéreur si aucune offre n'est faite.

6. Le propriétaire d'un fonds de commerce :
   a) peut l'exploiter lui-même.
   b) peut le mettre en location.
   c) peut le mettre en location-gérance.
   d) peut le céder.

7. La location-gérance :
   a) porte sur l'immeuble.
   b) porte sur le fonds.
   c) porte sur le fonds et l'immeuble.

8. Un fonds pourra être mis en location-gérance, à condition que son propriétaire :
   a) l'exploite depuis au moins 7 ans.
   b) soit commerçant depuis au moins 2 ans.
   c) soit commerçant depuis au moins 7 ans.
   d) l'exploite depuis au moins 2 ans.

9. Le locataire gérant :
   a) doit être commerçant.
   b) est tenu d'exploiter le fonds.
   c) paie un loyer.
   d) paie un droit d'entrée.
   e) n'est pas tenu par les contrats de travail en cours.
   f) est tenu par les contrats de travail en cours.

10. Le nantissement porte sur :
   a) l'ensemble du fonds de commerce.
   b) les éléments corporels du fonds de commerce.
   c) les éléments incorporels du fonds de commerce.
   d) les éléments incorporels principaux du fonds de commerce.

11. Le nantissement confère au créancier :
   a) un droit de suite sur le fonds de commerce.
   b) un droit de préférence sur le fonds de commerce.
   c) un droit de suite et un droit de préférence sur le fonds de commerce.

APPLICATION 2

Les autres contrats de l'entreprise : questionnaire d'auto-évaluation

Dans les situations suivantes, déterminez la ou les réponses exactes

1. Dans le contrat de vente, il y a transfert de propriété :
   a) lors du versement du prix.
   b) à la livraison.
   c) lorsque le vendeur et l'acheteur sont d'accord sur le prix.
   d) lorsque le vendeur et l'acheteur sont d'accord sur la chose et le prix.
2. Dans le contrat de vente, il y a transfert des risques :
   a) lors du versement du prix.
   b) à la livraison.
   c) lorsque le vendeur et l'acheteur sont d'accord sur la chose et sur le prix.
3. Pour qu'il y ait vice caché :
   a) le vice doit être non apparent.
   b) le vice doit rendre la chose impropre à son usage normal.
   c) l'acheteur doit être un professionnel.
   d) le vice doit être antérieur à la vente.
   e) l'acheteur doit être un non-professionnel.
4. L'acheteur a dans le contrat de vente, les obligations suivantes à sa charge :
   a) prendre livraison du bien chez le vendeur.
   b) réceptionner la chose.
   c) payer le prix au jour de livraison.
   d) payer le prix au jour et lieu prévu au contrat.
5. Le vendeur impayé peut :
   a) revendiquer la chose livrée.
   b) garder la chose quand elle n'est pas livrée.
   c) prononcer la résolution de la vente.
   d) demander la résolution de la vente.
6. L'entrepreneur :
   a) doit accomplir un travail.
   b) n'est pas tenu par une obligation de conseil et d'information.
   c) peut, par une stipulation contractuelle, limiter sa responsabilité.
   d) ne peut jamais sous-traiter le travail à faire.
7. Le maître de l'ouvrage :
   a) paie le prix du travail effectué.
   b) réceptionne l'ouvrage.
   c) n'a jamais perdu la garde de l'ouvrage.
   d) ne peut pas mettre en cause la responsabilité civile de l'entrepreneur.

8. Un contrat de consommation met en relation :
   a) deux professionnels.
   b) deux consommateurs.
   c) un professionnel et un consommateur.
9. Une clause abusive :
   a) est sanctionnée par la nullité.
   b) est une stipulation conventionnelle qui a pour objet ou pour effet de créer, au détriment du consommateur, un déséquilibre significatif entre les droits et obligations des parties.
   c) est réputée non écrite.
   d) doit être prouvée par le consommateur.
10. Le délai de rétractation :
   a) est encore appelé délai de réflexion.
   b) permet au consommateur de revenir sur sa parole.
   c) est de quatorze jours en toutes circonstances.
   d) permet d'anéantir le contrat signé.
11. Le délit d'abus de faiblesse :
   a) protège tous les consommateurs.
   b) est une infraction pénale.
   c) vise ceux qui font souscrire des conventions à des personnes qui ne sont pas en mesure de déceler les ruses, artifices ou contraintes auxquels elles sont soumises.
12. Le droit du crédit à la consommation s'applique :
   a) à tous les emprunteurs.
   b) aux opérations consenties quelle que soit leur durée.
   c) aux crédits consentis par des professionnels à des particuliers.
   d) aux opérations dont le montant est inférieur à 75 000 euros.
   e) aux opérations dont le montant est supérieur à 200 euros.
13. La protection du consommateur de crédit est assurée par les moyens suivants :
   a) une offre préalable valable pendant 15 jours.
   b) délai de réflexion de 14 jours.
   c) délai de rétractation de 14 jours.
   d) subordination du prêt à la vente et de la vente au prêt.
   e) une fiche d'information précontractuelle.
14. La publicité en matière de crédit à la consommation :
   a) est interdite.
   b) est réglementée.
   c) doit comporter des mentions obligatoires.
   d) peut être assortie de proposition de jeux, concours, lots promotionnels.

APPLICATION 3

Questions de cours

1. La protection des intérêts des créanciers dans la location-gérance du fonds de commerce.
2. La protection du consentement du consommateur à crédit.

APPLICATION 4

Étude de cas pratique

Des plants de melon

M. Michel est producteur de melons en Gironde. Il a commandé en mars de cette année des plants de melon au GAEC Fruitival. Trois semaines après leur plantation, il a constaté des anomalies qui ont entraîné la perte quasi générale de la production sur la superficie plantée avec cette livraison. Un rapport d'expertise conclut à la contamination antérieure des plants litigieux. M. Michel souhaite assigner le GAEC Fruitival en réparation du préjudice subi.

QUESTIONS

1. Sur quelle base juridique M. Michel peut-il poursuivre le GAEC Fruitival ?
2. À quelles conditions ?
3. Quelles sont les chances de réussite de l'action entreprise par M. Michel ?
4. Le voisin de M. Michel, quant à lui, a commandé des graines de betteraves. Celles-ci se sont révélées inadaptées aux particularités climatiques de la région. Peut-on utiliser dans cette situation la même argumentation juridique ? Justifiez votre réponse.

APPLICATION 5

Étude de cas pratiques

Affaire N'Guyen Tuong c/ SNC Cros et Perrot

Attendu que Mme N'Guyen Tuong Le Trinh fait grief à l'arrêt attaqué (CA Paris, 16e ch. A, 26 avril 1994) de l'avoir condamnée à payer à la société en nom collectif Cros et Perrot, à qui elle a cédé une officine de pharmacie, les sommes de [76 225 €] en réduction du prix de vente, et de [21 343 €] à titre de dommages-intérêts, sur le fondement des articles 1641 et 1645 du Code civil, alors, selon le moyen, qu'il ne peut y avoir vice caché au sens de ces textes qu'à la condition qu'il s'agisse d'un vice intrinsèque, totalement inhérent à la chose elle-même, et devant en compromettre au moins partiellement l'usage ou la destination normale, ce qui n'est pas le cas lorsque seule la valeur économique de cette chose est affectée, et qu'en l'espèce le prétendu vice retenu ne concernait pas l'officine de pharmacie prise en elle-même mais seulement sa valeur économique en relation avec le chiffre d'affaires et l'officine n'était pas directement affectée dans sa destination du seul fait de la baisse du chiffre d'affaires escompté, de sorte que l'arrêt a violé les articles précités par fausse application ;

Mais attendu que l'article 13 de la loi du 29 juin 1935, loi sur le fondement de laquelle la société Cros et Perrot avait formé sa demande, renvoie aux articles 1644 et 1645 du Code civil ; et que, dès lors, le vendeur étant tenu à garantie à raison de l'inexactitude de ses énonciations, ainsi assimilée à un vice caché, dans les conditions édictées par ces articles, la cour d'appel a pu statuer comme elle a fait après avoir relevé que la preuve était suffisamment rapportée que dans le cadre d'un exercice régulier de la profession de pharmacien, l'officine concernée n'était pas apte à produire le chiffre d'affaires trompeur annoncé ;

D'où il suit que le moyen n'est pas fondé ;

[...] Par ces motifs : Rejette le pourvoi.

Cass. civ. 1, 3 juillet 1996, N'Guyen Tuong de Trinh c/ SNC Cros et Perrot.

QUESTIONS

1. Qu'est-ce qu'un fonds de commerce ?
2. Quel problème juridique cette affaire posait-elle ?
3. Analysez les motifs du rejet du pourvoi.

APPLICATION 6

Étude de cas pratique

Affaire Rachel Ciquero

Rachel Ciquero exerce à Amiens le métier de coiffeuse depuis 15 ans. Son salon, situé dans la banlieue ouest d'Amiens, dégage un joli bénéfice. Rachel a constaté que sa clientèle vient, de plus en plus souvent, du centre ville et même d'Amiens Sud. Le développement du pôle hospitalier, au sud d'Amiens, devrait accentuer la tendance dans les années qui viennent. Rachel désire se rapprocher de sa clientèle et s'installer dans le quartier sud d'Amiens. Elle a repéré un salon dont le chiffre d'affaires périclite et qu'elle envisage de relever.

QUESTIONS

1. Mme Ciquero envisage de vendre son fonds de commerce sans céder sa clientèle. Que pensez-vous de cette proposition ?
2. Mme Ciquero a horreur des formalités. Elle envisage de vendre son fonds sans rédiger d'acte.
   a) Cette vente serait-elle valable ? Justifiez la réponse.
   b) Quel problème cela pourrait-il poser ?
   c) Comment pourrait-il être résolu ?
3. Finalement, Rachel décide de vendre son fonds de commerce par acte sous seing privé à Julien Deruel. Un ami de Julien soutient que toute vente de fonds de commerce doit, sous peine de nullité, être passé devant notaire. Que pensez-vous de cette argumentation ?
4. Julien s'est renseigné sur le fonds que Rachel envisage d'acheter. Il a des doutes sur la viabilité du projet. En toute honnêteté il lui a fait part de ses craintes. Rachel a alors déclaré : « cela n'a pas d'importance, si ma nouvelle affaire est un échec, je reviendrai m'installer dans mon ancien quartier ». Julien peut-il se protéger contre un éventuel retour de Rachel ? Justifier la réponse.

5. Quelles formalités les parties doivent-elles accomplir lors de la vente d'un fonds de commerce ?

6. Rachel a de nombreuses dettes et ses créanciers s'inquiètent d'une vente qu'ils estiment précipitée. Les créanciers se demandent comment ils peuvent préserver leurs droits. Quel conseil pouvez-vous leur donner ?

7. À quel moment le fonds de commerce sera-t-il transmis à l'acquéreur ?

8. Rafaël, l'ex-mari de Rachel, conteste la vente. Il prétend être propriétaire pour moitié du fonds. Il envisage de faire annuler la vente. L'acheteur, Julien Deruel, se rapproche de Rachel qui prétend que la vente est parfaite et que ce différend ne la regarde pas. Que pensez-vous de l'argument de Rachel et quel conseil pouvez-vous donner à M. Deruel ?

APPLICATION 7

Étude de cas pratique

Des clauses de téléphonie mobile

1. La clause d'un contrat d'abonnement à un accès à Internet stipule : « Vous reconnaissez, notamment compte tenu de la nature même du réseau donnant accès à l'Internet et des interventions nécessaires pour assurer son fonctionnement et sa qualité, qu'aucune garantie quelle qu'elle soit, expresse ou implicite, notamment quant à l'absence d'interruption ou d'erreur du service (du professionnel) ou aux performances et aux résultats découlant de l'utilisation de celui-ci ne vous est donnée par (le professionnel). En particulier, (le professionnel) ne peut offrir et n'offre pas la garantie que vous pourrez vous connecter au service du professionnel où et quand vous l'aurez choisi pour des raisons et contraintes liées au réseau lui-même. Toutefois, (le professionnel) fera ses meilleurs efforts pour assurer la fourniture de l'accès au service, [...] ».

2. La clause d'un contrat d'abonnement à un accès à Internet stipule que : « Chacune des parties peut résilier l'abonnement à tout moment et pour quelque raison que ce soit, par notification écrite adressée à l'autre partie, dans les formes prévues par l'article 14 et avec les délais de préavis suivants [...] ».

D'après www.clauses-abusives.fr/avis/index.htm.

QUESTIONS

1. À quelles conditions une clause est-elle abusive ?

2. Les deux clauses ci-dessus sont-elles abusives ? Justifiez votre réponse.

15 CHAPITRE

Les relations entreprise/banque

SECTION 1 Le compte bancaire
SECTION 2 Les transferts de fonds
SECTION 3 Les contrats de crédit aux entreprises
SECTION 4 Les sûretés
FICHE MÉMO • APPLICATIONS

Les relations qu'une entreprise peut entretenir avec un établissement de crédit sont très nombreuses et, surtout, quotidiennes. En effet, l'entreprise a besoin d'un banquier pour financer sa croissance, administrer les flux financiers engendrés par les transactions courantes avec ses différents partenaires et gérer les instruments financiers dont elle peut avoir besoin dans la gestion quotidienne.

Toutes ces relations sont complexes. Elles nécessitent de maîtriser de nombreuses notions financières, un vocabulaire et des mécanismes qui font appel au droit bancaire ainsi qu'au droit civil et commercial.

Au quotidien, les relations entre l'entreprise et son banquier passent d'abord par le compte bancaire (section 1). Le compte est un contrat. Il structure les rapports entre les deux partenaires. Les relations entre l'entreprise et la banque passent ensuite par une maîtrise des instruments qui servent à transférer des fonds (section 2). En effet, les ventes de l'entreprise, ses achats nécessitent de faire des chèques, d'en recevoir ou bien encore de recourir au virement.

Par ailleurs, aucune entreprise ne peut se passer du crédit. Il est fondamental pour le développement de l'activité économique. Activité nécessaire, le crédit et ses instruments nécessitent une attention particulière, d'autant plus que la pratique développe des outils sophistiqués (section 3). Enfin, nous terminerons ce chapitre par un bref aperçu sur les sûretés (section 4). Si le crédit est une activité nécessaire, c'est aussi une activité à risques. Le droit va alors offrir aux établissements de crédit divers moyens de se protéger contre l'insolvabilité de leurs débiteurs.

SECTION 1

LE COMPTE BANCAIRE

Les relations de l'entreprise avec la banque passent nécessairement par un compte bancaire. Celui-ci présente trois spécificités. C'est :

– un **instrument de règlement**. Il permet le paiement des dettes réciproques par un mécanisme proche de la compensation.

– un **instrument de crédit.** Le banquier peut, dans certaines circonstances, autoriser son client à rendre son compte débiteur.
– un **instrument-support.** Il est utilisé pour accueillir les nombreuses relations qui peuvent exister entre un banquier et son client.

EXEMPLES

Encaissements, paiements.

Le compte bancaire est une notion plastique qui peut abriter des relations de nature diverses. Pour notre part, nous nous limiterons au compte de dépôt, encore dénommé compte ordinaire ou compte de chèques. Ce compte a pour objet l'enregistrement des opérations de caisse qui augmentent ou diminuent un dépôt initial. Il présente de nombreuses spécificités que l'on peut observer lors de sa création (1), de son fonctionnement (2), voire lors de sa clôture (3).

1. Création du compte de dépôt

La convention de compte bancaire est un contrat conclu *intuitu personae* (1.1) qui pose de nombreux problèmes. Certains tiennent à la capacité des parties (1.2), d'autres aux obligations qui pèsent sur la banque (1.3).

1.1 Un contrat conclu *intuitu personae*

La convention de compte bancaire est un contrat conclu *intuitu personae.* On peut donc considérer qu'une personne, physique ou morale, est totalement libre de choisir son teneur de compte. En sens inverse, peut-on imaginer qu'une banque puisse refuser un client ?

Pour répondre à cette question, il faut distinguer deux cas.

a) Droit au crédit

Actuellement ce droit au crédit n'existe pas et une banque peut donc refuser, à bon droit, d'ouvrir une ligne de crédit à une personne.

b) Droit au compte

Le droit au refus du banquier est fortement limité par la reconnaissance au profit de toute personne physique ou morale, domiciliée en France, du droit de se faire ouvrir un compte de dépôt. Ce droit trouve sa source dans l'article L. 312-1 du Code monétaire et financier (CMF). Ce droit appartient à toute personne dépourvue de compte de dépôt. La personne choisit l'établissement de son choix. En cas de refus, la Banque de France désigne l'établissement chargé d'ouvrir le compte en question. Le compte se limite à certains services de base.

EXEMPLES

L'ouverture, la tenue et la clôture du compte, l'envoi mensuel d'un relevé des opérations.

Par ailleurs, l'article L. 312-1-3 du Code monétaire et financier prévoit que « les établissements de crédit proposent aux personnes physiques n'agissant pas pour des besoins professionnels qui se trouvent en situation de fragilité [...] une offre spécifique ». Elle comprend des services appropriés à leur situation et de nature à limiter les frais supportés en cas d'incidents.

1.2 La capacité des parties

La relation bancaire met, face à face, un banquier (a) et son client (b).

a) La banque

La banque est une personne morale. Elle est capable et sa capacité d'exercice est mise en œuvre par son représentant légal. Il est évident que, dans une structure d'une telle importance, le représentant légal ne peut pas assurer seul tous les rapports avec les tiers. Il a la possibilité de déléguer ses pouvoirs.

Par ailleurs, le banquier doit être attentif à la capacité de ses clients. Le problème se pose différemment selon que l'on se trouve en présence de personnes physiques ou morales.

b) Le client

■ *Le cas des clients, personnes physiques*

Pour les personnes physiques, se pose le problème de la capacité.

Types de clients	Régime juridique
Mineur	
– non émancipé	• Il ne peut pas se faire ouvrir un compte seul. Ce sont ses représentants légaux qui doivent y procéder. Ceux-ci font également fonctionner le compte. Toutefois, en pratique, les établissements de crédit acceptent d'ouvrir un compte à certains mineurs dotés d'une maturité suffisante. Ces comptes fonctionnent aussi sous la seule signature de ces mineurs.
– émancipé	• Il est doté d'une pleine capacité juridique. En conséquence, il peut se faire ouvrir un compte et le faire fonctionner sous sa seule signature.
Majeur protégé	
– en tutelle	• Le compte est ouvert par le tuteur et fonctionne sous sa signature. Toutefois, le juge pourrait autoriser le majeur protégé à ouvrir et faire fonctionner le compte seul mais sous certaines limites.
– en curatelle	• Le compte est ouvert par le majeur protégé et fonctionne sous sa seule signature. Ce principe reçoit des exceptions en ce qui concerne la réception des capitaux et leur emploi. Dans ce cas, le compte fonctionne avec l'assistance du curateur.
– sous sauvegarde de justice	• Le compte est ouvert par le majeur protégé et fonctionne sous sa seule signature. Toutefois, des procédures particulières protègent cette personne.

■ *Le cas des clients, personnes morales*

Types de clients	Régime juridique
Société en cours de constitution	Un ou plusieurs fondateurs peuvent ouvrir et faire fonctionner un compte au nom de la société en cours de formation. Le compte sera repris par la société dès que celle-ci sera immatriculée.
Société déjà constituée	Le représentant légal ouvre et fait fonctionner le compte. *Exemples* : Le gérant est le représentant légal de la SARL, le directeur général est le représentant légal de la SA. Toutefois, le banquier doit s'assurer que la personne qui se présente devant lui est bien le représentant légal.

1.3 Les obligations de la banque

Sur le banquier pèsent deux obligations. Il doit vérifier certains éléments d'identification de son client (a) et lui fournir des informations (b).

a) Éléments d'identification

L'article R. 312-2 du CMF oblige le banquier, préalablement à l'ouverture de tout compte bancaire, à vérifier l'identité du postulant et le domicile.

■ ***Identité***

• Pour **les personnes physiques**, le banquier doit vérifier l'identité du postulant au moyen d'un document officiel portant sa photographie.

EXEMPLES

Carte nationale d'identité, permis de conduire.

• Pour les **personnes morales**, l'article 3 du décret du 13 février 1991 prescrit de demander « l'original ou l'expédition ou la copie certifiée conforme de tout acte ou extrait de registre officiel constatant la dénomination, la forme juridique et le siège social, ainsi que les pouvoirs des personnes agissant au nom de la personne morale ».

■ ***Adresse***

Par ailleurs, la banque doit aussi vérifier l'adresse de son client. Celui-ci justifie de celle-ci en remettant au banquier un document comportant son adresse.

EXEMPLES

Carte nationale d'identité, facture EDF-GDF, facture d'une société de téléphonie, extrait K *bis* (= « extrait de naissance » d'une société).

La banque vérifie l'adresse de son client en utilisant tout moyen à sa convenance. En pratique, elle lui adresse une lettre d'accueil. Si cette lettre ne lui revient pas, c'est que l'adresse du client est valide.

b) Fourniture d'informations

Depuis de très nombreuses années des textes exigent que la banque donne à son client, professionnel ou particulier, des informations, notamment ses conditions générales de banque. Par ailleurs, le Code monétaire et financier exige en son article L. 312-1-1 que la gestion d'un compte de dépôt fasse l'objet d'une convention écrite, passée entre le client et son établissement de crédit. La loi précise aussi les mentions qui doivent figurer dans cette convention.

EXEMPLES

Durée de la convention, modalités d'obtention, de fonctionnement et de retrait des moyens de paiement, obligations de confidentialité à la charge du teneur de compte.

2. Fonctionnement du compte de dépôt

Le fonctionnement du compte est plus ou moins complexe et la gamme des services offerts dépend de l'établissement bancaire. Les services de base comportent toutes les opérations relatives à la tenue du compte (2.1). Par ailleurs, le compte peut afficher un solde créditeur ou débiteur. Se pose alors la question de la rémunération du compte (2.2).

2.1 La tenue du compte

La tenue du compte s'accompagne de diverses opérations. Elle entraîne la production d'un relevé de compte (a) et la vérification de la signature des formules de chèques tirés par le client (b).

a) Relevé d'opérations

La banque tient le compte de son client. À chaque opération, elle indique la nature de celle-ci, son montant, sa date et le solde provisoire qui se dégage de l'opération. Cette mission doit être accomplie avec ponctualité et exactitude. Pour rendre compte de son travail, la banque adresse régulièrement à son client un relevé des opérations de la période écoulée. L'article D. 312-5 du Code monétaire et financier exige que le délai séparant l'envoi de deux relevés ne soit pas, en principe, supérieur à un mois. Ce relevé joue un rôle important dans la preuve des opérations réalisées.

b) Signature du client

La banque doit vérifier si la signature qui figure sur la formule de chèque correspond au spécimen qu'elle a collecté de son client lors de l'ouverture du compte de dépôt. Le banquier engage sa responsabilité quand la signature n'est pas conforme et qu'il a quand même débité le compte de son client.

2.2 La rémunération du compte

Nous distinguerons le cas des intérêts (a) et autres commissions (b).

a) Intérêts du compte

Il faut distinguer deux cas, selon que l'on envisage le taux d'intérêt pour un solde créditeur ou débiteur.

■ *Taux créditeur*

Le taux créditeur est celui que verse la banque à ses clients afin de rémunérer leurs dépôts. Pendant longtemps la rémunération des dépôts à vue a été interdite en France. Cette interdiction a cessé sous l'influence de diverses institutions de l'Union européenne. Un arrêté ministériel, en date du 8 mars 2005, a abrogé toutes les dispositions réglementaires interdisant la rémunération des comptes à vue.

■ *Taux débiteur*

Quand une banque laisse le compte de son client prendre une position débitrice, nul doute qu'elle lui accorde un crédit et que celui-ci doit être rémunéré. La rémunération dépend de la convention passée par le client avec l'établissement bancaire. Cette rémunération est libre mais ne doit pas être excessive : elle ne doit pas dépasser un certain taux (seuil de l'usure).

b) Commissions

Les banques rendent à leurs clients divers services.

EXEMPLES

Tenue du compte, remise de formules de chèques, encaissement de chèques.

En conséquence elles se rémunèrent par la perception de commissions.

3. Clôture du compte de dépôt

Le compte se clôture différemment selon qu'il est à durée déterminée ou indéterminée.

Causes	
Contrat à durée déterminée	**Contrat à durée indéterminée**
Principe : Le contrat prend fin à l'arrivée du terme convenu entre les parties **Exception** : La convention de compte bancaire est un contrat conclu *intuitu personae*, divers événements peuvent mettre fin, par anticipation, à la convention. *Exemples* : Décès du titulaire du compte, incapacité de ce dernier.	**Principes** : Le contrat prend fin par décision unilatérale des parties. **Exception** : La rupture ne doit pas être brutale et les parties doivent respecter un préavis. La durée de ce préavis est fixée par la convention liant le banquier à son client. En cas de silence de la convention, le préavis doit être raisonnable.
Conséquences	
La clôture du compte interdit toute opération pour l'avenir. En conséquence, le banquier demande que toutes les formules de chèque en possession de son client lui soient rendues. Les chèques, émis antérieurement à la clôture, sont payés si la provision est suffisante. Le solde créditeur est remis au client. Le solde débiteur est réglé par le client.	

Au plan juridique, rien ne s'oppose à ce qu'un client change de prestataires de services bancaires. Mais la **mobilité bancaire** se heurte à des obstacles pratiques et à la réticence des banquiers qui conçoivent mal de perdre un client. Conscient de ces difficultés, le législateur a facilité la mobilité bancaire pour les comptes de dépôt et sur livret, donc pour une clientèle de non-professionnels. La loi n° 2014-344 du 17 mars 2014 dite Hamon, puis la loi n° 2015-990 du 6 août 2015 dite Macron, ont favorisé le passage d'un établissement bancaire à un autre(1).

EXEMPLES

Gratuité de la clôture, instauration d'un service d'aide à la mobilité par l'établissement d'accueil, information de l'ancien client en cas de présentation d'un chèque au cours des 13 mois suivants la clôture du compte.

SECTION 2

LES TRANSFERTS DE FONDS

Selon le Vocabulaire juridique(2), le transfert est « l'opération juridique de transmission d'un droit, d'une obligation ou d'une fonction ». Par exemple le chèque est un moyen de transfert des fonds. Une ordonnance du 15 juillet 2009(3) a créé un droit commun du transfert des fonds, plus particulièrement des services de paiement. Ce droit commun repose sur les notions d'opération de paiement et de compte de paiement.

(1) Les décrets de la loi Hamon n'ont pas été publiés au 1er mars 2016. La loi Macron ne nécessite pas de décret mais s'appliquera à partir de février 2017.

(2) Par G. Cornu, 7e édition, PUF, 2005, p. 913.

(3) Ordonnance n° 2009-866 du 15 juillet 2009 relative aux conditions régissant la fourniture de paiement et portant création des établissements de paiement.

OPÉRATIONS DE PAIEMENT ET COMPTE DE PAIEMENT

L'article L. 133-3, I du CMF définit **l'opération de paiement** comme « une action consistant à verser, transférer ou retirer des fonds, indépendamment de toute obligation sous-jacente entre le payeur et le bénéficiaire, ordonnée par le payeur ou le bénéficiaire. »

Le **compte de paiement** est défini par l'article L. 314-1 du CMF. C'est un compte détenu au nom d'une ou plusieurs personnes, utilisé pour l'exécution d'opérations de paiement.

Le droit commun s'applique aux moyens de transferts de fonds que sont le virement (2) et la carte de paiement et de crédit (3). En revanche, il ne concerne par un autre moyen de transfert de fonds : le chèque (1).

1. Le chèque

Le chèque se définit comme un titre par lequel une personne, dite tireur, donne l'ordre à une banque, dite tirée, de payer à vue une somme d'argent au profit d'une troisième personne appelée bénéficiaire. Nous présenterons le régime juridique du chèque en étudiant successivement son émission (2.1), sa transmission (2.2) et son paiement (2.3).

1.1 L'émission du chèque

Selon la jurisprudence l'émission du chèque s'entend de sa création et de sa mise en circulation. Elle obéit à des conditions de forme (a) et de fond (b).

a) Conditions de forme

Le chèque est un titre formaliste. Aussi ne faut-il pas s'étonner que, dans l'exposé, les conditions de forme prime celles relatives au fond. Ces conditions de forme sont des mentions obligatoires. Elles sont visées à l'article L. 131-2 du Code monétaire et financier.

MENTIONS OBLIGATOIRES	
Mentions	**Commentaires**
• La dénomination de chèque.	• Elle est insérée dans le texte même du titre et exprimée dans la langue employée pour la rédaction de ce titre.
• Le mandat pur et simple de payer une somme déterminée.	• La formule employée est la suivante : « payez contre ce chèque ». Le montant est écrit en lettres et en chiffres. Si un écart existe entre ces deux sommes, le chèque vaut pour la somme inscrite en toutes lettres. Si la somme est inscrite plusieurs fois et que ces montants diffèrent, le chèque ne vaut que pour la somme moindre.
• Le nom de celui qui doit payer.	• Cette personne, appelée tiré, est nécessairement un établissement de crédit.
• L'indication du lieu où le paiement doit s'effectuer	• En cas d'absence de cette mention, le lieu désigné à côté du nom du tiré est réputé le lieu de paiement. À défaut de ces mentions, le chèque est payable au lieu où le tiré a son principal établissement.
• L'indication de la date et du lieu où le chèque est créé.	• La date est importante pour déterminer les délais de présentation et de recours ainsi que pour apprécier la capacité du tireur. • Le lieu permet de calculer le délai de présentation (le délai diffère selon les lieux de création) et de connaître la loi applicable.

☞

☞

MENTIONS OBLIGATOIRES	
Mentions	**Commentaires**
• La signature du celui qui émet le chèque.	• La signature du tireur doit être manuscrite. **Sanctions.** Si ces mentions obligatoires ne sont pas respectées, le titre ne vaut pas comme chèque. Le tiré peut demander au tireur de régulariser le titre. En fonction de sa rédaction le titre pourra servir de promesse de payer sous seing privé ou de commencement de preuve par écrit.
• La désignation du bénéficiaire	• Elle consiste, par exemple, dans l'indication du nom de famille du bénéficiaire ou de sa dénomination sociale. Cette mention figure à la suite de l'ordre de payer. Toutefois, le chèque peut être émis au porteur ou sans indication de bénéficiaire.
Mentions facultatives	
• Le nom du tireur	• La loi n'impose que la signature du tireur. En pratique, les établissements bancaires portent sur les formules pré imprimées des mentions relatives au tireur : le nom et le domicile du tireur, le numéro du compte bancaire de cette dernière personne... Ces informations sont un des moyens de lutte contre l'émission de chèque sans provision.

b) Conditions de fond

Ces conditions concernent les parties et la provision.

Parties	Conditions
Tireur	Définition : c'est la personne qui prend l'initiative de la création d'un chèque en vu de sa remise à un tiers pour effectuer un paiement. L'émission d'un chèque est un acte juridique. Aussi le tireur doit-il respecter les conditions de droit commun des actes juridiques. Ces conditions concernent la capacité et les pouvoirs, le consentement et la cause. En remettant au bénéficiaire le chèque, le tireur ne règle pas sa dette. Cette règle est posée par l'article L. 131-67 du Code monétaire et financier. La libération du débiteur n'interviendra qu'à l'encaissement du chèque.
Tiré	C'est nécessairement une banque ou une personne habilitée par l'article L. 131-4 du Code monétaire et financier. *Exemples* : Banque de France, Caisse des dépôts et consignations, Trésor public.
Bénéficiaire	Définition : c'est toute personne physique ou morale à condition qu'elle ait la capacité de recevoir un paiement. *Exemples* : – personnes ayant la capacité de recevoir un paiement : mineur émancipé, majeur en curatelle ; – personnes n'ayant pas la capacité de recevoir un paiement : mineur non émancipé, majeur en tutelle.

La **provision** est l'autre condition de fond exigée par la loi. Elle se définit comme une créance de somme d'argent du tireur contre le tiré. En l'absence de provision, le chèque n'est pas nul mais le porteur ne peut pas, en principe, en obtenir paiement. Par ailleurs, le tireur s'expose à des sanctions.

En règle générale la provision résulte de fonds déposés chez le banquier tiré. Ces fonds peuvent, notamment, provenir d'un dépôt de monnaie fiduciaire, d'un virement ou de la remise d'un effet de commerce. La provision peut également provenir d'une ligne de crédit ouverte par le banquier tiré.

La provision doit, au surplus, présenter des qualités. Le chèque est essentiellement un instrument de paiement. En conséquence la provision doit préexister au moment où le chèque est émis. Par ailleurs, elle doit être suffisante et disponible. En pratique, elle doit être maintenue jusqu'à l'encaissement du chèque ou jusqu'à l'expiration du délai de prescription.

1.2 La transmission du chèque

Le chèque circule selon divers modes de transmission. Nous pouvons en distinguer deux :

– quand le chèque ne comporte pas de nom de bénéficiaire ou quand il est libellé au porteur, il circule par tradition c'est-à-dire par remise de la main à la main ;

– le chèque circule également par la voie de l'**endossement**. Dans ce cas, une signature apposée par le porteur du chèque appelé endosseur permet de transmettre le chèque à une nouvelle personne, appelée endossataire. En pratique l'endossement est rare.

Formes d'endossement	Caractéristiques principales
Endossement translatif	Cet endossement transfère à l'endossataire les droits attachés au chèque. Il se matérialise par la formule : « payez à l'ordre de... » suivie de la signature de l'endosseur.
Endossement pignoratif	Cet endossement constate que des chèques sont remis en gage. Pratique extrêmement rare.
Endossement de procuration	Par cet endossement le porteur endosseur charge une personne, généralement son banquier, d'encaisser le chèque pour lui. À cette fin, le porteur donne mandat à son banquier. Il se matérialise par la formule : « valeur en recouvrement » ou « par procuration » ou « pour encaissement ». En pratique, l'endossement de procuration résulte de la remise par le porteur de la formule de chèque à son banquier. La preuve du mandat qui lie ces deux personnes résulte des mentions qui figurent sur le bordereau de remise des chèques.

1.3 Le paiement du chèque

Pour être réglé, le chèque doit être présenté au paiement (a). À cette occasion, la banque tirée doit effectuer diverses vérifications (b). Ces opérations peuvent s'accompagner d'un défaut de paiement (c).

a) Présentation au paiement

Cette présentation passe, tout d'abord, par une remise au paiement. Celle-ci peut être effectuée par le porteur lui-même. Dans les faits, la remise est réalisée par le mandataire du porteur, son banquier. Cette pratique est accentuée par le fait que la majorité des chèques sont barrés.

CHÈQUES BARRÉS ET CHÈQUES NON BARRÉS

- **Définition** : Le barrement est une mention facultative qui peut être apposée sur le chèque afin d'empêcher le porteur de le présenter lui-même au paiement à moins qu'il ne soit client du tiré.

- Le barrement s'opère en traçant deux lignes parallèles au recto du chèque. En pratique, le barrement est déjà pré-imprimé sur les formules de chèques.
- Le barrement a pour objet de limiter les risques en cas de pertes ou de vol. En effet, le chèque barré ne peut être payé par le tiré qu'à un banquier, un chef de bureau de chèques postaux ou un client du tiré.
- **Types de barrement.** Il existe deux types de barrement. Le barrement est dit **général** quand il ne porte pas entre les deux barres le nom d'un établissement bancaire. En revanche, il est dit **spécial** quand le nom d'un banquier est inscrit entre les deux barres. Dans ce cas le paiement devra être effectué uniquement entre les mains du banquier mentionné entre les deux barres.

Le chèque est un titre payable à vue. Il peut être présenté au paiement dès son émission. Les chèques émis et payables en France métropolitaine doivent être présentés au paiement dans les 8 jours de leur émission. Ce délai est porté à 20 jours pour les chèques émis en Europe ou dans un pays riverain de la Méditerranée et à 70 jours dans les autres cas. Ce délai court à partir de la date de création portée sur le chèque. Les conséquences pratiques de la non présentation du chèque dans les délais sus rappelés sont très limitées. Le porteur négligent perd le bénéfice de la certification(1). En revanche, il ne perd pas le droit d'être payé.

Toutefois, si le porteur oublie de porter le chèque à l'encaissement dans le délai d'un an et huit jours, la prescription est acquise. Le titre est considéré comme périmé. Le porteur ne peut pas se retourner contre le tiré. Il peut encore agir contre le tireur qui n'avait pas fourni provision lors de l'émission.

b) Vérifications du tiré

Le banquier tiré doit, avant de payer le chèque, procéder à diverses vérifications.

Vérifications du banquier	Commentaires
S'assurer de l'absence d'opposition à paiement	• L'opposition à paiement est une interdiction faite par le tireur au tiré de payer le chèque. Cette opposition n'est possible que dans certains cas, énumérés limitativement par la loi. Il s'agit de la perte, du vol ou de l'utilisation frauduleuse du chèque. Il s'agit aussi du redressement ou de la liquidation judiciaire du porteur. • L'opposition peut être faite par oral mais elle doit toujours faire l'objet d'une confirmation par écrit. • Le tiré qui reçoit l'opposition doit informer le tireur des sanctions pénales qu'il encourt en cas d'opposition illicite. Il doit aussi lui indiquer les raisons pour lesquelles il refuse l'opposition.
Vérifier la régularité formelle du titre.	• Le banquier vérifie que la formule comporte bien les mentions obligatoires (*cf.* tableau intitulé « Mentions obligatoires », p. 319).
S'assurer de l'identité et des pouvoirs du remettant	• Par ces vérifications le banquier s'assure que le présentateur est bien le porteur légitime ou son mandataire. À cette occasion, le banquier peut engager sa responsabilité civile.

☞

(1) La certification permet de bloquer la provision pendant 8 jours.

☞

Vérifications du banquier	Commentaires
Contrôler la signature du tireur.	• À cette fin, il la rapproche du spécimen fourni par le tireur. • Cette vérification peut engager la responsabilité civile du banquier s'il existe une discordance apparente entre la signature et le spécimen et si le banquier a payé le chèque.
Vérifier l'existence d'une provision suffisante.	• En cas de provision partielle il doit effectuer un paiement partiel. • Même si la provision est insuffisante, le banquier règle les chèques dont le montant est inférieur ou égal à 15 €. • Afin d'éviter les fraudes il est interdit de provoquer ou d'exiger le paiement d'une somme supérieure à 15 € au moyen de plusieurs chèques dont le montant est inférieur ou égal à 15 €.
Respecter les obligations de vigilance mises à la charge des banques aux fins de lutte contre le blanchiment.	• Divers articles du Code monétaire et financier obligent les banques à déclarer aux pouvoirs publics les sommes inscrites dans leurs livres qui « pourraient provenir » du trafic de stupéfiants, de la corruption, d'activités criminelles organisées... • Il en est de même pour les opérations d'un certain montant si elles se présentent dans des conditions inhabituelles de complexité et ne paraissent pas avoir de justification économique ou d'objet licite.

c) Défaut de paiement

Le défaut de paiement se rencontre quand la provision n'existe pas ou n'est pas suffisante. Dans cette hypothèse le tiré ne peut pas payer le chèque. Une procédure de traitement du défaut de paiement se met alors en place et présente deux caractéristiques. Elle est dépénalisée, l'émission d'un chèque sans provision n'est pas, en principe, une infraction pénale. La procédure est « déjudiciarisée ». D'une certaine façon les banques ont été investies d'une « parcelle du pouvoir judiciaire »[(1)].

Principales phases de la procédure	Commentaires
Information préalable du titulaire du compte	• La banque tirée ne peut pas refuser le paiement d'un chèque sans provision ou pour provision insuffisante sans avoir averti le titulaire des conséquences de cette situation.
Constatation de l'incident et envoi d'une lettre d'injonction	• Quand le banquier tiré refuse en totalité ou partiellement le paiement d'un chèque il doit enregistrer l'incident, au plus tard au deuxième jour ouvré suivant son refus de paiement. Dans le même délai la Banque de France est informée. • Le banquier tiré enjoint au titulaire du compte de : – restituer à tous les banquiers dont il est le client les formules de chèques en sa possession et en celle de ses mandataires ; – ne plus émettre de chèques à l'exception de ceux qui permettent exclusivement le retrait de fonds par le tireur auprès du tiré ou de ceux qui sont certifiés. Cette interdiction dure jusqu'à régularisation du chèque impayé ou, à défaut, pendant 5 ans à compter de l'injonction.

☞

(1) *M. Cabrillac, « Servitude et grandeur bancaire ou le nouveau droit des émissions de chèques sans provisions »,* D. *1975.51, n° 7.*

☞

Principales phases de la procédure	Commentaires
Faculté de régularisation	• Le titulaire du compte recouvre la possibilité d'émettre des chèques s'il règle le montant du chèque ou il constitue une provision suffisante et disponible.
Certificat de non-paiement	• Le certificat de non-paiement est un document établi par le tiré qui permet au porteur impayé, en raison d'une provision insuffisante ou d'une absence de provision, d'obtenir un titre exécutoire sans intervention judiciaire. • Le certificat peut être demandé au banquier tiré dans les trente jours qui suivent la première présentation du chèque. • La signification du certificat de non-paiement au tireur par ministère d'huissier ou la notification effective de ce certificat vaut commandement de payer. • Dans les 15 jours qui suivent l'huissier qui n'a pas reçu justification du paiement du chèque délivre un titre exécutoire.
Recours en cas de non-paiement	• Le porteur d'un chèque sans provision peut agir en justice sur un double fondement : – il peut agir sur le fondement du droit du chèque. En effet, le chèque est un titre « cambiaire » et en vertu de la solidarité « cambiaire » le porteur peut se retourner contre l'un quelconque des signataires du titre (*exemples* : tireurs, endosseurs) qui doit en régler le montant. Toutefois, celui qui règle le montant peut se retourner contre un autre signataire à condition que celui-ci le précède. Ces recours cambiaires sont enserrés dans des délais stricts et supposent que le porteur soit diligent c'est-à-dire qu'il ait fait constater le non-paiement par un protêt (acte authentique qui fait foi du défaut de paiement) ; – il peut aussi agir sur le fondement du droit commun et exercer un recours en s'appuyant sur les relations fondamentales qu'il entretient avec le tireur. *Exemples* : Vente ou prestation de services faite par le bénéficiaire du titre.

2. Le virement

Le virement fait intervenir deux banquiers. Il se définit comme un transfert de fonds d'un compte vers un autre compte. Il s'opère par un jeu d'écriture. Le compte du donneur d'ordre sera débité et celui du bénéficiaire sera crédité. Le virement évite de recourir à la monnaie. Aussi les risques de vol et de pertes sont-ils écartés. Nous étudierons le virement bancaire (1.1) et les mécanismes dérivés du virement bancaire (1.2).

2.1 Le virement bancaire

Les relations qui s'établissent entre le donneur d'ordre et son banquier relèvent du droit du mandat.

QU'EST-CE QU'UN CONTRAT DE MANDAT ?

Aux termes de l'article 1984 du Code civil, le mandat est un contrat par lequel une personne (le mandant) donne à une autre (le mandataire) le pouvoir d'accomplir en son nom et pour son compte des actes juridiques.

Appliqué au virement :

– le donneur d'ordre, c'est-à-dire le client de la banque, est le mandant,

– le banquier est le mandataire.

L'opération se déroule en deux temps : la préparation du virement (a), puis son exécution (b).

a) Préparation du virement

Le client donne à son banquier un ordre de virement. Cet ordre s'analyse en un mandat. Il obéit aux conditions générales de tout contrat(1) et aux conditions particulières du mandat :

- **le virement est un contrat consensuel.** En pratique, il est souvent donné par écrit. Le recours à l'écrit s'explique par des raisons de preuve de l'opération et d'identification du donneur d'ordre ;
- **le banquier doit exécuter les ordres de son client.** À cette fin, il vérifie la signature du donneur d'ordre et informe son client des éventuelles difficultés qu'il rencontre dans l'exécution de sa mission ;
- **l'ordre remis par le client à son banquier ne vaut pas paiement.** Ceci entraîne deux conséquences. Le bénéficiaire de l'ordre ne peut pas exiger que les fonds lui soient versés. Le donneur d'ordre n'est pas libéré : il a toujours une dette.

b) Exécution du virement

L'exécution du virement permet au donneur d'ordre de se libérer de sa dette. L'exécution du virement vaut donc paiement. Comme tout paiement, celui-ci doit être accepté par son bénéficiaire :

- l'exécution du virement nécessite, souvent, l'intervention d'un deuxième banquier : celui du bénéficiaire de l'opération. Ce deuxième banquier reçoit mandat d'encaisser les fonds et à cette fin il effectue certaines vérifications, notamment le nom du bénéficiaire. Par ailleurs, il crédite, rapidement, le compte de son client ;
- l'exécution du virement vaut paiement et, en principe, celui-ci ne peut pas être remis en cause.

2.2 Les dérivés du virement bancaire

Le succès du virement explique qu'il ait servi de modèle pour développer d'autres techniques de transfert de fonds : l'avis de prélèvement et le TIPSEPA.

L'avis de prélèvement	Le titre interbancaire de paiement SEPA(1)
• Le débiteur autorise l'un de ses créanciers réguliers à émettre sur lui des avis de prélèvement. En pratique les avis sont émis sur le compte bancaire du client. • Quelques jours avant l'échéance le créancier informe son client de la date et du montant du prélèvement. • Préalablement, le débiteur a donné mandat à son banquier de payer les avis qui lui seront présentés par son créancier. *Exemple* : Avis de prélèvement utilisé par un opérateur téléphonique, une compagnie d'assurances.	• Le TIPSEPA est entré en vigueur le 1er février 2016. C'est un service de paiement permettant d'effectuer le règlement de factures à distance par prélèvement sur le compte bancaire. • Le créancier donne à son débiteur la possibilité de régler par TIPSEPA. • Le créancier recueille un mandat de SDD(2) auprès de son client. • Le créancier adresse un titre SEPA à son débiteur. • Le débiteur signe le titre SEPA et le retourne à son créancier.

(1) Titre interbancaire de paiement adapté aux nouvelles normes SEPA (ou Single euro payements aera, *ou Espace unique de paiements en euros).*
(2) Sepa Direct Debt ou prélèvement SEPA.

(1) Cf. *chap. 12.*

3. La carte de paiement et de crédit

La notion de carte de paiement et de crédit est imprécise. Pour aller à l'essentiel on peut distinguer trois types de carte :

– les **cartes de paiement.** Elles sont émises par un établissement de crédit ou une institution ou service autorisée et permettent à leurs titulaires de retirer ou de transférer des fonds ;

– les **cartes de retrait.** Elles sont émises par un établissement ou une institution autorisée et permettent exclusivement le retrait de fonds ;

– les **cartes de crédit.** Pour ces dernières le crédit provient d'un décalage entre le moment où l'ordre est donné par le titulaire du compte et le moment où le compte est débité (règle du débit différé ou du prélèvement en fin de mois) ou de l'ouverture d'une véritable ligne de crédit.

En pratique la carte de paiement peut être une carte de crédit.

Ces cartes sont matérialisées par un rectangle plastifié, de petit format où figurent le numéro de la carte, sa date de validité, le nom de son titulaire et un emplacement réservé à sa signature. Le droit des cartes bancaires repose sur des techniques contractuelles (3.1) dont la pratique donne lieue à divers incidents (3.2).

3.1 Les contrats

Le mécanisme des cartes implique toujours une relation triangulaire entre :

– un organisme émetteur, par exemple le GIE Carte bancaire ;

– un fournisseur, par exemple un commerçant ;

– un porteur de la carte, le client ou adhérent.

Cette relation triangulaire se décompose en deux contrats : celui qui lie l'émetteur de la carte à son titulaire encore appelé contrat porteur (a) ; ensuite celui qui structure les relations entre l'émetteur de la carte et la personne susceptible de recevoir des paiements par carte. Dans ce deuxième cas on parle de contrat adhérent (b).

a) Contrat porteur

Parties	• Le contrat est conclu entre l'émetteur de la carte et son titulaire. Celui-ci est une personne physique ou morale. • Quand le contrat est conclu avec une personne morale, il stipule souvent une solidarité entre le titulaire du compte (la personne morale) et le porteur de la carte (une personne physique).
Nature du contrat	• La formation du contrat résulte généralement de la signature d'un formulaire standard auquel le futur porteur ne peut rien changer. Le contrat est donc d'adhésion. Il est rédigé en double exemplaire. • Ce contrat comporte un fort *intuitu personae.* Le banquier n'est pas tenu de délivrer une carte de crédit.
Durée	Le contrat est à durée déterminée. Il se poursuit par tacite reconduction.

☞

☞

Obligations de l'émetteur	• Il règle le montant des dépenses réalisées par le porteur avec sa carte. • À concurrence d'un certain montant l'émetteur règle les dépenses du porteur même quand ce dernier n'est pas solvable. • Au-delà de ce montant garanti l'émetteur joue le rôle de mandataire du porteur. Il paie à hauteur du montant du solde créditeur du porteur.
Obligations du porteur	• Il signe la carte. • Il paie une cotisation. • Il s'engage à utiliser personnellement la carte, à ne pas la prêter et à garder secret le code confidentiel. • Il s'engage à utiliser un moyen de paiement irrévocable. • Il s'engage à ne faire opposition au paiement que dans les cas suivants : perte, vol, utilisation frauduleuse de la carte ou des données liées à son utilisation, redressement ou liquidation judiciaire du bénéficiaire. • Il doit déclarer la perte ou le vol de la carte. • Il supporte les conséquences d'une opposition irrégulière (*exemple* : défaut de confirmation écrite), d'une absence d'opposition et des débits frauduleux antérieurs à son opposition.

b) Contrat adhérent

Parties	Le contrat est conclu entre l'émetteur de la carte et un fournisseur, par exemple un commerçant et, plus généralement, toute personne recevant des paiements susceptibles d'être effectués par le système.
Nature du contrat	• Le fournisseur adhère au système de paiement par carte. • Le contrat adhérent comporte aussi un caractère *intuitu personae*.
Durée	• Le contrat est à durée indéterminée ou déterminée et, dans ce cas, il peut être prolongé par tacite reconduction.
Obligations de l'émetteur	• Il paye à l'adhérent les factures des porteurs. • À concurrence d'un certain montant l'émetteur règle les dépenses du porteur même quand ce dernier n'est pas solvable. • Au-delà de ce montant garanti l'émetteur joue le rôle de mandataire du porteur. Il paie à hauteur du montant du solde créditeur du porteur.
Obligations du fournisseur	• Le fournisseur accepte au paiement toutes les cartes agréées par le système. • Il informe le public de son affiliation au système de paiement (réseau carte bancaire). • Pour des opérations d'un faible montant, il peut interdire le paiement par carte si ses clients ont été préalablement informés. • Il paie diverses commissions. *Exemples* : Commissions fixes pour location du matériel ; commissions variables en fonction du nombre et du montant des opérations traitées.

3.2 Les incidents

L'utilisation des cartes bancaires peut donner lieu à des incidents. Ils peuvent résulter du comportement du porteur (a) ou de tiers (b).

a) Incidents dus au porteur

Celui-ci peut se trouver à l'origine de plusieurs incidents :

– un porteur qui refuse de restituer une carte commet un abus de confiance ;

– la même personne qui continue d'utiliser sa carte commet une escroquerie ;

– commet aussi une escroquerie celui qui déclare que sa carte est perdue ou volée et qui, toutefois, continue de l'utiliser ;

– le porteur qui retire des espèces dans un distributeur automatique de billets alors qu'il sait que son compte n'est pas suffisamment provisionné peut engager sa responsabilité contractuelle.

ABUS DE CONFIANCE ET ESCROQUERIE

- L'**abus de confiance** est une infraction passible du tribunal correctionnel. Il se définit comme le comportement de celui qui garde pour lui ou dissipe (= acte de disposition) une chose qui lui avait été remise légitimement, souvent en vertu d'un contrat.

  Exemple : un salarié indélicat ne rend pas la carte bancaire qui lui avait été remise et qu'il aurait dû rendre suite à la rupture de son contrat de travail.

- L'**escroquerie** est une infraction passible du tribunal correctionnel. Elle se définit comme le fait de tromper une personne et de la pousser, à son préjudice ou à celui d'un tiers, à remettre un bien ou à accomplir un acte.

  Exemple : par ruse une personne se fait remettre une carte bancaire.

b) Incidents dus à un tiers

Celui-ci peut se trouver à l'origine de plusieurs incidents :

– la carte est un meuble corporel. Elle peut faire l'objet d'un vol, d'une escroquerie ou d'un abus de confiance ;

– celui qui contrefait ou falsifie une carte bancaire encourt une peine d'emprisonnement (7 ans au plus) et une amende (750 000 € au plus). Tel est aussi le cas pour celui qui fait usage ou tente de faire usage d'une telle carte. Tel est aussi le cas pour celui qui accepte de recevoir en paiement une telle carte.

SECTION 3
LES CONTRATS DE CRÉDIT AUX ENTREPRISES

Le crédit s'entend de toute opération qui procure ou vise à procurer immédiatement à une personne une somme d'argent en lui faisant supporter la charge de remboursement de manière différée. Le crédit est une opération à risque. Outre ses dangers inflationnistes, il s'accompagne d'un risque spécifique qui puise sa source dans le décalage entre le moment où la somme d'argent est mise à disposition et le moment où elle sera récupérée. Le crédit repose donc sur la confiance : le créditeur croît que le crédité va le rembourser. L'opération de crédit par excellence est le prêt et plus particulièrement le prêt d'argent (1). Toutefois il existe d'autres opérations de crédit : certaines permettent ou non une mobilisation de créances (2 et 3).

1. Le prêt d'argent

Aux termes de l'article 1892 du Code civil, le prêt d'argent est un contrat « par lequel l'une des parties livre à l'autre une certaine quantité de choses qui se consomment par l'usage, à la charge par cette dernière de lui en rendre autant de même espèce et qualité ».

PRINCIPALES CARACTÉRISTIQUES DU CONTRAT DE PRÊT	
Parties	• L'emprunteur est un particulier ou un professionnel. • Le prêteur est, en règle générale, un établissement de crédit.
Nature du contrat	• D'après le Code civil, le contrat de prêt est un contrat réel. Il ne se forme qu'avec la remise des fonds à l'emprunteur. Cette qualification protège le prêteur. Elle l'oblige à réfléchir au moment où il va se dépouiller unilatéralement des fonds. • Toutefois, selon la jurisprudence(1), le contrat de prêt est considéré comme consensuel quand le prêt est octroyé par un professionnel. En effet, dans cette circonstance il n'y a pas lieu de protéger cette personne. • Le prêt d'argent est un prêt de consommation. Ce contrat permet à l'emprunteur de consommer la somme prêtée et de rembourser un montant équivalent(2). On parle de prêt de consommation même si la somme empruntée sert au financement d'une entreprise.
Durée	• En principe, le contrat est conclu pour une durée déterminée et le prêteur est obligé de laisser l'argent à la disposition de l'emprunteur jusqu'au terme convenu. • Toutefois, lorsque l'emprunteur n'exécute pas les obligations mises à sa charge (*exemples* : remboursement d'une fraction du capital à diverses échéances, paiement des intérêts), il subit une déchéance du terme. En pratique, il est obligé de rembourser immédiatement capital et intérêts.
Obligations du prêteur	• Mettre les fonds à la disposition du client. • Ne pas demander le remboursement avant les échéances fixées. • S'acquitter, dans des circonstances bien particulières, d'une obligation de conseil dont le non-respect peut entraîner une mise en cause de la responsabilité civile du banquier.
Obligations de l'emprunteur	• Respecter l'affectation des fonds prévue par le contrat. Cette obligation ne doit être respectée que si le prêt est affecté (= destiné à une opération économique particulière). Le non-respect de la destination est sanctionné par la déchéance du terme. • S'acquitter de toutes les obligations particulières visées au contrat, notamment conserver la valeur des sûretés qu'il a pu donner à son créancier. • Rembourser le capital emprunté et payer les intérêts. En principe, les parties fixent librement le taux des prêts accordés à une personne physique agissant pour ses besoins professionnels ou à une personne morale se livrant à une activité industrielle, commerciale, artisanale ou professionnelle non commerciale(3).

(1) Cass. 1e civ., 28 mars 2000, D. 2000.482, note Piedelièvre.
(2) Le prêt de consommation ne doit pas être confondu avec le prêt à usage. Dans ce cas, la chose empruntée doit être rendue par l'emprunteur après utilisation. Exemple : *Léo emprunte des livres à la bibliothèque municipale. Quinze jours plus tard il doit les rendre.*
(3) La liberté n'est, toutefois, pas totale et les banques ne peuvent pas fixer librement le taux d'intérêt des découverts en compte courant. Il existe un taux plafond qu'il ne faut pas dépasser, sous peine de commettre le délit d'usure.

2. Les crédits avec mobilisation de créances

Quand une entreprise octroie du crédit à ses clients, elle peut se trouver confronter à des problèmes de trésorerie. En effet et à court terme, il peut exister un décalage entre le montant des sommes à encaisser et à décaisser. L'entreprise détient sur ses clients des créances mais elle ne peut pas faire face à ses propres échéances. Il existe un moyen de régler ces difficultés passagères : la mobilisation de créances.

Dans la mobilisation de créances, « le créancier peut transférer la "propriété" de sa créance à un tiers, qui lui en paiera le montant et qui, devenu créancier, demandera le remboursement au débiteur à l'échéance »(1). Le recours à cette technique est réalisé dans l'escompte (2.1), l'affacturage (2.2) et le bordereau Dailly (2.3).

2.1 L'escompte

L'escompte est une opération par laquelle un banquier « achète » à son client un effet de commerce non échu, le plus souvent une lettre de change, moyennant une rémunération et le prélèvement de divers frais.

LES EFFETS DE COMMERCE

Les effets de commerce sont des « titres négociables qui constatent l'existence au profit du porteur d'une créance à court terme et servent au paiement »(2).

La catégorie des effets de commerce comprend notamment la lettre de change et le billet à ordre.

Selon la doctrine, les effets de commerce présentent 5 caractéristiques(3) :
- la négociabilité,
- un objet monétaire,
- un engagement de payer,
- un paiement à court terme,
- l'usage de recevoir le titre en paiement.

Du point de vue économique, l'escompte présente de nombreux avantages pour le banquier et son client :
- **pour le client.** Le client est appelé remettant : il détient un effet de commerce et il le remet à l'escompte. En contrepartie de cette remise, il obtient une avance en trésorerie ;
- **pour le banquier.** Pour ce dernier l'escompte présente trois avantages. D'abord, la rémunération de l'escompte est avantageuse. Elle est calculée sur le montant de l'effet. Or, le banquier verse à son client ce montant moins diverses retenues. Ensuite, le banquier peut lui-même escompter l'effet. Cette opération est plus connue sous le nom de réescompte. Enfin, le droit des effets de commerce (= le droit cambiaire) lui offre des moyens pour se faire payer. L'escompte permet donc de lutter efficacement contre l'impayé.

(1) *P. Ancel,* Manuel de droit du crédit, *Litec, 5e éd., 1997, no 179.*
(2) *P. Delebecque et M. Germain,* Traité de droit commercial, *tome 2, 17e éd., 2004, LGDJ, no 1911.*
(3) *J. Stoufflet,* Instruments de paiement et de crédit, *8e éd., Litec, 2012, no 1.*

Du point de vue juridique l'escompte repose sur une convention et suit une procédure.

Principales caractéristiques de l'opération d'escompte	Commentaires
La convention d'escompte	• Une convention est conclue entre une personne, détentrice d'une créance à terme, et son banquier escompteur. • La convention comporte une clause de style (= une clause habituelle) qui introduit une condition suspensive. Cette clause pose que le banquier n'entend pas supporter l'impayé. Il s'octroie donc la possibilité d'exercer contre le remettant un recours dans l'hypothèse où l'effet de commerce ne serait pas réglé à son échéance. Cette clause est dite clause « sauf bonne fin » ou « sous réserve d'encaissement ».
L'opération d'escompte	• Le remettant transfère à la banque les effets de commerce qu'il détient sur ses propres clients. Cette transmission s'effectue par un endossement. La banque devient propriétaire de l'effet. • En contrepartie, la banque crédite le compte du remettant du montant de l'effet moins diverses retenues. • Ces retenues correspondent à des intérêts et à des commissions. Les intérêts correspondent au prix de la somme avancée. Les commissions rémunèrent les services rendus au remettant. *Exemples* : commission d'endos, commission de traitement, commission de recouvrement.
Le dénouement de l'opération	• À l'échéance le banquier assure le recouvrement de l'effet. • S'il n'est pas réglé, il dispose d'un double recours. D'une part, il peut se retourner contre celui qui devait normalement payer l'effet et toutes les personnes qui ont, à un titre quelconque, signé l'effet (recours cambiaire). D'autre part, il peut se retourner contre le remettant pour récupérer la somme avancée. Ce deuxième recours trouve son fondement dans la convention que le client a signé avec le banquier escompteur.

L'escompte présente de nombreux avantages pour les différentes parties. Toutefois, il est lourd à manipuler et très coûteux, d'où la nécessité de rechercher d'autres solutions.

2.2 L'affacturage

L'affacturage est un contrat commercial par lequel une personne, « l'affactureur (le factor dans la terminologie professionnelle), s'engage, moyennant la perception d'une commission, à acheter et donc à régler tout ou partie des créances que son client, appelé adhérent, possède contre des tiers »(1).

LES INTÉRÊTS PRATIQUES DE L'AFFACTURAGE

Pour un industriel ou commerçant l'affacturage présente au moins 3 avantages.

- **Financement.** L'affacturage est un procédé moderne de financement des entreprises. Il permet une mobilisation des comptes clients plus rapide que les procédures bancaires plus traditionnelles. Par ailleurs, il laisse intactes les capacités d'emprunt du vendeur.

(1) *S. Piedelièvre,* Instruments de crédit et de paiement, *8e éd., Dalloz, 2014, n° 276.*

- **Garantie des paiements.** Le factor supporte les risques d'insolvabilité des clients du vendeur. Par ailleurs, le vendeur bénéficie d'un paiement beaucoup plus rapide.
- **Organisation administrative et comptable.** L'affacturage ne supprime pas toutes les tâches liées à l'administration des ventes. Le vendeur doit toujours éditer des factures. Par ailleurs, il doit coopérer avec le factor et lui fournir toute assistance utile dans le recouvrement des créances. Toutefois, l'affacturage s'accompagne d'une simplification des écritures comptables. Celles-ci peuvent être transférées des comptes clients au compte unique du factor.

L'opération d'affacturage fait intervenir 3 personnes :

– **la société d'affacturage.** En France les sociétés d'affacturage doivent avoir le statut d'établissement de crédit et avoir obtenu un agrément(1) ;
– **le vendeur adhérent.** C'est le client de la société d'affacturage ;
– **le client du vendeur.** Le contrat d'affacturage passé entre les deux autres personnes n'affecte pas les relations commerciales entre le vendeur et son client. Le client du vendeur est tiers au contrat d'affacturage. Toutefois, pour le paiement des factures il ne pourra plus s'adresser qu'au factor.

Les principales caractéristiques de l'opération d'affacturage sont les suivantes.

Principales caractéristiques de l'opération d'affacturage	Commentaires
Caractères du contrat	Le contrat d'affacturage est innomé, synallagmatique, à exécution successive, à titre onéreux et marqué par l'*intuitu personae*.
Obligations des parties au contrat	**Obligations de l'adhérent.** • ***Transmettre au factor l'ensemble de ses créances*** sur ses clients. Cette obligation se traduit, dans le contrat, par une clause dite de globalité ou d'exclusivité. Elle permet au factor de compenser entre bons et mauvais risques et évite que l'adhérent ne transmette que ses mauvais risques. • ***Payer au factor*** une rémunération. Celle-ci comporte une commission générale calculée sur le montant TTC des remises de factures. Elle rémunère divers services, notamment le paiement de créances, leur recouvrement, la tenue des comptes, la garantie de bonne fin, la fourniture de renseignements commerciaux... La rémunération du factor peut aussi comporter une commission spéciale qui correspond au prix du crédit accordé par le factor. En effet, celui-ci peut payer aujourd'hui des créances dont l'échéance est à un certain délai de date. • ***Coopérer avec le factor***. L'adhérent fournit au factor tous les renseignements commerciaux qu'il possède sur ses clients. Le contrat d'affacturage doit s'exécuter de bonne foi.

☞

(1) *L'affactureur doit se soumettre au statut de société financière à moins qu'il ne soit inscrit comme banque.*

Principales caractéristiques de l'opération d'affacturage	Commentaires
Obligations des parties au contrat	**Obligations du factor.** • ***Régler les factures.*** Le factor règle les factures qu'il a approuvées. À cette fin, il supporte éventuellement le risque d'insolvabilité du client de l'adhérent. En ce qui concerne les factures qu'il n'a pas approuvées, il agit comme mandataire de l'adhérent. Il paie l'adhérent quand il a été lui même réglé par le client de l'adhérent. • ***Fournir divers services.*** *Exemples* : Recouvrement de créances, fournitures de renseignements commerciaux, tenue de la comptabilité client...
Technique utilisée pour assurer le transfert des créances	L'affacturage repose sur la technique juridique dite de la subrogation personnelle. En pratique, l'adhérent a des créances sur ses clients. Au lieu d'être réglé par ces personnes, il est payé par le factor. Par ce paiement le facteur est subrogé dans la créance de l'adhérent sur le débiteur. Plus simplement, on dit que le factor remplace l'adhérent dans les droits que ce dernier a sur le débiteur.
Recouvrement des créances	• Pour éviter que le débiteur ne paie une autre personne que le factor, l'adhérent appose sur ses factures la mention suivante : « Pour être libératoire, le règlement de cette facture doit être effectué à l'ordre de... [nom de la société d'affacturage] qui est subrogé dans nos droits. » • À l'échéance, le factor demande le règlement de la créance au client de l'adhérent. Celui-ci peut refuser de payer en invoquant des exceptions (= arguments juridiques pour ne pas payer) inhérentes à la créance du vendeur-adhérent. *Exemple* : Présence d'un vice caché dans le matériel livré. La créance est donc transmise comme elle existait et, par ailleurs, nul ne peut transférer à autrui plus de droit qu'il n'en avait lui-même.

2.3 Le bordereau Dailly

Pour lutter contre la lourdeur de l'escompte, tout en conservant la technique de la transmission de créances, le parlement a adopté dans les années 1980 un nouveau mode simplifié de cession de créances professionnelles[1]. Ce nouveau mode est aujourd'hui connu sous le nom de « bordereau Dailly » (du nom de l'auteur de la proposition de loi).

L'idée générale qui permet de comprendre les mécanismes qui sont à l'œuvre est le suivant. Une entreprise cède à sa banque diverses créances professionnelles non échues sur ses clients. Ces créances sont transmises dans des formes très simples. Elles figurent sur un document : le bordereau de cession de créances professionnelles. Elles sont transmises avec toutes leurs garanties. En contrepartie, le banquier remet au cédant le montant des créances cédées, sous déduction d'une rémunération. Cette rémunération trouve son fondement dans l'avance

(1) Il existe aussi un bordereau de nantissement de créances professionnelles. Dans la pratique il est rarement utilisé. Dans les développements qui suivent il sera donc négligé.

faite par le banquier à son client. Les caractéristiques principales de l'opération sont les suivantes.

Conditions de l'opération	Commentaires
Personnes intervenant à l'opération	• **Cédant**. C'est la personne qui cède ses créances à l'établissement de crédit. On distingue deux catégories de personnes. D'une part, il s'agit d'une personne morale de droit privé (*exemple* : sociétés commerciales, GIE) ou public (*exemple* : établissement public). D'autre part, il s'agit d'une personne physique dans l'exercice par celle-ci de son activité professionnelle. • **Cessionnaire**. C'est la personne qui achète ses créances à la personne précédente. Le cessionnaire est un établissement de crédit. • **Débiteur cédé**. C'est la personne dont les dettes sont cédées. Il s'agit d'une personne morale de droit privé ou public ou d'une personne physique dans l'exercice par celle-ci de son activité professionnelle. *Remarque* : L'acte de cession de créances professionnelles est passé entre le cessionnaire et le cédant. Le débiteur cédé est un tiers au contrat.
Conditions de forme du bordereau	• Le bordereau comporte les mentions suivantes : – la dénomination « acte de cession de créances professionnelles », – la mention que l'acte est soumis aux articles L. 313-23 à L. 313-34 du Code monétaire et financier, – le nom ou la dénomination sociale de l'établissement de crédit bénéficiaire, – la désignation ou l'individualisation des créances cédées. • Sanction : le titre dans lequel l'une des mentions obligatoires fait défaut ne vaut pas comme acte de cession de créances professionnelle. Il est inopposable aux tiers (= il ne les contraint pas), notamment aux débiteurs cédés. • Signature : le cédant signe le bordereau. La signature est manuscrite ou apposée par un procédé non manuscrit. • Date : elle est apposée par l'établissement de crédit bénéficiaire de la transmission. À partir de cette date, la cession devient opposable aux tiers et la cession prend effet entre les parties.
Créances transmissibles	• Nature des créances : elles doivent avoir un caractère professionnel pour le créancier-cédant et pour le débiteur-cédé. En conséquence, les créances sur les consommateurs sont exclues de la cession de créances professionnelles. • Qualités des créances : liquides, exigibles, même à terme.
Types de bordereaux	On peut distinguer 3 situations possibles : – **bordereau « simple »**[1]. Dans cette hypothèse le débiteur cédé n'est pas informé de la cession. Par ailleurs, l'établissement de crédit a abandonné le recouvrement au cédant. En conséquence, le débiteur cédé se libère valablement en réglant le cédant. Ce dernier agit comme mandataire du cessionnaire et il est redevable des fonds qu'il vient de recouvrer ; – **bordereau avec acte de notification**. Dans ce cas, la banque cessionnaire renforce ses droits. Elle informe le débiteur cédé qu'il ne peut se libérer valablement qu'entre ses mains. À cette fin la banque notifie la cession au débiteur cédé. Cette notification s'effectue par tout moyen mais elle doit respecter des mentions obligatoires codifiées dans le Code monétaire et financier et dont l'objet est d'informer le débiteur cédé. Après notification, si le débiteur cédé paie une autre personne que le cessionnaire, ce paiement n'est pas opposable à cette dernière. En effet, comme le pose un adage célèbre « qui paie mal, paie deux fois » ;

☞

Conditions de l'opération	Commentaires
Types de bordereaux	– **bordereau avec acte d'acceptation**. Dans ce cas le débiteur cédé s'engage expressément à payer directement le cessionnaire. L'acceptation est formaliste. À peine de nullité, il est constaté dans un écrit intitulé « acte d'acceptation de la cession ou du nantissement d'une créance professionnelle ». À partir de ce moment le débiteur cédé ne peut plus opposer au cessionnaire les exceptions (= arguments juridiques) qu'il aurait pu opposer au cédant pour ne pas régler celui-ci. *Exemples* : remises de dettes, inexécution du contrat dont est issue la créance, délai de paiement.
Dénouement de l'opération	• **Rapports cessionnaire/cédant** La cession de créance transfère au cessionnaire la créance cédée. Le cédant ne peut pas modifier les droits attachés à cette créance (*exemple* : octroyer des délais de paiement). Il ne peut pas encaisser la créance cédée. Toutefois, il peut en assurer le recouvrement en agissant comme mandataire du cessionnaire. Le cédant a cédé ses créances avec leurs accessoires car, selon une maxime célèbre, « l'accessoire suit le principal » (*exemple* : les sûretés(2) consenties par le cédé au cédant profitent au cessionnaire). Il en est de même pour les vices (*exemple* : si la marchandise livrée n'était pas conforme à la marchandise commandée, le défaut de conformité reste attaché à la créance cédée. Le cédant ne peut pas transmettre plus de droit qu'il n'en avait). Le cédant est garant solidaire du paiement des créances cédées. En pratique, si le paiement n'est pas effectué par le cédé, le cessionnaire pourra réclamer le montant des créances au cédant. Par convention on peut écarter la solidarité. • **Rapports cessionnaire/cédé** Le cessionnaire peut notifier la cession au débiteur cédé. Dans ce cas, ce dernier ne peut payer que l'établissement bancaire. Le débiteur cédé peut opposer au cessionnaire toutes les exceptions qu'il aurait pu opposer au cédant pour ne pas payer. Toutefois, si le débiteur a accepté la cession de créances professionnelles, il est engagé directement vis-à-vis du cessionnaire. Il est obligé de le payer sauf à plaider la mauvaise foi de l'établissement bancaire.

(1) L'expression n'est pas véritablement consacrée par la pratique professionnelle. Par cette expression, il faut entendre que le bordereau n'a fait l'objet ni d'une acception, ni d'une notification.
(2) Par exemple, la clause de réserve de propriété. Toutefois, par convention on peut décider que les sûretés ne seront pas transmises.

3. Les crédits sans mobilisation de créance

Les crédits sans mobilisation de créance sont réalisés par toutes les techniques classiques de prêts. Tels sont notamment les cas du découvert bancaire, des facilités de caisse. Toutefois, il existe des mécanismes de financement plus élaborés qui utilisent la propriété à titre de garantie. Tel est le cas du crédit-bail mobilier.

L'idée générale qui commande l'opération est la suivante. Pour diverses raisons une entreprise a besoin d'une machine-outil. Actuellement ses moyens financiers ne lui permettent pas cette acquisition. Elle contacte un établissement financier qui va acheter le bien en question puis le lui louer, pour une durée assez longue. Au terme du contrat, l'entreprise pourra en faire l'acquisition.

La définition du crédit-bail dans le Code monétaire et financier

Article L. 313-7 – Les opérations de crédit-bail mentionnées par la présente sous-section sont :

1. Les opérations de location de biens d'équipement ou de matériel d'outillage acheté en vue de cette location par des entreprises qui en demeurent propriétaires, lorsque ces opérations, quelle que soit leur qualification, donnent au locataire la possibilité d'acquérir tout ou partie des biens loués, moyennant un prix convenu tenant compte, au moins pour partie, des versements effectués à titre de loyers.

Code monétaire et financier, éd. Litec, 2015.

Des considérations qui précédent on peut déduire l'existence de 3 parties et la conclusion de 2 contrats.

Les 3 parties sont :

– un établissement financier : la société de crédit-bail ;

– un utilisateur : l'entreprise qui a besoin d'un matériel qu'elle ne peut pas financer en ce moment ;

– un fournisseur du matériel ;

Les 2 contrats sont :

– un contrat de vente passé entre le crédit-bailleur et le fournisseur ;

– un contrat de crédit-bail passé entre le crédit-bailleur et l'entreprise ou crédit-preneur.

Les acteurs étant en place, l'opération se déroule selon le schéma suivant.

Principales caractéristiques de l'opération	Commentaires
Caractères du contrat	• **Objet du contrat.** Le contrat porte sur la location avec promesse unilatérale de vente de matériels à usage professionnel. En pratique, il s'agit de biens d'équipement ou de matériel d'outillage. • **Contrat complexe.** La complexité vient de la multiplicité des contrats qui sont conclus lors de l'opération de crédit-bail. *Exemples* : Contrat de mandat permettant au crédit-bailleur d'acheter le matériel, contrat de vente du matériel du fournisseur, contrat de location avec promesse unilatérale de vente. • **Contrat comportant un fort *intuitu personae*.** *Exemple* : Interdiction de la sous-location. • Autres caractères : contrat *sui generis* (= de son propre genre), synallagmatique, à court ou moyen terme, à exécution successive, d'adhésion, indivisible. • **Publicité.** L'entreprise de crédit-bail doit inscrire l'opération réalisée sur un registre spécial tenu au greffe du tribunal de commerce. Le tribunal compétent est celui dans le ressort duquel est situé l'établissement du crédit-preneur. Cette publicité permet l'identification des biens faisant l'objet du crédit-bail. Par ailleurs, à l'initiative du crédit-preneur, une publicité comptable est nécessaire.

☞

Principales caractéristiques de l'opération	Commentaires
Obligations des parties	Obligations du **crédit-preneur** : – choisir le matériel ; – entretenir la chose (en pratique le crédit-preneur effectue toutes les réparations) ; – assurer le matériel ; – payer les loyers. Obligation du **crédit-bailleur** : délivrer la chose louée et garantir le preneur contre les vices éventuels de la chose. En pratique, la société de crédit-bail transfère au crédit-preneur les droits qu'elle détient sur le fournisseur.
Dénouement du contrat	Au terme du contrat, le crédit-bailleur dispose d'une triple option. • **Acquérir le bien loué.** Cette possibilité résulte de la promesse unilatérale de vente incluse dans le contrat de crédit-bail. En pratique, le crédit-preneur lève l'option (sous-entendu de vente) qui lui a été consentie. Il verse à la société un prix résiduel qui tient compte du montant des loyers qu'il a déjà versé. • **Restituer le bien loué.** Toute non-restitution pourrait s'analyser en un abus de confiance. • **Renouveler le contrat.**

Le crédit-bail a un coût élevé. Toutefois, il présente de nombreux avantages :
– il permet de réaliser des investissements avec des moyens réduits ;
– il comporte peu de formalités ;
– il entraîne une ingérence limitée du crédit-bailleur dans les affaires de l'entreprise ;
– la constitution de sûretés, afin de garantir le paiement des loyers, n'est pas *a priori* exigée.

SECTION 4
LES SÛRETÉS

Tout créancier a **sur le patrimoine** de son débiteur un **droit de gage général**. Ce droit constitue une protection efficace si le débiteur a des biens suffisants. Dans cette situation, le créancier fait saisir certains biens du débiteur, les fait vendre et se paye sur le prix. En revanche, quand la consistance du patrimoine du débiteur est insuffisante, le créancier est mieux protégé s'il a obtenu des garanties particulières ou sûretés, qui vont jouer uniquement à son profit. En conséquence, dans les développements qui suivent, on considérera comme sûreté tout mécanisme de garantie contre l'insolvabilité du débiteur. De façon classique on distingue les sûretés personnelles (1) des sûretés réelles (2).

1. Les sûretés personnelles

Les sûretés personnelles reposent sur une personne, plus exactement sur le crédit personnel de cette personne. Ce crédit se mesure à l'intelligence, à l'activité, à l'honnêteté, aux chances de réussite et par conséquent de solvabilité à terme. Elles consistent dans l'engagement d'une ou plusieurs personnes à côté du débiteur. Plusieurs procédés peuvent être utilisés pour faire bénéficier un débiteur du crédit personnel d'autres personnes. Il s'agit notamment de la solidarité et du cautionnement.

Il existe plusieurs types de solidarité et, pour notre part, nous nous limiterons à la **solidarité passive**. Cette situation se rencontre notamment quand deux personnes non mariées empruntent en commun pour acheter une maison. La question qui se pose alors est de savoir dans quelle mesure chaque débiteur est tenu au remboursement : pour la totalité de la somme ou pour sa part ? En droit civil, les dettes contractées par plusieurs personnes sont conjointes. Chaque débiteur est tenu envers le créancier pour sa part. Ce principe ne facilite pas la vie des créanciers. Ils doivent poursuivre plusieurs personnes et quand l'une ne paie pas, ils ne peuvent obtenir de l'autre paiement du tout. La solidarité permet de tourner cette difficulté. Ainsi chaque débiteur sera tenu pour le tout à l'égard du créancier. Il en est ainsi en droit commercial.

Le **cautionnement** est un contrat par lequel une personne, appelée caution, garantit la dette d'autrui en s'engageant à payer le créancier si le débiteur cautionné ne s'exécute pas lui-même. En règle générale, les cautionnements sont solidaires. La caution ne peut pas imposer au créancier de poursuivre d'abord le débiteur principal. On dit que la caution n'a pas le bénéfice de discussion. De plus, en cas de pluralité de cautions, chacune est obligée pour l'ensemble de la dette. La caution n'a pas non plus le bénéfice de division.

2. Les sûretés réelles

Les sûretés réelles procurent au créancier une garantie assise sur la valeur d'un bien. Elles présentent deux avantages. Le créancier bénéficiaire d'une sûreté réelle a sur le bien grevé un droit préférable à celui des créanciers sans garantie (= chirographaires). C'est le droit de préférence. Ce créancier peut faire saisir le bien, le faire vendre et se payer sur le prix de vente. Il n'entre pas en concours avec les créanciers chirographaires. Par ailleurs, il a un droit de suite qu'il peut exercer contre les acquéreurs du bien. Ce créancier conserve le droit de saisir, faire vendre et se payer par préférence même si le bien est sorti du patrimoine du débiteur suite à une aliénation.

Les principales garanties réelles	Définition
Gage	La sûreté porte sur un bien meuble corporel *Exemple* : Le gage sur stocks
Nantissement	La sûreté porte sur un bien meuble incorporel *Exemple* : Le nantissement de parts sociales
Hypothèque	La sûreté porte sur un bien immeuble
Privilège	Faveur que la loi accorde à un créancier en raison de la qualité de sa créance et qui consiste dans un droit de préférence sur certains biens du débiteur.
Fiducie	Convention par laquelle un constituant aliène, dans le but de garantir sa créance, un bien à son créancier (le fiduciaire) à charge pour ce dernier de transférer en sens inverse la chose au débiteur quand celui-ci aura remboursé sa dette.

FICHE MÉMO

1. Le compte bancaire
2. Les transferts de fonds
3. Les contrats de crédit aux entreprises
4. Les sûretés

1. LE COMPTE BANCAIRE

Le compte bancaire

- Instrument de règlement
- Instrument de crédit
- Instrument-support

Création

- *Intuitu personae*
- Capacité des parties
- Obligations de la banque

Fonctionnement

- Tenue du compte :
  - relevé d'opérations
  - signature du client
- Rémunération du compte :
  - intérêt du compte
  - autres commissions

Clôture

CDD : à l'arrivée du terme convenu

CDI : à tout moment, moyennant un préavis

2. LES TRANSFERTS DE FONDS

Les transferts de fonds

- Le chèque
- Le virement
- La carte de paiement et de crédit

Le chèque

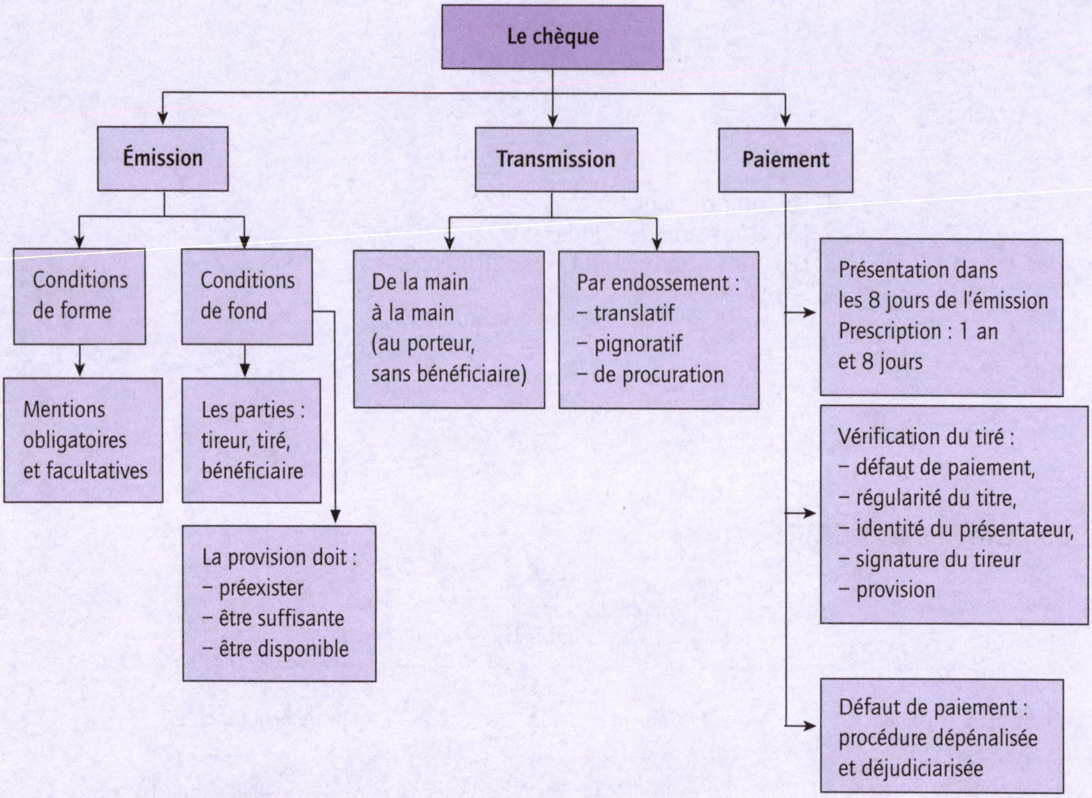

Le virement

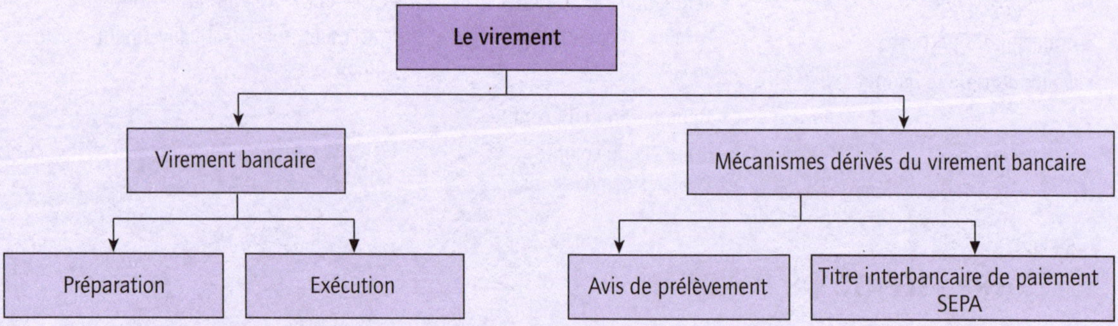

La carte de paiement et de crédit

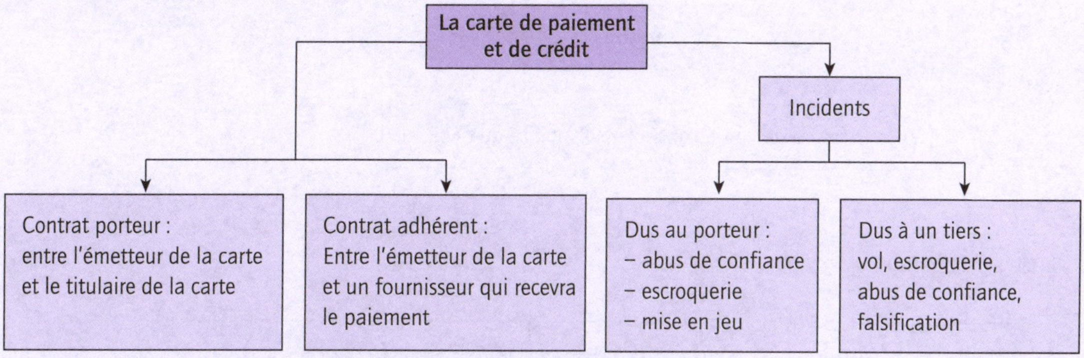

3. LES CONTRATS DE CRÉDIT AUX ENTREPRISES

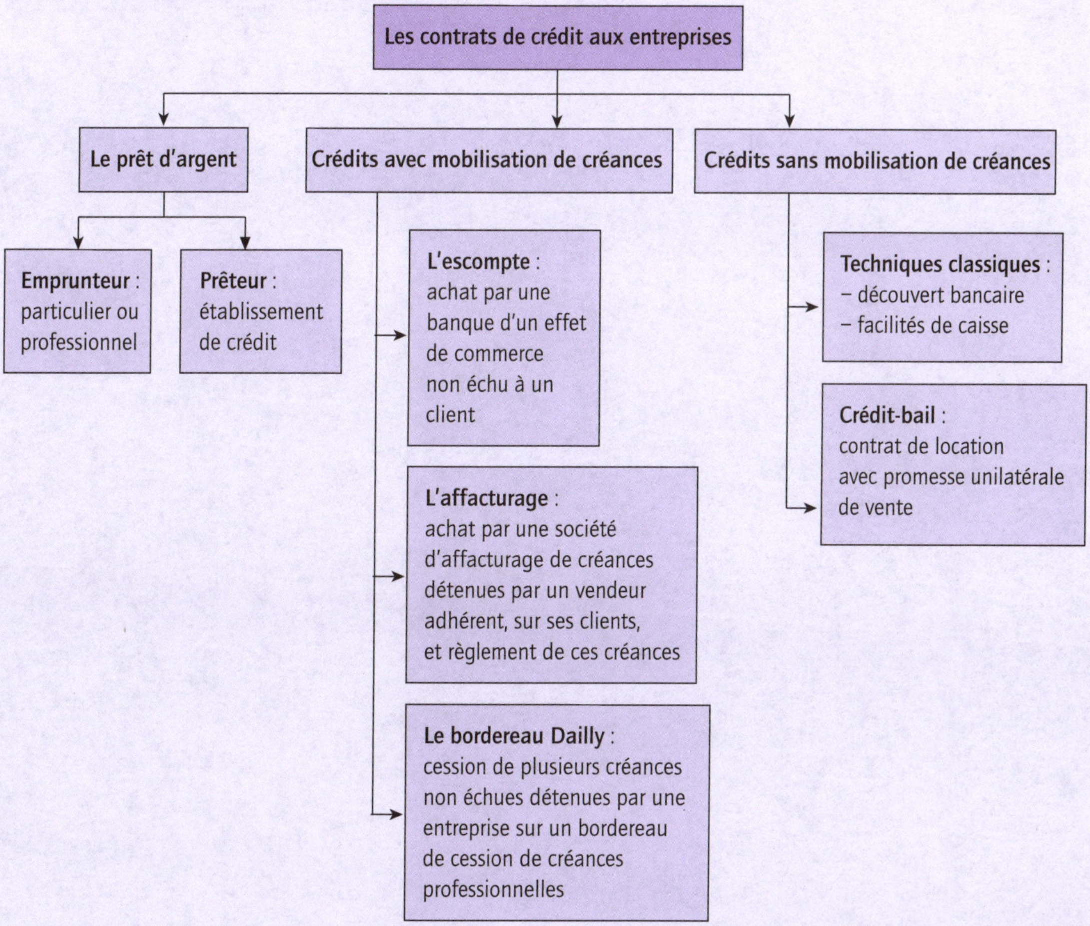

4. LES SÛRETÉS

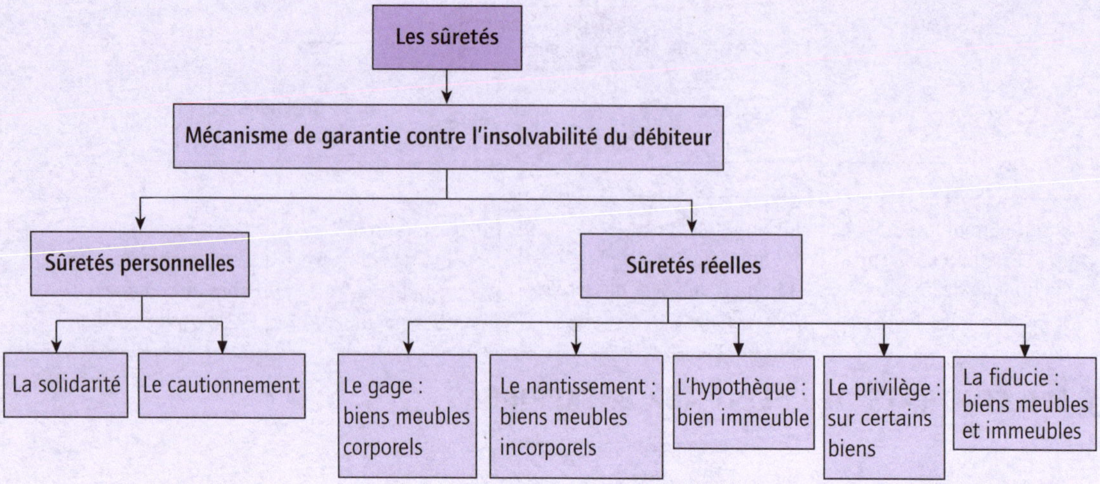

APPLICATIONS

APPLICATION 1 Questionnaire d'auto-évaluation : les instruments de transfert de fonds
APPLICATION 2 Questionnaire d'auto-évaluation : les instruments de crédit
APPLICATION 3 Questions de cours
APPLICATION 4 Étude de cas pratique : les malheurs d'Élodie
APPLICATION 5 Étude de cas pratique : SARL Desjeux

Vous trouverez les corrigés du questionnaire d'auto-évaluation et des questions de cours en fin d'ouvrage ; les corrigés des cas pratiques, analyses d'une décision de justice et analyses d'un document figurent sur les sites www.expert-sup.com et www.dunod.com.

APPLICATION 1

Questionnaire d'auto-évaluation : les instruments de transfert de fonds

Déterminez la ou les réponses exactes

1. Le compte bancaire est :
   a) un instrument de règlement.
   b) un instrument de crédit.
   c) un instrument, support des relations entre une entreprise et sa banque.
   d) une expression qui ne s'emploie que pour retracer les relations entre une banque et un particulier.
2. La convention de compte bancaire est un contrat :
   a) synallagmatique.
   b) unilatéral.
   c) *intuitu personae.*
   d) à exécution instantanée.
3. Les personnes suivantes peuvent se faire ouvrir un compte seules :
   a) un mineur non émancipé.
   b) un majeur en tutelle.
   c) un majeur en curatelle.
   d) un majeur sous sauvegarde de justice.
4. Les sociétés suivantes peuvent se faire ouvrir un compte par l'intermédiaire de leur représentant légal :
   a) une SARL par l'intermédiaire de son gérant.

b) la SNC Delatour en cours de constitution.

c) la SA par l'intermédiaire de son directeur général.

d) une EURL par l'intermédiaire de son gérant.

5. Le Code monétaire et financier oblige la banque à :

a) vérifier l'identité de la personne physique qui demande l'ouverture d'un compte bancaire.

b) vérifier l'identité de la société qui demande l'ouverture d'un compte bancaire mais non pas les pouvoirs du représentant légal qui agit pour elle.

c) passer une convention écrite uniquement avec toute entreprise qui demande l'ouverture d'un compte bancaire.

d) fournir à son client, entreprise ou particulier, les conditions générales de banque.

6. La banque doit :

a) vérifier la signature de son client sur les formules de chèques dont le montant dépasse 1 500 €.

b) adresser à son client un relevé des opérations dans des délais librement déterminés par les parties à la convention de compte.

c) rémunérer le solde créditeur du compte bancaire.

d) vérifier systématiquement la signature de son client sur toutes les formules de chèque.

7. Le compte de dépôt :

a) peut être clôturé une fois par an à sa date anniversaire.

b) peut être clôturé à tout moment s'il a été conclu à durée déterminée.

c) peut prendre fin par décision unilatérale des parties s'il a été conclu à durée indéterminée.

d) se transmet aux héritiers lors du décès du titulaire.

8. À la clôture du compte de dépôt :

a) les chèques émis antérieurement ne sont pas payés.

b) les chèques émis antérieurement sont payés si la provision est suffisante.

c) les chèques émis antérieurement sont payés même si la provision est insuffisante.

d) le client règle l'éventuel solde débiteur.

9. Le virement :

a) se définit comme un transfert de fonds d'un compte vers un autre.

b) évite de recourir à la monnaie.

c) est un moyen de transfert de fonds réservé aux entreprises.

d) est un moyen de transfert de fonds utilisés exclusivement par ceux qui sont interdits bancaires.

10. Le virement est :

a) un contrat.

b) un contrat unilatéral.

c) en principe, un contrat à titre onéreux.

d) un mandat.

11. Les dérivés du virement bancaire sont :

a) la carte de paiement et de crédit.

b) l'avis de prélèvement.
c) le chèque postal.
d) le TIPSEPA.

12. Le chèque est :
a) un moyen de paiement.
b) un moyen d'obtenir un crédit.
c) un moyen de transfert de fonds.
d) un moyen de faire du crédit.

13. Une formule de chèque doit nécessairement comporter :
a) le mandat conditionnel de payer une somme déterminée.
b) le nom de celui qui doit payer.
c) la photographie de celui qui doit payer.
d) le terme du paiement.

14. Dans un chèque :
a) le tireur est la personne qui reçoit la formule.
b) le tiré est une banque ou toute autre personne.
c) le tiré est nécessairement une banque.
d) le bénéficiaire est toujours une banque.

15. Il existe plusieurs types d'endossement mais comment faut-il les définir ?
a) L'endossement pignoratif constate que les chèques sont remis à l'encaissement.
b) L'endossement curatif constate que le chèque a été purgé de ses vices.
c) L'endossement translatif transfère à l'endossataire les droits attachés au chèque.
d) L'endossement de procuration constate qu'une personne charge son banquier d'encaisser le chèque pour lui.

16. Le barrement est :
a) une mention facultative.
b) une mention obligatoire.
c) une mention couramment pratiquée.
d) spécial, et général par exception.

17. Le chèque est un titre :
a) payable à vue.
b) payable à un certain délai de date.
c) qui comporte un délai de présentation au paiement.
d) qui ne se périme jamais.

18. L'opposition au paiement est :
a) possible en cas de vol.
b) interdite en cas d'utilisation frauduleuse du chèque.
c) possible dans certains cas énumérés par la loi mais seulement si le montant du chèque est supérieur à 75 €.
d) orale mais doit faire l'objet d'une confirmation écrite.

19. Lors d'un défaut de paiement du chèque, le tiré doit :
   a) informer le titulaire du compte de l'incident.
   b) enjoindre au titulaire du compte de restituer toutes les formules de chèque qu'il possède sur la banque du tiré.
   c) ordonner au titulaire du compte de ne plus émettre de chèques.
   d) débuter une procédure pénale pour escroquerie.

20. Le contrat porteur lie l'émetteur d'une carte de paiement et de crédit, et son titulaire. C'est un contrat :
   a) à durée indéterminée.
   b) à durée déterminée et qui se poursuit par tacite reconduction.
   c) d'adhésion comportant un fort *intuitu personae*.
   d) à titre gratuit.

APPLICATION 2

Questionnaire d'auto-évaluation : les instruments de crédit

Déterminez la ou les réponses exactes

1. Le prêt d'argent est :
   a) un contrat consensuel quand le prêt est octroyé par un professionnel.
   b) un prêt de consommation.
   c) un contrat conclu pour une durée indéterminée.
   d) un contrat à titre onéreux.

2. Dans le prêt :
   a) le prêteur doit s'acquitter d'une obligation de conseil si le client est un particulier.
   b) l'emprunteur doit respecter l'affectation des fonds prévue dans le contrat.
   c) l'emprunteur doit rembourser le capital et les intérêts.
   d) le prêteur ne peut jamais fixer librement le taux de l'intérêt.

3. L'escompte est :
   a) un moyen de paiement.
   b) un instrument de règlement.
   c) un moyen de mobilisation de créances.
   d) une expression synonyme pour « effet de commerce ».

4. La convention d'escompte :
   a) comporte une clause « sauf bonne fin ».
   b) est un moyen d'obtenir du crédit.
   c) est toujours stipulée à titre gratuit.
   d) est conclue entre une personne, détentrice d'une créance à terme, et son banquier escompteur.

5. L'affacturage :
   a) est un contrat innomé, synallagmatique, à exécutions successives et à titre gratuit.

b) est un contrat innomé, synallagmatique, à exécutions successives, à titre onéreux et marqué par l'*intuitu personae*.

c) est un moyen d'obtenir du crédit.

d) est un moyen de mobilisation de créances concurrentiel de l'escompte.

6. Dans le contrat d'affacturage :

a) le factor est obligé d'approuver toutes les factures.

b) l'adhérent s'engage à transmettre toutes ses factures.

c) le factor ne fournit aucun autre service que le règlement des factures.

d) l'adhérent n'est pas tenu de coopérer avec le factor.

7. L'affacturage :

a) repose sur la subrogation personnelle ou réelle.

b) permet au débiteur cédé de refuser de payer le factor.

c) repose sur la subrogation réelle.

d) permet à l'adhérent de trier entre ses bons et mauvais risques commerciaux.

8. Dans le bordereau Dailly :

a) le cédant est la personne qui cède ses créances.

b) le cessionnaire est toute personne qui achète les créances du cédant.

c) le cessionnaire est parfois un établissement de crédit.

d) le débiteur cédé est la personne dont les dettes sont cédées.

9. Dans le bordereau Dailly les créances doivent présenter les qualités suivantes :

a) elles sont liquides et exigibles.

b) elles portent sur des débiteurs professionnels.

c) elles peuvent être à terme.

d) elles portent sur des débiteurs professionnels mais aussi des consommateurs.

10. Il existe différents types de bordereau Dailly. On distingue :

a) le bordereau avec notification dans lequel le débiteur ne peut plus opposer au cessionnaire les exceptions qu'il aurait pu opposer au cédant.

b) le bordereau avec acte de recommandation dans lequel le cédant recommande au débiteur cédé de payer le cessionnaire.

c) le bordereau simple par lequel le cédant recouvre lui-même les créances cédées.

d) le bordereau avec acte d'acceptation dans lequel le débiteur peut opposer au cessionnaire les exceptions qu'il aurait pu opposer au cédant.

11. Dans le bordereau Dailly :

a) l'accessoire suit le principal.

b) le cédant est garant solidaire du paiement des créances cédées.

c) le cessionnaire peut notifier la cession au cédé.

d) le cédé peut toujours refuser de payer le cessionnaire même quand il s'est engagé directement auprès du cessionnaire.

12. Le crédit-bail est un contrat :

a) simple.

b) comportant une promesse unilatérale de vente de matériel à usage professionnel et domestique.

c) ne comportant aucun *intuitu personae.*

d) *sui generis*, à court ou moyen terme, à exécutions successives, d'adhésion et indivisible.

13. Dans le crédit-bail :

a) le crédit-preneur effectue les grosses réparations.

b) le crédit-bailleur doit délivrer la chose louée et garantir le preneur contre les vices éventuels de la chose.

c) le crédit-preneur assure les réparations locatives.

d) le crédit-preneur doit choisir le matériel.

14. Le crédit-bail est :

a) onéreux.

b) permet de réaliser des investissements avec des moyens réduits.

c) entraîne une ingérence limitée du crédit-bailleur dans les affaires de l'entreprise.

d) suppose une coopération entre l'établissement financier et l'utilisateur du matériel.

15. À la fin du contrat, le crédit-preneur :

a) doit acquérir le matériel loué.

b) peut renouveler le contrat de crédit-bail.

c) doit toujours restituer le matériel loué sinon il commet un abus de confiance.

d) peut acquérir le matériel loué en versant un prix « résiduel » à l'établissement financier.

16. Le droit de gage général :

a) appartient à tout créancier sur les biens meubles et immeubles de son débiteur.

b) est, en toutes circonstances, un mécanisme efficace de protection des créanciers.

c) nécessite une inscription au greffe du tribunal de commerce.

d) peut être insuffisant dans certaines circonstances et nécessiter la prise de sûretés.

17. Les sûretés :

a) portent exclusivement sur les biens mobiliers d'une personne.

b) portent exceptionnellement sur les biens immobiliers d'une personne.

c) trouvent toujours leur fondement dans la loi.

d) se définissent comme tout mécanisme de garantie contre l'insolvabilité du débiteur.

18. Les sûretés personnelles sont :

a) la solidarité passive.

b) le cautionnement.

c) l'hypothèque.

d) le gage sur stock.

19. Les sûretés réelles sont :

a) la solidarité active.

b) le privilège.

c) le nantissement.

d) l'hypothèque.

20. Un créancier chirographaire est un créancier qui a :
   a) une sûreté réelle.
   b) une sûreté personnelle.
   c) un privilège.
   d) un droit de gage général.

APPLICATION 3

Questions de cours

1. Les droits et devoirs du banquier dans les relations avec sa clientèle.
2. Comparez l'affacturage et le bordereau Dailly.

APPLICATION 4

Étude de cas pratique

Les malheurs d'Élodie

Élodie Lefourmentel est âgée de 23 ans. Elle exerce le métier de coiffeuse. Depuis trois ans, elle est cliente de la Banque Interpanaméenne (BI). Depuis de nombreux mois, elle rencontre de réelles difficultés financières. Le solde de son compte est souvent débiteur et le montant du débit dépasse, en règle générale, le montant du découvert autorisé par son banquier. Le mardi 31 janvier, pour faire face à de nouvelles difficultés, Élodie a vendu un bijou de famille à Emilio Hacienda. Ce dernier lui a remis un chèque de 1 200 €, tiré sur la banque latino-américaine (BLA). En remettant le chèque, Emilio a indiqué à Élodie que le chèque n'était pas provisionné mais que, dès la fin de la semaine, la situation serait régularisée. À cette fin, il lui demande d'attendre 8 jours et il lui remet un chèque daté du lundi 6 février. Le mercredi 1er février, Mlle Lefourmentel apporte à sa banque ce chèque.

QUESTIONS

À l'aide de vos connaissances et de l'extrait du Code monétaire et financier proposé en annexe, vous répondrez aux questions suivantes :

1. Solène Rudde, chargée de clientèle à la BI, pense que Mlle Lefourmentel n'est pas une bonne cliente. Ses revenus n'augmentent pas. Elle rencontre des difficultés croissantes pour financer son découvert bancaire. Elle consomme peu de services et n'effectue aucun placement. Elle conclut à la résiliation de la convention de compte de dépôt d'Élodie.
   a) La banque peut-elle rompre la convention de compte de dépôt d'Élodie ? Justifiez la réponse.
   b) Quels conseils pourriez-vous donner à Élodie dans cette situation ?
2. Élodie aurait-elle dû attendre le 6 février pour porter le chèque à l'encaissement ? Justifiez la réponse.
3. La BLA constate que le chèque tiré par Emilio n'est pas provisionné. Elle refuse de le payer.
   a) Qu'est-ce qu'une provision ?

b) Quelles qualités la provision du chèque doit-elle présenter ?

c) Un délai de présentation du chèque à l'encaissement existe-t-il ? Au cas d'espèce, ce délai a-t-il été respecté ?

d) Quelle(s) conséquence(s) le non-respect du délai de présentation entraîne-t-il ?

4. Mlle Lefourmentel désire poursuivre pénalement M. Hacienda. Elle vous demande conseil. Que lui répondez-vous ?

5. Face au chèque non provisionné remis par M. Hacienda, présentez successivement le comportement que doivent adopter la banque, M. Hacienda et Mlle Lefourmentel.

6. Le 3 mars, Mlle Lefourmentel est victime d'un cambriolage à son domicile. Divers documents ont disparu, notamment sa carte de paiement et de crédit ainsi qu'un agenda comportant le code confidentiel de cette dernière. Mlle Lefourmentel ne s'aperçoit de ce vol que le 7 mars. Elle attend deux jours pour faire opposition.

Pendant ce temps, le voleur de la carte réalise diverses opérations. Le 4 mars, il retire 300 € à un DAB. Le 5 mars il paye divers achats dans un supermarché de Bretagne. La facture s'élève à 700 €. Le 12 mars, il achète des CD et des DVD pour 300 €. Qui doit supporter le coût de ces différents achats ?

Annexe : Code monétaire et financier

Article L. 133-19

I. En cas d'opération de paiement non autorisée consécutive à la perte ou au vol de l'instrument de paiement, le payeur supporte, avant l'information prévue à l'article L. 133-17, les pertes liées à l'utilisation de cet instrument, dans la limite d'un plafond de 150 euros.

Toutefois, la responsabilité du payeur n'est pas engagée en cas d'opération de paiement non autorisée effectuée sans utilisation du dispositif de sécurité personnalisé.

II. La responsabilité du payeur n'est pas engagée si l'opération de paiement non autorisée a été effectuée en détournant, à l'insu du payeur, l'instrument de paiement ou les données qui lui sont liées.

Elle n'est pas engagée non plus en cas de contrefaçon de l'instrument de paiement si, au moment de l'opération de paiement non autorisée, le payeur était en possession de son instrument.

III. Sauf agissement frauduleux de sa part, le payeur ne supporte aucune conséquence financière si le prestataire de services de paiement ne fournit pas de moyens appropriés permettant l'information aux fins de blocage de l'instrument de paiement prévue à l'article L. 133-17.

IV. Le payeur supporte toutes les pertes occasionnées par des opérations de paiement non autorisées si ces pertes résultent d'un agissement frauduleux de sa part ou s'il n'a pas satisfait intentionnellement ou par négligence grave aux obligations mentionnées aux articles L. 133-16 et L. 133-17.

Article L. 133-16

Dès qu'il reçoit un instrument de paiement, l'utilisateur de services de paiement prend toute mesure raisonnable pour préserver la sécurité de ses dispositifs de sécurité personnalisés.

Il utilise l'instrument de paiement conformément aux conditions régissant sa délivrance et son utilisation.

Article L. 133-17

I. Lorsqu'il a connaissance de la perte, du vol, du détournement ou de toute utilisation non autorisée de son instrument de paiement ou des données qui lui sont liées, l'utilisateur de services de paiement en informe sans tarder, aux fins de blocage de l'instrument, son prestataire ou l'entité désignée par celui-ci.

II. Lorsque le paiement est effectué par une carte de paiement émise par un établissement de crédit, une institution ou un service mentionné à l'article L. 518-1 et permettant à son titulaire de retirer ou de transférer des fonds, il peut être fait opposition au paiement en cas de procédure de redressement ou de liquidation judiciaires du bénéficiaire.

APPLICATION 5

Étude de cas pratique

SARL Desjeux

La SARL Desjeux a été créée en 1989 par deux amis : Carolyne Lacordaire et Michel Lejuste. Cette société, au capital de 10 000 €, est domiciliée à Amiens, 3 rue de la Fiction. L'objet social de l'entreprise est la création et l'animation de jeux pour adultes, notamment de jeux de rôles.

QUESTIONS

En vous appuyant sur le document annexé, vous traiterez les questions suivantes.

1. Qu'est-ce qu'un acte de cession de créances professionnelles ?
2. Indiquez le nom.
   a) du cédant.
   b) du cédé.
   c) du bénéficiaire.
3. Vérifiez que toutes les conditions de forme de ce document sont réunies.
4. La SARL Desjeux a cédé à sa banque, la Credito, par la voie du document annexé, des créances qu'elle détenait sur deux de ses clients.
   a) À quelle date la cession a-t-elle eu lieu ? Justifiez la réponse.
   b) Quelles conséquences pratiques cette cession a-t-elle entraînées pour la SARL Desjeux et un éventuel créancier de cette SARL ?
   c) Le 10-09 la SARL Desjeux a accordé un délai supplémentaire de paiement à la SA Empereur, repoussant l'échéance de sa créance à fin novembre. Que pensez-vous de ce report d'échéance ? Justifiez la réponse.
5. La Credito a adressé un courrier à la SA Empereur pour lui notifier la cession de créance. La SA n'a pas répondu au courrier. À l'échéance, elle a payé la SARL Desjeux. Quels sont dans cette situation les droits de la Credito ?
6. Le second client a répondu pour sa part au courrier de la banque lui notifiant la cession de créance en retournant le document après y avoir apposé la mention « cession de créance acceptée ». Actionné par la suite en paiement il a refusé d'acquitter le montant de la créance, invoquant les vices affectant les jeux livrés. Le refus du second client vous paraît-il trouver un fondement juridique ?

ANNEXE

Acte de cession de créances professionnelles
(soumis à la loi n° 81-1 du 2 janvier 1981 modifiée et au décret n° 81-862
du 9 septembre 1981 facilitant le crédit aux entreprises)

Client : SARL DESJEUX, 3 rue de la Fiction, 80000 Amiens
Numéro de compte du client : XXXXXXX
Établissement de crédit bénéficiaire : Credito

Désignation des créances professionnelles cédées				
Identification du débiteur	Lieu de paiement	Montant	Date d'échéance	Numéro de factures
SA Empereur	Amiens	1 289,00	30-10	A 2345
SAS Cavalier	Amiens	567,00	15-11	A 2348

Le présent bordereau est établi à l'ordre de la Credito, 2 Rue du Change, 80000 Amiens
À Amiens le 01-09
Carolyne Lacordaire

D'après *Dictionnaire permanent droit des affaires*, Formules.

4 PARTIE

L'ENTREPRISE ET SES RESPONSABILITÉS

CHAPITRE 16 L'entreprise et la responsabilité délictuelle
CHAPITRE 17 La responsabilité pénale

16

CHAPITRE

L'entreprise et la responsabilité délictuelle

SECTION 1 Le domaine et les fonctions de la responsabilité délictuelle

SECTION 2 Les fondements de la responsabilité délictuelle

SECTION 3 La mise en œuvre de la responsabilité délictuelle

FICHE MÉMO • APPLICATIONS

La responsabilité est l'obligation qui incombe à quelqu'un de rendre compte de ses actes.

Dans nos sociétés modernes, les occasions de traiter de la responsabilité se sont multipliées. La responsabilité de l'entreprise est engagée vis-à-vis des parties avec lesquelles elle a passé un contrat mais aussi à l'égard de victimes avec lesquelles elle n'est pas liée par un contrat.

Les victimes demandent que le responsable « réponde » de ses actes et mettent en cause sa responsabilité extra-contractuelle. Ce désir est souvent satisfait par l'attribution de dommages-intérêts. Toutefois, dans des affaires plus douloureuses (celle du sang contaminé par exemple) les victimes affirment la volonté de voir désigner les coupables. La réparation ne suffit plus. Il faut une punition.

De ces quelques observations, on peut déduire que la responsabilité est un problème complexe qui comporte de multiples aspects dont certains relèvent du droit civil et d'autres du droit pénal. Une telle observation nécessite que l'on délimite le domaine et les fonctions de la responsabilité délictuelle (section 1).

La responsabilité civile est encourue par l'auteur d'un dommage qui doit réparer le préjudice occasionné à la victime. La cause ou « fait générateur » de cette responsabilité peut reposer sur une faute civile (*exemple* : un automobiliste renverse un piéton). Cependant, il n'est pas toujours facile de prouver une faute. Tel est le cas en matière d'accident dû à des choses (*exemple* : explosion d'une machine). Dans ces situations, l'absence de faute prouvable ne permet pas d'indemniser la victime, ce qui est ressenti comme injuste. Pour l'indemniser, il ne faut plus rechercher une faute mais se centrer sur le dommage, qui à lui seul justifie la créance de la victime. Ainsi s'opère le passage de la faute au risque, comme fondement de la responsabilité (section 2). Il ne restera plus alors qu'à étudier la mise en œuvre de la responsabilité délictuelle (section 3).

SECTION 1

LE DOMAINE ET LES FONCTIONS DE LA RESPONSABILITÉ DÉLICTUELLE

L'étude de la responsabilité civile délictuelle suppose dans un premier temps de distinguer la responsabilité civile de la responsabilité pénale (1). La responsabilité civile se scinde elle-même en responsabilité délictuelle et contractuelle (2). Par ailleurs, la responsabilité civile délictuelle obéit à des fonctions spécifiques (3).

1. Les responsabilités civiles et pénales

La distinction entre ces deux responsabilités peut s'analyser de divers points de vue. Successivement nous passerons en revue : les conditions de l'exercice (1.1), la mise en œuvre de l'action (1.2) et les effets de l'action (1.3). En finale, nous nous interrogerons sur une convergence possible des responsabilités civile et pénale (1.4).

1.1 Les conditions de l'exercice

La responsabilité pénale est fondée sur la violation d'une loi ou d'un règlement, considérée comme dommageable du point de vue social, même si l'acte délictueux ne porte préjudice à personne en particulier. Il doit s'agir de fautes expressément prévues par le droit pénal. Sa sanction est une peine qui a pour but de sanctionner la violation de la loi et de punir un coupable.

Article R. 632-1 al. 1 du Code pénal « est puni de l'amende prévue pour les contraventions de la 2e classe le fait de déposer, d'abandonner, de jeter ou de déverser, en un lieu public ou privé, à l'exception des emplacements désignés à cet effet par l'autorité administrative compétente, des ordures, déchets, déjections, matériaux, liquides insalubres, ou tout autre objet de quelque nature qu'il soit, [...] si ces faits ne sont pas accomplis par la personne ayant la jouissance du lieu ou avec son autorisation ».

La responsabilité civile résulte du préjudice causé à autrui, le but est d'assurer la réparation du dommage au profit de la victime. L'acte dommageable s'appelle un délit civil. Cette responsabilité est encourue quelle que soit la gravité de la faute, une simple négligence ou l'absence même de faute engage la responsabilité civile.

Article 1240 du Code civil : « Tout fait quelconque de l'homme, qui cause à autrui un dommage, oblige celui par la faute duquel il est arrivé, à le réparer. »

Article 1241 du Code civil : « Chacun est responsable du dommage qu'il a causé non seulement par son fait, mais encore par sa négligence ou par son imprudence. »

1.2 La mise en œuvre de l'action

La responsabilité pénale est mise en jeu par l'action publique. Elle est exercée par le ministère public devant les juridictions répressives. La procédure pénale obéit à des règles spécifiques[1].

(1) *Cf. chapitre 17.*

La responsabilité civile est mise en jeu par une action civile. Elle est exercée par la victime du dommage devant une juridiction civile.

EXEMPLE DE DIFFÉRENCES DE RÈGLES DE PROCÉDURE : LA PRESCRIPTION

La prescription de l'action publique en matière pénale dépend de l'importance de l'infraction commise. Elle est de 10 ans pour les crimes, de 3 ans pour les délits et de 1 an pour les contraventions.

La prescription en matière civile est en principe de 5 ans. Les actions en responsabilité civile engagée par la victime, à raison d'un événement ayant entraîné un dommage corporel se prescrivent par 10 ans à compter de la date de la consolidation du dommage initial ou aggravé (art. 2226 du Code civil).

1.3 Les effets de l'action

La **responsabilité pénale** va donner lieu au prononcé d'une peine. Cette peine a pour but de punir l'auteur de l'infraction. Elle est par conséquent proportionnée à la gravité de la faute et ne concerne que l'auteur de l'infraction.

EXEMPLES

Prison, amende, interdictions de certaines activités.

En revanche, la **responsabilité civile** aboutit à une réparation d'une dette envers la victime. Cette réparation est donc proportionnée au dommage causé. Elle est destinée à la victime et n'est pas nécessairement à charge de l'auteur. Elle peut être prise en charge par exemple par une compagnie d'assurance. Elle peut être mise à la charge d'une personne qui n'a pas participé à la réalisation du dommage dans le cadre des cas de responsabilité du fait d'autrui.

EXEMPLES

La responsabilité de l'employeur du fait de son salarié.

La responsabilité des parents du fait de leur enfant mineur.

1.4 Des points de convergence ?

On assiste à un double mouvement. D'une part, la responsabilité pénale a tendance à s'objectiviser et se socialiser. Sont ainsi apparues la responsabilité pénale pour autrui et la responsabilité pénale des personnes morales. D'autre part, la responsabilité civile tend à reculer du fait de la mise en place de régime d'assurances directes comme en matière d'accident du travail ou de circulation routière. Certains actes dommageables constituent à la fois une infraction pénale et un délit civil. Il y a cumul de responsabilité. Une sanction pénale sera prononcée contre l'auteur de l'acte par l'action publique. L'action civile visera à réparer le dommage causé à la victime.

EXEMPLE

Le conducteur d'un véhicule automobile roule à grande vitesse, grille un feu rouge, renverse un piéton qui traversait et s'enfuit. Ce conducteur commet plusieurs fautes pénales qui seront sanctionnées par des amendes et une peine de prison. Il devra également réparer le préjudice causé au piéton par le versement de dommages-intérêts.

2. Les responsabilités civiles délictuelle et contractuelle

La responsabilité civile d'une personne est soit délictuelle, soit contractuelle. Cette division englobe la totalité de la matière[1] relative à la responsabilité civile. La **responsabilité contractuelle** sanctionne la mauvaise exécution, le retard dans l'exécution ou la non-exécution d'un contrat. Elle suppose qu'il existe, au préalable, un contrat entre l'auteur du dommage et la victime.

La **responsabilité délictuelle** est la catégorie ouverte. Par conséquent, en cas de dommage, il importe de vérifier si la réparation entre dans le cadre d'un contrat (*cf.* régime juridique de la responsabilité contractuelle, chapitre 13 p. 256). En l'absence de contrat la responsabilité délictuelle est alors retenue, elle naît du dommage causé à un tiers.

EXEMPLE

Une personne se trouvant dans le hall d'un hôtel se blesse en se prenant les pieds dans un tapis :
- si cette personne est cliente de l'hôtel, il existe un contrat entre la victime et l'hôtelier : c'est le régime de la responsabilité contractuelle ;
- si cette personne est un simple curieux, il n'existe pas de contrat entre l'hôtelier et la victime : c'est le régime de la responsabilité délictuelle qui s'applique.

COMPARAISON DES RESPONSABILITÉS CONTRACTUELLE ET DÉLICTUELLE		
	Responsabilité contractuelle	**Responsabilité délictuelle**
Fondement	Article 1231-1 du Code civil « *Le débiteur est condamné, s'il y a lieu, au paiement de dommages et intérêts, soit à raison de l'inexécution de l'obligation, soit à raison du retard dans l'exécution, s'il ne justifie pas que l'inexécution a été empêchée par la force majeure.* »	Articles 1240 (et suivants) du Code civil Article 1240 : « *Tout fait quelconque de l'homme, qui cause un dommage à autrui, oblige celui par la faute duquel il est arrivé à le réparer.* »
Fait générateur	Inexécution, mauvaise exécution ou retard dans l'exécution d'un contrat	Dommage causé à un tiers
Personne poursuivie	Cocontractant	Auteur du dommage et co-auteurs
Dommages réparés	Seuls les dommages prévus au contrat	Tout dommage causé à un tiers par manquement au devoir de diligence incombant à tous
Preuve	Celui qui réclame des dommages-intérêts doit établir l'existence du contrat et le fait de l'inexécution ou fait générateur	En principe, la victime doit prouver la faute de l'auteur présumé du dommage (exceptions : il existe des présomptions de faute, de responsabilité ou des responsabilités de plein droit)

☞

(1) En ce sens, on parle de « summa divisio » entendu comme une classification majeure englobant la totalité d'une matière. Par exemple les biens sont meubles ou immeubles. Une summa divisio *comporte toujours une catégorie fermée, dont les éléments sont parfaitement identifiés, et une catégorie ouverte qui permet d'accueillir des éléments nouveaux. Ainsi en matière de responsabilité, la responsabilité contractuelle est la catégorie fermée.*

☞

	Responsabilité contractuelle	Responsabilité délictuelle
Limitations de responsabilité	Admises et supposent l'introduction de clauses particulières	En principe non admises
Mise en œuvre	Mise en demeure préalable	Mise en demeure non exigée

La frontière entre les deux types de responsabilité est mouvante. En effet, on assiste à un développement des liens juridiques établis par contrats. Le domaine de la responsabilité contractuelle s'élargit. Par ailleurs, certains auteurs contestent la qualification de « responsabilité » appliquée aux cas de mauvaise exécution ou d'inexécution du contrat.

PRINCIPE DE NON-CUMUL

La jurisprudence a posé un principe de non-cumul des responsabilités contractuelle et délictuelle. Selon ce principe, si le dommage est lié à l'exécution du contrat, la demande de réparation ne peut pas s'appuyer sur la responsabilité délictuelle. Les deux voies (contractuelle et délictuelle) ne sont pas cumulables. Un seul fondement permet en principe de demander réparation.

Toutefois, la victime du dommage peut formuler une demande sur la base des deux fondements. Elle doit cependant préciser le fondement principal et le fondement subsidiaire. Le juge n'examinera le second que dans le cas où le premier serait écarté, c'est-à-dire non applicable à l'espèce.

Les raisons de ce principe de non-cumul sont principalement d'éviter que le demandeur qui choisit la voie de la responsabilité délictuelle puisse ainsi échapper à des contraintes nées du contrat qu'il avait volontairement acceptées.

3. Les fonctions de la responsabilité civile délictuelle

Des fonctions d'expiation et d'intimidation sont attachées à la répression pénale. Il n'en est pas de même pour la responsabilité délictuelle dont la fonction traditionnelle est de réparer (3.1) et éventuellement de punir (3.2). Cette conception de réparation paraît aujourd'hui restrictive. Les évolutions récentes mettent l'accent sur une fonction préventive (3.3).

3.1 La fonction de réparation

L'article 1240 du Code civil fait référence à cette fonction. Il pose, pour la victime d'un dommage, un droit à réparation. Celle-ci est fonction de l'étendue du dommage causé. Elle se concrétise par l'octroi de dommages-intérêts. Certains dommages ne sont pas « réparables » et il n'est pas possible de revenir à la situation antérieure (*exemple* : perte d'une chance de passer un concours suite à un accident). Par conséquent, la fonction des dommages-intérêts est d'« indemniser » la victime.

3.2 La fonction de punition

La condamnation de l'auteur du dommage à verser des dommages-intérêts à la victime est une forme de punition. Cette fonction est d'autant plus ressentie lorsque la mise en œuvre de la responsabilité est fondée sur une faute. Les juges français, en vertu de leur pouvoir souverain, peuvent moduler le montant des dommages-intérêts en tenant compte de la gravité de la faute. Mais, il n'existe pas réellement de dommages-intérêts « punitifs », les juges ne réparent que le seul préjudice.

3.3 La fonction de prévention

L'octroi de dommages-intérêts vise à compenser le préjudice et ne permet pas de l'effacer. Par conséquent la jurisprudence a développé la prévention des dommages. Cette prévention revêt deux dimensions : une dimension volontariste qui consiste à empêcher la survenance d'un dommage et une dimension suggestive qui a pour but de dissuader de commettre un dommage.

• La **dimension volontariste**. Pour éviter qu'un dommage ne survienne, une personne peut mobiliser le droit en apportant la preuve qu'elle va subir un dommage du fait du comportement d'une autre personne. Une procédure d'urgence peut alors être utilisée dite « de référé ».

L'article 809 al. 1 CPC

Le président [du TGI] peut toujours, même en présence d'une contestation sérieuse, prescrire en référé les mesures conservatoires ou de remise en état qui s'imposent, soit pour prévenir un dommage imminent, soit pour faire cesser un trouble manifestement illicite.

EXEMPLE

Une personne fait saisir un livre, qui comporte des propos diffamants à son égard, avant sa sortie en librairie.

• La **dimension suggestive**. Les règles de droit qui désignent un responsable dans certaines situations potentiellement dommageables incitent ce responsable à prendre toutes les précautions pour que les dommages n'interviennent pas.

EXEMPLE

L'article 1245 du Code civil pose le principe de la responsabilité du fait des produits défectueux : « Le producteur est responsable du dommage causé par un défaut de son produit, qu'il soit ou non lié par un contrat avec la victime. »

En conséquence, les producteurs adoptent une attitude prudente pour éviter que des dommages ne surviennent aux personnes et aux biens du fait de l'utilisation d'un produit de leur fabrication.

SECTION 2

LES FONDEMENTS DE LA RESPONSABILITÉ DÉLICTUELLE

Longtemps fondé sur la faute, le régime juridique de la responsabilité civile a évolué vers une théorie plus objective, celle du risque. Dans ces deux cas, le point commun est l'évaluation ou l'appréciation du comportement du responsable du dommage (1). En cherchant la solution du problème du côté de l'auteur du dommage, fautif ou créateur de risque, ces théories omettent le point de vue de la victime. Au cours du XXe siècle, se sont développées des conceptions davantage tournées vers le dommage lui-même (la théorie de la garantie) ou marquées par un développement de l'assurance, voire de la précaution (2).

1. De la théorie de la faute à la théorie du risque

Le droit de la responsabilité civile a longtemps reposé sur les articles 1240 et suivants du Code civil, fondés sur l'idée que cette responsabilité a pour but de sanctionner un comportement : une faute (1.1). L'apparition de certains risques sociaux, et en particulier de dommages sans possibilité d'imputation d'une faute à une personne, a fait évoluer le droit de la responsabilité. Une nouvelle théorie est apparue : la théorie du risque (1.2). Ces deux théories coexistent aujourd'hui.

1.1 La théorie de la faute

Cette théorie est dite « objective ». La responsabilité de l'auteur d'un dommage repose sur la faute commise par lui. Il appartient donc à la victime de prouver la faute de l'auteur du dommage pour obtenir réparation, conformément au droit de la preuve.

Le développement du machinisme, l'apparition de nouveaux risques sociaux et la multiplication d'accidents matériels et corporels ont porté atteinte au fondement classique. La distinction entre les dommages causés par une faute et imputable à son auteur, et les dommages dus aux évolutions des modes de vie supportés par les victimes, ne convenait plus aux situations nouvelles. En l'absence d'un responsable ayant eu un comportement fautif, les dommages n'auraient pas pu être indemnisés.

La jurisprudence, comme le législateur se sont orientés en faveur des victimes. La première intervention a porté, en 1898 sur la réglementation de l'indemnisation des accidents du travail. Elle a permis la réparation d'un dommage sans qu'il soit nécessaire de démontrer la faute de l'employeur. Dans le même temps, la jurisprudence a imposé aux gardiens des choses inanimées l'obligation de réparer les dommages qu'ils causaient en les utilisant. L'évolution du droit positif a exigé une réflexion sur le fondement de la responsabilité.

1.2 La théorie du risque

Une théorie objective faisant reposer la responsabilité sur le risque est apparue. L'idée est alors que celui qui agit, doit assumer les suites de son action.

Cette théorie a été à l'origine de la création de régimes spéciaux de responsabilité comme le régime d'indemnisation des victimes d'accidents de la circulation (loi du 5 juillet 1985), ou les risques sanitaires (loi du 4 mars 2002). Elle a également inspiré une évolution de la jurisprudence en faveur des victimes. Cette évolution a développé la fonction de prévention.

2. Le développement de la fonction de prévention

Imputer les risques à celui qui exerce une activité l'incite à prendre des précautions et donc à prévenir les risques (2.1). Le principe de précaution (2.2) approfondit lui aussi la théorie du risque.

2.1 La prévention des risques

La prévention des risques s'illustre dans la théorie de la garantie (a) et la solidarité (b).

a) La théorie de la garantie

La théorie de la garantie (1) repose sur l'idée suivante : s'il y a dommage corporel ou matériel, il existe au profit de la victime une garantie objective. Il convient donc de partir, non pas

(1) Boris Starck, « Essai d'une théorie générale de la responsabilité civile considérée en sa double fonction de garantie et de peine privée », 1947.

de l'appréciation du comportement de l'auteur du dommage, mais du type de dommage survenu. La gravité de certains dommages doit garantir à la victime une « indemnisation ». La responsabilité est donc une responsabilité sans faute.

D'autres dommages, en revanche, ne doivent recevoir réparation que si leur auteur a commis une faute. La réparation joue le rôle d'une peine privée. Cette théorie est ainsi qualifiée de théorie mixte.

Les dommages dont la victime doit être garantie	Les dommages dont la réparation est fondée sur la faute
• Les atteintes à la personne : dommages corporels • Les atteintes aux biens : dommages matériels *Remarque* : Cette approche trouve son application concrète dans les obligations de sécurité ou en matière de produits dangereux notamment, en facilitant la preuve mise à la charge de la victime qui n'aura pas à démontrer la faute du responsable	• Les dommages moraux • Les dommages purement économiques

b) La solidarité

Au cours de la seconde moitié du XXe siècle, la responsabilité est devenue collective. Des systèmes d'assurances se sont développés. Le dommage est « assuré ». Il est réparti sur la collectivité que représente l'ensemble des assurés. Le législateur a ainsi créé une obligation d'assurance pour certains dommages.

EXEMPLES

Les accidents de la circulation, les dommages aux biens et aux personnes (assurance dite « de responsabilité civile »).

2.2 Le principe de précaution

Ce principe est plus récent. Il affirme notre responsabilité vis-à-vis des générations futures. Des affaires telles que le sang contaminé, l'amiante ou la vache folle ont fait prendre conscience de risques liés au progrès technique et aux évolutions de la société. Le principe de précaution a donc été adopté. Il impose des décisions et des mesures de prévention et de protection lorsque des incertitudes existent sur des risques. Il a pour but d'éviter la survenance de dommages irréversibles et donc irréparables. Il traduit une nouvelle évolution de la responsabilité civile fondée sur la crainte de survenance d'un dommage.

LE PRINCIPE DE PRÉCAUTION ET LE DROIT DE L'ENVIRONNEMENT

Les sources du principe de précaution se trouvent :

– **dans la loi** : pour la première fois dans la loi dite « Barnier » 2 février 1995, sur la protection et la gestion de l'environnement :

« principe de précaution, selon lequel l'absence de certitudes, compte tenu des connaissances scientifiques et techniques du moment, ne doit pas retarder l'adoption de mesures effectives et proportionnées visant à prévenir un risque de dommages graves et irréversibles à l'environnement à un coût économiquement acceptable » ;

- **dans la Constitution** : la Charte de l'environnement de 2004.

  Article 5 : « Lorsque la réalisation d'un dommage, bien qu'incertaine en l'état des connaissances scientifiques, pourrait affecter de manière grave et irréversible l'environnement, les autorités publiques veillent, par application du principe de précaution et dans leurs domaines d'attributions, à la mise en œuvre de procédures d'évaluation des risques et à l'adoption de mesures probatoires et proportionnées afin de parer à la réalisation du dommage » ;
- **en droit communautaire** : traité de fonctionnement de l'Union Européenne article 174-2 (extrait).

  « La politique de la Communauté dans le domaine de l'environnement vise un niveau de protection élevé, en tenant compte de la diversité des situations dans les différentes régions de la Communauté. Elle est fondée sur les principes de précaution et d'action préventive, sur le principe de la correction, par priorité à la source, des atteintes de l'environnement et sur le principe du pollueur-payeur. »

SECTION 3
LA MISE EN ŒUVRE DE LA RESPONSABILITÉ DÉLICTUELLE

Pour que la responsabilité délictuelle d'une personne soit mise en œuvre, trois conditions doivent être réunies. Il faut un dommage, un fait générateur et un lien de cause à effet entre l'un et l'autre. Cependant, alors que le fait générateur varie en fonction des régimes particuliers de responsabilité (2), le dommage et le lien de causalité sont communs (1) à tous les types de responsabilité.

La responsabilité délictuelle naît du dommage causé à un tiers par un délit ou un quasi-délit. Dans le premier cas, le fait dommageable est intentionnel. Dans le deuxième cas, il est non intentionnel. Cette distinction n'entraîne aucune conséquence juridique et nous pouvons la négliger.

1. Les règles communes

Le dommage (1.1) et le lien de causalité (1.2) sont des constantes de la responsabilité civile.

1.1 Le dommage

La responsabilité suppose l'existence d'un dommage ou préjudice. Il existe différents types de préjudices. Pour être indemnisés ces préjudices doivent présenter certaines qualités.

Types de préjudice	**Matériel**	Un bien est détruit ou détérioré. *Exemple* : incendie d'un entrepôt.
	Moral	Dans cette situation, des droits extra patrimoniaux sont atteints. *Exemple* : un commerçant porte atteinte à l'honorabilité d'un concurrent.
	Corporel	Tel est le cas quand l'intégrité physique d'une personne est atteinte. *Exemple* : une personne a reçu un projectile et est blessée.

☞

Qualités du préjudice pour être indemnisé	**Certain**	Un préjudice déjà subi et qui peut être prouvé est certain. Cette certitude peut s'étendre aux conséquences futures du préjudice. *Exemple* : quand un accident entraîne l'incapacité de travail de la victime.
	Déterminé	Il s'agit ici d'évaluer, de chiffrer le préjudice subi. Ceci suppose, éventuellement, le recours à des experts. Il faut aussi tenir compte de tous les éléments constitutifs du préjudice.
	Actuel	Normalement un préjudice futur ne peut pas être réparé. Cependant, dans certains cas, on peut savoir que le dommage se produira ultérieurement et on peut même le chiffrer. Il convient alors d'indemniser le préjudice que subira, dans les années à venir, la victime. *Exemple* : une victime frappée d'invalidité.
	Direct	Il résulte en droite ligne du fait reproché au responsable. *Exemple* : une personne est brûlée par l'explosion d'une machine.
	Porter atteinte à un intérêt légitime	L'intérêt lésé doit pouvoir être pris en considération par la loi. *Exemple* : celui qui exerce une activité irrégulière comme la vente d'un coupe-faim interdit par les pouvoirs publics, ne saurait se plaindre, après accident, de devoir interrompre cette activité.

1.2 Le lien de causalité

Le lien de causalité a pour fonction de mettre en relation deux éléments constitutifs de la responsabilité : le fait générateur et le dommage. Le rapprochement des solutions jurisprudentielles et leur comparaison permet de dégager les éléments constitutifs du rapport de causalité.

Selon un principe incontesté, la responsabilité civile suppose un lien de cause à effet direct entre le fait dommageable et le préjudice. Le premier doit avoir été la « cause génératrice » du second. La causalité suppose que le fait examiné ait été nécessaire à la réalisation du dommage. Cette causalité est qualifiée d'objective. La causalité est néanmoins retenue en cas d'aggravation du dommage. Il s'agit d'un enchaînement de circonstances que le juge est chargé de suivre et de démêler. En effet, même après avoir constaté que, sans le fait invoqué, le dommage serait apparu, les juges décident souvent qu'il en est l'une des causes dès lors qu'il en a aggravé les conséquences.

En principe, la charge de la preuve du rapport de causalité incombe au demandeur. Pour venir en aide aux victimes, la loi et la jurisprudence ont créé certaines présomptions de causalité (*cf.* § suivants) qui ont pour conséquence d'inverser la charge de la preuve.

EXEMPLES

- Les victimes d'accidents nucléaires.
- Les accidents du travail.
- Les accidents de la circulation.
- La responsabilité du gardien d'une chose.
- Les contaminations transfusionnelles.

2. Les régimes particuliers

L'étude des régimes particuliers a pour objet de présenter ici la responsabilité du fait personnel (2.1) ; celle du fait d'autrui (2.2) : maître/domestique et préposés, artisans/ apprentis ; celle des choses (2.3) et enfin celle du producteur (2.4).

2.1 La responsabilité du fait personnel

Le fait générateur de la responsabilité du fait personnel repose sur une faute (a) et aboutit normalement à la réparation du dommage subi par la victime. Toutefois, il arrive que l'auteur apparent du dommage n'engage pas sa responsabilité. Il est alors exonéré (b).

a) Le fait générateur : la faute

Le fait personnel n'engage la responsabilité de son auteur que s'il a commis une faute et que la victime en rapporte la preuve.

La responsabilité pour faute est prévue par les articles 1240 et 1241 du Code civil :

– le premier établit un principe général de responsabilité ;

> « Tout fait quelconque de l'homme, qui cause à autrui un dommage, oblige celui par la faute duquel il est arrivé à le réparer. »

– le second montre l'étendue de cette responsabilité.

> « Chacun est responsable du dommage qu'il a causé non seulement par son fait, mais encore par sa négligence ou son imprudence. »

La faute, fondement de la responsabilité du fait personnel, est constituée par la réunion de trois éléments.

Un élément matériel	**Un fait matériel dommageable.**	Cette expression doit être comprise dans un sens très large. Il s'agit d'une action. *Exemple* : un commerçant dénigre sur les ondes d'une radio locale un concurrent. Ou il s'agit d'une omission. *Exemple* : un entrepreneur ne signale pas une tranchée sur un chantier.
Un élément d'illicéité	**Un fait illicite.**	Tel est le cas de l'acte dommageable accompli contrairement au droit. *Exemple* : Le commerçant qui dénigre les produits d'un concurrent commet un fait illicite et engage sa responsabilité personnelle. En revanche, s'il lance un produit nouveau et attire la clientèle de ses concurrents, il n'accomplit pas un acte contraire au droit et sa responsabilité ne peut pas être engagée : le dommage concurrentiel est licite.
Un élément subjectif de la faute	**Le fait illicite est imputable à son auteur.**	Cette imputabilité suppose, en principe, chez l'auteur du dommage, la conscience et la liberté de ses actes.

b) Causes d'exonération

Lorsqu'il y a faute et que le fait dommageable est établi, le responsable en puissance peut s'exonérer de sa responsabilité en déniant le lien de causalité. Il lui faut, pour cela, démontrer qu'au-delà d'apparences trompeuses, le dommage est dû, en tout ou partie, à une cause étrangère qui ne lui est pas imputable. Cette cause étrangère peut être la force majeure, le fait d'un tiers ou encore la faute de la victime.

CAUSES ÉTRANGÈRES
La force majeure (ou cas fortuit) se définit comme un événement imprévisible, irrésistible et extérieur(1) à l'activité du débiteur.
Le fait d'un tiers (personne étrangère à l'activité du responsable). On en tire cette conséquence par exemple qu'un chef d'entreprise ne saurait invoquer, comme fait d'un tiers, le fait de l'un de ses préposés. Ainsi, en cas d'accident ferroviaire, la SNCF ne peut pas se retrancher derrière la faute d'un aiguilleur ou d'un conducteur.
Le fait de la victime, s'il présente les **caractères de la force majeure**, exonère totalement l'apparent responsable. En cas de dommage résultant concurremment d'une faute de l'auteur du dommage et d'une faute de la victime, il y a partage de responsabilité.
(1) Ce caractère n'est pas retenu dans tous les cas.

2.2 La responsabilité du fait d'autrui

La responsabilité du fait d'autrui s'applique lorsqu'une personne cause un dommage à autrui mais c'est une autre personne qui doit en répondre. L'article 1242 du Code civil, dans son alinéa 1er, pose, selon la Cour de cassation, un principe qualifié de « général de responsabilité du fait d'autrui ».

Article 1242 al. 1er du Code civil (extrait)

On est responsable non seulement du dommage que l'on cause par son propre fait, mais encore de celui qui est causé par le fait des personnes dont on doit répondre...

Le Code civil énumère dans son article 1242 les cas spéciaux de responsabilité du fait d'autrui. La liste n'a pas été modifiée depuis 1804 mais les régimes juridiques ont évolué. Cette évolution résulte de l'admission d'une responsabilité du fait d'autrui qualifiée d'objective ou sans faute. Les principaux cas sont devenus des responsabilités de plein droit, c'est-à-dire fondées sur une présomption de responsabilité. Il s'agit de la responsabilité des père et mère (non prévue au programme) et de celle des maîtres et commettants du fait de leurs domestiques ou préposés (a). La responsabilité des artisans du fait de leurs apprentis, également mentionnée à l'article 1242 du Code civil, est en revanche fondée sur une présomption de faute (b).

a) La responsabilité des maîtres ou commettants du fait de leurs domestiques ou préposés

L'article 1242 al. 5 prévoit que « les maîtres et les commettants (sont responsables) du dommage causé par leurs domestiques et préposés dans les fonctions auxquelles ils les ont employés ». L'expression légale vise essentiellement les employeurs, même si elle va au-delà, ce qui explique que nous nous limitions à cette catégorie. L'article 1242 al. 5 établit une présomption irréfragable de responsabilité. Les employeurs, responsables pour autrui, n'ont pas la possibilité légale de prouver qu'ils n'ont pas pu empêcher le fait dommageable.

L'étude distinguera les conditions et les effets de cette responsabilité du fait d'autrui.

LES CONDITIONS		
L'existence d'un lien de préposition	**L'existence d'une faute commise par le préposé**	**La faute doit être en rapport avec les fonctions du préposé**
Le préposé agit pour le compte d'autrui, c'est-à-dire sous l'autorité ou encore sous la subordination du commettant : cas du salarié. Toutefois, l'idée d'autorité ne délimite pas correctement toute la réalité du lien de préposition. Il faut lui ajouter : – l'idée d'intérêt : le préposé agit dans l'intérêt du commettant – l'idée de maîtrise : le commettant conserve la maîtrise des opérations et des machines, il fixe les objectifs et les moyens.	La jurisprudence, en règle générale, exige que le préposé ait commis une faute. Ce point doit être souligné car l'article 1242 al. 5 ne mentionne pas cette condition.	Le « maître » (l'employeur) n'est pas responsable quand la faute n'a manifestement aucun rapport avec les fonctions du préposé. *Exemple* : le chauffeur-routier d'une compagnie de transport ne paie pas une note de restaurant. Le « maître » n'est pas non plus responsable quand l'acte n'a pas été effectué dans l'intérêt de l'employeur. *Exemple* : un employé de banque profite de sa relation avec la clientèle pour vendre à son profit des produits.

Trois effets peuvent être distingués.

LES EFFETS			
L'article 1242 al. 5 établit une présomption de responsabilité	**La présomption est irréfragable**	**Le commettant a un recours contre le préposé**	**La victime a la possibilité d'exercer diverses actions**
• Le commettant est automatiquement responsable dès lors que son préposé a commis une faute ayant causé un dommage à autrui. • La victime n'a pas à prouver la faute du commettant, ni le lien de causalité entre les ordres du commettant et le dommage.	Elle ne peut donc pas tomber devant la preuve contraire. Le commettant ne peut pas s'exonérer en démontrant qu'il n'a pas commis, lui-même, de faute.	Cette situation se rencontre lorsque le commettant a été condamné à indemniser la victime d'une faute du préposé, sans avoir commis lui-même une faute. Le préposé ne peut pas être poursuivi s'il n'a pas excédé les limites de sa mission qui lui a été impartie par le commettant(1).	Elle peut agir contre le préposé seul, contre le commettant seul ou encore contre les deux en même temps. Dans ce cas, ils seront déclarés responsables *in solidum* mais les responsabilités ne se confondront pas. Le préposé ne peut pas être poursuivi s'il n'a pas excédé les limites de la mission qui lui a été impartie par le commettant(1).
(1) En ce sens on peut dire que le préposé bénéficie d'une véritable impunité, sauf s'il a été condamné pour une faute pénale intentionnelle ou s'il jouissait dans son activité d'une indépendance tangible (cas d'un médecin anesthésiste dans une clinique par exemple, Cass. civ. 13 novembre 2002).			

b) La responsabilité des artisans du fait de leurs apprentis

Aux termes de l'article 1242 alinéa 6 du Code civil, les artisans sont responsables « du dommage causé par leurs [..] apprentis pendant le temps qu'ils sont sous leur surveillance ».

Cette présomption de responsabilité a fait l'objet d'analyses jurisprudentielles qui en ont fixé le cadre d'application et dont les plus importantes sont présentées dans le tableau ci-après.

ANALYSES JURISPRUDENTIELLES	
Le contrat qui lie l'artisan et l'apprenti	Ce régime de responsabilité suppose une relation d'artisan à apprenti, résultant d'un contrat d'apprentissage. Bien que ce contrat soit désormais un contrat de travail de type particulier, la situation de l'artisan n'a pas été assimilée à celle du commettant en matière de responsabilité du fait d'autrui. Ainsi, la présomption de responsabilité de l'artisan du fait de ses apprentis n'est-elle pas subordonnée à l'existence d'un contrat régulier d'apprentissage.
L'âge de l'apprenti	L'apprenti est ou non mineur.
La qualité de l'artisan	L'inscription de l'artisan à la chambre des métiers n'est pas nécessaire.
Le logement de l'apprenti chez l'artisan	Si l'apprenti loge chez l'artisan, la présomption est continue. Dans les autres cas, la présomption couvre le temps de surveillance.

Cette présomption de responsabilité est rapprochée de celle des pères et mères en application de l'article 1242 al. 7 du Code civil. Aux termes de celui-ci :

> La responsabilité [..] a lieu, à moins que les père et mère et les artisans ne prouvent qu'ils n'ont pu empêcher le fait qui donne lieu à cette responsabilité.

Ce rapprochement a deux conséquences :

– la responsabilité de l'apprenti subsiste ;

– la responsabilité des artisans du fait de leurs apprentis relève du même texte que celle des père et mère. On doit donc considérer, en application de l'évolution de la jurisprudence concernant la responsabilité des père et mère (arrêt Bertrand, Cass. civ., 2e, 19 février 1997), que seuls la force majeure ou le fait de la victime peuvent exonérer l'artisan de la responsabilité de plein droit du fait de l'apprenti.

2.3 La responsabilité du fait des choses

L'article 1242 al. 1er du Code civil pose que l'on est responsable « des choses que l'on a sous sa garde ». La responsabilité du fait des choses est autonome par rapport à tous les autres régimes de responsabilité. Les arrêts récents de la Cour de cassation la qualifient de « responsabilité de plein droit » du gardien. Pour la présenter, nous étudierons les conditions de sa mise en œuvre (a), puis ses causes d'exonération (b).

a) Les conditions

La responsabilité du fait des choses suppose la réunion de trois conditions.

La présence d'une chose	L'article 1242 al. 1er vise les biens mobiliers ou immobiliers. Certains biens sont exclus car ils ont un régime particulier. Il s'agit des animaux (régime de l'article 1243) et des bâtiments (régime de l'article 1244).

☞

Un fait de la chose	Il faut que la chose intervienne dans le dommage. La responsabilité de son gardien est reconnue lorsque le dommage résulte du fait de la chose. Un contact n'est pas nécessaire. *Exemple* : un camion qui roule à 40 km/heure dans un village fait sauter un caillou qui casse la vitrine d'un commerçant. Dans ce cas il y a bien fait de la chose indépendamment du fait de l'homme. Il faut que la chose ait joué un rôle actif, qu'elle ait été « en quelque manière, l'instrument du dommage » (Cass. 2º civ., 1er juillet 1976). *Exemple* : une personne entre dans un grand magasin, monte à l'étage et chute dans un escalier anormalement glissant.
La garde de la chose	Depuis l'arrêt Franck (ch. réunies, 2 déc. 1941), la garde implique la maîtrise de la chose, caractérisée par le pouvoir d'usage, de contrôle et de direction : – l'usage, c'est le fait de se servir de la chose dans son intérêt ; – le contrôle signifie que le gardien peut surveiller la chose ; – la direction manifeste le pouvoir effectif du gardien sur la chose. Il peut l'utiliser à sa guise, la faire déplacer là où il le souhaite. *Exemple* : le propriétaire volé est donc privé de l'usage, du contrôle et de la direction de la chose. Il n'en a plus la garde et ne peut pas être responsable des dommages causés par la chose.

b) Les causes d'exonération

La responsabilité du gardien est une responsabilité de plein droit. Elle implique une présomption de faute et de causalité. Seule la démonstration de la cause étrangère est de nature à exonérer le responsable.

Le gardien peut s'exonérer en invoquant un cas fortuit ou de force majeure, ou une cause étrangère qui ne lui soit pas imputable : le fait d'un tiers et la faute de la victime.

L'ACCEPTATION DES RISQUES

Celui qui a accepté les risques inhérents à l'utilisation d'une chose ne peut pas ensuite demander au gardien de la chose réparation si un dommage s'est produit.

Exemples :

- en matière sportive : équitation ;
- une situation par nature « risquée » : accepter d'aider un ami à scier des arbres avec une tronçonneuse.

La portée de l'acceptation des risques par la victime devra être appréciée pour décider d'exonérer le gardien.

2.4 La responsabilité du producteur

Une loi du 19 mai 1998 instaure un régime de responsabilité du fait des produits défectueux. Cette loi s'applique « à la réparation du dommage qui résulte d'une atteinte à la personne [...] ou à un bien autre que le produit défectueux lui-même » (art. 1245-1).

On présentera successivement le domaine (a) et le régime (b) de cette responsabilité.

a) Le domaine

Aux termes de l'article 1245 du Code civil, « le producteur est responsable du dommage causé par un défaut de son produit ». Ce texte appelle deux commentaires.

Le produit	Le législateur a défini le produit comme tout bien mobilier même incorporé dans un immeuble. Pour que ce produit mette en cause la responsabilité du producteur, il doit présenter deux caractères : – il est défectueux c'est-à-dire qu'il « n'offre pas la sécurité à laquelle on peut légitimement s'attendre » (art. 1245-3 al. 1er C. civ.) ; – il s'agit d'un produit « mis en circulation » (art. 1245-4 C. civ.), ce qui suppose que le producteur s'en soit dessaisi volontairement.
Les responsables	Au sens de la loi de 1998, sont responsables : – les producteurs ; *Exemple* : le fabricant d'un produit, le producteur de matières premières. – mais aussi les fournisseurs. *Exemple* : le vendeur, le loueur sauf exceptions dans ce dernier cas.

b) Le régime

La mise en œuvre de la responsabilité du fait des produits défectueux suppose que la victime apporte la preuve du dommage et du défaut, ainsi que du lien de causalité entre le défaut et le dommage. Toutefois, le producteur peut s'exonérer de sa responsabilité dans certains cas. À cet effet, on peut distinguer les causes générales et les causes particulières.

• Les **causes générales** comprennent la force majeure(1) et la faute de la victime. En revanche, le fait d'un tiers est écarté.

• Les **causes particulières** sont énumérées à l'article 1245-10 du Code civil. Elles consistent dans l'absence de mise en circulation ou de défaut potentiel au moment de la mise en circulation du produit et dans le fait que le produit n'était pas destiné à la vente ou à la distribution. Elles consistent encore dans le fait que le défaut n'était pas décelable en l'état des connaissances au moment de la mise en circulation ou que le défaut résultait de règles auxquelles le producteur devait se soumettre.

Ce régime de responsabilité est une responsabilité spéciale qui présente au moins trois originalités :

– elle établit de plein droit la responsabilité du producteur ;

– elle supprime toute distinction entre responsabilités contractuelle et délictuelle ;

– elle est exclusive. Elle interdit à la victime de mettre en œuvre le droit commun de la responsabilité civile contractuelle(2).

L'action en responsabilité est encadrée par deux délais :

Un délai de forclusion	Après dix ans à compter de la mise en circulation du produit et sauf faute du producteur, toute action en responsabilité est éteinte.
Un délai de prescription	L'action en réparation se prescrit dans un délai de trois ans à compter de la date à laquelle le demandeur a eu ou aurait dû avoir connaissance du dommage, du défaut et de l'identité du producteur.

(1) *La question semble controversée en doctrine car certains manuels l'admettent (exemple : Terré, Simler et Lequette,* Les obligations, *11e édition, Dalloz, 2013, no 995) pendant que d'autres la passent sous silence (exemple : Malaurie, Aynès et Stoffel-Munck,* Les obligations, *Defrénois/Lextenso Éditions, 6e édition 2013, no 303).*

(2) *Cass. com. 26 mai 2010, no 07-11.744, Bull. civ. IV, no 100.*

FICHE MÉMO

1. Responsabilités civile et pénale
2. Responsabilités civiles délictuelle et contractuelle : principales différences (*cf.* tableau complémentaire dans la partie cours)
3. Les fonctions de la responsabilité civile délictuelle
4. Les fondements de la responsabilité délictuelle
5. Le régime juridique de la responsabilité délictuelle

1. RESPONSABILITÉS CIVILE ET PÉNALE

	Responsabilité civile	Responsabilité pénale
Conditions de l'exercice	Préjudice causé à autrui	Violation de la loi considérée comme dommageable
But de sa mise en œuvre	Réparation du dommage au profit de la victime.	Sanctionner la violation de la loi pénale, punir un coupable
Mise en œuvre de l'action	Action civile Par la victime du dommage	Action publique Par le Ministère public
Sanction	Dommages intérêts, exécutions en nature.	Peines privatives de libertés, amendes...
Tribunaux	Civils (TGI, TI).	Du droit pénal (tribunal de police, tribunal correctionnel, cour d'assises).
Observation	Les responsabilités civile et pénale sont distinctes mais non indépendantes. Les deux responsabilités coexistent. Dans certains cas, la faute pénale entraîne un préjudice.	

2. RESPONSABILITÉS CIVILES DÉLICTUELLE ET CONTRACTUELLE : PRINCIPALES DIFFÉRENCES (*cf.* tableau complémentaire dans la partie cours)

	Responsabilité délictuelle	Responsabilité contractuelle
Fondement	Dommage causé à un tiers (en l'absence de contrat)	Un contrat entre l'auteur du dommage et la victime
But poursuivi	Réparation du dommage causé à la victime	Sanction de la mauvaise exécution ou l'inexécution d'un contrat
La réparation	Tout dommage	Dommages prévus au contrat

3. LES FONCTIONS DE LA RESPONSABILITÉ CIVILE DÉLICTUELLE

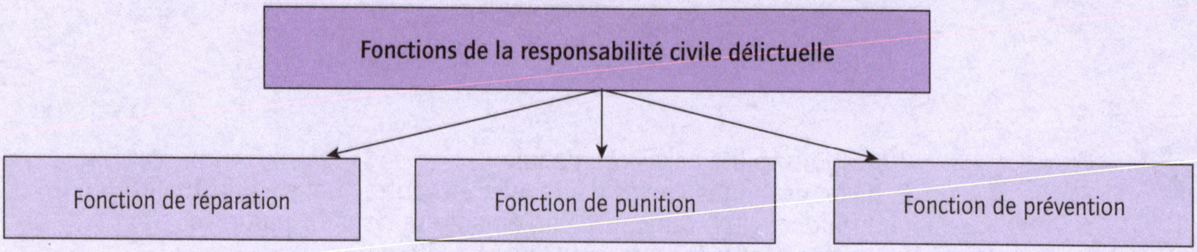

4. LES FONDEMENTS DE LA RESPONSABILITÉ DÉLICTUELLE

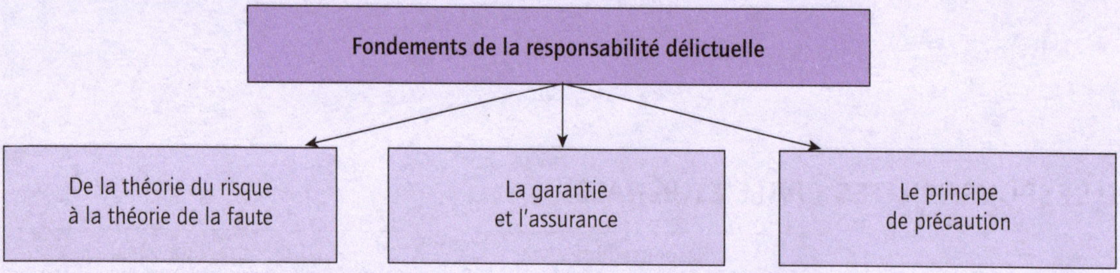

5. LE RÉGIME JURIDIQUE DE LA RESPONSABILITÉ DÉLICTUELLE

Règles communes aux différents régimes	Dommage Lien de causalité entre le fait dommageable et le dommage			
Régimes particuliers	Responsabilité du fait personnel	Responsabilité des maîtres ou commettants du fait de leurs préposés(1)	Responsabilité des artisans du fait de leurs apprentis	Responsabilité du fait des choses
Conditions	La faute : – fait matériel dommageable – fait illicite – fait imputable à son auteur	• Un lien de préposition (autorité + intérêt + maîtrise) • Une faute du préposé en rapport avec ses fonctions	Une relation artisan/apprenti	• Présence d'une chose • Le fait de la chose • La garde de la chose est déterminée (usage, contrôle et direction)

(1) Employeur/salarié.

Règles communes aux différents régimes	Dommage Lien de causalité entre le fait dommageable et le dommage			
Causes d'exonération	• La force majeure • Le fait d'un tiers • Le fait de la victime		• Force majeure • Fait de la victime	• Cause étrangère • Force majeure • Fait d'un tiers • Faute de la victime
Effets	La faute doit être prouvée par la victime.	• Présomption irréfragable de responsabilité du commettant • Le commettant a un recours contre la salarié • La victime dispose de plusieurs actions	Présomption de responsabilité pendant le temps de surveillance	Le gardien ne peut s'exonérer de sa responsabilité qu'en prouvant la cause étrangère

APPLICATIONS

APPLICATION 1 Questionnaire d'auto-évaluation

APPLICATION 2 Question de cours

APPLICATION 3 Étude d'un cas pratique

APPLICATION 4 Analyse d'une décision de justice

Vous trouverez les corrigés du questionnaire d'auto-évaluation et des questions de cours en fin d'ouvrage ; les corrigés des cas pratiques, analyses d'une décision de justice et analyses d'un document figurent sur les sites www.expert-sup.com et www.dunod.com.

APPLICATION 1

Questionnaire d'auto-évaluation

Déterminez la ou les réponses exactes

1. La responsabilité civile :
   a) repose sur une faute civile.
   b) peut être invoquée en l'absence de faute.
   c) repose sur une infraction.
2. La responsabilité pénale a pour but :
   a) de protéger les intérêts de la victime.
   b) de protéger l'intérêt général.
   c) de protéger les intérêts de la victime et l'intérêt général.
3. En l'absence de dommage, peuvent être mises en œuvre :
   a) la responsabilité civile contractuelle.
   b) la responsabilité civile délictuelle.
   c) la responsabilité pénale.
4. Ces situations sont possibles :
   a) il y a responsabilité pénale sans responsabilité délictuelle.
   b) il y a responsabilité pénale avec responsabilité délictuelle.
   c) il y a responsabilité délictuelle sans responsabilité pénale.

5. Il y a infraction :
a) quand le juge l'a décidé.
b) quand un texte le prévoit.
c) quand certaines conditions sont remplies.

6. En cas de mise en œuvre de la responsabilité du fait personnel :
a) un préjudice doit être prouvé par la victime.
b) une faute doit être prouvée par la victime.
c) l'auteur de la faute ne peut pas s'exonérer.
d) l'auteur de la faute peut s'exonérer dans certains cas.
e) une faute ne doit pas obligatoirement être commise.

7. L'employeur est responsable des dommages causés par ses salariés :
a) dans tous les cas.
b) seulement en cas de faute du salarié.
c) dans le cadre des fonctions exercées par le salarié.
d) sauf s'il apporte la preuve de son exonération.
e) à condition que la victime prouve qu'il y a faute.
f) automatiquement.

8. En cas de dommage causé par une chose, le responsable est :
a) le propriétaire de la chose.
b) celui qui a l'usage de la chose.
c) celui qui a le contrôle de la chose.
d) celui qui a la direction de la chose.

9. Le gardien de la chose est responsable des dommages qu'elle cause :
a) dans tous les cas.
b) en cas de faute commise et prouvée par la victime.
c) en cas de faute commise.
d) sauf s'il apporte la preuve de son exonération.

10. La responsabilité des produits défectueux :
a) est une responsabilité de plein droit.
b) ne concerne que le produit défectueux.
c) répare les dommages causés à d'autres produits.
d) répare le dommage causé à l'acheteur du produit.
e) répare le dommage causé à toute personne.
f) exclut la mise en œuvre de la responsabilité contractuelle.

11. Précisez dans les situations suivantes s'il y a responsabilité civile et/ou responsabilité pénale.

Situations	Responsabilité civile	Responsabilité pénale
a) Pierre a promis à Paul de lui vendre sa collection complète de BD. Jacques l'a finalement achetée en proposant un prix très supérieur.		
b) Mme Lancien s'est fait dérober son sac à main dans la rue.		
c) Un chauffeur de taxi commet une faute de conduite. Il dérape, blesse un piéton et ses passagers.		
d) La compagnie des clowns n'est pas venue animer la soirée de la saint-Jean comme cela était prévu.		
e) Un automobiliste passe au feu rouge et blesse un enfant qui allait à l'école.		
f) Une voiture a été vendue par un garagiste. Son propriétaire s'aperçoit que le compteur a été trafiqué.		
g) Un motocycliste ne respecte pas le marquage au sol et double une voiture.		
h) Un piéton blesse son voisin en ouvrant son parapluie.		

12. Précisez dans les cas suivants s'il y a responsabilité civile délictuelle et/ou contractuelle.

Situations	Responsabilité civile contractuelle	Responsabilité civile délictuelle
a) Un plombier casse le lavabo d'une salle de bains alors qu'il le débouchait.		
b) Des enfants mettent le feu à un champ de blé en jouant avec des allumettes.		
c) Un panneau publicitaire s'écroule sur un passant.		
d) Un restaurant sert à des clients des huîtres non fraîches. Ils sont hospitalisés.		
e) Un avion fait un mauvais atterrissage sur une route ; des passagers sont blessés, des automobilistes également.		
f) Une famille est blessée par une chaudière qui a explosé dans un appartement de location à la montagne.		
g) Une jeune fille, joueuse de hockey professionnelle, est renversée par une voiture. Elle ne pourra plus exercer ce sport.		
h) Un salarié d'un garage fait un essai de freinage d'un véhicule confié par un client. Il blesse un piéton.		

APPLICATION 2

Question de cours

La responsabilité délictuelle de l'entreprise : fondement et évolution.

APPLICATION 3

Étude d'un cas pratique

Christophe Brinck

Christophe Brinck habite Boulogne-sur-Mer. En 1985 il a créé son premier restaurant de poisson. Pendant plusieurs années les résultats ont été médiocres puis, au début des années 2010, Christophe a connu une période d'exceptionnelle réussite. Il a, d'abord, hérité de son oncle une chaîne de restaurants bien gérés et dégageant des bénéfices. Il a, ensuite, embauché un chef de cuisine jeune et surtout particulièrement innovant. Enfin, il a su créer des formules qui, dans ses établissements, ont rencontré l'accord du public.

En janvier, lors d'une conférence organisée par la CCI, il fait la connaissance de Pierre Vister, directeur local de la Financière Noiron et Paoli, une des principales banques françaises. Christophe et Pierre sympathisent rapidement et le premier confie au second des fonds à faire fructifier.

Les conditions de cette remise sont les suivantes :

- les fonds seront prêtés par M. Vister à des clients de la banque et à court terme ;
- le taux d'intérêt servi à C. Brinck sera supérieur de 3 points à ceux couramment pratiqués sur le marché ;
- aucun reçu ne sera délivré à Christophe pour les sommes remises à Pierre ;
- les appels de fonds seront réalisés à la seule initiative de Pierre et contre la seule remise de billets à ordre souscrits sur des formules préimprimées par plusieurs débiteurs de la banque. Les parties conviennent que la Financière sera le bénéficiaire des billets.

En quelques semaines, C. Brinck, qui n'a pas de compte à la Financière, remet à Pierre environ 152 450 €. Au début de l'été Pierre disparaît.

Pour récupérer son argent, M. Brinck entend mettre en jeu la responsabilité de la banque.

QUESTION

Quelles sont ses chances de succès ?

APPLICATION 4

Analyse d'une décision de justice

Court de Payen c/ Société Monoprix Nouvelles Galeries

Vu l'article 1384, alinéa 1er du Code civil ;

Attendu, selon l'arrêt attaqué (CA Paris 28 octobre 1998, 17e ch. A), que Mlle Court de Payen a été victime d'une chute dans l'escalator d'un magasin exploité par la société Monoprix Nouvelles Galeries (la société) ; qu'ayant été blessée, elle a fait assigner, devant le tribunal de grande instance, la société en réparation de son préjudice ;

Attendu que, pour rejeter cette demande, l'arrêt retient qu'aux termes des dispositions de l'article 1384, alinéa 1er, du Code civil, le magasin Monoprix, dans l'enceinte duquel la victime a chuté, est présumé responsable de cet accident ; qu'il peut toutefois se dégager de cette présomption en démontrant en cas de force majeure, la faute de la victime ou le fait d'un tiers ; qu'en l'espèce, il n'est pas nié par les parties et constant que la chute de Mlle Court de Payen est due au fait d'un tiers qui l'a bousculée dans l'escalator ; qu'ainsi, de ce seul fait, le magasin Monoprix, dont l'adversaire ne met pas en cause le dysfonctionnement dudit escalator, se dégage de la présomption de responsabilité précitée ;

Qu'en statuant ainsi, alors qu'il ressortait de ses constatations que l'escalator en mouvement avait été, au moins pour partie, l'instrument du dommage, et alors que le fait d'un tiers, constitué par la chute d'une autre cliente dans l'escalator, ne pouvait exonérer en totalité le gardien de sa responsabilité qu'à condition d'avoir été à son égard imprévisible et irrésistible, ce qu'il n'avait pas démontré, la cour d'appel a violé le texte susvisé ;

Par ces motifs : Casse et renvoie devant CA Versailles.

Cour cassation, 2e civ., 29 mars 2001.

QUESTIONS

Après avoir pris connaissance de l'arrêt ci-dessus, vous répondrez aux questions suivantes :

1. Quels sont les faits ?
2. Quel est le problème de droit ?
3. Quels sont les éléments retenus par la cour d'appel pour résoudre ce problème ?
4. Quelle est la position de la Cour de cassation ?
5. À quelle condition le fait d'un tiers peut-il exonérer en totalité le gardien d'une chose, instrument du dommage ?

17
CHAPITRE

La responsabilité pénale

SECTION 1 Mise en cause de la responsabilité pénale et droit pénal général
SECTION 2 Le procès et la procédure pénale
FICHE MÉMO • APPLICATIONS

L'homme et les organisations, par exemple les entreprises, doivent répondre de leurs actes. Cette responsabilité qui est le prix de la liberté pèse sur les personnes. Toutefois, elle diffère selon que la responsabilité civile ou la responsabilité pénale sont mises en cause.

Au cœur de la responsabilité civile se trouve la causalité. Pour que la responsabilité civile d'une personne soit établie, il faut que la victime réunisse un certain nombre de conditions. D'abord, elle doit prouver l'existence d'un fait générateur. Ensuite, elle doit faire la preuve du dommage qu'elle a subi. Enfin, il faut surtout qu'elle établisse le lien qui relie le fait générateur et le dommage.

Au cœur de la responsabilité pénale se trouve l'acte lui-même : l'infraction. Étymologiquement enfreindre c'est ne pas respecter, transgresser, contrevenir ou désobéir. Un acte qui trouble l'ordre social est à l'origine de la responsabilité pénale. Ce trouble doit être puni, l'ordre social doit être rétabli, la victime indemnisée. À cette fin sera mise en œuvre la responsabilité pénale de celui qui a commis l'infraction (section 1). Ceci permet de définir le droit pénal comme la branche du droit qui a pour objectif de réprimer et de prévenir les infractions.

Ces dernières seront punies selon une procédure particulière : la procédure pénale (section 2). Celle-ci s'entend du corps de règles relatif à l'organisation et à la compétence des juridictions ainsi qu'au déroulement du procès.

SECTION 1
MISE EN CAUSE DE LA RESPONSABILITÉ PÉNALE ET DROIT PÉNAL GÉNÉRAL

La mise en cause de la responsabilité pénale suppose la commission d'une infraction (1). Cette infraction doit avoir été commise par une personne (2) que l'on va punir (3).

1. L'infraction

L'infraction se définit comme « **l'action ou l'omission, imputable à son auteur, prévue ou punie par la loi d'une sanction pénale** »[1]. L'infraction est donc un acte grave qui entraîne

(1) *B. Bouloc,* Droit pénal général, *22e éd., Dalloz, 2011, nº 96.*

une sanction tout aussi grave, dans la mesure où l'auteur peut, dans certains cas, être privé de sa liberté. En conséquence, il est aisé de comprendre que la notion d'infraction est fortement encadrée. À cette fin le législateur détermine ce qu'il est convenu d'appeler les éléments constitutifs de l'infraction (1.1).

Si le terme infraction recouvre une même réalité, celle de la délinquance, il y a en pratique une pluralité de comportements délictueux. Pour rendre compte de cette diversité on emploie plusieurs termes techniques : la contravention, le délit et le crime. Aussi les infractions sont-elles classées (1.2).

1.1 Les éléments constitutifs de l'infraction

Toute infraction se décrit à l'aide de ses trois éléments : l'élément légal (a), matériel (b) et moral (c).

a) L'élément légal

En droit pénal, un comportement malhonnête ou socialement dangereux ne peut être réprimé que si la loi l'a prévu. Dans les sociétés démocratiques, un principe fort gouverne le droit pénal. Il s'agit du principe de la légalité des peines. Selon ce principe, il n'existe pas d'infraction sans texte. Ce principe est posé par l'article 111-3 du Code pénal.

Le principe de la légalité des peines

Nul ne peut être puni pour un crime ou pour un délit dont les éléments ne sont pas définis par la loi, ou pour une contravention dont les éléments ne sont pas définis par le règlement.

Nul ne peut être puni d'une peine qui n'est pas prévue part la loi, si l'infraction est un crime ou un délit, ou par le règlement, si l'infraction est une contravention.

Ce principe de la légalité fait l'objet d'une double justification :

– **défense des libertés.** La loi détermine les crimes et les délits. Elle en fixe les peines. Les crimes et les délits ont donc une origine légale. Ainsi le citoyen est prémuni contre le fait du prince et du juge. Il sait à quoi s'attendre. « Par là même, la légalité se voit investie d'une fonction intimidatrice » ;

– **respect de la séparation des pouvoirs.** Les philosophes du XVIIIe siècle, Montesquieu notamment, nous ont enseigné que le pouvoir tendait naturellement vers l'abus. Aussi doit-on le diviser. C'est dans cette analyse que l'on trouve l'origine de la division du pouvoir en trois ensembles : le législatif, l'exécutif et le judiciaire. Au surplus, ces trois pouvoirs doivent être confiés à des titulaires différents. Par ailleurs, la définition des crimes et délits ainsi que les peines qui leur sont applicables est fondamentale pour les libertés. En conséquence, dans un État démocratique, leur régime doit être confié à la Nation, et plus particulièrement à ses représentants c'est-à-dire au parlement.

LE DOMAINE D'APPLICATION DE LA LOI PÉNALE

L'application de la loi pénale dans le temps

- **Position du problème.** Une personne commet une infraction sous l'emprise d'une loi qui sanctionne le comportement d'une peine d'emprisonnement de 3 ans. Au moment où la personne est jugée, une loi nouvelle a supprimé l'infraction ou a diminué la durée de l'emprisonnement. Quelle loi faut-il appliquer à cette personne ?

- **Solution.** Par faveur pour la liberté on appliquera à la personne la loi pénale la plus douce. Les lois pénales moins sévères sont donc rétroactives[1]. Toutefois cette rétroactivité ne joue que si deux conditions sont respectées. D'une part, l'infraction a été commise avant l'entrée en vigueur de la loi nouvelle. D'autre part, la condamnation n'a pas donné lieu à une condamnation passée en force de chose jugée. Toutes les voies de recours ont donc été utilisées et la condamnation est devenue définitive.

L'application de la loi pénale dans l'espace

- **Position du problème**. Un étranger commet une infraction en France. Un Français commet une infraction à l'étranger. Quelle loi faut-il leur appliquer ?
- **Solution**. En règle générale, les lois pénales sont territoriales et la France n'échappe pas à cette règle. L'article L. 113-2 du Code pénal pose que : « la loi pénale française est applicable aux infractions commises sur le territoire de la République. L'infraction est réputée commise sur le territoire de la République dès lors qu'un de ses faits constitutifs a eu lieu sur ce territoire. »

b) L'élément matériel

Le droit pénal réprime les atteintes à l'ordre social. Une simple résolution criminelle ne peut pas être sanctionnée. « Pour qu'une poursuite soit possible, il faut que l'infraction se révèle à l'extérieur par un fait matériel objectivement constatable. »[2].

Un acte est donc toujours nécessaire pour qu'il y ait infraction. Cet acte se présente sous la forme d'un agissement ou d'une abstention et il permet de distinguer deux catégories d'infraction :

– **les infractions de commission.** Dans ces infractions la personne a fait un acte qu'elle n'aurait pas dû faire et que la loi pénale réprime. Elle va être poursuivie pour son action ;

EXEMPLES

Vol, escroquerie, abus de confiance, injure.

– **les infractions d'omission.** Dans ces infractions la personne n'a pas fait un acte qu'elle aurait dû faire. Elle va être poursuivie pour son inaction.

EXEMPLES

Non-révélation de faits délictueux par un commissaire aux comptes, non-révélation d'un crime.

LA TENTATIVE

Il arrive que, dans la perpétration (= accomplissement) de l'infraction, le délinquant manque son but. On se trouve en présence d'une tentative. L'infraction n'est pas consommée. Faut-il quand même la réprimer ?

Pour que la tentative d'infraction soit punissable, il faut réunir les éléments classiques de l'infraction.

(1) *On parle de rétroactivité* « in mitius », *du latin* « mitis » *c'est-à-dire avec douceur.*
(2) *B. Bouloc et H. Matsopoulou,* Droit pénal général et procédure pénale, *19e éd., Sirey, 2014, n° 140.*

Élément légal

La répression de la tentative n'est pas systématique. Conformément au principe de la légalité, il faut qu'un texte l'incrimine. Selon le Code pénal, la tentative de crime est toujours punissable. Il en est de même pour la tentative de délit mais encore faut-il qu'un texte spécifique l'ait prévu. En revanche, la tentative de contravention n'est jamais punissable.

Élément matériel

Selon l'article 121-5 du Code pénal, deux conditions caractérisent l'élément matériel. Il faut un commencement d'exécution et une absence de désistement volontaire.

La jurisprudence considère qu'il y a commencement d'exécution lorsque l'acte accompli intentionnellement tend directement à consommer l'infraction.

Exemple : des malfaiteurs armés et cagoulés sont interpellés alors qu'ils se dirigeaient vers une banque.

Le commencement d'exécution ne suffit pas. Il faut, en plus, une absence de désistement volontaire. La tentative suppose que l'auteur ne soit pas parvenu à ses fins indépendamment de sa volonté.

Exemple : il y a tentative quand l'auteur de l'infraction s'interrompt en cours d'exécution car un car de police arrive.

Élément moral

Pour que la tentative d'infraction soit punissable, il faut une intention coupable.

La tentative est réprimée des mêmes peines que l'infraction consommée.

c) L'élément moral

Pour qu'une infraction soit commise, il ne suffit pas qu'un acte matériel, prévu et puni par la loi pénale, ait été commis, il faut encore que cet acte matériel ait été l'œuvre de la volonté de son auteur. « Ce lien entre l'acte et l'auteur... constitue l'élément moral. »[1] En quelque sorte il faut que l'acte puisse être imputé à une personne. L'élément moral présente plusieurs formes.

■ *La faute intentionnelle*

L'intention c'est la volonté tendue vers un acte.

EXEMPLE

Le voleur veut l'acte et son résultat. Il veut à la fois voler et s'approprier le résultat de son vol.

■ *La faute non intentionnelle*

Dans ce deuxième cas la volonté de l'auteur n'est pas tendue vers un but. Il ne veut ni l'acte ni son résultat. Toutefois, il fait preuve d'une imprudence, d'une négligence, d'inattention ou il manque à une obligation de sécurité ou de prudence prévue par la loi ou le règlement.

(1) *B. Bouloc,* op. cit., *n° 266.*

EXEMPLE

Une personne décède pendant une opération car l'anesthésiste n'a pas pris les précautions rendues nécessaires par l'état de la science ; par manque d'habileté, un automobiliste blesse une personne en manœuvrant sa voiture sur un parking.

■ *La faute contraventionnelle*

La faute contraventionnelle résulte de la simple violation d'une loi ou d'un règlement.

EXEMPLES

Bruits ou tapages injurieux ou nocturnes troublant la tranquillité d'autrui ; menace de commettre des violences contre une personne.

LES CAUSES DE NON-RESPONSABILITÉ

Une personne est déclarée responsable d'une infraction si elle a accompli l'action prohibée en ayant conscience de l'interdiction légale. Or, dans certains cas, cette conscience peut avoir été altérée. À l'origine de cette altération se trouvent des circonstances ou un trouble affectant la personne. Dans le premier cas, on parle de faits justificatifs ; dans le second de causes de non-imputabilité.

Les faits justificatifs

Un acte présente toutes les caractéristiques d'une infraction punissable. Toutefois, comme il est accompli, dans certaines circonstances, il apparaît comme l'exercice d'un droit ou l'accomplissement d'un devoir et perd son caractère d'infraction.

Les faits justificatifs sont :

- **la légitime défense** : l'infraction est un acte de défense légitime ;
  Exemple : personne repoussant l'entrée par effraction, violence ou ruse dans un endroit habité, de nuit ;
- **l'ordre de la loi et le commandement de l'autorité légitime ;**
  Exemple : médecin qui informe, en vertu de l'article 226-14, 2° du Code pénal, les autorités judiciaires des sévices ou privations dont il a eu connaissance et qui ont été infligés à un mineur.
- **l'état de nécessité** : situation dans laquelle la commission de l'infraction est le seul moyen d'éviter un dommage plus grave que celui qui risque d'être causé par l'infraction.
  Exemple : conducteur d'un tracteur circulant sans permis pour ravitailler des personnes en période de grève totale des transports routiers et ferroviaires.

Les causes de non-imputabilité

Imputer un acte à une personne c'est lui attribuer l'acte en question et lui en faire subir les conséquences juridiques. Ainsi, la personne est rendue responsable de l'acte commis. Diverses causes peuvent perturber l'imputation d'un acte à une personne. Ces causes tiennent :

- au **trouble psychique**. *Exemples* : aliénation mentale, délire paranoïaque ;
- à la **contrainte**. *Exemple* : propriétaire dont le mur s'effondre suite à une tempête et dont la chute cause la mort d'un passant ;
- à l'**erreur**. *Exemple* : propriétaire d'un immeuble réalisant un aménagement et ignorant qu'il existe des règles d'urbanisme dont l'inobservation s'analyse en une infraction.

1.2 La classification des infractions

Les infractions font l'objet de nombreuses classifications. La plus courante regroupe les infractions en fonction de leur gravité (a). Après avoir présenté cette classification, nous en montrerons les intérêts pratiques (b).

a) Les infractions classées selon leur gravité

La division des infractions en trois groupes repose sur les articles 111-1 et 111-2 du Code pénal.

La classification fondamentale du Code pénal

Article 111-1. Les infractions pénales sont classées, suivant leur gravité, en crimes, délits et contraventions

Article 111-2. La loi détermine les crimes et délits et fixe les peines applicables à leurs auteurs.

Le règlement détermine les contraventions et fixe, dans les limites et selon les distinctions établies par la loi, les peines applicables aux contrevenants.

b) Les intérêts pratiques de cette classification

Cette distinction présente de nombreux intérêts pratiques. Dans les développements qui suivent nous nous limiterons à la présentation de trois intérêts essentiels.

■ *Nature de la peine et nature de l'infraction*

Les articles 111-1 et 2 du Code pénal permettent de comprendre que la nature de la peine détermine la nature de l'infraction. En conséquence :

– le crime est l'infraction que la loi détermine et punit d'une peine criminelle ;

– le délit est l'infraction que la loi détermine et punit d'une peine correctionnelle ;

– la contravention est l'infraction que le règlement détermine et punit d'une peine contraventionnelle.

■ *Sources du droit*

Les articles 111-1 et 2 permettent de comprendre comment s'effectue la répartition des pouvoirs entre le la loi et le règlement en matière de détermination des infractions. À la loi la charge de déterminer et punir les crimes et délits. Au règlement la charge de déterminer et de punir (mais en respectant certaines prescriptions légales) les contraventions.

■ *Compétences des tribunaux*

Sauf exceptions :

– les crimes relèvent des cours d'assises (*exemples* : meurtre, viol accompagné, précédé ou suivi de tortures ou d'actes de barbarie) ;

– les délits relèvent des tribunaux correctionnels (*exemples* : escroquerie, abus de confiance) ;

– les contraventions relèvent des juridictions de proximité (classes 1 à 4) et des tribunaux de police (classe 5) (*exemple* : infractions relatives au SMIC ; mauvais traitements à animaux).

2. Les participants à l'infraction

Nous distinguerons le cas de l'auteur (2.1) et du complice (2.2).

2.1 L'auteur

Dans la conception classique du Code pénal, le délinquant est celui qui commet un acte répréhensible, prévu et puni par la loi. Ce délinquant est une personne physique. C'est l'auteur matériel.

Toutefois, la scène sociale et économique n'est pas peuplée que de personnes physiques. Au XIXe et surtout au XXe siècle, les groupements se sont fortement développés et la question s'est posée de la mise en cause de leur responsabilité pénale. Longtemps notre conception du droit pénal nous a empêché de retenir cette responsabilité. Trois raisons étaient évoquées pour justifier l'irresponsabilité pénale de la personne morale :

- le délinquant était un être humain et, plus particulièrement, un individu de type masculin ;
- la peine était par excellence l'emprisonnement ;
- les groupements étant des fictions, on imaginait mal qu'ils puissent avoir une volonté en dehors de celle de leurs membres.

Diverses raisons ont amené le législateur à modifier ses conceptions et, depuis le 1er mars 1994, la responsabilité pénale de la personne morale est entrée de plein pied dans notre droit positif. Elle a d'abord été limitée à certaines infractions et, depuis le 31 décembre 2005, elle a été étendue à toutes les infractions. Aujourd'hui elle est posée par l'article 121-2 du Code pénal. Aux termes de celui-ci, « les personnes morales, à l'exclusion de l'État, sont responsables pénalement [...] des infractions commises, pour leur compte, par leurs organes ou représentants. »

EXEMPLES DE PERSONNES MORALES RESPONSABLES PÉNALEMENT

Les sociétés, les syndicats, les comités d'entreprise, les GIE.

CONDITIONS DE MISE EN ŒUVRE DE LA RESPONSABILITÉ PÉNALE DE LA PERSONNE MORALE

Personnes concernées

Toutes les personnes morales ne sont pas responsables. Sont exclus l'État et, dans une certaine mesure, les collectivités territoriales.

Agissements susceptibles d'engager la responsabilité pénale

La personne morale est une fiction juridique. En conséquence, elle ne peut pas par elle-même engager sa responsabilité pénale. Cette dernière est engagée par « ses **organes** ou **représentants** » à condition qu'ils agissent pour le compte de la personne morale et non pas pour leur compte personnel.

Notion d'organes

Selon une doctrine particulièrement autorisée, la notion « convient parfaitement aux personnes morales, pour lesquelles la loi, sans être totalement contraignantes, a fixé le cadre de leur organisation »[(1)].

Exemples : le gérant dans la SARL, le PDG et le CA dans la SA, les assemblées dans les SA et SARL.

Notion de représentants

La même doctrine considère que la notion « convient notamment aux personnes morales pour lesquelles la loi n'a pas fixé d'une façon précise le cadre de leur organisation, laissant ainsi aux fondateurs ou organisateurs le soin d'établir les règles de fonctionnement de ces groupements »[(2)].

Exemples : cas des sociétés civiles, des associations et du GIE.

2.2 Le complice

Aux termes de l'article 121-7 du Code pénal « est complice d'un crime ou d'un délit la personne qui sciemment, par aide ou assistance, en a facilité la préparation ou la consommation ». Par ailleurs, le même article ajoute, en son deuxième alinéa, « est également complice la personne qui par don, promesse, menace, ordre, abus d'autorité ou de pouvoir aura provoqué à une infraction ou donné des instructions pour la commettre ».

Trois conditions doivent être réunies pour que la complicité soit punissable. Il faut qu'existent un fait principal punissable (a), un acte matériel défini par la loi (b) et une intention (c).

a) Le fait principal punissable

Le fait principal punissable est, en principe, un crime ou un délit. La complicité est une criminalité d'emprunt. Il en résulte deux conséquences :

– la complicité ne peut être poursuivie que dans la mesure où l'acte principal s'analyse en une infraction ;

EXEMPLE

Le suicide n'est pas une infraction. En conséquence, la provocation au suicide ne pouvait pas être réprimée. Pour tourner cette difficulté, le législateur a érigé en délit autonome la provocation au suicide. L'article 223-13 du Code pénal punit cette provocation de trois ans d'emprisonnement et de 45 000 € d'amende si la provocation a été suivie d'un suicide ou d'une tentative de suicide.

– la complicité ne peut être poursuivie si l'acte principal n'est pas consommé ou tenté.

EXEMPLE

Un comptable pousse le PDG d'une SA à commettre un abus de biens sociaux. Le PDG hésite, puis renonce. L'abus de biens sociaux n'est pas consommé. La complicité ne peut pas être réprimée.

b) L'acte matériel de complicité

La complicité suppose une activité matérielle. Il n'y a pas de complicité par abstention.

(1) *B. Bouloc et H. Matsopoulou,* op. cit., *n° 242.*
(2) *B. Bouloc et H. Matsopoulou,* op. cit., *n° 242.*

EXEMPLE

Une personne assiste au vol d'une voiture. Elle ne téléphone pas à la police ; elle ne s'oppose pas au vol. Son attitude est moralement blâmable mais elle n'a pas commis d'infraction.

LES ACTES DE COMPLICITÉ

Faits antérieurs ou concomitants à la consommation de l'infraction

Provocation circonstanciée. Pour être punissable, la provocation doit être entourée de circonstances qui lui donnent plus de force. Ces circonstances sont des dons, promesses, menaces, ordres, abus d'autorité ou de pouvoir.

Simple provocation. En principe, elle n'est pas suffisante pour être réprimée. Il existe cependant des exceptions. *Exemples* : provocation à s'armer contre l'autorité de l'État, provocation directe à un attroupement armé.

Fourniture d'instructions. *Exemple* : une personne fournit à un cambrioleur les plans d'une entreprise et notamment l'emplacement des alarmes de sécurité.

Aide ou assistance donnée lors de la préparation. *Exemple* : une bande prépare l'attaque d'une banque et à cette fin une personne lui fournit une voiture « maquillée », des armes et du matériel électronique.

c) L'élément intentionnel

L'élément intentionnel est fondamental dans la complicité. Le complice doit avoir conscience de l'aide qu'il apporte à la réalisation de l'infraction. Dans certains cas, la preuve de la complicité est facile à apporter.

EXEMPLES

Complicité par provocation, fourniture de moyens.

Le complice est puni des mêmes peines que l'auteur principal. Là encore, c'est la notion de criminalité d'emprunt qui explique la peine.

3. La peine

Nous présenterons successivement la notion (3.1), les principes directeurs (3.2), la nature (3.3) et les formes (3.4) des peines.

3.1 Notion

Selon l'article 130-1 du Code pénal, la peine « a pour fonctions de sanctionner l'auteur de l'infraction, de favoriser son amendement, son insertion ou sa réinsertion ».

LES FONCTIONS DE LA PEINE

L'intimidation. L'infraction crée un trouble social et il faut dissuader les délinquants éventuels de commettre l'irréparable. En conséquence, la peine doit dissuader.

Exemple : l'assassinat (= meurtre avec préméditation) est puni de la réclusion criminelle à perpétuité (art. 221-3 Code pénal).

La rétribution. La peine est la nécessaire et juste sanction de la faute commise.

Exemple : *a contrario*, ceci explique que les déments et les jeunes enfants y échappent.

La réadaptation. La sanction doit permettre la réinsertion du délinquant sinon elle est vaine et inhumaine.

Exemple : L'article 720-4 du Code de procédure pénale prévoit que « lorsque le condamné manifeste des gages sérieux de réadaptation sociale, le tribunal [...] peut, à titre exceptionnel [...] décider qu'il soit mis fin à la période de sûreté [...] ou que sa durée soit réduite. »

3.2 Les principes directeurs

Le principe de légalité (a) et celui de subjectivité (b) commandent la détermination et le régime des peines.

a) Le principe de légalité

Le principe de la légalité criminelle pose que le législateur détermine les infractions ainsi que les sanctions. À cette fin, il est tenu par le respect des normes supérieures : la Constitution, la Convention européenne de sauvegarde des droits de l'homme et des libertés fondamentales et le Pacte international relatif aux droits civils et politiques.

Ces normes supérieures encadrent le pouvoir législatif.

■ *Qualités des peines*

Les peines doivent être impersonnelles, générales et abstraites. De plus, elles doivent être précises.

EXEMPLE

« Le fait de causer, dans les conditions et selon les distinctions prévues à l'article 121-3, par maladresse, imprudence, inattention, négligence ou manquement à une obligation de sécurité ou de prudence imposée par la loi ou le règlement, la mort d'autrui constitue un homicide involontaire puni de trois ans d'emprisonnement et de 45 000 € d'amende. » (Art. 221-6 Code pénal.)

■ *Principe de non-rétroactivité des peines encourues*

Une personne ne peut être punie qu'en vertu d'une loi édictée et publiée avant la commission de l'infraction.

■ *Principe d'égalité des citoyens devant les peines encourues*

Les citoyens sont égaux devant les lois. En conséquence, les peines s'appliquent à tous et on ne peut pas prendre en compte les conditions socio-économiques pour déterminer la peine à appliquer.

■ *Principe de proportionnalité dans la détermination des peines*

Il ne peut pas y avoir de sanction sans faute. Mais encore faut-il que la sanction soit proportionnée à la faute. Cette exigence trouve son fondement dans la nécessaire défense de la société et dans la non moins nécessaire préservation des intérêts individuels.

EXEMPLE

Différentes sanctions sont attachées au faux :

- faux et usage de faux : 3 ans d'emprisonnement et 45 000 € d'amende ;
- faux commis dans un document délivré par une administration publique : 5 ans d'emprisonnement et 75 000 € d'amende ;

- faux commis dans un document délivré par une administration publique et réalisé par une personne dépositaire de l'autorité publique : 7 ans d'emprisonnement et 100 000 € d'amende.

■ *Principe du respect de la dignité humaine dans l'exécution de la peine*

Le condamné ne peut pas être soumis à des traitements inhumains.

EXEMPLE

Interdiction des tortures, des traitements inhumains ou dégradants.

■ *Application de la règle non bis in idem*

Selon ce principe la double peine pour une même infraction est interdite. Il est posé par l'article 4 du protocole additionnel nº 7 de la Convention européenne des droits de l'homme. Aux termes de celui-ci : « Nul ne peut être poursuivi ou puni pénalement par les juridictions du même État en raison d'une infraction pour laquelle il a déjà été acquitté ou condamné par un jugement définitif conformément à la loi et la procédure pénale de cet État. »

b) Le principe de subjectivité

Il doit faire l'objet d'une double compréhension :

– la peine est **personnelle.** Elle ne peut atteindre que celui qui a commis l'infraction ainsi que son complice. Ce principe repose sur l'article 121-1 du Code pénal. Selon celui-ci : « Nul n'est responsable pénalement que de son propre fait » ;

– la peine doit être **individualisée.** La loi invite le juge à fixer la sanction en tenant compte des circonstances de l'infraction et de la personnalité de son auteur. Ainsi, le juge peut fractionner les peines, faire bénéficier la personne d'un sursis.

3.3 La nature des peines

La répartition classique oppose les peines criminelles, aux peines correctionnelles et contraventionnelles.

LA RÉPARTITION CLASSIQUE DES PEINES

Peines applicables aux personnes physiques

Peines criminelles	Peines correctionnelles	Peines contraventionnelles
• Réclusion(1) criminelle à perpétuité	• Emprisonnement (échelle maximale des peines : 10 ans, 7 ans, 5 ans, 3 ans, 2 ans, 1 an, 6 mois et 2 mois au plus) • Contrainte pénale(2)	• Amende (réparties en 5 classes ; 38 €, 150 €, 450 €, 750 €, 1 500 € au plus)

(1) L'expression « réclusion criminelle » est réservée aux peines criminelles de droit commun. L'expression « détention criminelle » est réservée aux peines criminelles politiques.
(2) Elle vise à soumettre une personne à des mesures de contrôle et d'assistance, ainsi qu'à des obligations et interdictions particulières destinées à éviter la récidive et à favoriser la réinsertion au sein de la société.

☞

Peines criminelles	Peines correctionnelles	Peines contraventionnelles
• Réclusion criminelle à temps (échelle maximale des peines : 30 ans, 20 ans, 15 ans ; minimum : 10 ans) • Peines complémentaires : ces peines accompagnent les peines principales (*exemple* : immobilisation d'un objet, affichage d'une décision)	• Amende (à partir de 3 750 €) • Jour-amende à la place de l'emprisonnement (maximum : 360 jours et 1 000 € par jour) • Stage de citoyenneté • Travail d'intérêt général (non rémunéré et effectué au profit d'une personne morale de droit public ou de certaines associations) • Peines privatives ou restrictives de droit (*exemple* : suspension pour 5 ans au plus du permis de conduire, interdiction pour 5 ans au plus d'émettre des chèques) • Peines complémentaires : ces peines accompagnent les peines principales (*exemple* : fermeture d'un établissement, confiscation d'un objet)	• Peines complémentaires : ces peines accompagnent les peines principales (*exemple* : retrait du permis de chasser avec interdiction de solliciter la délivrance d'un nouveau permis pendant trois ans au plus, confiscation de la chose)

Peines applicables aux personnes morales

Peines criminelles ou correctionnelles	Peines contraventionnelles
• **Amende** (le maximum prévu pour une personne physique × 5) • **Les peines complémentaires de l'article 131-39 du Code pénal** : elles sont applicables lorsque le texte d'incrimination a prévu leur applicabilité aux personnes morales *Exemples* : dissolution, interdiction définitive ou pour 5 ans au plus d'exercer une ou plusieurs activités sociales ou professionnelles, placement pour une durée de 5 ans au plus sous surveillance judiciaire	• **Amende** (le maximum prévu pour une personne physique × 5) • **Les peines complémentaires de l'article 131-42 du Code pénal** : elles sont applicables lorsque le texte d'incrimination a prévu leur applicabilité aux personnes morales *Exemples* : confiscation de la chose qui a servi à commettre l'infraction, interdiction d'émettre des chèques • **Autres peines** : les peines privatives ou restrictives de droit de l'article 131-42 (*exemples* : interdiction d'émettre des chèques, confiscation) et la peine de sanction-réparation de l'article 131-44-1 qui consiste dans l'indemnisation sans délai de la victime.

3.4 La forme des peines

La peine peut prendre trois formes.

a) L'atteinte à la personne

- Pour une personne physique : mesures de désintoxication, suivi socio-judiciaire, atteinte à la liberté individuelle par une peine privative (ex. : emprisonnement, réclusion à temps) ou restrictives de liberté (ex. : travail d'intérêt général, remise en état d'un bien).
- Pour une personne morale : dissolution, placement sous surveillance judiciaire pour une durée limitée.

b) L'atteinte aux biens

Elles concernent les personnes physiques et morales. Il s'agit de l'amende, de la fermeture d'un établissement ou de la confiscation d'un bien.

c) L'atteinte aux droits

Il en existe de très nombreux types. On peut les regrouper en deux familles :

– les interdictions d'exercer certains droits civiques, civils et de famille ;

EXEMPLES

Droit de témoigner en justice, d'être expert, droit de vote et d'éligibilité.

– les interdictions d'exercer certaines activités.

EXEMPLE

Fonction publique, fonction professionnelle, interdiction d'utiliser un permis, d'émettre des chèques ou d'utiliser des cartes de paiement.

SECTION 2

LE PROCÈS ET LA PROCÉDURE PÉNALE

La mise en cause de la responsabilité pénale passe par le déclenchement d'une action (1), qui peut s'accompagner, dans certains cas, d'une phase d'instruction (2) et débouche sur un jugement contre lequel des voies de recours peuvent être utilisées (3).

1. Les actions

L'infraction représente une double atteinte. D'abord elle trouble l'ordre public et viole la loi pénale. En conséquence elle fait naître l'action publique qui tend, en principe, au prononcé d'une peine (1.1). Ensuite, elle porte atteinte aux intérêts d'une personne dont elle lèse les droits individuels. En conséquence, elle fait naître au profit de cette personne une action tendant à la réparation du dommage subi. Il s'agit de l'action civile (1.2).

1.1 L'action publique

L'action publique ou action pour l'application des peines « a pour but de réprimer le trouble social par l'application d'une peine ou d'une mesure de sûreté à l'auteur de l'infraction[1] ».

(1) *B. Bouloc,* Procédure pénale, *21e éd., Dalloz, 2008 no 163.*

En principe l'action est déclenchée par le Ministère public (a). Une fois enclenchée, elle a pour fin d'être jugée. Toutefois des obstacles peuvent se dresser sur son chemin et aboutir à son extinction (b).

a) Le déclenchement de l'action publique

Le déclenchement met aux prises un sujet actif et un sujet passif. Elle nécessite l'utilisation de divers procédés.

■ *Le déclenchement de l'action publique met aux prises un sujet actif et un sujet passif*

• **Le sujet actif.** L'action publique appartient au Ministère public encore appelé Parquet ou magistrature debout (à l'audience les représentants du Parquet se lèvent pour présenter leurs réquisitions). Le Parquet ne juge pas. Il agit au nom de la société. Il lance, puis exerce l'action publique au nom du peuple français. Le Parquet n'est pas un organe de répression systématique : il a l'opportunité de la poursuite. En effet, l'article 40 du Code de procédure pénale pose que : « Le procureur de la République reçoit les plaintes et les dénonciations et apprécie la suite à leur donner conformément aux dispositions de l'article 40-1. » Ce dernier article offre au Ministère public trois solutions :

– engager les poursuites ;

– classer sans suite ;

– classer sans suite mais sous condition que soit mises en œuvre une mesure alternative aux poursuites (*exemple* : demander à l'auteur des faits de procéder à une régularisation de sa situation, réparer le dommage occasionné par les faits) *ou* une mesure de composition pénale. Cette procédure tente de régler un litige au stade de la poursuite par un accord entre le Parquet et la personne poursuivie. Elle peut être proposée à une personne physique qui reconnaît avoir commis un ou plusieurs délits punis à titre principal d'une amende ou d'un emprisonnement n'excèdant pas 5 ans, ainsi qu'une ou plusieurs contraventions connexes.

• **Le sujet passif.** C'est la personne contre qui l'action est dirigée. En vertu du principe de la personnalisation des peines, l'action est dirigée contre l'auteur et son complice. Il n'est pas nécessaire que ces personnes soient connues. Si elles sont inconnues, on ouvre une information contre X.

■ *Les procédés de déclenchement de l'action publique*

Procédés utilisés	Caractéristiques essentielles
Le réquisitoire introductif d'instance	• Acte écrit adressé par le Ministère public au juge d'instruction. • Cet acte comporte notamment le nom des personnes poursuivies ou la lettre X si ces personnes sont inconnues et la qualification des faits pour lesquels une instruction est demandée. • Le recours à ce réquisitoire est obligatoire quand il s'agit de poursuivre une infraction dont l'instruction est obligatoire, essentiellement les crimes et délits.
La citation directe	• Mode de déclenchement de l'action publique tendant à assigner directement le délinquant devant les tribunaux correctionnels et de police.
L'avertissement	• Simple convocation par le représentant du Parquet du délinquant devant les tribunaux de police et correctionnel. • L'avertissement n'est pas un véritable acte de poursuite car c'est la comparution volontaire de la personne poursuivie qui réalise la saisine.

☞

La convocation en justice	• Voie procédurale de poursuite consistant à faire notifier la convocation par une personne déléguée par le représentant du Parquet. *Exemples* : greffier, officier ou agent de police judiciaire. • Utilisée en matière de délit et de contravention.
La convocation par procès-verbal (dite rendez-vous judiciaire)	• Procédure par laquelle le représentant du Parquet notifie à la personne déférée devant lui les faits qui lui sont reprochés ainsi que la date et l'audience au cours de laquelle elle sera jugée. • Utilisée en matière délictuelle dès que l'affaire est suffisamment éclaircie.
La comparution immédiate	• Utilisée notamment en matière de délit flagrant.
La comparution sur reconnaissance préalable de culpabilité (dite plaider-coupable)	• Procédure par laquelle le représentant du Parquet propose à la personne poursuivie d'exécuter une peine. • Utilisée à l'initiative du procureur ou du délinquant pour tous les délits sauf les atteintes à l'intégrité des personnes et les agressions sexuelles.

b) L'extinction de l'action publique

Elle constitue un obstacle à l'action publique. Ses causes en sont prévues par l'article 6 du Code de procédure pénale.

LES CAUSES D'EXTINCTION DE L'ACTION PUBLIQUE

Causes	Régime juridique
Prescription	• Délai de temps qui éteint l'action publique. • Durée du délai : – crimes : 10 ans – délits : 3 ans – contravention : 1 an
Décès du délinquant	• L'action publique ne peut pas être intentée contre ses héritiers. • Les complices et coauteurs peuvent toujours être poursuivis.
Amnistie	• Institution par laquelle le pouvoir législatif fait disparaître rétroactivement le caractère délictueux d'une infraction.
Abrogation de la loi pénale	• Par l'effet de l'abrogation, l'acte perd son caractère délictueux. En conséquence les poursuites en cours doivent cesser.
Transaction et composition pénale (= forme de transaction entre le ministère public et le délinquant ; possible uniquement dans certains cas)	• La loi permet à l'officier de police judiciaire de transiger sur un nombre important d'infractions. *Exemples* : vol simple, usage de stupéfiant. • L'exécution de la composition pénale éteint l'action.

Causes	Régime juridique
Retrait de la plainte	• Cause d'extinction limitée au cas où l'action publique est soumise au dépôt d'une plainte *Exemples* : contrefaçon, injure contre un particulier
Chose jugée	• L'action publique est éteinte car toutes les voies de recours ont été utilisées

1.2 L'action civile

L'infraction porte atteinte aux intérêts d'une personne dont elle lèse les droits individuels. Elle fait naître au profit de cette personne une action civile c'est-à-dire une action tendant à la réparation du dommage subi. L'action civile présente une double nature. D'une part, elle vise à la réparation du préjudice subi. Elle est donc de nature indemnitaire. D'autre part, elle met en œuvre, sous certaines conditions, l'action publique (art. 1 al. 2 CPP). Elle est aussi de nature vindicative. L'action civile obéit à des conditions (a), s'exerce devant les juridictions répressives ou civiles (b) et s'éteint pour des causes qui lui sont propres (c).

a) Conditions d'exercice de l'action civile

La personne qui peut intenter l'action civile est la « victime pénale ». Cette victime doit avoir subi un préjudice, présentant diverses qualités. D'une part, il doit s'agir d'un préjudice certain né d'une infraction punissable. D'autre part, il doit s'agir d'un préjudice personnel directement causé par une infraction.

■ *Un préjudice certain né d'une infraction punissable*

• Un **préjudice certain.** Le préjudice fonde l'intérêt à agir. La personne peut agir parce qu'elle est une victime. Encore faut-il que le préjudice qu'elle a subi soit certain. La condition de certitude est réalisée par le préjudice actuel c'est-à-dire déjà réalisé ou futur à condition que l'on soit sûr qu'il se réalisera.

• Un préjudice né d'une **infraction punissable.** Le préjudice doit trouver sa source dans une infraction c'est-à-dire dans un crime, un délit ou une contravention. Encore faut-il que cette infraction soit punissable. Tel n'est pas le cas si l'action publique est éteinte (*exemples* : par prescription, abrogation de la loi pénale) ou si elle est annihilée par un fait justificatif (*exemples* : légitime défense, commandement de l'autorité légitime) ou si le juge a relaxé ou acquitté(1) la personne poursuivie. Dans ce dernier cas il existe toutefois des exceptions.

■ *Un préjudice personnel directement causé par une infraction*

• Un **préjudice personnel.** La victime doit avoir ressenti personnellement le préjudice.

(1) Décision d'une juridiction de jugement qui a mis la personne poursuivie hors de cause. Le terme « relaxe » s'emploie devant le tribunal de police et le tribunal correctionnel. Le terme « acquittement » s'emploie devant la cour d'assises.

L'ACTION CIVILE DES GROUPEMENTS POURVUS DE LA PERSONNALITÉ MORALE

Le cas des syndicats. L'action civile est ouverte aux syndicats. Ils peuvent se porter partie civile à l'occasion d'infractions qui causent un préjudice même indirect à la profession. Il n'est pas nécessaire que le syndicat ait subi lui-même un préjudice.

Le cas des associations. Des textes reconnaissent à certaines associations le droit de se porter partie civile.

Exemples : associations de défense des consommateurs, associations agréées d'investisseurs.

- Un **préjudice direct.** Le préjudice doit être la conséquence immédiate de l'infraction.

EXEMPLE

Préjudice matériel subi par la victime d'un vol, préjudice corporel subi par la victime de coups et blessures. Le préjudice qui découle indirectement de l'infraction ne peut pas, en principe, être réparé.

EXEMPLE

Préjudice subi par des actionnaires dont la société a été victime d'un abus de biens sociaux commis par les dirigeants. Le préjudice direct est subi par la société. Les actionnaires subissent un préjudice indirect.

b) L'exercice de l'action civile

L'action civile est dirigée contre les auteurs de l'infraction et ses complices. Par ailleurs, elle peut aussi être dirigée, sous de strictes conditions, contre des personnes non responsables pénalement mais tenues civilement :

EXEMPLE

Mise en cause du commettant pour violences commises par un préposé sur un collègue de travail ou un client. La victime peut intenter l'action civile soit devant le tribunal répressif soit devant le tribunal civil. Cette option lui est ouverte par l'article 4 du CPP.

L'OPTION OUVERTE À LA « VICTIME PÉNALE »

L'option répressive présente des avantages et des inconvénients

Avantages	Inconvénients
• La décision définitive est obtenue plus rapidement devant la juridiction répressive. • La voie répressive coûte moins cher • Sauf exception, la preuve est libre en matière pénale. • La voie pénale s'accompagne de la mise en œuvre de moyens coercitifs. *exemples* : perquisitions, garde à vue. • La victime trouve dans le Parquet un allié qui lui facilite grandement la tâche.	• L'échec de l'action civile peut se retourner contre la victime dont la responsabilité civile peut être mise en cause. • La personne visée par la constitution de partie civile téméraire pourra intenter une poursuite pour dénonciation calomnieuse. Il s'agit d'un délit passible de 5 ans d'emprisonnement et de 45 000 € d'amende.

☞

Avantages	Inconvénients
• La décision au civil ne peut intervenir, en principe, qu'après que soit rendue la décision devant les juridictions répressives. Le « criminel tient le civil en état ». En choisissant d'intenter l'action civile devant les juridictions répressives, la victime gagne un temps précieux.	• La partie civile ne peut pas être entendue comme témoin. En choisissant cette voie, la victime relativise son poids dans la procédure. Son témoignage est souvent accablant(1).

(1) Cet inconvénient doit être relativisé car divers moyens permettent d'en réduire la portée.

Le choix entre la voie civile ou la voie répressive s'effectue sous contraintes

- Dans certains cas la voie civile est interdite.

  Exemple : diffamation.
- Dans d'autres cas la voie répressive est interdite.

  Exemples : action civile intentée par l'acheteur de la victime. Par ailleurs, les juridictions répressives d'exception ne sont pas compétentes pour statuer sur l'action civile. Tel est le cas de la Haute Cour ou de la Cour de justice de la République(1).
- L'exercice de l'option est en principe irrévocable. Ce principe signifie que la victime qui a choisi l'option répressive peut l'abandonner au profit de l'option civile. L'inverse est aussi possible mais de façon très exceptionnelle.

  Exemple : le tribunal répressif a été saisi par le Parquet avant qu'un jugement sur le fond ait été rendu par la juridiction civile (art. 5 CPP).
- L'action civile exercée devant la juridiction civile est soumise à 2 principes :
  - **« le criminel tient le civil en état »**. Avant de statuer, les juges civils doivent attendre la décision des juges criminels. Cette règle qui établit la primauté du criminel sur le civil repose sur l'article 4 al. 2 du CPP. Cet article a fait l'objet d'une réécriture par la loi du 5 mars 2007 tendant à renforcer l'équilibre de la procédure pénale. Désormais, il faut distinguer deux situations. Si l'action publique a déjà été déclenchée avant l'action civile, la juridiction civile doit attendre (= surseoir à statuer) la décision sur l'action publique, le criminel tient donc le civil en état. En ce qui concerne les actions à des fins civiles(2), le principe est écarté et la juridiction civile peut statuer immédiatement ;

(1) La Haute Cour est compétente pour juger le Président de la République en cas de manquement à ses devoirs manifestement incompatible avec l'exercice de son mandat. La Cour de justice de la République juge les membres du gouvernement pour crimes et délits dans l'exercice de leur fonctions.

*(2) Les actions à des fins civiles ne doivent pas être confondues avec l'action civile. En effet, la seconde a pour finalité une réparation de l'infraction. Tel n'est pas l'objet des premières qui sont exercées parallèlement à une action pénale (*exemple *: l'action en justice résultant d'un licenciement).*

– **l'autorité sur le civil de la chose jugée au criminel.** Ce principe dérive du précédent. Quand le juge civil statue après le juge criminel, il ne peut pas méconnaître les décisions de ce dernier, spécialement celles qui portent sur l'existence du fait incriminé.

Exemple : une personne est condamnée au criminel ; le juge civil ne peut pas refuser d'octroyer des dommages-intérêts à la victime qui a subi un préjudice sous prétexte qu'il doute de la faute de la personne condamnée.

L'action de la partie civile devant la juridiction répressive peut prendre 2 formes

- **La voie de l'intervention.** Dans ce cas, le Parquet a déjà engagé l'action publique. La partie lésée joint alors son action à celle du Ministère public. Elle peut agir devant la juridiction d'instruction ou devant la juridiction de jugement.
- **La voie de l'action.** Si le Ministère public n'a pas encore déclenché l'action publique, la victime peut quand même agir devant la juridiction répressive. Elle a deux moyens à sa disposition : la citation directe et la plainte avec constitution de partie civile. Par ce moyen, la victime met en marche l'action publique et elle devient partie au procès pénal.

c) L'extinction de l'action civile

De nombreuses causes font disparaître l'action civile. Nous distinguerons :

– **la prescription.** L'action civile qui n'est pas intentée pendant un certain temps est éteinte. Concrètement, passé un certain délai la victime ne peut plus obtenir de dommages-intérêts. Ce délai est commandé par deux règles :

- l'action civile ne peut plus être intentée devant la juridiction répressive après l'expiration du délai de prescription des actions publiques (art. 10 al. 1er CPP). *Rappel* : crimes (10 ans), délits (3 ans), contraventions (1 an),
- l'action peut être intentée au-delà des délais précédemment rappelés mais, dans ce cas, uniquement devant les juridictions civiles. *Rappel* : en droit civil, le délai de prescription de droit commun est de 5 ans (art. 2224 C. civ.) ;

– **la transaction.** Les parties au procès conviennent de régler par un contrat tout ce qui touche à la réparation du dommage privé subi par la victime ;

– **la renonciation.** La victime déclare qu'elle ne réclamera pas réparation du dommage qu'elle a subi ;

– **le désistement.** Le désistement enlève au plaignant sa qualité de partie civile au procès pénal ;

EXEMPLE

La partie civile ne comparaît pas à l'audience.

– **l'acquiescement.** La partie civile se soumet aux prétentions de son adversaire ;

EXEMPLE

La partie civile laisse s'écouler les délais pour faire appel de la décision rendue.

– **la chose jugée.** La victime qui a intenté une action devant une juridiction civile et obtenu une décision devenue définitive ne peut plus agir en justice pour obtenir des dommages-intérêts.

2. L'instruction préparatoire

La justice répressive a trois fonctions principales : poursuivre, instruire et juger. L'instruction préparatoire constitue l'une de ces trois fonctions.

Le mot instruction a deux sens. Au sens large, l'instruction avant audience « consiste dans la recherche et la réunion des éléments qui seront produits au juge de jugement pour lui permettre de prendre une décision. »(1) De ce point de vue, il faut constater que toute affaire, aussi simple soit-elle, nécessite un dossier. Toute affaire fait donc l'objet d'une instruction. Toutefois, le sens qui nous intéresse est différent car le mot peut être entendu dans une acception plus technique. « L'instruction préparatoire s'entend alors de l'information diligentée par le juge d'instruction à l'aide des pouvoirs particuliers que la loi lui a confiés et dont l'emploi s'entoure de formalités nombreuses et rigoureuses. »(2) L'instruction préparatoire est confiée au juge d'instruction (2.1) dont les actes font l'objet d'un contrôle par la chambre de l'instruction (2.2).

2.1 L'instruction par le juge d'instruction(3)

L'instruction est obligatoire en matière criminelle. Pour les autres infractions, les délits set contraventions, elle est facultative.

La saisine du juge d'instruction est opérée par un réquisitoire à fins d'informer émanant du représentant du Parquet ou par une plainte avec constitution de partie civile émanant de la victime.

L'ÉTENDUE DE LA SAISINE DU JUGE D'INSTRUCTION

- Le juge d'instruction est saisi *in rem*. Il est saisi uniquement sur les faits contenus dans le réquisitoire introductif d'instance ou dans la plainte avec constitution de partie civile. Au cours de l'instruction, s'il découvre des faits nouveaux, il doit en informer le Parquet qui peut décider de les poursuivre. En cette occurrence, le représentant du Parquet prend un réquisitoire complémentaire ou réquisitoire supplétif.
- Le juge d'instruction n'est pas saisi *in personam*. Il est obligé d'instruire contre les personnes dont les noms figurent dans l'acte qui l'a saisi. Mais, il n'est pas limité à ses personnes. Il peut mettre en examen ou entendre comme témoin assisté toutes personnes à condition qu'il « existe des indices... rendant vraisemblable qu'elles aient pu participer, comme auteur ou comme complice, à la commission des infractions dont il est saisi » (art. 80-1 al. 1er CPP pour la mise en examen et 113-2 al. 2 CPP pour le témoin assisté).

Au cours de l'instruction le juge instruit, à charge et à décharge. Il « procède [...] à tous les actes d'information qu'il juge utiles à la manifestation de la vérité » (art. 81 CPP). Concrètement, il doit rechercher tous les éléments permettant d'inculper et de disculper une personne.

Cette recherche d'informations l'amène à accomplir des actes dits d'instruction.

(1) *B. Bouloc,* op. cit., *n° 643.*
(2) *B. Bouloc,* op. cit., *n° 643.*
(3) *La loi de finances 2015 a reporté la mise en œuvre de la collégialité de l'instruction au 1er janvier 2017.*

EXEMPLES

Descente sur les lieux, interrogatoire de la personne mise en examen, audition d'un témoin assisté, perquisitions.

En revanche, les mesures qui portent atteinte à la liberté d'une personne sont, le plus souvent, ordonnées par une autre personne que le juge d'instruction : le juge des libertés et de la détention.

À la fin de l'instruction, le juge décide de renvoyer l'intéressé devant la juridiction compétente ou il rend une ordonnance de non-lieu.

LA CLÔTURE DE L'INSTRUCTION

À la fin de l'information, le juge d'instruction avise les parties et le représentant du Parquet. Celui-ci communique au juge d'instruction ses réquisitions. Enfin, le juge d'instruction prend une ordonnance de règlement.

- **Ordonnance de non-lieu.** Si le juge d'instruction estime que les faits ne constituent pas une infraction ou si l'auteur est resté inconnu ou s'il n'existe pas de charges suffisantes contre la personne mise en examen, le juge dit qu'il n'y a pas lieu de poursuivre. Il rend une ordonnance de non-lieu (art. 177 al. 1er CPP).
- **Ordonnance de renvoi ou de mise en accusation.** Si le juge d'instruction estime que les faits qu'il a instruits constituent une infraction :
  - il rend une ordonnance de renvoi devant le tribunal de police si les faits constituent une contravention de la classe 5 ou devant la juridiction de proximité de la classe 1 à 4 (art. 178 al. 1er CPP) ;
  - il rend une ordonnance de renvoi devant le tribunal correctionnel si les faits constituent un délit (art. 179 al. 1er CPP) ;
  - il ordonne directement la mise en accusation devant la Cour d'assises des personnes mises en accusation (art. 181 al. 1er CPP).

2.2 Les rôles de la chambre de l'instruction

La chambre de l'instruction est une chambre spécialisée de la cour d'appel. Elle est composée de trois magistrats. Elle exerce principalement deux fonctions.

a) Fonction juridictionnelle

Elle contrôle :

– les **ordonnances du juge** d'instruction et du juge des libertés et de la détention ;

EXEMPLES

Ordonnance de non-lieu, ordonnance relative à la constitution de partie civile.

– les **actes de l'instruction.**

EXEMPLE

La perquisition était-elle opportune ? L'interrogatoire de la personne mise en examen a t-elle été effectuée conformément aux règles légales ?

b) Fonction d'instruction

Dans cette deuxième fonction la chambre se comporte comme une juridiction d'instruction du second degré. Elle examine l'appel de l'ordonnance de mise en accusation ou de renvoi. Elle peut aussi procéder à des actes d'information complémentaire.

3. Le jugement et les voies de recours

Les juridictions de jugement (3.1) se prononcent sur la culpabilité ou l'innocence de la personne poursuivie. Elles acquittent, relaxent ou infligent une peine. Des voies de recours peuvent être exercées contre les décisions des juridictions de jugement (3.2).

3.1 Les juridictions de jugement

Les juridictions de jugement sont les suivantes :

– la juridiction de proximité. Cette juridiction est compétente pour juger les contraventions des classes 1 à 4 ;

– le tribunal de police. Ce tribunal est compétent pour juger des contraventions de 5e classe c'est-à-dire des infractions que la loi punit d'une peine d'amende n'excédant pas 3 000 € (art. 521 CPP). Le tribunal de police statue à juge unique ;

– le tribunal correctionnel. Ce tribunal est compétent pour juger des délits, c'est-à-dire des infractions que la loi punit d'une peine d'emprisonnement ou d'une peine d'amende supérieure ou égale à 3 750 € (art. 381 al. 2 CPP). Le tribunal correctionnel est une juridiction collégiale. Il est formé de trois magistrats sauf dans les cas où il statue à juge unique ;

EXEMPLES

Délit de fuite commis à l'occasion de la conduite d'un véhicule (art. 434-10 CP) ; filouterie[1] (art. 313-5 CP).

– la **cour d'assises.** Aux termes de l'article 231 du CPP, « la cour d'assise a plénitude de juridiction pour juger, en premier ressort ou en appel, les personnes renvoyées devant elle par la décision de mise en accusation ».

3.2 Les voies de recours

Les voies de recours ont pour objet de lutter contre les erreurs judiciaires qui, en matière criminelle, peuvent être lourdes de conséquences.

LES DIFFÉRENTES VOIES DE RECOURS

Les voies de recours ordinaires

L'appel

- **Définition.** L'appel est une voie de recours qui consiste à soumettre un litige déjà jugé à un nouvel examen par une juridiction supérieure. L'appel est une voie de réformation. Il est porté devant la cour d'appel. Il a un effet suspensif (la décision frappée d'appel n'est pas exécutée) et un effet dévolutif (l'affaire est jugée une deuxième fois).

(1) Acte d'une personne qui ne peut ou ne veut pas payer et se fait servir certains produits (exemples : des aliments, des carburants) ou se fait transporter ou loue une chambre.

- **Appel en matière de police.** L'appel est possible lorsque l'amende encourue est celle prévue pour les contraventions de 5e classe ou lorsque le jugement a prononcé une suspension de permis de conduire ou lorsque la peine d'amende prononcée est supérieure au maximum de l'amende encourue pour les contraventions de la deuxième classe (art. 546 al. 1er CPP).
- **Appel en matière correctionnelle.** Il est toujours recevable (art. 496 CPP).
- **Appel en matière criminelle.** Les arrêts de condamnation peuvent faire l'objet d'un appel. L'appel des arrêts d'acquittement est possible mais ses modalités d'exercice sont limitées. L'appel en matière criminelle est porté devant une autre cour d'assises.

L'opposition

- **Contexte.** L'opposition correspond à l'idée qu'une personne ne peut pas être condamnée sans avoir été entendu. En conséquence est considérée comme rendue par défaut toute décision dans laquelle il n'est pas établi que la personne ait eu connaissance de sa citation en justice. Si la personne avait été présente, une autre décision aurait pu être prise.
- **Définition.** « L'opposition est une voie de recours ordinaire et de rétractation contre les jugements ou arrêts rendus principalement par défaut en matière correctionnelle et de police et les empêchant d'acquérir l'autorité de la chose jugée. »(1)

Les voies de recours extraordinaires

La cassation

Le pourvoi en cassation est destiné à corriger les erreurs de droit. Il est formé devant la Cour de cassation contre les décisions rendues en dernier ressort. La chambre criminelle de la Cour de cassation peut rejeter le pourvoi s'il n'est pas fondé, ou casser la décision si le pourvoi est fondé. Dans ce cas, l'affaire est renvoyée devant une juridiction de fond pour être tranchée.

La révision

Le pourvoi en révision est destiné à corriger une erreur judiciaire qu'il serait injuste de maintenir. Il en est ainsi quand un innocent a été condamné par une décision devenue définitive. Le pourvoi en révision va permettre de corriger cette erreur.

(1) S. Jacopin, *Procédure pénale*, Montchrestien, 2005, p. 136.

FICHE MÉMO

1. Mise en cause de la responsabilité pénale
2. Procès et procédure pénale
3. Jugement et voies de recours

1. MISE EN CAUSE DE LA RESPONSABILITÉ PÉNALE

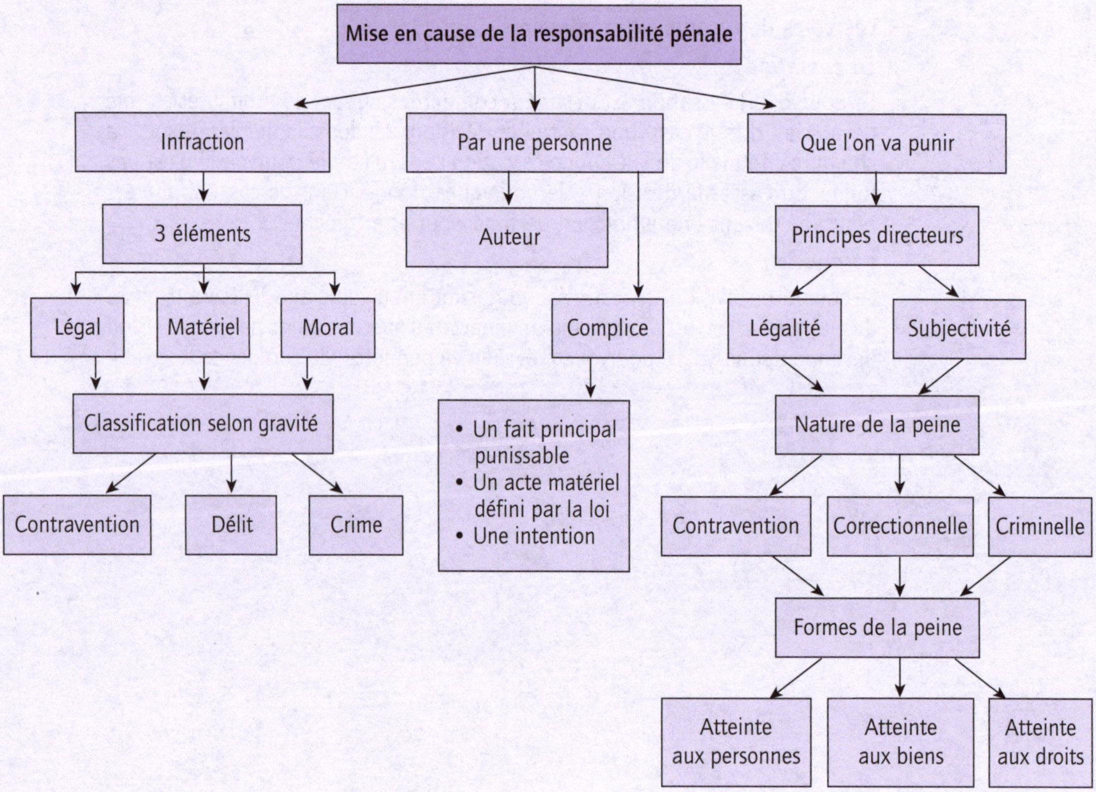

2. PROCÈS ET PROCÉDURE PÉNALE

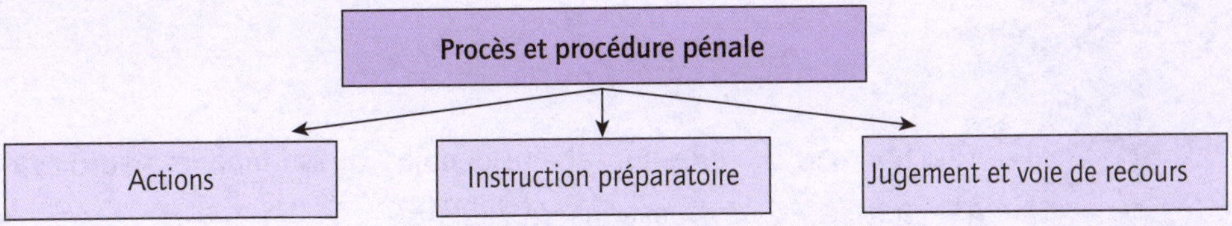

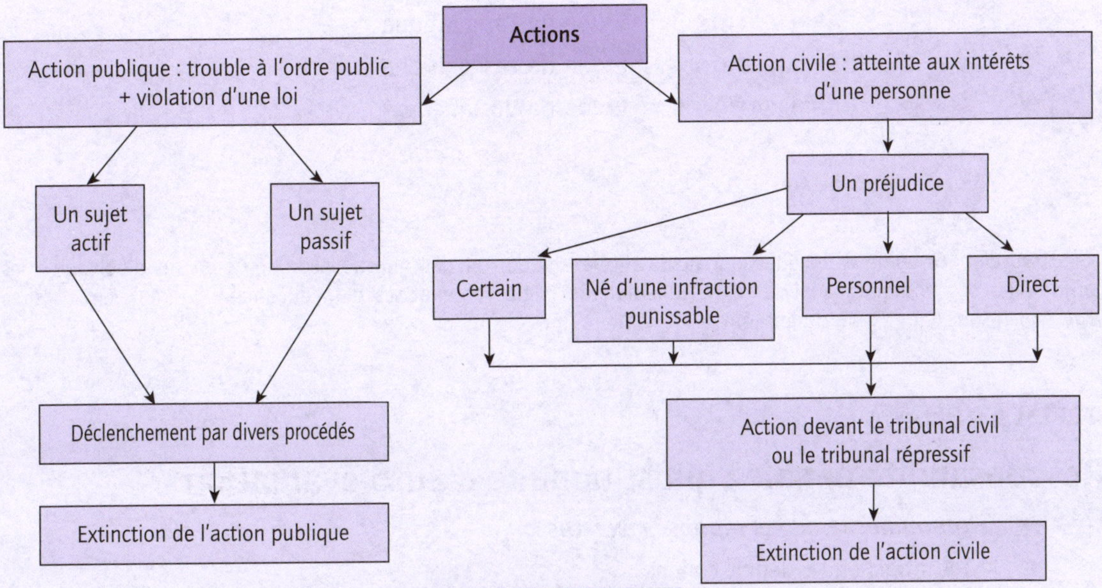

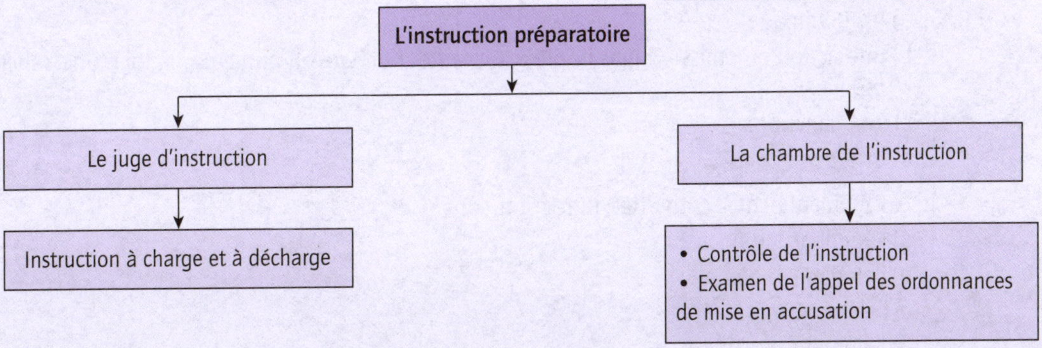

3. JUGEMENT ET VOIES DE RECOURS

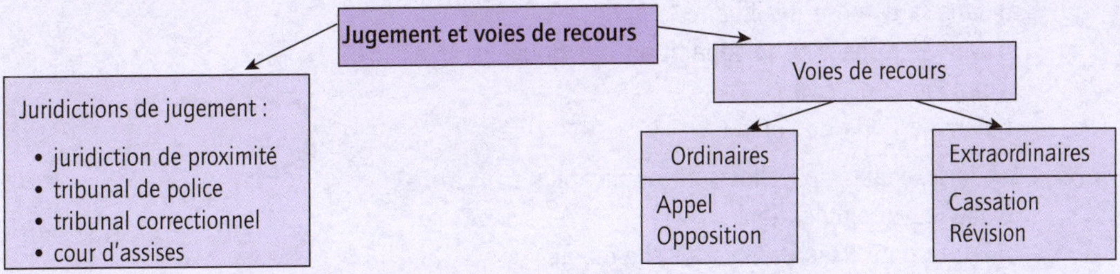

APPLICATIONS

APPLICATION 1 Responsabilité pénale : questionnaire d'auto-évaluation
APPLICATION 2 Questions de cours
APPLICATION 3 Étude de cas pratique
APPLICATION 4 Étude de cas pratique
APPLICATION 5 Étude de documents

Vous trouverez les corrigés du questionnaire d'auto-évaluation et des questions de cours en fin d'ouvrage ; les corrigés des cas pratiques, analyses d'une décision de justice et analyses d'un document figurent sur les sites www.expert-sup.com et www.dunod.com.

APPLICATION 1

Responsabilité pénale : questionnaire d'auto-évaluation

Déterminez la ou les réponses exactes

1. L'infraction se définit comme :
   a) un dommage.
   b) une action ou omission imputable à son auteur prévue ou punie par la loi d'une sanction pénale.
   c) une sanction.
   d) une peine.

2. Les éléments constitutifs de l'infraction sont :
   a) l'élément légal.
   b) l'élément matériel.
   c) l'élément moral.
   d) l'élément judiciaire.

3. Le principe de la légalité des peines trouve sa justification :
   a) dans la défense des libertés.
   b) dans le respect de la séparation des pouvoirs.
   c) dans le Code civil.
   d) dans le Code de commerce.

4. Les lois pénales nouvelles sont applicables :
   a) dès leur promulgation.
   b) à une date fixée dans la loi elle-même.

c) de façon rétroactive si elles sont plus douces.
d) de façon rétroactive si elles sont plus sévères.

5. Un étranger commet une infraction en France. Il fait l'objet d'une arrestation en France. La loi pénale française :
a) ne peut pas s'appliquer à cette personne.
b) s'applique à cette personne.
c) s'applique à cette personne si son pays d'origine l'accepte.
d) s'applique à cette personne sauf si elle préfère être jugée dans son pays.

6. La loi pénale punit :
a) les infractions d'omission et de commission.
b) les seules infractions de commission.
c) la tentative.
d) la tentative si un texte l'incrimine.

7. La tentative est punie :
a) des mêmes peines que l'infraction consommée.
b) de peines moins graves que l'infraction consommée.
c) seulement dans des cas exceptionnels.
d) seulement si l'infraction principale est un crime.

8. L'élément moral peut être constitué par :
a) une faute intentionnelle.
b) une faute contraventionnelle.
c) un dommage.
d) un risque.

9. Les faits justificatifs sont :
a) la faute de la victime.
b) la légitime défense.
c) le fait d'un tiers.
d) l'état de nécessité.

10. Les causes de non-imputabilité sont :
a) le trouble psychique.
b) la légitime défense.
c) la contrainte.
d) l'ordre de la loi.

11. La loi détermine :
a) les crimes et les peines qui leur sont applicables.
b) les contraventions.
c) seulement les infractions entraînant une peine privative de liberté.
d) les délits et les peines qui leur sont applicables.

12. Les tribunaux compétents :
   a) pour juger les crimes sont les cours d'assises.
   b) pour juger les délits sont les juridictions de proximité.
   c) pour juger les contraventions sont les tribunaux de police.
   d) pour juger les contraventions de 5e classe sont les tribunaux de police.

13. Les participants à l'infraction sont :
   a) toujours des personnes physiques.
   b) les personnes, physique ou morale, auteurs.
   c) les complices de ces auteurs.
   d) les personnes mises en examen.

14. Les personnes suivantes ne peuvent jamais être poursuivies pénalement :
   a) les SARL.
   b) les comités d'entreprise.
   c) l'État.
   d) les GIE.

15. La complicité :
   a) est poursuivie si l'acte principal est consommé ou tenté.
   b) est toujours poursuivie.
   c) est poursuivie si l'acte principal est un crime.
   d) est poursuivie uniquement si l'infraction principale est une contravention.

16. Dans les cas suivants, la complicité existe-t-elle ?
   a) Jules promet à Pierre cent euros si ce dernier vole la bicyclette de Paulo.
   b) Diane fait le gué pendant que Stéphanie pénètre dans la propriété des Dutois pour les voler en leur absence.
   c) Sandra donne l'ordre à Thomas de rouer de coups Sébastien, Thomas hésite puis décide de ne rien faire.
   d) Jean prétend que Pierre est incapable de commettre un délit. Pour lui prouver le contraire, Pierre falsifie la signature de son employeur sur un document.

17. La peine a pour fonction :
   a) d'intimider les délinquants potentiels.
   b) d'assurer la vengeance de la victime.
   c) de faciliter la réadaptation du délinquant.
   d) d'éviter la récidive.

18. Les peines criminelles sont :
   a) la réclusion criminelle.
   b) l'amende.
   c) le jour-amende.
   d) la détention criminelle.

19. Les peines peuvent porter atteinte :
   a) à la personne elle-même.

b) aux membres de sa famille.
c) aux droits de la personne et de sa famille.
d) aux biens de l'auteur de l'infraction.

20. Les peines complémentaires :
a) accompagnent les peines principales.
b) ont été supprimées en 2004.
c) sont interdites car elles aboutissent à pénaliser doublement la personne.
d) concernent toujours les biens de la personne.

APPLICATION 2

Questions de cours

1. La responsabilité pénale de la personne morale.
2. Comparez les actions publique et civile.

APPLICATION 3

Étude de cas pratique

Les détritus du supermarché volent dans la rivière

Document 1 : Cass. crim., 28 juin 2005, Francis A c/juridiction de proximité d'Haguenau

[...] Vu l'article R. 632-1 du Code pénal, ensemble l'article 593 du Code de procédure pénale ;

Attendu qu'aux termes du premier de ces textes, est punissable le fait de déposer, d'abandonner ou de jeter dans un lieu public ou privé, à l'exception des emplacements désignés à cet effet par l'autorité administrative compétente, des ordures, déchets, matériaux, ou tout autre objet de quelque nature qu'il soit, si ce dépôt n'est pas effectué par la personne ayant la jouissance du lieu ou avec son autorisation ;

Attendu que, pour déclarer Francis A..., directeur d'un supermarché, coupable de cette contravention, le jugement retient que les détritus jetés sur le parking de ce magasin par des clients sont emportés par le vent sur des fonds voisins ;

Mais attendu qu'en statuant ainsi, sans caractériser à la charge du prévenu les faits de dépôt, d'abandon ou de rejet de déchets sur le terrain d'autrui, la juridiction de proximité a méconnu le sens et la portée des textes susvisés ;

D'où il suit que la cassation est encourue ; que n'impliquant pas qu'il soit à nouveau statué sur le fond, elle aura lieu sans renvoi, ainsi que le permet l'article L. 131-5 du Code de l'organisation judiciaire ;

Par ces motifs...

Casse et annule, en toutes ses dispositions, le jugement susvisé de la juridiction de proximité d'Haguenau en date du 18 novembre 2004 ;

Dit n'y avoir lieu à renvoi ;

[...]

Droit pénal, LexisNexis, octobre 2005, n° 10, p. 10.

Document 2

L'infraction visée par l'article R. 632-1 du Code pénal est une contravention de 2e classe.

QUESTIONS

1. Pour quelle raison cette affaire ressortait-elle de la compétence de la juridiction de proximité d'Haguenau ?
2. Identifiez les éléments constitutifs de l'infraction qui était reprochée au directeur du supermarché.
3. Quel problème juridique cette affaire posait-elle ?
4. Identifiez la solution retenue par la Cour de cassation.
5. Commentez, en quelques lignes, cette décision.

APPLICATION 4

Étude de cas pratique

Certaines infractions ne peuvent pas fonder une action civile

Document 1 : Cass. crim., 9 novembre 2004, Office national de la Chasse et de la Faune Sauvage

[...] Vu les articles 2 et 3 du Code de procédure pénale ;

Attendu que, selon ces textes, l'action civile n'appartient, sauf dispositions légales contraires, qu'à ceux qui ont personnellement souffert du dommage découlant directement des faits, objet de la poursuite ;

Attendu que l'Office national de la chasse et de la faune sauvage ne saurait prétendre avoir subi un préjudice personnel et direct découlant du délit de refus d'obtempérer à une sommation de s'arrêter ; qu'ainsi, leur constitution de partie civile étant irrecevable, il en est de même du pourvoi ;

Par ces motifs, déclare le pourvoi irrecevable [...]

Procédures, n° 2, Lexis Nexis, février 2005, p. 17.

Document 2 : Code de procédure pénale

Art. 2 – L'action civile en réparation du dommage causé par un crime, un délit ou une contravention, appartient à tous ceux qui ont personnellement souffert du dommage directement causé par l'infraction...

Art. 3 – L'action civile peut être exercée en même temps que l'action publique et devant la même juridiction.

Elle sera recevable pour tous les chefs de dommages, aussi bien matériels que corporels ou moraux, qui découlent des faits objets de la poursuite.

Code de procédure pénale, Litec, 2013.

QUESTIONS

1. Qu'est-ce qu'une action civile ?

2. Quelles sont les finalités de l'action civile ?

3. Qui peut intenter une action civile ? Devant quelles juridictions peut-on intenter une action civile ?

4. Quel problème juridique cette affaire posait-elle ?

5. Présentez la solution retenue par la Cour de cassation puis analysez-la.

APPLICATION 5

Étude de documents

L'introduction du plaider coupable en droit français

La loi n° 2004-204 du 9 mars 2004, portant adaptation de la justice aux évolutions de la criminalité, dite « loi Perben II », a créé une nouvelle procédure, la procédure de « comparution sur reconnaissance préalable de culpabilité » (CRP). Ce dispositif vise à simplifier le traitement judiciaire des affaires correctionnelles lorsque les auteurs reconnaissent les faits qui leur sont reprochés. Il s'inspire de la procédure de droit américain du plaider coupable.

L'exposé des motifs de la loi résume l'économie générale de la procédure : elle permet au procureur de la République devant qui est déféré une personne reconnaissant avoir commis un délit puni [de plus de(1)] cinq ans d'emprisonnement, de lui proposer une ou plusieurs peines, y compris une peine d'emprisonnement ferme. En cas d'accord, la ou les peines proposées seront homologuées par le président du tribunal...

La CRPC innove en ce qu'elle introduit une division procédurale entre deux types d'affaires :

- celles où la culpabilité est reconnue, qui pourront être traitées dans le cadre de ce dispositif ;
- celles où la culpabilité est contestée, qui continueront d'être traitées selon les modalités de droit commun devant le tribunal correctionnel.

Toutefois, ces dispositions s'inscrivent... dans la continuité. En effet, comme le relève le Conseil constitutionnel, cette procédure est « apparentée par son inspiration, à la "composition pénale"... »(2). La composition pénale concerne quasiment la même catégorie de délits que la CRPC. Elle permet au procureur de la République de proposer à l'auteur qui reconnaît sa culpabilité d'exécuter des « mesures de composition pénale », c'est-à-dire des peines légères telles qu'une amende, une confiscation ou encore un travail d'intérêt général. Si la composition pénale est acceptée par l'auteur du délit, le procureur de la République saisit le président du tribunal de grande instance pour « validation ». En contrepartie, l'exécution de la composition pénale met un terme aux poursuites. La composition pénale est ainsi très proche de la comparution sur reconnaissance préalable de culpabilité. En pratique, la principale différence réside dans la possibilité, avec la CRPC, d'exécuter de véritables « peines »... y compris une peine d'emprisonnement. Sur le plan juridique, la différence est plus profonde : la composition pénale a pour seul effet l'extinction de l'action publique, alors que la CRPC aboutit à une ordonnance d'homologation qui constitue... une véritable décision juridictionnelle.

Ainsi, le nouveau dispositif s'inscrit dans un mouvement plus général de développement des modes alternatifs de règlement des litiges, notamment dans le but de simplifier le traitement des affaires qui ne posent pas de difficultés majeures. Il en est ainsi du recours accru à la médiation en matière civile ou à l'arbitrage en matière commerciale.

I. Papadopoulos, « Plaider coupable » la pratique américaine, le texte français, PUF, 2004, p. 71 à 73 (extraits).

(1) L. n° 2011-1862 du 13 décembre 2011.
(2) Communiqué de presse du Conseil constitutionnel relatif à sa décision n° 2004-492 DC du 2 mai 2004.

QUESTIONS

1. Présentez de façon succincte la procédure de reconnaissance personnelle de culpabilité.
2. Comparez la composition pénale et la CRPC.
3. La CRPC traduit-il une méfiance du législateur vis-à-vis des magistrats du siège ? Justifiez votre réponse.
4. Expliquez la phrase suivante : « la composition pénale a pour seul effet l'extinction de l'action publique ».
5. Sans vous limiter au texte, quelles sont les raisons qui expliquent le développement des modes alternatifs de règlement des litiges.

Entraînement

CAS DE SYNTHÈSE 1
CAS DE SYNTHÈSE 2

Cas d'entraînement

Les corrigés des cas d'entraînement sont disponibles sur les sites www.expert-sup.com et www.dunod.com.

CAS DE SYNTHÈSE 1

Leblond

(Inspiré du sujet de la session 2010)

Questions

(Voir Fiche méthode 1 – Méthodologie du traitement de la question de cours : introduction, réponse structurée, conclusion.)

1. Le régime juridique des biens du majeur sous sauvegarde de justice.
2. Comparez l'appel et le pourvoi en cassation.

Situation pratique

(Voir Fiche méthode 3 – Méthodologie du cas pratique : faits, problème, règles de droit, solution.)

Florence Leblond a exercé pendant de nombreuses années la fonction de comptable, avant d'accomplir son rêve : exploiter seule une boutique de prêt-à-porter. Elle a fait l'acquisition d'un petit immeuble dans le centre-ville de Belfort. Le rez-de-chaussée accueille le magasin que Florence a appelé « Pourquoi pas ? ». Le chiffre d'affaires qu'elle a réalisé la première année s'est avéré modeste. Cette seconde année d'activité est, en revanche, encourageante : le chiffre d'affaires enregistré au cours du premier trimestre a augmenté de 80 % par rapport au premier trimestre de l'année précédente. Il y a quelques mois, Florence a décidé de procéder à quelques travaux dans le magasin. La SARL Decor'Home, située à Dijon et spécialisée dans la décoration intérieure, s'est engagée à accomplir les aménagements. Trois mois plus tard, les travaux sont inachevés et un certain nombre de malfaçons apparaissent. Les lames de parquet se décollent et Florence craint qu'une cliente ne se blesse. Elle a contacté le gérant de la SARL Decor'Home pour lui demander de procéder aux réparations et de terminer rapidement les travaux. Mais celui-ci répond que le personnel termine actuellement un gros chantier et qu'il faudra attendre encore six mois avant qu'une équipe puisse se rendre à Belfort. Florence envisage d'intenter une action en justice. Elle vous contacte pour vous demander conseil.

1. Quelle sera la juridiction compétente pour trancher ce litige ?

Après une lecture très attentive du contrat, Florence remarque la présence de la clause suivante : « Tous les litiges auxquels la présente convention pourra donner lieu seront résolus par voie d'arbitrage. Dès à présent, les parties conviennent de soumettre leur litige à un arbitre unique en la personne de M. Lionel Tranche. »

2. Qualifiez juridiquement cette clause. Cette clause est-elle valable ?

3. Quel(s) intérêt(s) ce type de clause peut-il présenter pour les parties contractantes ?
4. Malgré la présence de cette clause, Florence pourra-t-elle saisir une juridiction judiciaire ? Justifiez la réponse.

Florence est une passionnée des produits *high tech*. Il lui faut toujours l'appareil dernier cri. Elle a acheté récemment le dernier modèle de *smartphone* de Samsung concurrent de l'Iphone au prix de 599 € dans la boutique « Fashion'Tec » de Nancy, la ville de son petit ami. De retour chez elle, elle constate que la vitre de son *smartphone* est fendue en plusieurs endroits. Elle téléphone à son vendeur qui refuse de changer le produit. L'ami de Florence se rend dans la boutique mais aucun arrangement n'est possible. Entre-temps, son Samsung est défaillant, sa mémoire est rapidement saturée, elle n'arrive plus à le charger. L'ami de Florence lui conseille d'exercer un recours judiciaire.

5. Quel sera le tribunal compétent ?

Dominique, le frère de Florence, 32 ans, est passionné de moto et de vitesse. Il a été victime d'un accident de la route. Son casque s'est descellé et il a eu de graves blessures à la tête avec des séquelles irréversibles. Il présente de longs moments d'absence et de manque de discernement. Le diagnostic des médecins est très mauvais : ils sont très sceptiques quant à sa guérison. Florence et sa famille réfléchissent à une protection juridique de Dominique qui permettrait de gérer ses biens dans l'immédiat et peut-être pour l'avenir.

6. Quelle est la protection juridique la plus appropriée au cas de Dominique ?
7. Quelles sont les démarches à entreprendre ?

Commentaire de document

Après avoir pris connaissance du document en annexe, vous répondrez aux questions suivantes.

1. Présentez les faits.
2. Quel est le problème juridique ?
3. Quelles sont les prétentions des parties ?
4. Quelle est la solution de la Cour de cassation ?

Annexe : arrêt de la Cour de cassation chambre civile 2, 4 décembre 2008

Sur le moyen unique,

Vu les articles 1334, 1348 et 1316-1 du Code civil

Attendu qu'il résulte des deux premiers de ces textes que lorsqu'une partie n'a pas conservé l'original d'un document, la preuve de son existence peut être rapportée par la présentation d'une copie qui doit en être la reproduction non seulement fidèle mais durable ; que selon le troisième, l'écrit sous forme électronique ne vaut preuve qu'à condition que son auteur puisse être dûment identifié et qu'il soit établi et conservé dans des conditions de nature à en garantir l'intégrité ;

Attendu, selon l'arrêt attaqué, que la caisse primaire d'assurance-maladie de la Marne (la caisse) ayant, après enquête, décidé de prendre en charge au titre de la législation professionnelle la maladie déclarée le 15 novembre 2002 par Mme X..., salariée de la société Continent France, l'employeur a saisi la juridiction de sécurité sociale d'une demande tendant à ce que cette décision lui soit déclarée inopposable en faisant valoir que la caisse ne l'avait pas préalablement avisé de la fin de la procédure d'instruction, de la possibilité de consulter le dossier et de la date à laquelle elle entendait prendre sa décision ;

Attendu que pour débouter la société de sa demande, la cour d'appel, après avoir observé que la preuve de l'envoi de la lettre d'information pouvait être faite par tous moyens, énonce qu'il ne saurait être fait grief à la caisse de n'avoir conservé que la seule copie informatique du courrier en date du 20 janvier 2003 et que le fait de l'avoir édité sur du papier à en-tête revêtu d'un logo diffusé en 2004 ne saurait constituer en soi la preuve de l'absence de réception de l'original ;

Qu'en statuant ainsi, sans rechercher si le document produit par la caisse pour justifier de l'accomplissement de la formalité prévue à l'article R. 441-11 du Code de la sécurité sociale répondait aux exigences des articles susvisés, la cour d'appel a privé sa décision de base légale au regard de ces textes ;

PAR CES MOTIFS :

CASSE ET ANNULE, dans toutes ses dispositions, l'arrêt rendu le 30 mai 2007, entre les parties, par la cour d'appel de Reims ; remet, en conséquence, la cause et les parties dans l'état où elles se trouvaient avant ledit arrêt et, pour être fait droit, les renvoie devant la cour d'appel de Douai ;

CAS DE SYNTHÈSE 2

Canards de la Nièvre

Questions

(Voir Fiche méthode 1 – Méthodologie du traitement de la question de cours : introduction, réponse structurée, conclusion.)

1. Les conditions de l'action en justice.
2. Les procédures de sauvegarde de l'entreprise en difficulté.

Situation pratique

(Voir Fiche méthode 3 – Méthodologie du cas pratique : faits, problème, règles de droit, solution.)

La société Les Canards de la Nièvre fabrique et commercialise des produits à base de foies et viandes de canard. Elle dispose de plusieurs magasins et d'un site Internet. Cette semaine est une semaine « noire » d'incidents en cascade...

Isabelle, la directrice de la production, a commandé auprès de son fournisseur breton des bocaux en verre. Comme d'habitude, elle a demandé à la société de transport Quick Chain d'assurer leur acheminement. Les bocaux sont arrivés en partie cassés dans les emballages de carton.

Madame Laplace a commandé sur Internet des produits des Canards de la Nièvre : foies gras, terrines et plats préparés. Elle a payé en ligne en fournissant les coordonnées de sa carte bancaire. La commande est arrivée mais elle ne correspond pas du tout à ce qui était prévu. Les produits ne sont pas ceux choisis par Madame Laplace et, lorsque cela correspond, les quantités sont incorrectes.

1. Dans le cas du litige avec la société Quick Chain, quels arguments juridiques Isabelle peut-elle présenter ?
2. Quels sont les recours de Madame Laplace ?

Commentaire de document

Après avoir pris connaissance de l'arrêt en annexe, vous répondrez aux questions suivantes :

1. Quels sont les faits ?
2. Quel est le problème juridique ?
3. Quelles sont les prétentions des parties ?
4. Présentez l'analyse de la Cour de cassation.

Annexe : arrêt de la Cour de cassation chambre civile 1, 28 octobre 2010

Sur le moyen unique, pris en sa seconde branche :

Vu les articles 1147 et 1315 du Code civil ;

Attendu que M. et Mme X... ont acheté à la société Ateliers de la Terre cuite (la société ATC) divers lots de carrelage ; qu'ayant constaté la désagrégation des carreaux qui avaient été posés autour de leur piscine, ils en ont informé la société ATC qui a procédé à un remplacement partiel du carrelage ; que le phénomène persistant, les époux X... ont obtenu la désignation d'un expert dont le rapport a fait apparaître que les désordres étaient liés à l'incompatibilité entre la terre cuite et le traitement de l'eau de la piscine effectué selon le procédé de l'électrolyse au sel, puis, afin d'être indemnisés, ils ont assigné le vendeur qui a attrait en la cause son assureur, la société Generali assurances ;

Attendu que, pour rejeter la demande fondée sur l'article 1147 du Code civil, la cour d'appel a énoncé que s'il appartient au vendeur professionnel de fournir à son client toutes les informations utiles et de le conseiller sur le choix approprié en fonction de l'usage auquel le produit est destiné, en s'informant si nécessaire des besoins de son client, il appartient également à ce dernier d'informer son vendeur de l'emploi qui sera fait de la marchandise commandée puis a retenu qu'il n'était pas établi que le vendeur eût été informé par les époux X... de l'utilisation spécifique, s'agissant du pourtour d'une piscine, qu'ils voulaient faire du carrelage acquis en 2003, de même type que celui dont ils avaient fait précédemment l'acquisition ;

Qu'en statuant ainsi alors qu'il incombe au vendeur professionnel de prouver qu'il s'est acquitté de l'obligation de conseil lui imposant de se renseigner sur les besoins de l'acheteur afin d'être en mesure de l'informer quant à l'adéquation de la chose proposée à l'utilisation qui en est prévue, la cour d'appel a violé les textes susvisés ;

PAR CES MOTIFS, et sans qu'il y ait lieu de statuer sur la première branche :

CASSE ET ANNULE, dans toutes ses dispositions, l'arrêt rendu le 17 mars 2009, entre les parties, par la cour d'appel de Nîmes ; remet, en conséquence, la cause et les parties dans l'état où elles se trouvaient avant ledit arrêt et, pour être fait droit, les renvoie devant la cour d'appel de Toulouse ;

Condamne la société ATC et la société Generali assurances aux dépens.

Annexes

FICHES MÉTHODE

CORRIGÉS DES QUESTIONNAIRES D'AUTO-ÉVALUATION ET DES QUESTIONS DE COURS

INDEX

TABLE DES MATIÈRES

Fiches méthode

FICHE MÉTHODE 1

TRAITER UNE QUESTION DE COURS

La question de cours au DCG a pour objet de vérifier que le candidat connaît un point donné du programme. Elle permet d'engranger des points et ne comporte pas les aléas des cas pratiques.

Toutefois, le candidat soucieux de réussir devra respecter quelques conseils méthodologiques simples. En effet, la question de cours doit permettre au candidat de montrer :

- qu'il a **identifié** la question dans le programme ;
- qu'il **sait délimiter** la question c'est-à-dire qu'il connaît les points sensibles et sait aller à l'**essentiel** sans se perdre dans les détails mais sans omettre les points fondamentaux ;
- qu'il **sait ordonner** ses connaissances dans un développement construit avec rigueur ;
- qu'il **sait rédiger** dans une langue claire, sans faute d'orthographe ou de syntaxe, et en employant un langage juridique correct.

Méthode

■ *Travail préparatoire*

a) Il faut tout d'abord **définir** les termes du sujet. Cette opération consiste à déterminer le contenu de la notion, ce qui implique d'en énumérer les caractères.

> *Exemple de sujet* : **Les nullités**
>
> Le terme est employé au pluriel ce qui sous-entend qu'il en existe plusieurs. La notion fait référence à la partie de programme relatif au contrat. L'appel à la mémoire nous permet d'indiquer que le sujet porte sur la sanction des conditions de formation du contrat.

b) Il faut ensuite **délimiter** les contours du sujet. Il s'agit d'une opération importante qui permet de différencier ce qui **est** dans le sujet et ce qui **est exclu**. Pour résoudre cette difficulté nous proposons d'utiliser la méthode du « Q-Q-O-Q-C ».

Exemple de sujet : **Les nullités**

Qui	Qui peut demander la nullité ?	Tout le monde (nullité absolue) ou certaines personnes (nullité relative)
Quoi	De quoi s'agit-il ?	Il s'agit de sanctionner une condition de formation du contrat. Quand cette condition viole l'intérêt général, la nullité est absolue. En revanche, quand cette condition protège l'intérêt des personnes, la nullité est relative.
Où	Sans intérêt ici	
Quand	Quant peut-on demander la nullité ? À quel moment ?	La question introduit la variable temps, essentielle ici puisque la nullité peut faire l'objet d'une prescription. L'écoulement d'un certain délai de temps va éteindre l'action.
Comment	Comment la nullité peut-elle être obtenue ?	Du juge.

c) Il faut enfin **mettre en ordre**. En effet les connaissances s'exposent méthodiquement.

Exemple de sujet : **Les nullités**

En suivant le tableau précédent on constate qu'il permet de répondre à certaines questions : Quel est l'intérêt à protéger ? Qui peut agir ? Qui décide ? Quand l'action se prescrit-elle ? Quelles sont ces effets ?

■ *Rédaction*

a) Rédiger. La rédaction doit être ordonnée. Dans l'introduction il faut définir le sujet puis annoncer le plan suivi. Dans le développement il faut traiter la question avec méthode.

Par exemple, pour le sujet sur les nullités, on abordera successivement les nullités absolues, les nullités relatives et enfin les effets des nullités.

b) Se relire. Phase ultime mais néanmoins nécessaire dont le but doit être de vérifier si rien n'a été oublié et de chasser les fautes d'orthographe et éventuellement de syntaxe.

FICHE MÉTHODE 2

LECTURE ET ANALYSE D'UNE DÉCISION DE JUSTICE

Le traitement judiciaire d'une affaire aboutit à la rédaction d'une décision de justice.

Savoir lire et analyser une décision de justice, c'est : comprendre comment les juges appliquent des règles à des cas particuliers ; percevoir les obligations et les droits créés à l'encontre ou au profit d'une personne.

Méthode

■ *Lire une décision de justice*

La lecture d'une décision de justice permet de comprendre la logique et de repérer les différentes parties d'une décision.

Étiquetage des produits - réglementations particulières - articles d'ameublement (décret du 14-3-1986) - dénomination équivoque sur facture - sanctions civiles

Mots clés renvoyant aux tables alphabétiques et analytiques

Encourt la cassation l'arrêt qui, pour décider qu'un acquéreur avait renoncé tacitement et sans équivoque à se prévaloir des dispositions d'ordre public prises pour l'information du consommateur en matière de commerce de meubles, se fonde sur les énonciations de la facture, dès lors que l'indication portée sur celle-ci était équivoque quant au matériau employé pour la fabrication du meuble mis en vente.

Sommaire établi par les rédacteurs

Cass. civ. 1, 12 juillet 1994, n° 1126 P, Dahan c/SA Musterring, salon Center Dynam.

Juridiction, date de la décision, nom des parties c/pour contre

Magistrats ayant participé à l'élaboration de l'arrêt, avocat et conseils

MM. Grégoire, Conseiller doyen f. f. Prés. - Ansei, Rapp. - Lupi, Av. gén. - Me Vincent, Av.

(Extraits)

Attendu que, selon les juges du fond, M. Dahan a acquis, le 12 avril 1986, de la société Musterring une armoire décrite dans la facture comme étant fabriquée en « décor acajou », pour le prix de [845 €]; qu'estimant la vente nulle pour violation des dispositions réglementaires, la facture ne comportant pas l'indication de la qualité et de l'essence du bois de fabrication, M. Dahan a fait assigner la société Musterring en remboursement du prix de vente; que l'arrêt attaqué (Colmar, 3e ch. civ., 7 octobre 1991) l'a débouté de cette demande;

[...] Mais sur le second moyen:

Vu l'article 1134 du Code civil;

Visa : il caractérise l'arrêt de cassation. La Cour ne peut casser

Motifs : argumentation développée par les parties et par les magistrats	Attendu que, pour décider que M. Dahan avait renoncé tacitement et sans équivoque à se prévaloir des dispositions d'ordre public prises pour l'information du consommateur en matière de commerce de meubles, l'arrêt attaqué énonce que la facture mentionnait « décor acajou », « ce qui impliquait qu'il s'agissait d'un placage », de sorte que le client ne pouvait soutenir sérieusement avoir été trompé sur l'essence du bois ; Attendu qu'en se déterminant ainsi, alors que l'indication portée sur la facture était équivoque quand au matériau employé pour la fabrication du meuble mis en vente, la cour d'appel a violé le texte susvisé ;	un arrêt qu'en visant un texte de loi, le texte applicable en l'espèce
Dispositif : – « par ces motifs casse et annule » : décision de cassation – « par ces motifs, rejette le pouvoir formé contre... » : décision de rejet	Par ces motifs : Casse et annule, dans toutes ses dispositions, l'arrêt rendu le 7 octobre 1991, entre les parties par la cour d'appel de Colmar, remet en conséquence la cause et les parties dans l'état où elles se trouvaient avant ledit arrêt et pour être fait droit, les renvoie devant la cour d'appel de Colmar, autrement composée. *RJDA*, 12/94, n° 1378.	

■ *Analyser une décision de justice*

L'analyse d'une décision de justice comporte cinq éléments.

a) Les faits. Ce sont les événements à l'origine du conflit entre les parties. La présentation des faits doit être précise et concise. Elle indique quelles sont les parties en présence, leur lien juridique ainsi que les faits constants, c'est-à-dire non contestés.

b) La procédure. Il s'agit de présenter chronologiquement les juridictions intervenues au procès, la qualité des parties devant ces juridictions et les décisions rendues.

Exemple : **Analyse d'un arrêt en Cour de cassation. Procédure :**

- Juridiction de première instance (TGI, TC) : demandeur ; défendeur ; décision.
- Cour d'appel : appelant ; intimé ; décision.
- Cour de cassation : demandeur : défendeur.

Tous les éléments ne sont pas fournis dans la décision à analyser, il est souvent possible de les déduire.

c) Les prétentions des parties. Les prétentions sont les demandes formulées par les parties aux procès et les arguments à l'appui de ces demandes.

d) Le problème juridique posé. Posé sous la forme d'une question, il doit être formulé en termes juridiques et abstraits. Il ne fera aucune référence à l'affaire.

Exemples de formulation : Y a-t-il ou non contrat de travail ? Quelle est la nature juridique du contrat de transport ?

e) La décision. Elle répond au problème de droit posé. Exposée de manière précise et claire, elle reprend dans un premier temps le dispositif, pour ensuite exposer les arguments utilisés et les expliquer en utilisant notamment les connaissances de cours.

FICHE MÉTHODE 3

SAVOIR RÉSOUDRE UN CAS PRATIQUE

Le cas pratique est un ensemble de faits soulevant des problèmes juridiques qui est soumis à un spécialiste pour qu'il indique son opinion.

La résolution d'un cas pratique requiert des qualités d'objectivité et de précision. Un travail préparatoire, se déroulant en plusieurs étapes, permettra de proposer une solution qui s'appuie sur un raisonnement rigoureux.

■ *Les objectifs de la résolution du cas pratique*

Il vous est demandé de trouver la solution qu'apporterait un tribunal s'il avait à juger le cas, ce qui doit vous permettre d'exprimer le problème de droit posé et les principes auxquels la situation se réfère.

■ *Les qualités à mettre en œuvre : objectivité et précision*

• Des connaissances précises sont nécessaires pour parvenir à des réponses.

Il faut donc connaître : les règles de droit ; leurs effets ; leurs conditions d'application ; leurs exceptions.

• Le vocabulaire juridique doit être maîtrisé et la terminologie employée adaptée à la situation à résoudre.

■ *Le travail préparatoire*

Il se déroule en plusieurs étapes.

a) L'examen des faits

Une lecture attentive des termes du sujet permettra de comprendre les faits.

La situation n'est pas toujours claire dès la première lecture, pour comprendre l'énoncé, il est donc nécessaire de :

– faire apparaître la chronologie des événements, en dessinant éventuellement un axe des temps ;
– faire apparaître les rapports des personnes entre elles ;
– faire apparaître la configuration des lieux si nécessaire.

b) L'examen des prétentions des parties

Ce sont les résultats pratiques que les parties visent à obtenir.

c) La recherche des règles applicables

À partir de la qualification juridique des parties, les règles qui organisent la matière seront recherchées et précisées.

d) La recherche des solutions

Les règles juridiques seront utilisées pour résoudre le ou les problèmes juridiques posés. La solution retenue est celle qui serait adoptée par un tribunal si la question était posée en justice. Elle s'articule autour de deux axes :

– un axe juridique et abstrait qui servira à répondre aux questions de droit posées ;
– un axe concret qui servira à donner un conseil, une réponse précise.

■ *La rédaction de la solution*

• Introduction : domaine général dans lequel se situe le cas ; exposé des faits ; transposition de la question en termes juridiques ; formulation du ou des problème(s) de droit à résoudre ; annonce du plan.

• Les règles applicables (références aux textes, éventuellement à la jurisprudence et à la doctrine).

• La solution : exposé de la solution, explication et discussion.

Si le cas comporte plusieurs questions, chaque question peut faire l'objet d'une partie traitant les règles applicables et la solution.

Corrigés des questionnaires d'auto-évaluation et des questions de cours

CHAPITRE 1

LE DROIT

Questionnaires d'auto-évaluation

1. Discutez les affirmations suivantes

1. Le droit objectif ne détermine pas seulement les droits d'une personne. Il est composé de l'ensemble des règles qui gouvernent les rapports entre les hommes.
2. Le droit subjectif est l'application des règles de droit aux personnes, il désigne les prérogatives qui appartiennent à une personne.
3. Le droit constitutionnel s'applique à un État, il fait partie du droit national.
4. Le droit public régit les rapports entre l'État et les individus. Le droit constitutionnel fait partie du droit public.
5. Le droit privé régit les rapports entre particuliers Le droit commercial fait partie du droit privé. Les particuliers concernés sont les commerçants.
6. La règle de droit a un caractère coercitif. Le droit objectif est sanctionné. Cette sanction est prévue et appliquée par la société.
7. Le droit privé régit les rapports entre particuliers Le droit du travail fait partie du droit privé. Les particuliers sont des employeurs et des salariés.
8. Le droit fiscal n'est pas une branche du droit administratif. C'est une branche du droit financier puisqu'il concerne les impôts dans leur assiette, leur liquidation et leur recouvrement.
9. La règle de droit n'a pas un caractère personnel, elle ne vise pas les personnes mais les situations juridiques dans lesquelles elles se trouvent. En revanche, la règle de droit a un caractère général en ce sens qu'elle a vocation à s'appliquer à tous.
10. Le droit international privé organise les rapports entre les ressortissants relevant d'états différents. Les dispositions relatives aux conditions des étrangers lui sont rattachées.

2. Rattachez les notions suivantes aux différentes branches du droit

1. Un différend entre deux personnes à propos d'un héritage : droit civil.
2. La nomination d'un procureur de la République : droit administratif.
3. La mise en location-gérance d'un fonds de commerce : droit commercial.
4. Le non-paiement de la contribution économique territoriale par un chef d'entreprise : droit fiscal.
5. Le licenciement d'un délégué syndical : droit du travail.
6. La prise en charge des frais liés à un accident du travail : droit de la Sécurité sociale.
7. La gestion des biens d'un majeur protégé : droit civil.
8. Une escroquerie : droit pénal.
9. Un conflit entre des associés de la SARL Rex Stout : droit des sociétés.

10. L'ouverture d'une succession : droit civil.
11. Un conflit à propos de la prise en charge de frais d'hospitalisation : droit de la Sécurité sociale.
12. Des injures en public : droit pénal.
13. La publication d'une photo d'un chanteur célèbre giflant, dans les bureaux de son avocat, son ex-femme : droit civil.
14. L'élection d'un député : droit constitutionnel.
15. Un litige entre un fonctionnaire et son employeur, la mairie de Roanne : droit administratif.
16. La procédure d'élaboration du budget de la Sécurité sociale : droit financier.
17. Des coups et blessures : droit pénal.
18. Le piratage d'un film : droit pénal.
19. Un vol de voiture : droit pénal.
20. Un conflit à propos de la construction d'un nouvel édifice public : droit administratif.

3. Rattachez les notions suivantes au droit international privé ou public et justifiez la réponse

1. La détermination de la nationalité d'un enfant né d'un Français et d'une Américaine : droit international privé, concerne les ressortissants des États.
2. La détermination de la nationalité d'une société : droit international privé, ne concerne pas les rapports entre des états.
3. Un conflit portant sur la détermination des eaux territoriales d'un pays : droit international public, concerne les rapports entre des états.
4. Un contrat conclu entre un fournisseur français et son client allemand : droit international privé, concerne les rapports entre des ressortissants des états.
5. La procédure d'adoption d'un accord à l'OMC : droit international public, concerne les rapports entre des états.
6. L'entrée d'un nouvel État dans l'Union européenne : droit international public, concerne les rapports entre des états.

CHAPITRE 2

LES SOURCES DU DROIT

Questionnaire d'auto-évaluation

Déterminez la ou les bonnes réponses

1 c, 2 c, 3 a et d, 4 c (la réponse d n'est pas correcte car la directive ne s'adresse qu'aux États), 5 a et b, 6 b, 7 d, 8 a et b (à la demande du gouvernement), 9 a (sauf les traités ratifiés en vertu d'une loi, article 53 alinéa 1 de la Constitution), 10 b, 11 a, 12 a et d, 13 a, 14 d, 15 a.

Questions de cours

1. La loi, source essentielle du droit ?

Après avoir défini la loi, il conviendra :

- d'en présenter les principales étapes de son élaboration en mettant en évidence les interventions des différents organes de l'État (Gouvernement, Assemblée nationale, Sénat et Président de la République) ;
- le domaine (article 34 de la Constitution) ;

- sa place par rapport aux sources fondamentales du droit qui lui sont hiérarchiquement supérieures (bloc de constitutionnalité, traités internationaux, droit européen dérivé) ;
- sa place par rapport aux autres sources du droit qui lui sont dans certains cas soumises (décret, jurisprudence) ou qui y dérogent (certaines dispositions des conventions collectives) ou qui peuvent la modifier (ordonnances de l'article 38 ratifiées).

2. La place du droit européen par rapport au droit français

Après avoir défini le droit européen et précisé les sources (droits européens originaire et dérivé), les trois principes qui gouvernent les relations entre le droit européen et le droit français seront présentés :
- principe de subsidiarité ;
- principe de primauté ;
- principe d'applicabilité directe.

CHAPITRE 3

L'ORGANISATION JUDICIAIRE

Questionnaire d'auto-évaluation

Déterminez la ou les réponses exactes

1 b et d, 2 a, 3 d, 4 b, c, d et f (pour le président et deux assesseurs aux côtés du jury populaire), 5 a, 6 a et c, 7 a, b et d, 8 a (la réponse d n'est pas correcte car on demandait le principe), 9 b et d, 10 a et b.

Questions de cours

1. Les conditions de l'action en justice

L'action en justice est le recours à un tribunal pour faire reconnaître un droit contesté.

Principaux points à développer

Elle répond à plusieurs conditions qui concernent l'intérêt à l'action, la qualité et la capacité :
- l'intérêt doit être légitime, né et actuel, personnel et direct ;
- la qualité est le titre en vertu duquel une personne agit. Il s'agit du titulaire du droit ou de son représentant (héritier, créancier, mandataire) ;
- la capacité est l'action par les personnes physiques capables (capacité de jouissance et d'exercice) et les personnes morales.

2. Les principes européens qui s'imposent à la justice française

Trois principes européens essentiels s'imposent à la justice française : le droit à un procès équitable, le droit à un procès public et d'une durée raisonnable.

Principaux points à développer :
- un procès équitable. Le droit à un procès loyal et respectant les règles de forme et de fond destinées à protéger les parties en présence ; le principe d'égalité des armes ; un tribunal indépendant et impartial et la motivation des décisions par les tribunaux ;
- un procès public, exceptions dans certains cas (mineurs, vie privée...) ; principe déjà présent en droit français ;
- une durée raisonnable. Le délai se compte du jour de l'assignation devant les premiers juges jusqu'au prononcé de la décision par la Cour de cassation ; le caractère raisonnable du délai s'apprécie dans le contexte de l'affaire ; sanction en cas de non-respect.

CHAPITRE 4

LA PREUVE DES DROITS

Questionnaire d'auto-évaluation

1. Déterminez la ou les réponses exactes

1 a, b, 2 a, 3 a, 4 c et d, 5 a, 6 c et d, 7 b et d, 8 a, 9 a, 10 a, d et e, 11 e (la réponse d n'est pas correcte car il reste un acte sous signature privée).

2. Actes ou faits juridiques ?

■ *Qualifiez les événements suivants*

Actes juridiques : 1, 2, 3, 4 et 9. Les autres cas sont des faits juridiques.

■ *Quelles sont les conséquences de ces qualifications en matière de preuve*

La qualification a des conséquences en matière des moyens admis. Les faits juridiques (à l'exception de l'état des personnes) et les actes juridiques inférieurs ou égaux à 1 500 € peuvent être prouvés par tous moyens. Les actes juridiques doivent être prouvés par un écrit au-delà de 1 500 € (sauf exceptions d'impossibilité de preuve par écrit ou de commencement de preuve par écrit).

Questions de cours

1. L'administration de la preuve

La preuve est la démonstration de la vérité.

Principaux points à développer : l'objet, la charge et l'admissibilité de la preuve :

- l'objet de la preuve : l'acte ou le fait qui donne naissance à un droit ; le droit n'a pas à être prouvé ;
- la charge de la preuve : elle incombe au demandeur, exception des présomptions ;
- l'admissibilité de la preuve : par un écrit pour les actes juridiques supérieurs à 1 500 €, exceptions pour les faits juridiques et le droit commercial (tous moyens), pour les actes inférieurs ou égaux à 1 500 € en cas de commencement de preuve par écrit ou d'impossibilité de preuve par écrit, en droit pénal tout moyen.

2. La signature électronique a-t-elle valeur de preuve en cas de litige ?

Principaux points à développer : Les fonctions de la signature sont posées par l'article 1316-4 du Code civil dans son alinéa premier. Ce même article ajoute dans son alinéa 2 que la signature électronique consiste en l'usage d'un procédé fiable d'identification garantissant son lien avec l'acte auquel elle s'attache. La fiabilité de ce procédé est présumée, jusqu'à preuve du contraire si la signature électronique est sécurisée.

Un décret du Conseil d'État a fixé les conditions de la signature électronique sécurisée :

- être propre au signataire ;
- être créée par des moyens que le signataire puisse garder sous son contrôle exclusif ;
- garantir avec l'acte auquel elle s'attache un lien tel que toute modification ultérieure de l'acte est détectable.

CHAPITRE 5

LES MODES ALTERNATIFS DE RÈGLEMENT DES CONFLITS

Questionnaire d'auto-évaluation

Déterminez la ou les réponses exactes

1. c, d.
2. Vrai : d, e, f (si volonté des parties), i, k, m, n.
3.
   - a : arbitrage
   - b : médiation
   - c : transaction
   - d : conciliation
   - e : conciliation
   - f : saisie du conseil de prud'hommes : deux phases (conciliation puis jugement si la conciliation échoue)

CHAPITRE 6

LES PERSONNES ET LEUR PATRIMOINE

Questionnaire d'auto-évaluation

Déterminez la ou les réponses exactes

1 a, b, c ; 2 c ; 3 b ; 4 a ; 5 a ; 6 b, c ; 7 a, c, d, e ; 8 b ; 9 b ; 10 c, d ; 11 a ; 12 b ; 13 a, c, e ; 14 c, d ; 15 aucune réponse juste ou sauvegarde de justice ; 16 c ; 17 a, b, d ; 18 a, c, d ; 19 a ; 20 c et d (pour la sauvegarde de justice).

Question de cours

La personne et le patrimoine

Principaux points à développer

Toute personne physique ou morale a un patrimoine constitué par l'ensemble de ses droits et obligations évaluables en argent et constituant une universalité de droit. Le patrimoine se compose d'un actif, ensemble des biens et des droits (droits réels et de créance) et d'un passif, ensemble d'obligations (dettes, charges). Il forme une universalité de droit.

Les droits patrimoniaux comprennent les droits réels, personnels et intellectuels.

En droit français, le patrimoine est une émanation de la personnalité : tout patrimoine appartient à une personne, toute personne a un patrimoine et toute personne n'a qu'un patrimoine.

La conception française d'un patrimoine unique et indivisible, émanant de la personnalité a fait l'objet de nombreuses critiques. On lui a, notamment reproché d'être un handicap au développement de l'esprit d'entreprise. Pour répondre à ces critiques, une partie de la doctrine renvoie à la théorie du patrimoine d'affectation. La loi du 19 février 2007 qui instaure la fiducie consacre cette théorie en offrant la possibilité à une personne de constituer un patrimoine autonome transféré à une autre personne (le fiduciaire) changée de l'administrer dans un but déterminé. Plus récemment, la création de l'EIRL par la loi du 15 juin 2010 permet à un entrepreneur individuel de séparer son patrimoine en affectant une partie de ses biens à son activité professionnelle.

CHAPITRE 7

LES PROFESSIONNELS DE LA VIE DES AFFAIRES : LES COMMERÇANTS

Questionnaire d'auto-évaluation

Déterminez la ou les réponses exactes

1 a (si les caractères de répétition et de spéculation sont respectés) ; 2 a et c ; 3 a, c et d ; 4 a ; 5 c ; 6 a, b et d, 7 a (s'il a obtenu l'autorisation) c, d et e ; 8 a et b ; 9 a, c et d ; 10 a ; 11 a ; 12 a et c ; 13 b ; 14 a et b ; 15 a (dans la pratique), c ; 16 b ; 17 a (acte isolé) ; 18 b.

Question de cours

Le commerçant et son conjoint

Principaux points à développer

Chacun des deux époux peut librement exercer une activité commerciale.

En cas d'activité séparée, le régime matrimonial a des conséquences importantes notamment vis-à-vis des tiers. Les régimes matrimoniaux entraînent pour le commerçant quelques règles spécifiques, selon qu'il adopte le régime légal ou celui de la séparation des biens.

Dans le régime légal, le fonds de commerce est, selon son acquisition, propre (l'époux propriétaire de ce fonds a tous les pouvoirs d'administration et de disposition de ce bien, sans aucune restriction et sans que son conjoint puisse normalement y faire obstacle) ou commun (l'époux commerçant a les pouvoirs de gestion les plus étendus. Il accomplit les actes d'administration et de disposition qui sont nécessaires à l'activité commerciale).

Le conjoint travaillant dans l'entreprise familiale a le choix entre trois statuts : celui de conjoint collaborateur (ce statut s'applique à tout conjoint qui collabore effectivement à l'entreprise et qui en fait mention au RCS, cette collaboration n'est pas en principe rémunérée), celui de conjoint salarié (le conjoint doit participer effectivement à l'activité commerciale à titre professionnel et habituel, et percevoir un salaire au moins égal au SMIC), et celui de conjoint associé (constitution d'une société familiale entre époux avec l'apport de seuls biens communs. Les deux époux ont la qualité d'associé pour la moitié des parts souscrites correspondant à cet apport).

CHAPITRE 8

LES AUTRES PROFESSIONNELS DE LA VIE DES AFFAIRES

Questionnaire d'auto-évaluation

Déterminez la ou les réponses exactes

1 c ; 2 b ; 3 a, c et d ; 4 c et d ; 5 a ; 6 c ; 7 b et d ; 8 a, c et d ; 9 b, c et d ; 10 a, c et d.

Question de cours

Les statuts d'artisan et le commerçant

L'artisan relève du droit civil. Il est immatriculé au RDM.

Le commerçant relève du droit commercial. Il est immatriculé au RCS.

Les points communs ou de convergence des statuts : l'IRPP-catégorie BIC ; l'assujettissement à la TVA, le droit des entreprises en difficulté.

Principaux points à développer

L'artisan exerce un métier manuel. Certains droits du commerçant sont reconnus à l'artisan mais ce dernier bénéficie d'un statut particulier. La loi du 18 juin 2014 donne une définition de l'artisan. Trois critères sont retenus : **l'activité exercée** de manière indépendante et à titre professionnel, et dont la liste figure dans la loi ; **l'effectif**, pas plus de dix salariés ; **l'immatriculation** au répertoire des métiers. L'artisan est d'abord un travailleur manuel qui présente un statut professionnel et un statut juridique spécifique.

Le commerçant doit exercer une activité commerciale. Ce sont les actes de commerce par nature qui font de leur auteur un commerçant. L'article L. 110-1 du Code de commerce en dresse la liste. Les actes énumérés par cet article ne sont commerciaux que s'ils réunissent deux conditions : la spéculation et la répétition. Pour être commerciale, l'activité doit être exercée à titre personnel et professionnel. De l'énumération de l'article L. 110-1, on peut distinguer deux catégories d'actes de commerce par nature : l'acte de commerce isolé et l'acte de commerce accompli dans le cadre d'une entreprise.

CHAPITRE 9

LA PROPRIÉTÉ

Questionnaire d'auto-évaluation

Déterminez la ou les réponses exactes

1 a ; 2 a, b et c ; 3 a, b et d ; 4 a, b et d ; 5 a, b, c, d, e et f ; 6 b ; 7 a ; 8 a et d ; 9 a, b (C. civ., art. 640), c (C. civ., art. 597) et d ; 10 a et c (en matière immobilière) ; 11 a ; 12 b et d ; 13 : trouble anormal de voisinage : a, c et e ; abus de droit : b et d.

Question de cours

L'exercice entravé du droit de propriété

L'exercice du droit de propriété peut être entravé quand il est abusif ou cause un trouble anormal de voisinage.

Principaux points à développer

L'abus du droit de propriété : le titulaire d'un droit de propriété peut commettre une faute en restant dans les limites légales apparentes de son droit mais en l'utilisant de façon abusive. Dans ce cas on applique le régime juridique de la responsabilité civile délictuelle

Les troubles anormaux de voisinage : nul ne doit causer à autrui un trouble anormal de voisinage. Le régime juridique de la responsabilité sans faute s'appliquera.

CHAPITRE 10

APPLICATIONS PARTICULIÈRES DE LA PROPRIÉTÉ

Questionnaire d'auto-évaluation

Déterminez la ou les réponses exactes

1 c, d et i ; 2 b, c et d ; 3 c ; 4 d ; 5 a, b, d, e et f ; 6 c (figure en 3 D) ; 7 d ; 8 a, c, d et e ; 9 c et d ; 10 c ; 11 b, c, e et i ; 12 a.

Questions de cours

1. Les conditions de la brevetabilité

L'obtention d'un brevet suppose le respect de certaines conditions : des conditions de fond et de forme.

Principaux points à développer

Conditions de fond : invention brevetable, nouvelle, impliquant une activité inventive, susceptible d'application industrielle, conforme à l'ordre public et aux bonnes mœurs.

Conditions de forme : dépôt à l'INPI qui fait une enquête, délivrance du brevet par le directeur de l'INPI au nom du gouvernement et publication d'un avis au BOPI.

2. Le renouvellement du droit au bail

Dans certains cas, le commerçant n'est pas propriétaire des locaux dans lesquels il exerce son commerce. Il passe alors un contrat avec un propriétaire ou bailleur. Le locataire bénéficie d'un droit au renouvellement de son bail à l'expiration de celui-ci.

Principaux points à développer

- Les conditions du renouvellement : le renouvellement du bail doit satisfaire plusieurs conditions (propriété du fonds, exploitation du fonds réelle et effective.
- La procédure de renouvellement : l'exercice du droit au renouvellement par le bailleur ou le preneur.
- Le droit à l'indemnité d'éviction.

CHAPITRE 11

L'ENTREPRISE EN DIFFICULTÉ

Questionnaire d'auto-évaluation

Déterminez la ou les réponses exactes

1 a, b et c ; 2 a et d ; 3 b ; 4 b et d ; 5 d ; 6 b et d ; 7 c ; 8 d ; 9 d ; 10 b ; 11 a et d ; 12 b et c ; 13 a et c ; 14 d ; 15 b ; 16 a, b et d ; 17 a, b et d ; 18 c et d ; 19 d ; 20 b et d.

Questions de cours

1. La notion d'entreprise en difficulté

Quand une entreprise rencontre des problèmes pour payer ses dettes on la qualifie d'« entreprise en difficulté ». Ces difficultés s'apprécient différemment selon qu'on se trouve dans la procédure de sauvegarde ou dans celle de redressement et liquidation judiciaire.

Principaux points à développer :

- la procédure de sauvegarde : pour pouvoir bénéficier de la procédure de sauvegarde l'entreprise doit rencontrer des difficultés qu'elle ne peut pas surmonter seule. La loi ne précise pas la nature des difficultés. Toutefois, on peut raisonnablement penser qu'il s'agit de difficultés à caractère économique, financier ou juridique ;
- la procédure de redressement et liquidation judiciaire : dans ce cas les difficultés de l'entreprise prennent leur source dans la cessation des paiements. La loi définit cette notion comme la situation du débiteur qui est dans « l'impossibilité de faire face au passif exigible avec l'actif disponible ». Toutefois, le débiteur

qui établit que les réserves de crédit ou les moratoires dont il bénéficie lui permettent de faire face n'est pas en cessation des paiements. Dans le redressement une procédure va permettre d'assurer le règlement des difficultés et à terme la pérennité de l'entreprise. Dans la liquidation, l'entreprise est en état de cessation de paiement et son redressement est manifestement impossible.

2. Le débiteur et l'entreprise en difficulté

La place du débiteur diffère selon que les difficultés de l'entreprise exigent la mise en œuvre d'une procédure de sauvegarde, de redressement ou de liquidation judiciaires.

Principaux points à développer :

- la procédure de sauvegarde : l'entreprise rencontre des difficultés qu'elle ne peut pas surmonter seule. La sauvegarde permet à l'entreprise de se restructurer et de négocier avec ses créanciers afin d'éviter la cessation des paiements. En sauvegarde, l'entreprise n'est pas en état de cessation des paiements et le débiteur n'est pas dessaisi ;
- le redressement : La procédure est fortement marquée par la présence des juridictions et des organes judiciaires. Le tribunal arrête la date de cessation des paiements. Il nomme un administrateur judiciaire dont il détermine la mission d'assistance ou d'administration ;
- la liquidation judiciaire : cette procédure est destinée à mettre fin à l'activité de l'entreprise ou à réaliser le patrimoine du débiteur par une cession globale de ses droits et de ses biens. La liquidation entraîne la nomination d'un liquidateur chargé des opérations de liquidation. Au cours de cette procédure le débiteur est totalement dessaisi.

CHAPITRE 12

LA FORMATION DU CONTRAT

Questionnaire d'auto-évaluation

Déterminez la ou les réponses exactes

1 a et c ; 2 b, c ; 3 a et c ; 4 a, b, c et d ; 5 a et c ; 6 a, b, d et e ; 7 a ; 8 b ; 9 a ; 10 a, c et d ; 11 b ; 12 a ; 13 c ; 14 c ; 15 b, c et d ; 16 b (mais l'employeur, en le recrutant, a commis une erreur) ; 17 a.

Questions de cours

1. Les nullités

La sanction des conditions de formation est en principe la nullité. Le contrat est privé de tout effet. Il est censé n'avoir jamais existé. Il existe deux types de nullité qui ne sont pas soumis au même régime. On oppose les cas de nullité absolue aux cas de nullité relative. La différence réside dans l'intérêt protégé. Que la nullité soit absolue ou relative, les conséquences sont les mêmes.

Principaux points à développer : l'intérêt protégé, le demandeur à l'action, la prescription, les cas de nullité et les effets.

2. La force obligatoire du contrat

L'autonomie de la volonté se manifeste par le principe de l'effet obligatoire du contrat posé par l'article 1134 du Code civil. Le contrat s'impose aux parties comme au juge. Le contrat, c'est la loi des parties. Il est donc irrévocable. Mais un problème risque d'apparaître si ce qui a été apparemment voulu n'est pas ce sur quoi l'on s'est réellement accordé. Se pose alors la question de la simulation La force obligatoire du contrat s'impose au juge au niveau de l'interprétation. Le juge ne peut pas non plus, comme le veut la théorie de l'imprévision, modifier le contrat.

Principaux points à développer : l'irrévocabilité du contrat, la simulation, l'interprétation du contrat par le juge et la théorie de l'imprévision.

CHAPITRE 13

L'EXÉCUTION DU CONTRAT

Questionnaire d'auto-évaluation

Déterminez la ou les réponses exactes

1 a, c et d ; 2 a, b et d ; 3 c, d et e ; 4 c et e ; 5 a, b et c ; 6 c ; 7 c ; 8 a ; 9 c ; 10 b, c, d et f.
11 Affirmations exactes : a, c, e, f, g, h, j, l, o, q, r, s, v, x ; commentaires sur les affirmations inexactes :

Question 11	Commentaires
b	Le paiement peut être effectué par une autre personne.
d	Le paiement peut être reçu par le créancier ou son représentant.
i	Le paiement doit s'effectuer en monnaie ayant cours légal, c'est-à-dire en euros.
k	Les clauses d'indexation sont autorisées sous certaines conditions.
m	Il fallait préciser en fonction de quel critère le montant de la créance devait varier.
n	Afin de lutter contre l'inflation, l'indexation sur le SMIC est interdite.
p	Les frais de paiement sont supportés par le débiteur.
t	Les dettes sont quérables ou portables.
u	Tout dépend si la dette est quérable ou portable.
w	C'est au débiteur de prouver qu'il a payé.
y	La preuve du paiement est faite par tous moyens.
z	La dette est transmise à ses ayants cause.

Questions de cours

1. Le juge et le contrat

Le contenu du contrat est déterminé par les parties en application du principe de liberté contractuelle. Mais, le juge peut imposer des obligations fondées sur l'équité, la loi ou les usages. Par ailleurs, le contrat peut faire l'objet de modifications. Les contrats peuvent présenter des ambiguïtés ou des contradictions qui seront soumises à l'interprétation des juges.

Principaux points à développer :

- les obligations imposées par le juge : obligation d'information, obligation de sécurité ;
- la modification du contrat par le juge : l'imprévision, le législateur donne dans certains cas le pouvoir au juge de modifier le contrat ;
- l'interprétation du contrat : la recherche des intentions des parties.

2. Les recours en cas d'inexécution ou mauvaise exécution du contrat

Lorsqu'un contrat n'est pas exécuté par l'une des parties, plusieurs types de sanction peuvent être envisagés, celles qui visent à l'exécution du contrat ou au contraire à l'anéantissement du contrat. Par ailleurs la non-exécution du contrat entraîne la mise en œuvre de la responsabilité contractuelle.

Principaux points à développer :

- les sanctions visant à l'exécution du contrat : le créancier peut requérir des mesures conservatoires, l'exécution forcée de l'obligation (mise en demeure, l'exécution forcée en nature, l'exécution forcée par équivalent) et enfin intenter une action en résolution ;
- les sanctions visant à l'anéantissement du contrat : la résolution, l'anéantissement pour force majeure du contrat ;
- la réparation des dommages causés par l'inexécution du contrat : la responsabilité contractuelle.

CHAPITRE 14

LES CONTRATS DE L'ENTREPRISE

Opérations sur fonds de commerce : questionnaire d'auto-évaluation

Dans les situations suivantes, déterminez la ou les réponses exactes

1 b ; 2 d ; 3 b et c ; 4 c ; 5 b et e ; 6 a, c et d ; 7 b ; 8 d ; 9 a, b, c et f ; 10 d ; 11 c.

Les autres contrats de l'entreprise : questionnaire d'auto-évaluation

Dans les situations suivantes, déterminez la ou les réponses exactes

1 d ; 2 c (ou b si c'est un contrat de consommation) ; 3 a, b et d ; 4 b et d ; 5 a, b et d ; 6 a et c ; 7 a et b ; 8 c ; 9 b et c ; 10 b et d ; 11 b et c ; 12 c, d et e ; 13 a, c, d et e ; 14 b et c.

Questions de cours

1. La protection des intérêts des créanciers dans la location-gérance du fonds de commerce

Après avoir rappelé ce qu'il faut entendre par location-gérance il s'agira de préciser que le contrat produit des effets entre les parties mais aussi à l'égard des tiers.

Principaux points à développer

Les parties, l'objet du contrat, les effets entre les parties et les créanciers pour dettes d'exploitation : le cas des créanciers du loueur, le cas des créanciers du locataire-gérant.

2. La protection du consentement du consommateur à crédit

Le consommateur passe des contrats pour acquérir des biens, obtenir la fourniture de services ou l'octroi d'un crédit. Sa protection est assurée sur le plan de la formation pour que le consentement soit libre et éclairé.

Principaux points à développer

Les règles en matière de publicité, l'information pré-contractuelle et les dispositions qui encadrent la formation du contrat.

CHAPITRE 15
LES RELATIONS ENTREPRISE/BANQUE

Questionnaire d'auto-évaluation : les instruments de transfert de fonds

Déterminez la ou les réponses exactes

1 a, et c (b dans certains cas) ; 2 a et c ; 3 c et d ; 4 a, c et d ; 5 a et d ; 6 d ; 7 c ; 8 b et d ; 9 a et b ; 10 a et d ; 11 b et d ; 12 a et c ; 13 b ; 14 c ; 15 c et d ; 16 a et c ; 17 a et c ; 18 a et d ; 19 a ; 20 b et c.

Questionnaire d'auto-évaluation : les instruments de crédit

Déterminez la ou les réponses exactes

1 a, b et d ; 2 b et c ; 3 c ; 4 a, b et d ; 5 b, c et d ; 6 b ; 7 b ; 8 a et d ; 9 a, b et c ; 10 c ; 11 a, b et c ; 12 d ; 13 b et d ; 14 a, b, c et d ; 15 b et d ; 16 a et d ; 17 d ; 18 a et b ; 19 b, c et d ; 20 d.

Questions de cours

1. Les droits et devoirs du banquier dans les relations avec sa clientèle

Les relations entre l'entreprise et son banquier passent d'abord par le compte bancaire et le crédit. Sur le banquier pèsent deux obligations : identification du client et fourniture d'informations à celui-ci.

Principaux points à développer : vérification des éléments d'identification (identité. adresse), informations à fournir (conditions générales de banque), le droit au crédit, le droit au compte, la tenue du compte, les garanties contre l'insolvabilité du débiteur (sûretés personnelles et réelles).

2. Comparez l'affacturage et le bordereau Dailly

Quand une entreprise octroie du crédit à ses clients, elle peut se trouver confronter à des problèmes de trésorerie. Il existe un moyen de régler ces difficultés passagères : la mobilisation de créances.

Dans la mobilisation de créances, le créancier peut transférer la « propriété » de sa créance à un tiers, qui lui en paiera le montant et qui, devenu créancier, demandera le remboursement au débiteur à l'échéance. Le recours à cette technique est réalisé dans l'affacturage et le bordereau Dailly. La principale différence entre ces deux techniques réside dans l'application de la règle de l'inopposabilité des exceptions.

Principaux points à développer : définition, parties en présence, obligations au contrat, mécanisme et déroulement de la technique de transfert de créances.

CHAPITRE 16
L'ENTREPRISE ET LA RESPONSABILITÉ DÉLICTUELLE

Questionnaire d'auto-évaluation

Déterminez la ou les réponses exactes

1 a et b ; 2 c ; 3 c ; 4 a, b et c ; 5 b et c ; 6 a, b et d ; 7 b et c ; 8 aucune réponse (il faut les 3 : b, c et d) ; 9 d ; 10 a, c, e et f ; 11 Responsabilité civile : a, c, d, e, f, et h. Responsabilité pénale : b, e, f et g. 12 Responsabilité civile contractuelle : a, d, e et f. Responsabilité civile délictuelle : b, c, e, g et h.

Question de cours

La responsabilité délictuelle : fondement et évolution

Longtemps fondé sur la faute, le régime juridique de la responsabilité civile a évolué vers une théorie plus objective, celle du risque. Dans ces deux cas, le point commun est l'évaluation ou l'appréciation du comportement du responsable du dommage. Au cours du XXe siècle se sont développées des conceptions davantage tournées vers le dommage lui-même (la théorie de la garantie) ou marquées par un développement de l'assurance voire de la précaution.

Les principaux points à développer : la théorie de la faute, la théorie du risque et ses développements (la garantie et l'assurance, le principe de précaution).

CHAPITRE 17

LA RESPONSABILITÉ PÉNALE

Responsabilité pénale : questionnaire d'auto-évaluation

Déterminez la ou les réponses exactes

1 b ; 2 a, b et c ; 3 a et b ; 4 c ; 5 b ; 6 a et d ; 7 a ; 8 a et b ; 9 b et d ; 10 a et c ; 11 a et d ; 12 a et d ; 13 b et c ; 14 c ; 15 a et c ; 16 a et b ; 17 a, c et d ; 18 a et d ; 19 a et d ; 20 a.

Question de cours

1. La responsabilité pénale de la personne morale

Depuis le 1er mars 1994, la responsabilité pénale de la personne morale est entrée de plein pied dans notre droit positif. Elle a d'abord été limitée à certaines infractions et depuis le 31 décembre 2005 elle a été étendue à toutes les infractions. Aujourd'hui, elle est posée par l'article 121-2 du Code pénal. Aux termes de celui-ci « les personnes morales, à l'exclusion de l'État, sont responsables pénalement... des infractions commises, pour leur compte, par leurs organes ou représentants. »

Points principaux à développer

Les conditions de mise en œuvre de la responsabilité pénale de la personne morale, les personnes concernées, les agissements susceptibles d'engager la responsabilité pénale, les organes des personnes morales, les représentants des personnes morales et la complicité.

2. Comparez les actions publique et civile

L'infraction représente une double atteinte. Elle fait naître l'action publique qui tend, en principe, au prononcé d'une peine parce qu'elle trouble l'ordre public et viole la loi pénale. Ensuite, elle porte atteinte aux intérêts d'une personne dont elle lèse les droits individuels. Elle fait donc naître au profit de cette personne une action tendant à la réparation du dommage subi : l'action civile.

Points principaux à développer

Le déclenchement et l'extinction de l'action publique, les conditions d'exercice et l'exercice de l'action civile et l'extinction de l'action civile.

Index

Abus
- de confiance, 328
- du droit de propriété, 167

Acceptation
- des risques, 369

Accession
- par incorporation, 161
- par production, 161

Accipiens, 256
Achalandage, 177
Acte
- juridique, 66
- mixte, 130

Actes
- à titre onéreux, à titre gratuit, 66
- authentiques, 72
- conservatoire et d'administration et d'administration, 108
- conservatoires, d'administration et de disposition, 67
- de commerce par accessoire, 130
- de commerce par nature, 128
- sous seing privé, 73
- unilatéraux, bilatéraux, multilatéraux, 53, 66

Action
- confessoire, 164
- directe, 266
- en concurrence déloyale, 177
- en contrefaçon, 186
- en justice, 48
- en rescision, 106
- estimatoire, 282
- immobilière, 48
- mobilière, 48
- négatoire, 164
- oblique, 265
- paulienne, 266
- personnelle, 48
- rédhibitoire, 282
- réelle, 48
- résolutoire, 289

Action en réduction, 107
Activités interdites ou contrôlées, 131
Administratif, 40
Administration légale, 105
Affacturage, 331
Agriculteur, 147
Amendement, 22
Animus, 158
Appel, 40, 53, 400
Arbitrage, 87
Artisan, 145
Assemblée nationale, 21
Associations, 111
- déclarées, 111
- déclarées d'utilité publique, 111
- non déclarées, 111

Auteur, 188
Autorité de la chose jugée, 52
Auxiliaires de justice, 46
Aveu, 74
- extrajudiciaire, 74
- judiciaire, 74

Avis de prélèvement, 325
Ayant cause universel ou à titre universel, 255
Baux commerciaux, 179
Bénéficiaire, 320
Bloc de constitutionnalité, 17
Bonne foi, 159, 229
Bordereau
- avec acte d'acceptation, 335
- Dailly, 333

Brevets d'invention, 182
Brevets d'invention
- licence obligatoire, 184

Capacité, 49, 103, 234
Caractère propre, 184
Carte de paiement, 326
Carte de paiement et de crédit, 326
Cassation, 401
Causes d'exonération, 366
CECA, 18
Cédant, 334
CEE, 18
CEEA, 18
Cessionnaire, 334
Chambre de l'instruction, 399

Chèque, 319
– barré, 321
– non barré, 321
Clause
– abusive, 295
– compromissoire, 130
– de non-rétablissement, 290
Clientèle, 177
Commencement de preuve par écrit, 70
Commerçant, 127
Commercialité, 128
Commissaire-priseur, 47
Commission mixte paritaire, 22
Communauté légale, 133
Communication des livres comptables, 288
Compétence
– d'attribution, 36
– territoriale, 37
Compte bancaire, 313
Compte de dépôt, 314
Compte de paiement, 319
Condition d'originalité, 185
Confusion, 164
Conjoint
– associé, 134
– collaborateur, 133
– salarié, 134
Conseil constitutionnel, 18, 22
Conseil d'État, 40
Conseil des prud'hommes (CP), 43
Consensualisme, 225, 237
Consentement, 230
Constitution, 18
Constitution de l'usufruit, 165
Continue, 159
Contradiction, 37
Contradictoire, 50
Contrat
– à forfait, 284
– d'entreprise, 283
– de consommation, 293
– de crédit, 297
– de prêt, 329
– porteur, 326
Contrefaçon, 183
Convention de procédure participative, 87
Corpus, 158
Cour
– administrative d'appel, 41
– d'appel, 43
– d'assises, 45
– de cassation, 44
– de discipline budgétaire et financière, 41
– de justice, 19, 38, 39
– de justice de l'Union européenne, 19
– des comptes, 41
Créations intellectuelles, 187
Crédit à la consommation, 297
Crédit-bail, 336
Crédit-bailleur, 337
Crédit-preneur, 337
Curatelle, 107, 132
Débiteur cédé, 334
Déceptif
– ne pas être, 186
Déchéances, 135
Défense au fond, 49
Délai
– de forclusion, 370
– de prescription, 370
– de réflexion, 295
– de rétractation, 295
Délit d'abus de faiblesse, 296
Demande
– additionnelle, 49
– initiale, 49
– reconventionnelle, 49
Dépens, 38
Dépôt, 184
Devis, 283
Directive, 20
Disponible, 186
Dispositif, 51
Distinctive
– être, 186
Doctrine, 25
Dol, 233
Domicile, 103, 113
Dommage, 263, 363
Dommages et intérêts moratoires, 260
Donation, 157
Droit
– à l'intégrité de l'œuvre, 185
– à la circulation de l'œuvre, 188
– à un procès d'une durée raisonnable, 36
– à un procès équitable, 36
– à un procès public, 36
– absolu, 156
– au renouvellement du bail, 180
– au respect de l'œuvre, 188, 189
– au respect du nom et de la qualité, 188
– aux accessoires, 164
– d'auteur, 187
– d'entretenir, 164
– d'user (*usus*), 155
– de disposer (*abusus*), 156
– de divulgation, 185, 188
– de gage général, 337
– de jouir (*fructus*), 156

– de paternité, 185
– de préférence, 292
– de repentir, 189
– de repentir et de retrait, 185
– de représentation, 189
– de reproduction, 189
– de retrait, 189
– de s'opposer à la dépréciation ou à la désintégration du fonds, 292, 293
– de suite, 189, 292
– européen dérivé, 19
– européen originaire, 19
– exclusif, 156, 185, 186
– intellectuel, 113
– international, 8
– moral, 188
– objectif, 4
– patrimonial, 113, 189
– pénal, 85
– perpétuel, 156
– personnels, 113
– privé, 85
– public, 7
– réel, 113, 156
– subjectif, 5

Echange, 157
Effet
– d'une possession, 165
– de commerce, 330
– direct, 19
– obligatoire, 226
EIRL, 136
Emprunteur, 297
Endossement, 321
– de procuration, 321
– pignoratif, 321
– translatif, 321
Enseigne, 178
Erreur, 232
Escompte, 330
Escroquerie, 328
Exception
– d'inexécution, 259
– de procédure, 49
Exécution
– forcée, 259
– forcée en nature, 260

Fait
– d'un tiers, 264, 366
– de la victime, 366
– générateur, 263
– juridique, 68
Faute, 365
– du créancier, 263
Fiducie, 114
Fin de non-recevoir, 49
Fonction
– de prévention, 360
– de punition, 359
– de réparation, 359
Fonctions de la responsabilité civile délictuelle, 359
Fonds
– dominant, 161
– servant, 161
Force
– exécutoire, 52
– majeure, 263
Formalisme, 225
Formaliste, 50
Fruits, 161

Gage, 338
Garantie
– contre l'éviction, 281
– des vices cachés, 281
Garde
– de la chose, 369
Gratuité, 38
Groupements d'intérêt économique, 111

Habilitation familiale, 106, 109, 119, 132
Héritage, 161
Huissier, 47
Hypothèque, 338

Imprévision, 253
Incapacité, 103
– d'exercice, 104
– de jouissance, 104
Incompatibilités, 135
Indivision, 134
Injonction de payer, 260
Instruction, 398
Intérêt, 48
Invention, 183
– brevetable, 183
– conforme à l'ordre public et aux bonnes mœurs, 183
– impliquant une activité inventive, 183
– nouvelle, 183
– susceptible d'application industrielle, 183

Juge d'instruction, 44, 398
Juridiction, 40
– d'exception, 40
– d'instruction, 44
– de droit commun, 40
– de jugement, 45
– de proximité, 400
– disciplinaire, 41
Jurisprudence, 25

Liberté contractuelle, 225
Licite, 186
Lien de causalité, 264, 364
Location-gérance du fonds de commerce, 290
Loi, 21, 165
Magistrats
- du parquet, 46
- du siège, 46
Majeurs protégées, 132
Mandat, 112, 324
Mandataire *ad-hoc*, 205
Marché sur facture, 284
Médiation
- pénale, 84
Médiation conventionnelle et judiciaire, 84
Mineur
- émancipé, 105
- non émancipé, 104
Ministère public, 46
Mise en demeure, 260
Mode de constitution des servitudes
- par la destination du père de famille, 163
- par la possession, 163
- par un titre, 163
Motifs, 51
Moyens de défense, 49
Nantissement, 338
- conventionnel du fonds de commerce, 292
Nationalité, 103, 113
Nom, 103, 112
Nom commercial, 177
Non équivoque, 159
Non précaire, 159
Normes collectivement négociées, 24
Notaire, 47
Novation, 251
Nu-propriétaire, 165
Nullité
- absolue, 237
- relative, 237
Objet
- de la preuve, 68
Obligation
- d'information, 250, 251
- de délivrance, 288
- de garantie, 250
- de garantie contre l'éviction, 288
- de garantie contre les vices cachés, 288
- de moyens, 250, 264
- de résultat, 250
- de sécurité, 251
- générale d'information, 294
- spéciales d'information, 294
Opération de paiement, 319, 326
Opposition, 52, 401
Orale, 50
Oralité des débats, 37
Ordonnances, 23
Organe, 112
Pacs, 134
Paiement sur devis, 284
Paisible, 159
Patrimoine, 113
Personne
- juridique, 101
- morale, 111
- physique, 102, 103
- protégée, 107
Placement sous sauvegarde de justice, 106, 132
Possession, 158
Pourvoi en cassation, 40, 53
Pouvoir
- exécutif, 23
- réglementaire, 23
Prescription, 130
Présomptions, 69
- de l'homme, 74
- irréfragables, 69
- judiciaires ou du fait de l'homme, 69
- légales, 69
- simples, 69
Prêteur, 297
Principe
- de droit européen, 19
- de fixité, 164
- de l'autonomie de la volonté, 225
- de précaution, 362
- de primauté, 19
- de spécialité, 111
- du double degré de juridiction, 43
Privilège, 338
- du vendeur, 288, 289
Procédure
- d'alerte, 203
- de liquidation, 213
- de redressement, 211
- de sauvegarde, 210
Produit, 161, 370
Professions libérales, 149
Promulgation, 22
Propriété commerciale, 176, 179
Provision, 320
Publicité, 37
Publique, 159
Qualité, 49
Qualités du préjudice, 364
- actuel, 364

– certain, 364
– déterminé, 364
– direct, 364
– porter atteinte à un intérêt légitime, 364

Réceptionner, 284
Recours en révision, 54
Référé, 51
Refus de renouvellement sans indemnité d'éviction, 181
Régime matrimonial, 132
Règlement, 20
Règlements
– autonomes, 24
– d'exécution, 24
Répétition, 129
Représentation légale, 112
Représenter, 185
Reproduire, 185
Résolution, 261
– de plein droit, 261
Responsabilité
– civile délictuelle et contractuelle, 358
– civile et pénale, 356
– contractuelle, 263
– des artisans du fait de leurs apprentis, 367
– des maîtres ou commettants du fait de leurs domestiques ou préposés, 366
– du fait d'autrui, 366
– du fait des choses, 368
– du fait personnel, 365
– du producteur, 369
Révision, 401

Salarié, 188
Sauvegarde accélérée, 210
Sénat, 21
Séparation des biens, 133
Serment, 74
– décisoire, 74
– supplétoire, 74
Servitudes, 161
– apparentes, 162
– continues, 162
– d'intérêt privé, 162
– d'utilité publique, 162
– discontinues, 162
– établies par la loi, 162
– établies par le fait de l'homme, 162
– établies par le juge, 162
– non apparentes, 162
– qui dérivent de la situation des lieux, 162
Sociétés, 111
Solidarité, 362
– passive, 338
Solvens, 256
Sommation, 260
Spéculation, 129
Sûretés, 337
– personnelles, 337
– réelles, 338
Syndicats, 111

Témoignage, 74
Tentative, 381
Tentative de conciliation, 51
Théorie
– de l'imprévision, 228
– de la faute, 361
– de la garantie, 361
– du risque, 361
Tierce opposition, 54
Tiré, 320
Tireur, 320
Titre interbancaire de paiement, 325
Transactions administratives, 85
Transfert de propriété, 280
Transferts de fonds, 318
Tribunal
– administratif, 41
– correctionnel, 45, 400
– d'instance (TI), 42
– de commerce (TC), 43
– de grande instance (TGI), 42
– de police, 45, 400
– de première instance, 39
Troubles anormaux de voisinage, 167
Tutelle, 108, 132
Type de préjudice, 363
– corporel, 363
– matériel, 363
– moral, 363

Universalité de droit, 113
Usages, 25
Usufruit, 165
Usufruitier, 165

Vente, 157
Ventes ou prestations forcées, 296
Virement, 324
Voie
– de recours ordinaires, 52
– de réformation, 53
– de rétractation, 52
Volonté de l'homme, 165

Table des matières

Sommaire III
Pour réussir le DCG et DSCG VII
Manuel, mode d'emploi VIII
Programme de l'épreuve DCG nº 1 X

PARTIE 1 Introduction générale au droit 1

CHAPITRE 1 LE DROIT 3
SECTION 1 LA RÈGLE DE DROIT 3
1. Les finalités du droit 3
2. Du droit et des droits 4
3. Les caractères de la règle de droit 5
4. Règle de droit et morale 6
SECTION 2 LES BRANCHES DU DROIT 6
1. Droit public et droit privé 6
2. Droit national et droit international 8
Fiche mémo
Applications

CHAPITRE 2 LES SOURCES DU DROIT 17
SECTION 1 LES SOURCES FONDAMENTALES DU DROIT OBJECTIF 17
1. Le bloc de constitutionnalité 17
2. Les traités internationaux 18
3. Le droit européen dérivé 19
SECTION 2 LES AUTRES SOURCES DU DROIT 21
1. La loi 21
2. Textes émanant du pouvoir réglementaire 23
3. Textes émanant des milieux professionnels 24
4. La jurisprudence 25
Fiche mémo
Applications

CHAPITRE 3 L'ORGANISATION JUDICIAIRE 35
SECTION 1 LE DROIT COMMUN DU PROCÈS 35
1. Les grands principes européens 35
2. Les grands principes français 36
SECTION 2 LES JURIDICTIONS 38
1. Les juridictions européennes 38
2. Les juridictions nationales 39

Section 3 Le personnel de la justice 45
1. Les magistrats 46
2. Les auxiliaires de justice 46
Section 4 L'action en justice 47
1. Présentation de la notion d'action en justice 48
2. Les conditions de l'action en justice 48
3. La mise en œuvre de l'action en justice 49
4. La procédure 49
5. Le jugement 51
Section 5 Les voies de recours 52
1. Les voies de recours ordinaires 52
2. Les voies de recours extraordinaires 53
Fiche mémo
Applications

Chapitre 4 La preuve des droits subjectifs 65
Section 1 Les sources des droits subjectifs 65
1. L'acte juridique 66
2. Le fait juridique 68
Section 2 Les règles d'administration de la preuve 68
1. L'objet de la preuve 68
2. La charge de la preuve 69
3. L'admissibilité de la preuve 70
Section 3 Les différents modes de preuve 71
1. La preuve écrite 71
2. Les autres modes de preuve 74
Fiche mémo
Applications

Chapitre 5 Les modes alternatifs de règlement des conflits 83
Section 1 La résolution amiable des différends 83
1. Définition 83
2. Les cas de recours 84
3. La mise en œuvre 85
Section 2 L'arbitrage 87
1. Définition et domaine 87
2. Mise en œuvre 88
Fiche mémo
Applications

Partie 2 Les personnes et les biens 99

Chapitre 6 Les personnes et leur patrimoine 101
Section 1 La personne juridique 101
1. Les utilités de la notion de personne 101

	2. L'attribution de la personnalité juridique aux êtres humains	102
	3. L'attribution de la personnalité juridique aux groupements	102
Section 2	Les personnes physiques	102
	1. Notion de personne physique	103
	2. Éléments d'identification	103
	3. La capacité des personnes physiques	103
Section 3	Les personnes morales	111
	1. Régime juridique	111
	2. Éléments d'identification	112
Section 4	Le patrimoine	113
	1. La composition du patrimoine	113
	2. Les caractéristiques du patrimoine	113
	3. Patrimoine et crédit	115
Fiche mémo		
Applications		
Chapitre 7	**Les professionnels de la vie des affaires : les commerçants**	127
Section 1	La qualité de commerçant	127
	1. L'exercice d'actes de commerce	127
	2. La profession habituelle	127
Section 2	Les activités commerciales	128
	1. Les actes de commerce par nature	128
	2. Les actes de commerce par accessoire	130
	3. Le cas particulier de l'acte mixte	130
	4. Activités interdites ou contrôlées	131
Section 3	Le statut personnel du commerçant	131
	1. Activité commerciale et incapacité	131
	2. Activité commerciale et mariage	132
	3. Activité commerciale et pacs	134
	4. Activité commerciale et nationalité	135
	5. Les incompatibilités et déchéances	135
Section 4	Les conséquences de l'activité commerciale	135
	1. Les responsabilités du commerçant	135
	2. Les obligations du commerçant	136
	3. Les règles de droit commercial applicables au commerçant	137
Fiche mémo		
Applications		
Chapitre 8	**Les autres professionnels de la vie des affaires**	145
Section 1	L'artisan	145
	1. Définition de l'artisan	145
	2. Le statut de l'artisan	147
Section 2	L'agriculteur	147
	1. Définition de l'agriculteur	147
	2. Statut de l'agriculteur	148

SECTION 3	LES PROFESSIONS LIBÉRALES	149
	1. Les principales caractéristiques des professions libérales	149
	2. Le statut des professions libérales	150
Fiche mémo		
Applications		
CHAPITRE 9	**LA PROPRIÉTÉ**	155
SECTION 1	THÉORIE GÉNÉRALE DE LA PROPRIÉTÉ	155
	1. Les attributs	155
	2. Les caractères	156
SECTION 2	L'ACQUISITION DE LA PROPRIÉTÉ	157
	1. L'acquisition par un acte juridique	157
	2. L'acquisition par un fait juridique	158
SECTION 3	L'ÉTENDUE DU DROIT DE PROPRIÉTÉ	160
	1. L'objet du droit de propriété	160
	2. Les servitudes	161
	3. La propriété démembrée	165
	4. L'exercice entravé du droit de propriété	167
Fiche mémo		
Applications		
CHAPITRE 10	**APPLICATIONS PARTICULIÈRES DE LA PROPRIÉTÉ**	175
SECTION 1	LE FONDS DE COMMERCE	176
	1. Composition	176
	2. Nature juridique du fonds de commerce	178
SECTION 2	LA PROPRIÉTÉ COMMERCIALE	179
	1. Champ d'application de la législation des baux commerciaux	179
	2. Les droits et obligations des parties	180
SECTION 3	LA PROPRIÉTÉ INDUSTRIELLE	182
	1. Les brevets d'invention	182
	2. Les dessins et modèles	184
	3. Les marques de fabrique, de commerce et de service	186
SECTION 4	LE DROIT D'AUTEUR	187
	1. Les conditions de protection des œuvres	187
	2. Les personnes protégées	188
	3. Les droits des auteurs	188
Fiche mémo		
Applications		
CHAPITRE 11	**L'ENTREPRISE EN DIFFICULTÉ**	199
SECTION 1	LA PRÉVENTION DES DIFFICULTÉS	199
	1. Le rôle de l'information comptable	200
	2. Le rôle de la procédure d'alerte	203
	3. Le rôle du mandataire *ad hoc*	205
	4. Le rôle du conciliateur	206

Section 2 Le traitement des difficultés 208
1. La procédure de sauvegarde 209
2. La procédure de redressement judiciaire 211
3. La procédure de liquidation judiciaire 213
Fiche mémo
Applications

Partie 3 L'entreprise et les contrats 221

Chapitre 12 La formation du contrat 223
Section 1 Notion de contrat et fonctions économiques 223
1. Notion de contrat 223
2. Les fonctions économiques du contrat 224
Section 2 Les principes fondateurs du droit des contrats 224
1. La liberté contractuelle 225
2. La force obligatoire des contrats 226
3. La bonne foi dans les contrats 229
Section 3 La formation du contrat 229
1. La négociation du contrat 229
2. Les conditions de formation du contrat 230
3. Les sanctions des conditions de formation 237
4. Les clauses contractuelles particulières 239
Fiche mémo
Applications

Chapitre 13 L'exécution du contrat 249
Section 1 Les obligations contractuelles 249
1. Le contenu du contrat 249
2. L'interprétation du contrat 253
Section 2 Les personnes obligées : l'effet relatif du contrat 254
1. L'effet relatif du contrat 254
2. L'opposabilité du contrat aux tiers 254
3. Les dérogations au principe de l'effet relatif qui résultent de la loi 255
Section 3 Le paiement, mode normal d'exécution du contrat 256
1. Les parties au paiement 256
2. L'objet du paiement 257
3. Les modalités de paiement 257
4. La preuve du paiement 258
Section 4 Les sanctions de l'inexécution 258
1. Les moyens d'action du créancier contre le débiteur 258
2. L'exercice de certaines actions par un tiers 265
Fiche mémo
Applications

CHAPITRE 14	**LES CONTRATS DE L'ENTREPRISE**	279
SECTION 1	LE CONTRAT DE VENTE	279
	1. La formation du contrat	280
	2. Les effets du contrat de vente	280
SECTION 2	LE CONTRAT D'ENTREPRISE	283
	1. La formation du contrat d'entreprise	283
	2. Les effets du contrat d'entreprise	283
SECTION 3	LA VENTE DU FONDS DE COMMERCE	285
	1. Les conditions de la vente du fonds de commerce	285
	2. Les effets de la vente du fonds de commerce	287
SECTION 4	LA LOCATION-GÉRANCE DU FONDS DE COMMERCE	290
	1. La formation du contrat de location-gérance	290
	2. Les effets du contrat de location-gérance	291
SECTION 5	LE NANTISSEMENT CONVENTIONNEL DU FONDS DE COMMERCE	292
	1. Les conditions du nantissement	292
	2. Les effets du nantissement	292
SECTION 6	LES CONTRATS DE CONSOMMATION	293
	1. L'achat de biens ou de prestations de services	294
	2. Le crédit à la consommation	297
Fiche mémo		
Applications		
CHAPITRE 15	**LES RELATIONS ENTREPRISE/BANQUE**	313
SECTION 1	LE COMPTE BANCAIRE	313
	1. Création du compte de dépôt	314
	2. Fonctionnement du compte de dépôt	316
	3. Clôture du compte de dépôt	318
SECTION 2	LES TRANSFERTS DE FONDS	318
	1. Le chèque	319
	2. Le virement	324
	3. La carte de paiement et de crédit	326
SECTION 3	LES CONTRATS DE CRÉDIT AUX ENTREPRISES	328
	1. Le prêt d'argent	329
	2. Les crédits avec mobilisation de créances	330
	3. Les crédits sans mobilisation de créance	335
SECTION 4	LES SÛRETÉS	337
	1. Les sûretés personnelles	337
	2. Les sûretés réelles	338
Fiche mémo		
Applications		

PARTIE 4 L'entreprise et ses responsabilités 353

CHAPITRE 16 L'ENTREPRISE ET LA RESPONSABILITÉ DÉLICTUELLE 355

SECTION 1 LE DOMAINE ET LES FONCTIONS DE LA RESPONSABILITÉ DÉLICTUELLE 356
1. Les responsabilités civiles et pénales 356
2. Les responsabilités civiles délictuelle et contractuelle 358
3. Les fonctions de la responsabilité civile délictuelle 359

SECTION 2 LES FONDEMENTS DE LA RESPONSABILITÉ DÉLICTUELLE 360
1. De la théorie de la faute à la théorie du risque 361
2. Le développement de la fonction de prévention 361

SECTION 3 LA MISE EN ŒUVRE DE LA RESPONSABILITÉ DÉLICTUELLE 363
1. Les règles communes 363
2. Les régimes particuliers 365

Fiche mémo
Applications

CHAPITRE 17 LA RESPONSABILITÉ PÉNALE 379

SECTION 1 MISE EN CAUSE DE LA RESPONSABILITÉ PÉNALE ET DROIT PÉNAL GÉNÉRAL 379
1. L'infraction 379
2. Les participants à l'infraction 385
3. La peine 387

SECTION 2 LE PROCÈS ET LA PROCÉDURE PÉNALE 391
1. Les actions 391
2. L'instruction préparatoire 398
3. Le jugement et les voies de recours 400

Fiche mémo
Applications

ENTRAÎNEMENT 411

Cas d'entraînement 413

ANNEXES 417

Fiches méthode 419
Corrigés des questionnaires d'auto-évaluation et des questions de cours 424
Index 437
Table des matières 442

74631-(I)-(2,8)-OSB 80°-266-MAU-VCT
Dépôt légal : Mai 2016
Imprimé en Espagne par Unigraf S.L.